《德国社会法典》第五编：
法定健康保险

李承亮　孙鸿亮　等◎译

中国社会科学出版社

图书在版编目（CIP）数据

《德国社会法典》第五编：法定健康保险 / 李承亮等译. —北京：中国社会科学
出版社，2020.11

（泰康大健康法制译丛）

ISBN 978-7-5203-7549-8

Ⅰ.①德…　Ⅱ.①李…　Ⅲ.①健康保险—保险法—德国　Ⅳ.①D951.622.8

中国版本图书馆 CIP 数据核字（2020）第 239244 号

出　版　人	赵剑英
责任编辑	梁剑琴
责任校对	闫　萃
责任印制	郝美娜

出　　版	中国社会科学出版社
社　　址	北京鼓楼西大街甲 158 号
邮　　编	100720
网　　址	http://www.csspw.cn
发　行　部	010-84083685
门　市　部	010-84029450
经　　销	新华书店及其他书店

印刷装订	北京市十月印刷有限公司
版　　次	2020 年 11 月第 1 版
印　　次	2020 年 11 月第 1 次印刷

开　　本	710×1000　1/16
印　　张	32.25
插　　页	2
字　　数	529 千字
定　　价	168.00 元

凡购买中国社会科学出版社图书，如有质量问题请与本社营销中心联系调换
电话：010-84083683

本书翻译小组成员

邓　楠　姜　琳　李承亮　孙鸿亮

序 一

当今世界面临着百年未有之大变局，新冠肺炎疫情的爆发加速了这一动荡变革的进程。新冠肺炎疫情宛若一块试金石，考验了各国、各地区的政治制度与社会治理能力。在中国共产党的领导下，我国抗击新冠肺炎的狙击战取得了阶段性的胜利，为世界其他国家、地区树立了榜样。与此同时，我国卫生与健康法制的不足之处也暴露出来。这样的经历也促使法学界开始反思我国现有的卫生与健康法制体系是否完备，尤其是否能够充分因应重大公共卫生突发事件。

诚如习近平总书记所强调："没有全民健康，就没有全面小康。"而全民健康目标的实现，有赖于健全的卫生与健康法律制度的支持。作为后发的社会主义国家，卫生与健康法律制度在我国的法律体系中发挥着举足轻重的作用。随着中国特色社会主义法律体系的建成，我国卫生与健康法律体系架构已经基本形成。但"粗线条"的立法导致卫生与健康法领域的各项具体法律制度还存在较大的空白。如何去填补这些空白，是学术界与法律实务界应当携手加以解决的重大问题，不仅关系到大健康法制体系的健全，更关系到社会的稳定、国民经济的发展，关系到老百姓生活的方方面面。如果我们能够把握好填补这些立法空白的历史机遇，那么这些空白将成为先前立法者巧妙的"留白"，我国卫生与健康法的立法也能借此实现"弯道超车"。鉴于此，武汉大学大健康法制研究中心作为武汉大学和泰康保险集团共建的大健康法制研究平台，致力于对域外先进之卫生与健康法律法规以及著作的译介，策划了这套《泰康大健康法制译丛》。

良善的法律制度是整个人类文明的共同财富，对于良善的法律制度，我们也应当加以借鉴。本着"取法乎上，扬弃承继"的理念，本译丛聚焦当今世界卫生与健康法制发达国家的法律制度以及学术著作，视野涵盖且不限于德国、英国等欧洲国家，美国以及日本、韩国等亚洲国家卫生与健康领域立法和学说之演变与最新动态。

很多法律实务界的同仁也在密切关注着我国的卫生与健康法制，尤其是大健康法制的发展趋势，盖其关乎到未来我国整个社会治理体系的架构。此外，本套译丛亦为卫生学、医学、药学、社会保障学、保险学等其他学科领域的学者以及实务工作者开启了一扇从法学视角看待域外卫生与健康法律制度的窗户。译者也希望借此打破立法与司法实务、法学与其他学科之间的壁垒，促进立法与司法实务的良性互动以及不同学科间的交流，携手共建具有中国特色的大健康法制体系。

本套译丛的译者具有精深的法学专业知识、丰富的海外学习经历，对国内和域外的法律制度有着深入的了解与研究。译者的专业性保障了本套译丛的质量。"纵浪大化中，不喜亦不惧。应尽便须尽，无复独多虑。"纵使译者非常努力地想向读者呈现一套质量上乘的译作，然囿于学识与时间，篇牍讹误在所难免。由衷希望各界关心我国大健康法制建设的人士不吝赐教、批评斧正！

冯果

2020 年 11 月 1 日于珞珈山

序　二

　　随着世界老龄人口占比不断增加的趋势日益明显，人类社会逐步迈向长寿时代，开始形成以低死亡率、低生育率、预期寿命持续延长、人口年龄结构趋向"柱状"、老龄人口占比高峰平台期超越 1/4 为特点的新均衡。在百岁人生悄然来临之际，人类的疾病图谱也发生了巨大变化，各类非传染性慢性病正成为人类长寿健康损失的主要原因，带病生存将成为普遍现象，健康产业逐渐成为推动经济发展的新动力。而为了储备未来的养老和医疗资金，个体和社会对财富的需求亦相伴而生。在此背景下，如何充分发挥制度创新、社会创新和商业创新的力量，探寻对养老、健康、财富等社会问题的解决方案，成为需要各界精诚合作、长期投入的事业。

　　为了探索应对长寿时代需求与挑战的企业解决方案，泰康保险集团在23 年的商业实践中把一家传统的人寿保险公司逐步改造、转变、转型为涵盖保险、资管、医养三大核心业务的大健康生态体系。作为保险业首个在全国范围投资养老社区试点企业，泰康已完成北京、上海、广州等 22个全国重点城市养老社区布局，成为全国领先的高品质连锁养老集团之一；同时，秉承医养融合理念，养老社区内配建以康复、老年医学为特色的康复医院，进一步满足长寿时代下的健康需求。在此过程中，国家健康法制体系的建设和完善对泰康的商业模式创新提供了鼓励和保障。近年来，国家颁布了一系列文件鼓励和支持保险企业为社会服务领域提供长期股本融资、参与养老服务机构的建设运营、引领医养领域的改革发展，如2020 年银保监会联合十三部委颁布的《关于促进社会服务领域商业保险发展的意见》指出，允许商业保险机构有序投资设立中西医等医疗机构和康复、照护、医养结合等健康服务机构；鼓励保险资金与其他社会资本合作设立具备医养结合服务功能的养老机构，增加多样化养老服务供给等等。泰康的经营实践与国家政策的制定颁布实现了相互促进和印证。

　　他山之石，可以攻玉。无论是国家政策制度的改革还是企业商业模式的创新，都不应是一个闭门造车的过程。正是对国外先进立法经验和商业实践的学习、扬弃，使其真正适应中国社会基因、解决中国现实问题，才让具有中国特色的社会主义制度熠熠生辉，大健康法制领域的学术研究和法制建设概莫能外。《泰康大健康法制译丛》的诞生便由此埋下了伏笔。

　　2019年，泰康保险集团秉承"服务公众、回馈社会"的理念，践行健康中国战略，与武汉大学共建武汉大学大健康法制研究中心，正式开启有关大健康行业政策与法律的联合研究。2020年，中心首批研究成果陆续问世，其中就包括与中国社会科学出版社合作出版《泰康大健康法制译丛》。本丛书对美国、德国、日本、韩国等国家卫生健康领域的立法和著作进行翻译、引介，为政府、学界和产业界进一步打破国别和学科藩篱、拓展理论与实务视野打开了局面，推动我国大健康法制体系在建设思路和举措上的明晰和完善。

　　在此，谨代表泰康和中心，对各位专家学者对本领域的持续关注表示诚挚感谢，并衷心希望各界专家积极参与到大健康法律政策的研究中来，汲取人类文明之精华，解决中国发展之问题，为我国大健康法制体系的完善提供坚实的理论基础，为我国在长寿时代下的国家和社会治理构建充分的法治保障，让百岁人生不惧病困、不惧时光，让人们更健康、更长寿、更富足！

陈东升

2020年12月1日于北京

导　　读

一　前法典化时期的德国社会法

德国社会法的历史可追溯至 1881 年 12 月 17 日，威廉一世皇帝（Kaiser Wilhelm Ⅰ）响应帝国宰相俾斯麦（Otto Eduard Leopold von Bismarck）的动议，颁布诏书，决定在德国建立一套劳工保险体制。自此，德意志第二帝国开始承担公民的生存保障，该生存保障建立在以下基本原则之上：

1. 通过参保人事先缴纳的保险费对养老金进行资助；
2. 国家对于社会保险的监控和参与；
3. 劳动者参与到社会保险的缴费之中。

在俾斯麦的领导下，健康保险（Krankenversicherung）法案于 1883 年经国会审议通过，紧随其后的是 1884 年国会审议通过的事故保险（Unfallversicherung）法案。1889 年《老年与伤残保险法》（die Invaliditäts-und Altersversicherung）经国会审议通过。自此，劳动者可以因疾病、年老、伤残而获得社会保障。上述三项法规于 1911 年被汇总为《帝国保险条例》（Reich sversicherungs ordnung，RVO）。1911 年第一个针对职员的法律——《职员保险法》（Angestellten versicherun gsgesetz，AVG）颁布。该法在 1924 年经历了一次修订。《职员保险法》将社会保险的覆盖面从低收入工人和某些政府雇员逐步扩大至大部分公民。魏玛共和国时期，《就业介绍及失业保险法》（Gesetz über Arbeits Vermittlung und Arbeitslosen versicherung，AVAVG）于 1927 年颁布、生效，失业保险制度才得以建立。相较于欧洲其他国家，德国的失业保险制度起步较晚。尽管如此，德国在第二次世界大战前就已经建成了以健康（医疗）、养老、事故（工伤）、失业四大保险为支柱的社会保险制度。

二　德国社会法的法典化进程

第二次世界大战后，联邦德国（西德）恢复和重建了战前的社会保险制度，《基本法》甚至还在宪法层面规定了社会法治国原则。[①] 1954年，联邦内阁做出决议，欲于该次立法会期完成社会法之法典化。1959年，社会民主党纲领指出，对于全部的劳动与社会立法皆应以易于理解之方式，统一于单一之劳动法与社会法典。[②] 遗憾的是，劳动法迄今在德国也未实现法典化，劳动法的法源主要是判例法以及《德国民法典》第611条以下有关雇佣合同的规定。相较于劳动法法典化进程的不幸"夭折"，社会法的法典化则从20世纪70年代有序展开。《基本法》第20条第1项所规定的"社会法治国"原则是德国社会法法典化的最高指导原则。

与《德国民法典》"整体一步到位"的制定方式不同，《德国社会法典》采用的是"成熟一编制定一编"的制定方式。也正是因为这个原因，《德国社会法典》目前已经完成的十二编，每一编的生效时间各不相同。在体系上，《德国社会法典》并不是按照完成时间的先后依次编排，而是按照特定的逻辑结构编排。最先完成的"总则编"（1975年12月11日）是《德国社会法典》的第一编，而随后完成的"社会保险总则编"（1976年12月23日）却并非《德国社会法典》的第二编，而是第四编。为避免重复，《德国社会法典》同样采用了提公因式的法典编纂技术，如第一编为整个《德国社会法典》的总则，第四编则为社会保险的总则。截至2019年年底《德国社会法典》已经完成总则编和十一个分则编，共十二编，分别为：

编	标题	生效时间	内容
第一编	总则	1973年1月1日	包括《社会法典》的基本目标以及概念定义和程序的规定

---

① 《基本法》（Grundgesetz）第20条第1款规定："各州的宪法秩序必须遵守本法所指的共和、民主和社会法治国家的原则。"（Die verfassungsmäßige Ordnung in den Ländern muß den Grundsätzen des republikanischen, demokratischen und sozialen Rechtsstaates im Sinne dieses Grundgesetzes entsprechen.）

② 郑尚元：《德国社会保险法制之形成与发展——历史沉思与现实启示》，《社会科学战线》2012年第7期。

续表

编	标题	生效时间	内容
第二编	为求职者提供的基本保障	2005 年 1 月 1 日	包括对于 15—65 岁或者 67 岁标准退休年龄的具有就业能力的人及其亲属的资助，只要他们不具有可供支配的足够的收入
第三编	劳动促进	1998 年 1 月 1 日	涉及联邦劳动局的服务；职业介绍和失业时的给付
第四编	社会保险总则	1977 年 1 月 1 日	除了规定关于社会保险缴费总额和社会保险法的基本概念的定义外，还规定了特别是社会保险承担者的章程（组织、社会保险选择、预算和结算）
第五编	法定健康保险	1989 年 1 月 1 日	涉及法定健康保险公司的组织、保险义务和服务及其和其他服务提供者（医生、牙医、心理治疗师等）的法律上的关系
第六编	法定养老金保险	1992 年 1 月 1 日	涉及德国养老金保险承担者的组织和提供的给付（老年人养老金、收入能力下降的养老金和遗属养老金；医疗、职业和其他康复的给付）
第七编	法定事故保险	1997 年 1 月 1 日	涉及工商业和农业的同业协作社以及公共部门的针对工伤、通勤事故和职业病的保险事件的事故保险公司的组织、保险义务和给付
第八编	儿童和青少年扶助	1990 年 10 月 3 日（新联邦州）1991 年 1 月 1 日（旧联邦州）	涉及公共青年扶助承担者（特别是青年福利局）对于享有请求权或者有扶助必要的儿童和青年及其父母和年轻的成年人的供给和服务
第九编	残疾人的康复和参与	2001 年 7 月 1 日 2018 年 1 月 1 日（新版本）	目的是促进残疾人和受到残疾威胁的人的自决和平等地参与到社会生活中来并避免或消除歧视
第十编	社会行政程序和社会数据保护	1981 年 1 月 1 日 1983 年 1 月 1 日	规定社会法的行政程序、社会数据的保护以及社会服务承担者相互间的合作以及它们与第三人之间的法律关系
第十一编	社会护理保险	1995 年 1 月 1 日	规定长期护理保险相关的内容
第十二编	社会救助	2005 年 1 月 1 日	规定有关最低限度的社会保障给付的内容

　　在内容上，《德国社会法典》最重要的内容是社会保险，占最大篇幅。社会保险部分，除了传统的四大社会保险，《德国社会法典》第 11 编还规定了 1994 年引入德国的社会保险"最年轻成员"——护理保险（Pflegeversicherung）。除了社会保险外，《德国社会法典》还包括由国家税收支持的国家救济、社会救助以及社会促进给付等内容。

在《德国社会法典》之外，仍然存在 11 部社会法领域的单行法（参见《德国社会法典》第一编第 68 条）。从长远来看，它们终将被纳入《德国社会法典》之中。从这个意义上讲，德国社会法的法典化仍在进行之中。

三 《德国社会法典》第五编：法定健康保险的借鉴价值

完善的社会保障制度是一个现代文明国家的重要标志。而作为社会保障制度主要支柱的社会保险制度正是为了缓和因偶然事件所导致的国民生活困难而设，其制度运作基础在于互助共济，"平时积攒一滴水，难时拥有太平洋"。与商业保险制度不同，社会保险制度是通过国家公权力的强制介入来保障整个制度的平稳运行。因此，社会保险制度彰显着一个国家以人为本的终极关怀，是一个国家承担社会责任的重要体现。

法定健康保险制度位于《德国社会法典》第五编。在德国，法定健康保险与工伤保险一样，为社会保险中最为重要、也是最为古老的险种。德国现行的法定健康保险制度经过数次修改，已臻成熟。虽然我国与德国在政治、经济、文化等方面存在较大差异，与法定健康保险（医疗保险）相关的公权力机构在设置上亦大相径庭，但从功能比较的角度看，德国法定健康保险制度所解决的问题与我国医疗保险制度所要解决的问题大体相同。因此，德国法定健康保险制度，对完善我国医疗保险制度具有一定的借鉴意义。诚如法学家耶林所言："外国法律制度的继受问题并不是一个国格的问题，而是一个单纯的符合目的与需要的问题。"

随着中国特色社会主义法律体系的建成，我国的社会法体系也逐渐成形，从 1998 年的《失业保险条例》、2003 年的《工伤保险条例》到 2010 年的《社会保险法》，我国的社会法体系已经基本建成。但是，包括《社会保险法》在内的社会法仍面临不断出现的新问题，仍有较大的完善空间。他山之石，可以攻玉。《德国社会法典》作为德国社会保障制度一百多年发展经验的总结，其精细的规范设计和高度的法典化程度，对于我国社会法的完善具有重要的参考价值。

虽然《德国社会法典》尚未完工，但仅就已经完成十二编而言，其篇幅已经太大。因此，本书选取法定健康保险为突破口，作为《德国社会法典》译介工作的第一步。译者衷心希望本书能为我国的医疗保险制度，甚至是整个社会保险制度的完善，为推进社会治理体系和治理能力现代化贡献些许力量。但囿于时间与水平，翻译的工作难免会存在一些讹误，还望读者批评斧正！

体例说明

1. 在法律法规的德文官方文本中，如果一个条文包含两款或者两款以上，每款前面通常都会用带括弧的阿拉伯数字标明该款的序号。而在有些条文中，款下分句，句下又分项，每项前面通常都会用不带括弧的阿拉伯数字标明该项的序号。但在中文的表述习惯中，不带括弧的阿拉伯数字通常是带括弧的阿拉伯数字的上级序号。为了避免款的序号和项的序号在编码上出现混乱，本书将每款序号的括弧去掉，直接用阿拉伯数字，并且不再在正文中标明款的序号，而是改在每款的左上角标明。

2. 在修法时，如果需要在现有的法律中加入个别条文，我国的做法通常是按顺序直接添加。例如，需要在第 5 条后面加一条，那么新加的条文就是第 6 条，原来的第 6 条就变成了第 7 条，后面的条文依次类推。而在德国，修法新加条文时会尽量不改变原有条文的序号。这样一来，在一些修改次数比较多的法律中，序号相邻的两个条文有时事实上并不是相邻。如《德国社会法典》第五编：法定健康保险第 1—3 条并不是三个条文，而是五个条文。因为第 2 条后面不是第 3 条，而是第 2a 条，第 2a 条后面还有第 2b 条，第 2b 条后面才是第 3 条。同理，《德国社会法典》第五编：法定健康保险第 2 条一共有五款，但它们并不是依次编码，而是（1）、（1a）、（2）、（3）、（4）。很显然，在《德国社会法典》第五编：法定健康保险最初的文本中，第 2 条只有五款，第（1a）款是后来修法时新加的。同样是为了保持法律条文的稳定性，德国修法时被删除章节、条文的序号会继续保留，甚至法律条文内的某一款被删去，其序号也会继续保留。因为这个原因，《德国社会法典》第五编：法定健康保险中存在大量只有章、节、目、条、款的序号，而没有实际内容的，只标明"已废止"字样的情形。

3.《德国社会法典》第五编：法定健康保险官方文本中的 Kapitel、

Abschnitt 和 Titel 依次翻译为"章"、"节"和"目"。

4. 在《德国社会法典》第五编：法定健康保险官方文本的正文中，一些条文的后面还有脚注。这些法律条文的官方脚注，译者予以保留。因为这个原因，《德国社会法典》第五编：法定健康保险译文的正文中存在一定数量脚注。

《德国社会法典》第五编：法定健康保险（1988年12月20日的法律第1条，载于《联邦法律公报》第1卷，第2477页）

颁布日期：1988年12月20日

状态：经2019年3月22日的法律第3条修订（《联邦法律公报》第1卷，第350页）

目　　录

第一章　总则

第1条　团体性和个人责任

健康保险作为共益团体承担着维持、重建或者提高参保人的健康状况的任务。这还包括促进参保人健康方面的个人能力以及承担个人责任。参保人对自己的健康负有共同责任；他们应通过注重健康的生活方式，及早参与保健措施以及积极参与治疗和康复来帮助预防疾病和残疾的发作或克服其后果。健康保险必须通过教育、咨询和服务来帮助参保人，并帮助其努力达到有利于健康的生活条件。

第2条　服务

[1]健康保险公司应根据经济性要求（第12条）向参保人提供第三章中列出的服务，但前提是这些服务不属于参保人个人责任的范围。这些服务不排除特殊治疗方向的治疗方法、药物和疗法。服务的质量和有效性必须符合公认的医学知识水平，并考虑到医学进步。

[1a]参保人患有危及生命或通常致命的疾病，或至少是在评估方面具有可比性的疾病，但尚无公认的医学标准表现，如果治愈的前景并不遥远，或对疾病过程有明显的积极影响，参保人可就该疾病要求与第1款第3句不同的服务。健康保险基金在开始之前按第1句的规定提供服务，如果参保人或治疗提供者提出要求，则应做出费用接受声明。费用接受声明根据第1句确定服务结算的可能性。

[2]除非本卷或第九编另有规定，参保人将获得物质和服务福利。这些服务根据个人预算要求提供；第九编第29条准用之。关于提供物质和服务，健康保险基金根据第四章的规定与服务提供者签订合同。

[3]在选择服务提供者时，必须考虑到其多样性。必须考虑到参保人的

宗教需要。

[4]健康保险基金、服务提供者和参保人必须确保这些服务以经济且有效的方式被提供，并且只在必要范围内被获得。

第2a条　对残疾人和慢性病患者的服务

必须考虑到残疾人和慢性病患者的特殊需要。

第2b条　性别特征

健康保险基金的收益必须考虑性别特征。

第3条　集体融资

健康保险基金的福利和其他费用由缴款供资。为此，成员和雇主支付缴款，通常以成员缴款为基础。保险费不向参保的家庭成员收取。

第4条　健康保险公司

[1]健康保险公司是具有自治权的公法实体。

[2]健康保险公司分为以下类型：

一般地方健康保险公司；

商业健康保险公司；

行业健康保险公司；

农业、林业和园艺社会保险作为农民健康保险的提供者，德国"矿工—铁路职工—海员"养老保险作为健康保险的承担者；

社会健康保险基金。

[3]为了提高法定健康保险的效率和效益，健康保险公司及其协会之间——无论是在一种类型的保险公司内还是在所有类型的保险公司中，与所有其他卫生事业机构密切合作。健康保险公司可要求其他健康保险公司不要采取非法广告措施；《反不正当竞争法》第12条第1—3款准用之。

[4]健康保险基金在执行任务和行政事项时必须节约、经济，并调整支出的方向，以排除缴费的增加，除非不能保证必要的医疗服务，即使在用尽经济储备之后也是如此。2011年和2012年私人健康保险基金的行政支出不得比2010年增加。行政支出还包括健康保险基金用于第三方执行其

管理任务的成本。偏离第 2 句的需考虑：

1. 根据第 270 条第 1 款第 1 句字母 c 更改分配的相关参数；以及

2. 增加行政开支，以进行社会供给选举为依据，除非选举程序是按照第四编第 46 条第 2 款进行的。

在由于法律上重新分配的任务而不可避免地需要额外人员的情况下，监管机关可以允许第 2 句减损，前提是健康保险公司证明利用经济储备无法满足额外要求。第 2 句、第 3 句、第 4 句第 2 项和第 5 句准用于健康保险基金协会。

[5]在《社会法典》第四编第 78 条第 1 句和第 77 条第 1a 款的行政法规中，必须确保用于宣传新会员的行政费用对于所有健康保险基金都相同的原则已发布。

[6](已废止)

第 4a 条　行政程序的特别规定

州法律第 266、267、269 条对行政程序的偏离除外。

第二章　参保人的范围

第一节　法定健康保险参保义务

第5条　保险义务

[1]负有保险义务的是：

1. 受薪工作的劳动者、雇员及学徒。

2. 根据《社会法典》第三编领取失业津贴者，在限制期（《社会法典》第三编第159条）或者由于休假补偿（《社会法典》第三编第157条第2款）而不能领取失业津贴者；这也适用于导致支付服务费用的判决被溯及既往地撤销、请求返还服务或者偿还服务费用的情形。

2a. 根据《社会法典》第二编领取失业津贴Ⅱ的人，但不适用于失业津贴仅以贷款方式发放，或仅根据第二编第24条第3款第1句获得失业津贴的人；这也适用于导致支付服务费用的判决被溯及既往地撤销、请求返还服务或者偿还服务费用的情形。

3. 农民，及其作为雇工的家庭成员以及符合《农民健康保险第二法》中关于健康保险规定的老年人。

4. 符合《艺术工作者社会保险法》相关规定的艺术工作者和媒体工作者。

5. 在青年福利机构并且具有工作能力的人。

6. 参与职业生活的体验者以及试用期雇员，但根据《联邦优抚法》的规定提供的措施除外。

7. 在国家承认的车间或在《社会法典》第九编第226条含义范围内的盲人车间或为这些机构从事家庭手工劳动或根据《社会法典》第九编

第 60 条为其他服务提供者工作的残疾人。

8. 在机构、家庭或类似机构按照一定规律提供服务的残疾人，其提供的服务相当于一个完全就业人员的五分之一；这包括为该机构承担者提供的服务。

9. 在州立或州承认的高等教育机构就读的学生，无论他们是在德国的定居者还是惯常居住者，如果他们由于政府间或国际法的原因无权获得物质利益，直到第十四学期结束，最迟不超过三十岁；由于培训、家庭及个人原因，特别是在职业教育培训机构获得入学资格，而不可避免地导致学习时间超过十四个学期或年满三十岁不能完成学业者。

10. 按照学业或考试规章的规定，从事无报酬的实习工作和职业培训者；根据《联邦教育促进法》，在培训部分中合格的第二教育途径受训者与实习生享受同等对待。

11. 根据法定养老保险满足领取养老金的要求者和已经申请养老金者，自他们初次参加工作至提交养老金申请这一时间段的后半段时期中，至少有十分之九的时间都是法定健康保险参保人或者根据本法第 10 条享有保障者。

11a. 在 1983 年 1 月 1 日之前从事独立艺术或新闻工作，符合养老保险要求的领取养老金条件且已提出养老金申请者，且他们在 1985 年 1 月 1 日到提交养老金申请的期间至少有十分之九的时间根据《艺术工作者社会保险法》都受到法定健康保险的保障；对于在 1990 年 10 月 3 日在加入国领域内居住的人，1992 年 1 月 1 日而不是 1985 年 1 月 1 日具有决定作用。

11b. 符合行使请求权条件的人，且：

a）依据《社会法典》第六编第 48 条享有孤儿抚恤金；或

b）依据《社会法典》第六编第 6 条第 1 款第 1 句第 1 项，如果死者的父母由于强制性成为专业养老机构的成员，最后以雇员身份参加法定退休金保险中的强制性保险，则可以享受专业养老机构的相应利益，并已提出申请；除非符合家庭保险的条件，但不包括第 10 条第 1 款第 1 句第 2 项或第 11 项规定的条件，这不适用于在提出养老金申请之前最后享有私人健康保险供给的人。

12. 符合请求法定养老保险条件并已提出养老金请求的人，如果属于

《外国人养老法》第 1 条或第 17a 条或者《纳粹暴行补偿法》第 20 条中社会保险提及的人群范围，并且在提出养老金申请前的最近十年在德国居住。

13. 在生病期间不享有其他保险请求权的人，且：

a）上一次由法定健康保险承保；或

b）至今没有参加法定或者私人健康保险，除非他们属于本条第 5 款或者第 6 条第 1 款或第 2 款提及的人群或者在国内接受过职业培训。

[2]如果与参保人结婚的人不再是低收入工作者或低收入自主经营者，则第 1 款第 11 项要求的参保期间至 1988 年 12 月 31 日应与参保人的婚姻期间相同。对于从他人保险中获得养老金请求权的人，如果他人满足了这些条件，则应视为本人已满足第 1 款第 11 项或第 12 项中规定的条件。对于本条第 1 款第 11 项要求的参保期间，儿童、继子女或寄养儿童（《社会保险法》第一编第 56 条第 2 款第 2 项）应计算 3 年的参保期间。这一计算不适用于：

1. 被收养儿童如在收养生效时已达到第 10 条第 2 款所规定的年龄限制，或

2. 如果继子女在父母结婚时已达到第 10 条第 2 款规定的年龄限制，或者继子女在达到这一年龄限制之前未与家庭成员一起进入共同家庭。

[3]领取提前退休津贴的人被视为第 1 款第 1 项意义上的受薪工作的劳动者和雇员，如果他们在领取提前退休津贴前直接负有参保义务，且提前退休津贴的支付金额不少于《提前退休法》第 3 条第 2 款含义下的毛劳动报酬总额的 65%。

[4]如果领取提前退休津贴者的居住地或经常居留地在国外，且其居住地或者经常居留地与德国没有签订关于医疗跨境支付的多边或双边政府间协议，领取提前退休津贴者不负有参保义务。

[4a]依据《职业培训法》在职业培训合同框架范围内在外部机构进行培训的学徒，与本条第 1 款第 1 项中所指的接受职业培训的雇员相同。双重学习课程的参与者与本条第 1 款第 1 项中所指的接受职业培训的雇员相同。本条第 1 款第 1 项所指的职业培训的雇员，如果作为宗教协会或类似宗教团体的非正式成员而在这种协会或团体中服务，应被视为在学校外部接受培训的人。

⁵依据本条第 1 款第 1 项或第 5—12 项，主业为自主经营者不负有参保义务。经常雇用至少一名与自营职业有关的工人且支付报酬高于低收入标准的人，可推定为主业为自主经营者；雇员也包括公司的雇员。

^{5a}依据本条第 1 款第 2 项以下人群不负参保义务：在领取失业津贴 II 之前参加私人医保；或者既不参加法定医保也不参加私人医保且属于本条第 5 款或第 6 条第 1 款或第 2 款所指人群；或者属于在国内从事职业活动的群体。第 1 句不适用于在 2008 年 12 月 31 日根据第 5 条第 1 款第 2a 项负有参保义务而需要救助的人。第 1 句所指人群不按照第 10 句参保。第 1 句所指人群，只要在 2015 年 12 月 31 日满足第 10 条规定的条件，自 2016 年 1 月 1 日起根据第 1 款第 2a 项负有参保义务。

⁶根据第 1 款第 1 项负有参保义务的人，满足第 1 款第 5—7 项或第 8 项时不再负有参保义务。如果根据第 1 款第 6 项规定的参保义务与根据第 1 款第 7 或第 8 项规定的参保义务产生竞合，则应采纳保费更高的保险义务。

⁷根据第 1 款第 1—8 项、第 11—12 项负有参保义务的人，满足第 1 款第 9 或第 10 项不再负有参保义务，除非大学生或实习生的配偶、生活伴侣或子女未参保或根据 1 款第 11b 项负有的参保义务超出了第 10 条第 2 项第 3 款的年龄限制。第 1 款第 9 项规定的参保义务优先适用于第 1 款第 10 项的规定。

⁸根据第 1 款第 1—7 项或第 8 项负有参保义务的人，满足第 1 款第 11—12 项时不再负有参保义务。第 1 句适用于第 190 条第 11a 款所指人群。对于根据法定养老保险领取养老金者，自 2002 年 3 月 31 日起根据第 5 条第 1 款第 11 项负有参保义务，他们在当日已经拥有养老金请求权，并持续至《农民健康保险第二法》第 10 条或第 7 条的规定的时点，但若未满足 1993 年 1 月 1 日生效的版本中第 5 条第 1 款第 11 项规定的前保险期间和《农民健康保险第二法》第 10 条或第 7 条的规定，保险不能从 2019 年 5 月 10 日生效的版本的第 9 条第 1 款第 1 句第 6 项所指的人群中转出，《农民健康保险第二法》第 10 条或第 7 条的规定优先适用于第 5 条第 1 款第 11 项的规定。

^{8a}根据第 1 款第 1—12 项规定的义务参保人、自愿参保人或根据第 10 条规定的参保人，满足第 1 款第 13 项时不再负有参保义务。第 1 句适用

于《社会法典》第 12 卷第三章、第四章、第六章和第七章规定的当前服务接受者，以及《难民申请者福利法》第 2 条中的当前服务接受者。第 2 句同样适用于对于这一服务的请求权不足一个月而中断的情形。只要此后当事人在疾病情形下不享有其他任何健康保险的请求权，根据第 19 条第 2 款享有的难民福利的请求权不应视为第 1 款第 13 项所指的疾病情形下的保险请求权。

[9]如果根据第 5 条、第 9 条或第 10 条产生的保险关系在保险合同解除后不再成立，或者根据第 5 条或 10 条，保险关系在第 9 条规定的保险期间届满之前终止，则私人健康保险公司有义务重新订立保险合同，只要之前的合同在终止之前已经不中断地存续了至少五年。合同重新订立时不进行风险审查，按照合同解除时相同资费条件；合同解除前的账龄计提应计入新合同。如果未根据第 1 句成立法定健康保险，新保险合同自原保险合同终止之日起生效。如果法定健康保险根据第 1 句在保险期限届满之前终止，新保险合同自法定健康保险终止之日起生效。如果未根据第 5 条、第 9 条或第 10 条建立保险关系，那么第 1 句规定的义务在保险合同终止的 3 个月后终止。根据第 5 条或第 10 条在第 9 条规定的前保险期间限届满之前终止保险关系，那么第 1 句规定的义务最长在私人保险合同终止后的 12 个月内终止。保险合同的上述规定同样适用于私人健康保险中的延期保险。

[10]（已废止）

[11]来自非欧盟成员国、《欧洲经济区协定》缔约国或瑞士的外国公民，若根据《居留法》具有居住许可或超过 12 个月的居住许可，且根据《居留法》第 5 条第 1 款第 1 项对于居住许可的授予无提供生活来源证明的义务，则根据第 1 款第 13 项负有参保义务。如果在德国居住的条件是根据《欧盟自由流动法》第 4 条的规定获得健康保险保护，那么欧盟其他成员国、《欧洲经济区协定》其他缔约国或瑞士的公民不负有第 1 款第 13 项规定的参保义务。如果存在《难民申请者福利法》第 4 条规定的在疾病、怀孕和生育情形下的福利请求权，则视为《难民申请者福利法》已经对权利人提供了保险。

第 6 条　参保自由

[1]自由参保者包括：

1. 固定年收入超过第 6 款或第 7 款规定的年收入限额的劳动者和雇员；因考虑到家庭状况而支付的津贴不包括在内。

1a. 居住地或惯常居留地不在欧联盟成员国、《欧洲经济区协定》缔约国或瑞士范围内的德国远洋轮船上的非德籍船员。

2. 公务员，法官，在役士兵和联邦国防军的全职士兵以及联邦政府、州、市协会，市政府，公法法人、基金会或公法法人协会或其核心组织的其他工作人员，当他们在疾病情形下享有根据《公务员法》或《基本法》的规定请求继续支付报酬、津贴或免费医疗的权利。

3. 在高等教育机构或技术培训学校注册作为正式学生的学习期间从事获取劳动报酬工作的人。

4. 受公法法人承认的宗教团体的神职人员，当他们在疾病情形下享有根据《公务员法》或《基本法》的规定请求继续支付报酬及津贴的权利。

5. 在经认可的私立替代学校中工作的全日制教师，当他们在疾病情形下享有根据《公务员法》或《基本法》的规定请求继续支付报酬及津贴的权利。

6. 第 2 项、第 4 项和第 5 项所指人群，如果其请求领取退休金或类似收入的权利得到认可，当他们在疾病情形下享有根据《公务员法》或《基本法》的规定请求支付津贴的权利。

7. 宗教团体的法定成员、女执事和类似人士，如果主要出于宗教或道义上的原因，从事护理、教学或其他慈善活动，不是免费食宿或获得低收入报酬，仅足以应付房屋、食物、衣服等直接基本的生活需要。

8. 根据欧洲共同体的疾病护理系统在疾病情形下获得供给的人群。

[2]第 5 条第 1 款第 11 项中负有参保义务的死者家属、第 1 款第 2 项和第 4—6 项所述人群是自由参保者，他们请求获得养老金的权利仅从死者的保险中产生且在疾病情形下享有根据《公务员法》或《基本法》的规定请求支付津贴的权利。

[3]根据第 1 款或其他法律规定（第 2 款和第 7 条除外）的自由参保人或免除强制参保者，当其满足第 5 条第 1 款第 1 项或第 5—13 项规定的任一条件，仍然享有参保自由。前款不适用于第 1 款第 3 项所述人群在从业期间自由参保的情形。

[3a]年满55周岁负有参保义务的人群，当他们在义务产生的最近5年内未参加法定保险，享有参保自由。另一条件是他们至少有一半时间是自由参保人、免除强制参保义务或根据第5条第5款不负参保义务。第2句规定的前提条件同样适用于与第2句提及的自然人形成的婚姻或者生活伴侣关系。第1句不适用于根据第5条第1款第13项的规定负有参保义务者。

[4]对于超出年收入限额的人群，其参保义务将在超出年收入限额的日历年终结时终止。该规定不适用于年收入不超过自下一年度起适用的年度收入限额的情形。收入的追溯性增加计入对所增加收入产生请求权的年度。

[5](已废止)

[6]根据第1款第1项，2003年的年收入限额为45900欧元。年收入限额在每年的1月1日依据上年度每名职工的毛收入总额（《社会法典》第六编第68条第2款第1句）与上上一年度中相应的毛收入总额的比例进行调整。调整的金额仅适用于年收入限额确定的日历年，不足的按450的倍数取整计算。联邦政府根据《社会法典》第六编第160条的规定设定年收入限额。

[7]不同于第6款第1句的规定，在2002年12月31日当日因为超出当年收入限额而可自由参保并在私人健康保险公司参加了替代健康保险的劳动者和雇员，在2003年的年收入限额为41400欧元。第6款第2—4句准用之。

[8](已废止)

[9](已废止)

脚注

(+++ 提示：根据第6条第6款第4句以及第6条第7款第1句的年收入限额参照各自的《社会保险计算规模法令》+++)

第7条　低收入职业的参保自由

[1]根据《社会法典》第四编第8、8a条从事低收入职业的群体，在此职业中享有参保自由；这不适用于下列职业情形：

1. 企业内部职业培训范围内的工作；

2.《青年者志愿服务法》规定的工作；

3.《联邦志愿服务法》规定的工作。

《社会法典》第四编第 8 条第 2 款的规定只有与一份非低收入工作一起核算时，强制参保才能成立。

[2]在 2003 年 3 月 31 日仅从事一份负有参保义务工作的人群，如果该工作满足《社会法典》第四编第 8 条、第 8a 条中规定的低收入职业特征，且他们在 2003 年 3 月 31 日之后不再满足第 10 条规定的参保条件，在该工作中仍负有参保义务。他们可以依申请免除强制参保义务。如果参保义务的生效时间为 2003 年 4 月 1 日，准用第 8 条第 2 款的规定。强制参保义务的免除仅限于各自从事的工作范围。

[3]（已废止）

第 8 条　参保义务的免除

[1]强制参保义务人依申请可免除参保义务的情形：

1. 根据第 6 条第 6 款第 2 句或第 7 款调整了年收入限额。

1a. 领取事业津贴或赡养津贴（第 5 条第 1 款第 2 项）且在最近 5 年未参加法定健康保险的人群，当他们已经在健康保险公司投保并已获得满足本编种类和范围的各类服务。

2. 在父母假期间根据《联邦育儿津贴法》第 2 条或《联邦父母津贴和父母假法》第 1 条第 6 款的规定从事兼职工作，该义务的免除仅涵盖父母假期间。

2a. 根据《护理期法》第 3 条在护理期间减少每周固定工作时间，或根据《家庭护理期法》第 2 条在家庭护理期间减少每周固定工作时间；该义务的免除仅涵盖护理期间或家庭护理期间。

3. 每周固定工作时间减少到公司同等全职职工时间的一半或更少；这也适用于在结束先前的雇佣关系之后与新的雇主缔结符合前半句条件的雇佣关系的雇员，以及在领取育儿津贴或休育儿假之后或在解除根据《护理期法》第 3 条或《家庭护理期法》第 2 条获得的第一分句意义上的雇佣关系之后的雇员，该雇佣关系在全职工作中将根据第 6 条第 1 款第 1 项的规定导致参保自由；另一个条件是该雇员已因超过年收入限额在至少 5 年时间内负有参保义务；领取父母津贴的期间或度过父母假的期间或根据《护理期法》第 3 条或《家庭护理期法》的护理期被计算在内。

4. 申请养老金或领取养老金或基于参加工作的福利（第 5 条第 1 款第 6 项、第 11—12 项）。

5. 注册大学生或职业实习生（第 5 条第 1 款第 9 项或第 10 项）。

6. 受聘成为实习医生。

7. 在残疾人机构中工作（第 5 条第 1 款第 7 项或第 8 项）。

参保义务的免除不以申请人首次负有参保义务为前提。

[2]必须在参保义务开始后的三个月内向健康保险公司提交申请。如果参保人在参保义务开始时未请求任何服务，那么参保义务的免除从这一时点起生效，否则应从提交申请的当月生效。参保义务的免除不能撤销。只有参保人证明在生病情形下有其他保险权利时，参保义务的免除才有效。

[3]根据 2014 年 12 月 31 日生效的《家庭护理期法》第 3 条第 1 款第 1c 项，在 2014 年 12 月 31 日根据第 1 款第 2a 项免除参保义务的人群，在后护理期间也应免除参保义务。在适用第 1 款第 3 项的情形下，2014 年 12 月 31 日生效的《家庭护理期法》第 2 条规定的参保义务的免除与第 3 条第 1 款第 1c 项规定的后护理期间相同。

第二节　法定健康保险参保权利

第 9 条　自愿参保

[1]下列群体可自愿参保：

1. 已经被免除参保义务且在退保前 5 年时间中至少有 24 个月或在退保前至少有 12 个月不间断地参加法定健康保险的群体；第 189 条规定的参保期间和因不法领取失业津贴 Ⅱ 而单独存在的参保期间将不予考虑。

2. 第 10 条规定的保险关系消灭的或因为第 10 条第 3 款规定的条件保险关系不成立的群体，如果他们或父母一方符合第 1 项中提及的前保险期间，家庭保险来源于该父母一方的保险。

3. 在德国首次就业且符合第 6 条第 1 款第 1 项的自由参保人群体；在职业培训之前或期间从事的工作不予考虑。

4.《社会法典》第九编所指的严重残障人士，如果他们本人、父母一方、配偶或同居伴侣在最近 5 年内至少有 3 年时间参保，除非因自身残疾不符合参保条件；章程根据年龄规定参保的权利。

5. 因在国外、政府间或非政府间国际组织工作而退保的雇员，如果他们在回国或结束政府间或非政府间国际组织的工作后的两个月内重新开始工作。

6.（已废止）

7. 在德国连续居住六个月内或结束领取失业津贴 Ⅱ 三个月内的归国者，以及根据《联邦流亡者法》第 7 条第 2 款第 1 句规定的与参保人享有同等权利的配偶及后代，且在离开原保险地区之前已经获得当地法定健康保险的供给。

8. 截至 2018 年 12 月 31 日退役的士兵。

为了计算第 1 句第 1 项规定的前保险期间，按照第三编第 339 条计算的领取保险金的 360 天视为 12 个月。

²下列情形中应在 3 个月内通知健康保险公司参保：

1. 结束保险关系后，符合第 1 款第 1 项规定的情形；

2. 结束保险关系或子女出生后，符合第 1 款第 2 项规定的情形；

3. 开始工作后，符合第 1 款第 1 句第 3 项规定的情形；

4. 根据《社会法典》第九编第 151 条被确诊残疾后，符合第 1 款第 4 项规定的情形；

5. 回国或结束政府间或非政府间国际组织的工作后，符合第 1 款第 5 项规定的情形；

6. 士兵退役后，符合第 1 款第 1 句第 8 项规定的情形。

³如果根据第 1 款第 7 项参加法定健康保险时，无法出示根据《联邦流亡者法》第 15 条第 1 款或第 2 款规定的证明，那么联邦行政办公室根据《联邦流亡者法》第 8 条第 1 款的分配程序的规定出具的登记卡以及主管机关根据《联邦流亡者法》第 15 条第 1 款或第 2 款出具的接收申请证明的确认函可以作为临时证明。

第三节　家庭成员保险

第10条　家庭保险

[1]当家庭成员具有以下情形时，参保人的配偶、生活伴侣、子女以及参保家庭子女的子女参保：

1. 居住地与经常居留地在国内。

2. 不符合第 5 条第 1 款第 1、2、2a、3—8、11—12 项的规定或不是自主申请参保。

3. 不是自由参保人或未免除参保义务；此时不考虑第 7 条规定的参保自由的情形。

4. 不是全职的自主经营者；以及

5. 每月固定总收入不超过《社会法典》第四编第 18 条规定的每月收入的七分之一；对于因结束劳动关系而以非月薪形式支付的遣散费、补偿金或类似津贴（离职补偿），最后一次按月支付的失业津贴应考虑支付失业补偿后的最近几个月的数额，直至按月连续支付的失业津贴的数额达到已支付的失业补偿的数额；养老金的支付数额不考虑教育子女期间获得补偿的部分；根据《社会法典》第四编第 8 条第 1 款第 1 项、第 8a 条低收入者的收入总额不超过 450 欧元。

第 1 句第 4 项所指的全职自主经营者不包括在列，因为 1994 年 7 月 29 日颁布的《农民养老保险法》（《联邦法律公报》第 1 卷第 1890、1891 页）第 1 条第 3 款规定了一项保险。配偶和同居伴侣在《母亲保护法》第 3 条规定的保护期内以及育儿期内不参保，如果他们在此之前未参加法定健康保险。

[2]子女在下列情形中是参保人：

1. 年满 18 周岁以前。

2. 未就业的，年满 23 周岁以前。

3. 年满 25 周岁，在学校或接受职业培训或根据《青年志愿服务法》自愿参加社会活动或生态活动或根据《联邦志愿服务法》参加联邦志愿活动；如果上学或职业培训因履行儿童的法定服务义务而被中断或延误，则保险时间也将超过 25 周岁的限制，相应地延长至该服务期间结束；根据《士兵法》第 58b 条，这也适用于自愿服兵役的中断或延误，根据《联邦志愿服务法》《青年志愿服务法》或类似的公认志愿服务或根据《发展援助法》第 1 条第 1 款的规定从事援外服务的志愿工作，保险最长持续 12 个月。

4. 当他们因为残疾（第九编第 2 条第 1 款第 1 句）生活无法自理时，没有年龄限制；其条件是，残疾存在于子女根据第 1、第 2 或第 3 项规定的年龄限制范围内参加家庭保险期间或仅由于第 1 款第 1 句第 2 项所述的优先保险才排除了家庭保险。

[3]如果参保人的配偶或生活伴侣不是健康保险公司的成员，且其每月总收入经常性超过年收入限额的十二分之一，且总收入经常性高于参保人的总收入，则与参保人的配偶或同居生活伴侣有血缘关系的子女不参保；在养老金中已考虑到付款金额。

[4]第 1—3 款所指的子女，包括主要由参保人抚养的继子女和孙子女或在其家庭中寄养的养子女（第一编第 56 条第 2 款第 2 项）。获得其生父母同意且从小被领养的子女，将被视为收养人的子女，不再是其生父母的子女。第 1 句所指的继子女也包括参保人的生活伴侣的子女。

[5]如果同时满足第 1—4 款的多项条件，由参保人选择健康保险公司。

[6]参保人有应当向主管的健康保险公司报告第 1—4 款的参保人情况、实施家庭保险的必要说明以及相关说明的更改。联邦健康保险公司最高协会针对第 1 句所述报告确定统一的程序和统一的登记表。

第三章　健康保险的支付项目

第一节　服务项目总揽

第11条　服务项目种类

[1]参保人有权根据下列规定请求服务：

1. 在怀孕和生育期间（第24c—24i条）；

2. 用于预防疾病和预防疾病的加重以及用于避孕，包括绝育和中止妊娠情形下的避孕（第20—24b条）；

3. 用于评估健康风险和疾病的早期发现（第25、26条）；

4. 用于治疗疾病（第27—52条）；

5. 《社会法典》第九编第29条规定的个人医疗费用预算。

[2]参保人还有权请求支付医疗康复费用、维持生计的费用和其他必要的补充费用，以避免、消除、减弱、补偿残疾和护理需求，防止恶化或减轻其后果。护理保险公司提供护理需求产生后积极护理的服务。除非本卷另有规定，否则按照第九编提供第1句所指的护理服务。

[3]如果参保人确保其雇用的特别护理人员能够按照第十二编第63b条第6款第1句的规定提供足够的护理服务，则住院期间出于医疗原因的必要陪同人员或第108条规定的医院需要的护理人员或根据第107条第2款所述的预防性或康复性机构也包括在服务费用的支付范围内。如果住院治疗时，由于医疗原因需要陪同人员在场，但无法安置在医疗机构内部，陪同人员也可能安置在医院外部或预防性或康复性机构外部。根据不同情况的医疗需求，健康保险公司应酌情决定第2句所述的安置的类型和期限；这些服务的费用不得高于根据第1条将陪同人员安置在医疗机构内部产生

的费用。

⁴参保人有权要求供给管理服务，尤其是解决不同供给领域之间转换的问题；这也包括专科医生之间的合作供给。相关的服务提供机构应为参保人提供合适的衔接供给，并互相告知必要信息。这项任务的完成必须得到健康保险公司的支持。护理机构必须纳入护理管理当中；同时必须根据第十一编第 7a 条确保护理顾问之间密切合作。供给管理和必要信息的告知只能在经过参保人的同意和事先知悉的情况下进行。如果尚未按照第 140a 条在合同中约定相应的规则，则应与法定健康保险的其他服务提供者和第十一编规定的服务提供者以及医疗护理基金会在签订的合同框架内对细节进行规范。

⁵健康保险支付范围不包括法定意外保险规定的工伤事故或职业病的后果。这也适用于第七编第 12a 条的情形。

⁶健康保险公司可在其章程中增加符合专业要求的质量但不被联邦联合委员会排除的下列领域服务的支付：医疗预防和康复（第 23 条、第 40 条）、助产士在怀孕和分娩时提供的服务（第 24d 条）、人工授精（第 27a 条）、不适用义齿修复的牙科治疗（第 28 条第 2 款）、提供非处方药（第 34 条第 1 款第 1 句）、补救措施（第 32 条）与辅助措施（第 33 条）、家庭医疗护理（第 37 条）和家政服务（第 38 条）以及未经授权的服务提供者提供的服务。特别是，章程必须确定支付的种类、期限和范围；对提供的服务的质量有充分要求。增加的支付领域将由健康保险公司在其账户中单独列示。

第二节　通用规则

第12条　经济性原则

¹医疗服务必须充分、有效和经济；不能超出必要的范围。参保人不可主张不必要或不经济的服务，服务提供者不应当提供这些服务，健康保险公司也不应当批准这些服务。

²如果为服务确定了固定的金额，则健康保险公司按照此固定金额履行服务义务。

[3]如果健康保险基金提供的服务没有法律依据或违反现行法，并且董事会成员知道或应当知道，如果理事会未主动启动追索程序，主管监管机关在对董事会成员进行听证后，要求理事会督促董事会成员赔偿因失职造成的损失。

第13条　费用报销

[1]健康保险公司只能在其本卷或第九编规定的范围内以费用的报销代替实物服务或医疗服务（第2条第2款）。

[2]参保人可以选择以费用的报销代替实物服务和医疗服务。在接受该服务之前，参保人必须将其告知健康保险公司。服务提供者必须在其接受服务前告知参保人，健康保险基金未涵盖的费用由参保人自己承担。可以将选择限制在医疗护理领域、牙医护理、住院护理或提供的服务领域内。第四编中未提及的参保人只能在获得健康保险公司的事先批准后方可获得服务。如果出于医疗或社会原因证明在此类医疗服务提供机构获得服务是合理的，且这类机构保证至少提供同等水平的服务，则可由健康保险公司给予批准。排除了根据第95b条第3款第1句由医疗服务提供机构请求报销费用的情形。最高报销额以健康保险公司确定的实物服务的补偿额为限。健康保险公司的章程须规定费用报销的程序。它可以从报销额中扣除不超过5%的行政费用。在根据第129条第1款第5句报销费用的情形下，必须考虑到根据第130a条第8款未给予健康保险公司的折扣以及与根据第129条第1款第3和第4条出售药物相比所产生的额外费用；折扣应当总计。参保人选定费用报销后至少在一个季度内不能更改。

[3]如果健康保险公司没有按时提供紧急服务或错误地拒绝了服务，并且如果参保人承担了自行购买服务的费用，则健康保险公司应在必要的服务范围内偿还这些费用。参保人自行承担的根据第九编用于医疗的服务费用应按照第九编第18条报销。

[3a]健康保险公司最迟在收到参保人申请服务后的三周内，或在征求专家意见特别是针对健康保险的医药服务的专家意见的情形下，最迟在收到参保人申请后五周内做出决定。如果健康保险公司认为有必要听取专家意见，则必须立即获得此信息并将其告知参保人。医药服务的专家意见在三周内提供。如果《联邦牙医格式条款》根据第87条第1c款已经规定了

针对牙医的鉴定程序，则健康保险公司应当在收到申请后的六周内做出决定；鉴定专家在四周内做出报告。如果健康保险公司不能遵守第 1 句或第 4 句规定的期限，则应及时将迟延的原因书面通知参保人。如果未说明原因，则该服务将在截止日期到来后视为已批准。如果参保人在截止日期到来后自行获得所需的服务，则健康保险公司有义务报销由此产生的费用。健康保险公司每年向联邦健康保险公司最高协会报告未按时完成或费用报销的案件数量。对于医疗服务，《社会法典》第九编第 14—24 条的规定适用于服务之间的协调和自行购买服务的报销。

[4]参保人还有权在欧盟的其他成员国、《欧洲经济区协定》的其他缔约国或瑞士以费用报销来代替实物服务或医疗服务，除非对这一群体在其他国家的医疗服务在总额基础上进行了报销，或基于放弃报销的合意而不报销。这些医疗服务提供机构必须符合《欧洲共同体条约》规定的行业准入和从业条件或者在居留国健康保险体系中有权向参保人提供服务。报销的最高额限于健康保险公司以境内实物服务的形式承担的报销金额。健康保险公司的章程规定了费用报销的程序。基金会对于不超过 5% 的行政费用必须从报销金额中充分扣除，并要扣除规定的附加费。只有在欧盟的其他成员国或《欧洲经济区协定》的其他缔约方中可以针对疾病进行与公认的医学水平相应的治疗，健康保险公司才会完全承担治疗的必要费用。

[5]不同于第 4 款的规定，参保人在欧盟其他成员国、《欧洲经济区协定》其他缔约国或瑞士中，只有在获得健康保险公司事先同意的情况下，方可根据第 39 条要求享受医疗服务。只有及时从境内健康保险公司的合作方处获得对参保人同样有效且符合公认医学水平的疾病的相应治疗时，才能拒绝批准境外医疗服务。

[6]第 18 条第 1 款第 2 句和第 2 款准用于第 4 款和第 5 款所述情形。

第14条 部分费用报销

[1]基金会章程针对适用《帝国保险法》第 351 条的工作制度的健康保险公司及其协会的雇员和受保障者、企业医疗基金会或矿工医疗基金会工作的公务员，根据本卷规定的医疗服务报销部分费用。章程必须按百分比确定请求报销的金额，并规范报销程序的细节。

²第 1 款所述的参保人可以提前决定是否在接下来两年期间报销第 1 款所述的部分费用。该决定对于第 10 条规定的参保人的家庭成员同样有效。

第 15 条　医生治疗、电子健康卡

¹除非根据第 63c 条第 3c 款在示范项目中另有规定，否则医生或牙医应提供医疗或牙科治疗。如果需要他人辅助治疗，必须由医生（牙医）安排并亲自负责。

²寻求医疗、牙科治疗或心理治疗的参保人必须在治疗开始之前将其电子健康卡交给医生、牙医或心理治疗师，以证明其有权享受医疗服务。

³为了获得其他服务，健康保险公司酌情签发参保人应享的权利证书。在获得服务之前，参保人必须将权利证书交付给医疗服务提供机构。

⁴权利证书中应包括第 291 条第 2 款第 1 句第 1—9 项规定的信息，应当把有效期的日期列入。其他信息则不应当列入。

⁵遇紧急情况，可在规定时间后补交电子健康卡或权利证书。

⁶每位参保人首次领取电子健康卡、在健康保险公司投保时领取电子健康卡以及非由参保人责任引起的换卡均免费。健康保险公司必须采取适当措施防止电子健康卡的不当使用。如果由于可归责于参保人的原因必须换发电子健康卡，则可收取 5 欧元的费用；第 10 条所述的参保人也应支付此费用。如果由于可归责于参保人的原因而无法签发电子健康卡，且健康保险公司签发一份仅限于过渡期的替代证书作为获取服务的证明，则准用第 3 句。仅当参保人对电子健康卡的签发产生影响时，才考虑根据第 4 句再次签发证书；首次签发替代证书时，必须告知参保人。健康保险公司可在参保人根据第 10 条第 6 款的规定正式提交申请后签发电子健康卡。

第 16 条　请求权的中断

¹在下列情形中，参保人获得健康保险服务的请求权中断：

1. 除本法另有规定外，参保人在国外居留期间，即使是在暂时居留期间生病；

2. 基于法定工作任务或服务工作以及执行《士兵法》第四目规定的训练；

2a. 根据《作战和康复法》第 6 条正在服特种兵役；

3. 根据《就业法》的规定有权请求免费医疗或作为援外工作者从事对外援建工作；

4. 处于拘留审查期、根据《刑事诉讼法》第 126a 条被暂时收押或根据《改善与安全规章》被剥夺个人自由，但只要参保人作为监禁者有权获得《刑事执行法》规定的健康救济或其他健康救济。

第 1 句不适用于获得父母津贴的请求权。

[2]如果参保人从国外的意外保险机构获得类似的服务，则获得医疗服务请求权中断。

[3]如果《海事劳工法》对生病或受伤的情形做出了规定，则获得医疗服务请求权中断。特别是只要船员出海或航行期间，获得健康保险服务请求权中断，除非船员根据《海事劳工法》第 100 条第 1 款选择了健康保险公司的服务，或船东根据《海事劳工法》第 100 条第 2 款将船员移交给健康保险公司。

[3a]根据《艺术工作者社会保险法》第 16 条第 2 款的规定，拖欠两个月保险费且经催缴仍未缴纳的参保人获得医疗服务的请求权中断。第 1 句准用于本卷所规定的拖欠两个月保险费且经催缴仍未缴纳的参保人，但除了第 25 条和第 26 条所述的疾病的早期发现检查、急性疾病和疼痛的治疗以及怀孕和哺乳所需的服务；参保人在补缴保险费欠款和中断期间应缴的保险费后恢复行使医疗服务请求权。如果已达成有效的分期付款协议，只要按照合同支付分期付款，则参保人从达成协议时起恢复行使医疗服务请求权。如果参保人在第二编或第十二编规定的意义上需要救助时，该中断不会发生或结束。

[3b]如果参保人拖欠两个月的保险费，则健康保险公司应当书面通知参保人在承担保险费方面有需要时可以向负责的社会福利提供者申请援助。

[4]只要参保人在丧失劳动能力后与健康保险公司商定在国外居留，获得医疗津贴的请求权不中断。

[5]（已废止）

第 17 条　在国外工作的医疗服务

[1]参保人在国外工作期间生病或在怀孕或哺乳期需要服务，有权要求

雇主承担本卷规定范围内的服务。第 1 句准用于第 10 条所述参保人的家庭成员，只要他们在上述期间陪同或探视参保人。

²健康保险公司应当报销雇主根据第 1 款产生的费用，但最高不得超过假设在国内发生的医疗费用。

³相关的健康保险公司应当报销船东根据《海事劳工法》第 104 条第 2 款产生的费用。

第 18 条 欧洲共同体条约和欧洲经济区协定有效区以外的医疗费用的承担

¹如果只有在欧洲共同体条约和欧洲经济区协定的有效区以外才能进行与普遍接受的医学知识水平相称的疾病治疗，则健康保险公司可以全部或部分支付必要的治疗费用。在这种情形下获得医疗津贴请求权不中断。

²在第 1 款所述情形下，健康保险公司还可以全部或部分支付参保人和一位必要陪同人员的其他费用。

³如果在《欧洲共同体条约》和《欧洲经济区协定》有效区以外的临时逗留期间需要立即进行治疗，在国内也有可能的治疗条件，当可以证明他们因先期疾病或年龄而无法投保，且健康保险公司在他们开始在《欧洲共同体条约》和《欧洲经济区协定》有效区以外逗留时就发现了这一点，则健康保险公司应承担在上述区域产生的必要的治疗费用。费用的最高额不超过假设其在国内治疗产生的费用，且一年中在上述区域的治疗时间最长为六周。如果参保人为治疗而出国，则不得报销费用。第 1 句和第 3 句准用于由于留学或科研原因而需要在国外居留的情形；费用承担的上限为假设参保人在国内产生的费用。

第 19 条 医疗服务请求权的终止

¹除本法另有规定外，医疗服务请求权随保险关系的终止而终止。

¹ª如果由于健康保险公司的关闭或破产而终止成员资格，则该健康保险公司做出的服务决定将继续适用于接受该成员的健康保险公司。这不适用于基于法律法规产生的服务。接受该成员的健康保险公司在订立保险合同时选择与之前的健康保险公司类似形式的费率时，不得要求等待期。《社会法典》第十编的规定，特别是关于撤销服务决定的规定，仍然不受

影响。

²当保险关系终止，只要参保人未从事有酬工作，其获得服务请求权在保险关系结束后最长一个月内仍然存在。第 10 条规定的保险服务请求权优先于第 1 句规定的服务请求权。

³如果由于参保人死亡终止保险关系，根据第 10 条参保的家庭成员在参保人死亡后最长一个月内有权获得服务。

第三节　疾病预防服务、企业内部健康促进和预防工伤损害、自救促进以及怀孕和哺乳期间的服务

第 20 条　初级预防与健康促进

¹健康保险公司在章程中规定了预防和减少疾病风险（初级预防）以及促进参保人自行确定的健康导向行为（健康促进）的服务。特别是，这些服务将有助于减少社会条件和性别因素导致的健康机会的不平等。健康保险公司将在第 2 款的基础上制定提供服务的范围和标准。

²健康保险公司最高协会规定了包括独立的，特别是健康科学的、医学的、职业病学的、心理疗法的、心理学的、护理的、营养的、体育的、成瘾的、教育的和社会科学的专业知识以及考虑到第 1 款所述服务的统一范围和标准确定了残疾人的专业知识，特别是在需求、目标群体、准入途径、内容、方法，质量、部门间合作、科学评估和衡量服务目标的实现方面。它还确定了健康保险公司提供服务进行认证的要求和统一程序，尤其是要确保第 4 款第 1 项和第 3 项所述的统一服务质量。健康保险公司最高协会确保其第 1 句和第 2 句的规定以及根据第 2 句健康保险公司认证的服务的概述在其网站上发布。健康保险公司为此向健康保险公司最高协会提供了必要的信息，并根据第 20d 条第 2 款第 2 项起草了报告，并向其提供了与参保人无关的必要数据。

³在按照第 2 款第 1 句完成任务时，健康保险公司最高协会还应在健康促进和预防方面考虑以下健康目标：

1. Ⅱ型糖尿病：降低疾病风险，及早发现和治疗疾病；

2. 乳腺癌：降低死亡率，提高生活质量；

3. 减少吸烟；

4. 健康成长：生活能力，运动，营养；

5. 提高健康素养，增强患者主权；

6. 抑郁症：预防，早期发现，可持续治疗；

7. 健康地变老；以及

8. 减少饮酒。

在考虑第 1 句第 1 项中所述的目标时，还应考虑到 2005 年 3 月 21 日《关于预防与健康促进领域的健康目标和次级目标的通知》中规定的目标和次级目标。在考虑第 1 句第 2 项、第 3 项和第 8 项所述的目标时，还应考虑到 2015 年 4 月 27 日《关于预防与健康促进领域的健康目标和次级目标的通知》中阐述的目标和次级目标。在考虑第 1 句第 4—7 项所述的目标时，还应考虑 2013 年 2 月 26 日《关于预防与健康促进领域的健康目标和次级目标的通知》中阐述的目标和次级目标。健康保险公司最高协会还应考虑到国家职业安全与健康会议根据《职业安全与健康法》第 20a 条第 2 款第 1 项在德国共同职业安全与健康战略框架内制定的职业安全和健康目标。

[4]根据第 1 款提供下列服务：

1. 根据第 5 款规定的行为预防服务；

2. 对于第 20a 条所指的法定健康保险的参保人在日常生活环境中提供健康促进和预防服务；以及

3. 根据第 20b 条的规定在企业内部提供健康促进服务（企业内部健康促进）。

[5]如果健康保险公司或代表其完成此项任务的第三方以其名义根据第 2 款第 2 句对该服务进行了认证，那么健康保险公司可以根据第 4 款第 1 项提供行为预防服务。在决定行为预防服务时，健康保险公司考虑根据第 25 条第 1 款第 2 句、第 26 条第 1 款第 3 句规定的预防建议或在职业病学预防措施或其他医学检查中给出书面建议。只有在经参保人书面同意且获得参保人先前书面信息后，健康保险公司才能处理和使用从预防建议中获得的个人数据。该同意可随时以书面形式被撤销。根据这一规定，健康保险公司可以将其任务委托给其他健康保险公司、协会或工作组。对于健康保险公司因特殊职业或家庭情况远离居住地而提供的行为预防服务，准用

第 23 条第 2 款第 2 句。

[6]在 2019 年，健康保险公司根据本条和第 20a—20c 条的规定执行任务而产生的费用为每位参保人 7.52 欧元。其中，健康保险公司根据第 20a 条为每位参保人提供的服务至少花费 2.15 欧元，根据第 20b 条为每位参保人提供的服务至少花费 3.15 欧元。健康保险公司根据第 20b 条为每位参保人提供在第 107 条第 1 款规定的机构中以及在《社会法典》第十一编第 71 条第 1 款和第 2 款规定的机构中的服务至少花费 1 欧元。如果健康保险公司全年执行第 20a 条规定的服务任务的花费未超过第 2 句规定的数额，健康保险公司应在下一年度提供这些未用资金在第 20a 条规定的服务中补充使用。第 1—3 句所述的支出将在未来几年按照第四编第 18 条第 1 款规定的每月参考金额的百分比变化进行调整。

第 20a 条　生活环境中的健康促进和预防服务

[1]第 20 条第 4 款第 2 项所指的生活环境是对健康重要的、可界定的社会系统，特别是住房、学习、科研、医疗和护理及休闲活动，包括体育。在不损害其他任务的情况下，健康保险公司基于第 20f 条第 1 款的框架协议在生活环境中提供健康促进和预防服务，特别是建立和加强健康促进结构。为此，健康保险公司应在参保人和对生活环境负有责任者的参与下，提高其健康状况，包括其风险和潜力，并提出改善健康状况，以及强化健康资源和能力并支持其实施的建议。在执行第 2 句规定的任务时，健康保险公司应合作并提供基金会间的跨越服务，以提供生活环境中健康促进和预防。在向因健康限制而难以融入职业生活的人提供服务时，健康保险公司与联邦就业局和为求职者提供基本保障的市政机构紧密合作。

[2]如果对生活环境负有责任者愿意实施改善健康状况和强化健康资源和能力的建议，并为第 20f 条所述框架协议的实施做出适当贡献，那么健康保险公司可以在生活环境中提供健康促进和预防服务。

[3]为了支持健康保险公司在生活环境对法定健康保险参保人执行健康促进和预防任务，特别是在日托设施、其他儿童和青年福利机构、学校和老年人的生活环境中，以及为了确保和进一步提高服务质量，联邦健康保险基金最高协会将从 2016 年起特别委托联邦健康教育中心促进跨健康保险公司服务的种类、质量、实施及科学评估的发展。联邦健康保险公司最

高协会根据第 20 条第 2 款第 1 句规定的提供服务的范围和标准以及根据
第 20f 条所述的框架协议的规定分配任务。在第 1 句所述的任务范围内，
联邦健康教育中心应当选择合适的合作伙伴。联邦健康教育中心为了执行
第 1 句所述任务从联邦健康保险公司最高协会根据第 20 条第 6 款第 2 句
规定的用于提供健康促进和预防服务的费用中一次性收取至少 0.45 欧元。
第 4 句规定的费用应按季度支付，并在每个季度的第一天支付。该费用每
年根据第 20 条第 6 款第 5 句的规定进行调整。联邦健康教育中心应确保
由联邦健康保险公司最高协会支付的费用仅用于执行本款规定的任务，并
根据联邦健康保险公司最高协会的指示对此进行记录。

[4]根据第 3 款委托联邦健康教育中心的细节，尤其是在内容和范围，
质量和效益的核查以及实施所需的费用方面，由联邦健康保险公司最高协
会和联邦健康教育中心在 2015 年 11 月 30 日之前首次达成协议。如果未
在第 1 句规定的期限内达成协议，联邦健康教育中心根据第 3 款第 1 句提
供服务，并考虑到健康保险基金最高协会根据第 20 条第 2 款第 1 句规定
的提供服务的范围和标准，以及注意第 20f 条所述的框架协议的相关规定
和第 12 条规定的经济性要求。联邦健康保险公司最高协会在其章程中规
定了健康保险公司采用必要措施的程序。《社会法典》第十编第 89 条第 3
至 5 款准用之。

脚注
第 20a 条第 1 款第 5 句的斜体字：正确的原文应当是"besonders"。

第 20b 条　企业内部健康促进

[1]健康保险公司提供企业内部的健康促进服务（企业内部健康促进），
特别是发展和加强健康促进机构。为此，健康保险公司在参保人和企业责
任人以及企业医生和职业安全专家的参与下，评估健康状况，包括其风险
和潜力，并提出改善健康状况、强化健康资源和能力以及支持其实施的建
议。对于企业内部在健康促进方面针对个人、行为预防提供的服务，第
20 条第 5 款第 1 句准用之。

[2]在执行第 1 款中提及的任务时，健康保险公司与相关的工伤事故保

险公司以及负责劳动保护的联邦州当局合作。健康保险公司可以在经同意后委托其他健康保险公司、健康保险公司协会以及以此为目的设立的事务组（代理人）来执行第 1 款规定的任务，并在执行任务时与其他健康保险公司合作。第十编第 88 条第 1 款第 1 句和第 2 款以及本卷第 219 条准用之。

[3]健康保险公司使用联合区域协调中心的现有结构，向企业特别是根据第 107 条第 1 款的机构以及根据第十一编第 71 条第 1 款和第 2 款的机构提供建议和支持。咨询和支持应特别包括第 1 款所述服务的信息，并说明健康保险公司在个别情况下根据第 1 款提供企业内部服务的情况。地方企业组织和旨在保护第十一编第 107 条第 1 款和第 71 条第 1 款和第 2 款所述机构利益的州一级的权威协会应加入到咨询中来。健康保险公司州协会和替代健康保险公司应统一和共同规范任务细节，包括协调机构的运作、筹资和地方企业组织的参与以及通过合作协议规范旨在保护第十一编第 107 条第 1 款和第 71 条第 1 款和第 2 款所述机构利益的州一级的权威协会。第十编第 94 条第 1a 款第 2 句和第 3 句不适用于为准备和执行合作协议而成立的工作组。

[4]如果健康保险公司用于第 1 款规定服务的年支出低于第 20 条第 6 款第 2 句所述数额，健康保险公司应向联邦健康保险公司最高协会提供未用资金。联邦健康保险公司最高协会根据健康保险公司州协会和替代健康保险公司确定的方案分配资金，该替代协会已经根据第 3 款第 4 句与当地企业组织达成了合作协议。

第 20c 条 预防工伤与职业病

[1]在执行预防因工危害健康的任务时，健康保险公司为法定工伤事故保险公司提供支持。特别是，健康保险公司要与法定工伤事故保险公司协调，针对特定的与工作有关的健康风险按照第 20b 条提供企业内部健康促进措施，并传授疾病与工作条件之间的相互关联知识。如果发现参保人可能存在工作条件导致的健康危害或职业病，那么健康保险公司应当立即通知劳动保护监管机关和工伤事故保险公司。

[2]为了执行第 1 款所述任务，健康保险公司应与法定工伤事故保险公司以及州劳动保护监管机关密切合作。为此，健康保险公司及其协会应特

别组建地区工作组。第十编第 88 条第 1 款第 1 句和第 2 款与本卷第 219 条准用之。

第 20d 条　国家预防战略

[1]为了有效和有针对性地进行健康促进与预防，健康保险公司与法定养老金保险公司、法定工伤事故保险公司和长期护理基金会联合制定了一项国家预防战略，并确保它们在第 20e 条规定的国家预防会议的框架内实施和更新。

[2]国家预防战略特别包括：

1. 根据第 3 款就健康促进与预防的联邦统一、跨基金会的框架建议达成协议；

2. 根据第 4 款编写关于健康促进与预防的发展报告（预防报告）。

[3]为了维护和进一步提高健康促进和预防的质量以及负责提供生活环境和企业内部预防服务的机构之间的合作，各机构根据第 1 款协定联邦统一、跨基金会的框架建议，特别是通过确定共同目标、优先服务的范围和目标群体、参与的组织和机构以及资料汇编和报告义务。第 1 款所述主体还就维护和促进第 107 条第 1 款所述机构和《社会法典》第十一编第 71 条第 1 款和第 2 款所述机构中雇员的健康和就业能力的共同目标达成了共识。在确定共同目标时，还应考虑到德国共同劳动保护战略的目标以及相关的疫苗接种委员会根据《感染保护法》第 20 条第 2 款建议的疫苗接种。框架建议是与联邦卫生部，联邦劳动和社会事务部，联邦粮食和农业部，联邦家庭、老人、妇女和青年部，联邦内部和各州事务部协商后商定的。在框架建议所涉职能范围内，联邦卫生部还牵涉其他联邦部门。联邦就业局——为求职者提供基本安全保障的地方组织，通过其联邦一级的最高协会，即州一级劳动保护最高监管机关和州一级公共青年福利最高组织，参与框架建议的制定。

[4]国家预防会议于 2019 年 7 月 1 日首次编写预防报告，其后每四年编写一次，并将其提交给联邦卫生部。联邦卫生部向联邦立法机构提交报告，并附上联邦政府的意见。该报告应特别包含有关适用第 20—20g 条获得的经验说明、第 1 款所述主体提供服务费用支出的说明、第 20e 条第 1 款第 3—5 句所述的私人健康保险公司、个人护理保险公司，准人途径、

所涉群体、共同目标的实现、目标群体、关于服务执行情况的合作报告和可能的结论。该报告还应包含有关进一步发展的建议，即第20—20c条所述的健康保险公司的服务在第20条第6款第1句中确定的费用支出参考值以及对于第20a条和第20b条所述的健康保险公司的服务在第20条第6款第2句所确定的最小值。第3句所指的服务提供者应向国家预防会议提供编写预防报告所需的信息。罗伯特·科赫研究所为预防报告提供了在健康监测过程中收集到的相关信息。各州可以从健康报告中为预防报告提供区域知识。

第20e条　国家预防会议

[1]制定和更新国家预防战略的任务由国家预防会议根据第20d条第1款作为服务提供者最高法定组织的工作组执行，每个工作组有两个席位。服务提供者按照第20d条第1款密切合作执行预防战略。如果私人健康保险公司和实行强制个人护理保险的公司，在框架建议第20条第2款第1项所述方案和项目中，提供适当资金支持，那么注册登记的私人健康保险公司协会也有一个席位。私人健康保险公司每年提供的资金数额应不少于健康保险公司由第20a条确定的提供第20条第6款第2句和第3句所述的健康促进和预防服务应当花费的金额乘以私人健康保险完全投保的人数。提供个人强制护理保险的公司每年提供的资金数额由护理保险公司根据第十一编第5条第2款确定的用于生活环境中预防服务的费用乘以参保人人数。联邦政府和各州政府分别以顾问身份获得四个席位。此外，联邦一级的地区最高协会、联邦就业局、最高雇主组织和雇员组织的代表以及预防论坛均派出代表以顾问身份获得席位参加国家预防会议。国家预防会议自行制定议事规则；其中应特别确立工作方法和决策程序。议事规则必须获得一致通过。会议办事处设在联邦健康教育中心，负责为联邦预防会议的参会人员在执行第1句规定的任务时提供支持。

[2]国家预防会议由预防论坛提供建议，该论坛通常每年举行一次。预防论坛由负责健康促进和预防的重要组织与协会的代表以及第1款所述的国家预防会议的有表决权者和顾问成员组成。国家预防会议委托经登记注册的联邦预防和健康促进协会举办预防论坛，并报销必要支出。国家预防会议的议事规则规定了举办预防论坛的执行细节，包括举办论坛所需的

费用。

第 20f 条　各州实施国家预防战略的框架协议

[1]为了实施国家预防战略，健康保险公司各州协会、医疗互助保险公司和护理保险公司与法定养老金保险机构、法定工伤事故保险机构以及各州相关部门缔结了州一级的联合框架协议。框架协议范围内的服务受第20 条第 4 款第 2 项和第 3 项、第 20a—20c 条以及适用于护理保险公司、法定养老金保险机构和法定工伤事故保险机构的服务的法律的约束。

[2]第 1 款所述框架协议的当事人应考虑到第 20d 条第 2 款第 1 项所述的联邦统一的、跨机构的框架建议和区域要求，特别是在做出有关下列事项的决定时：

1. 共同、一致追求的目标和提供服务领域；

2. 各方当事人之间的服务协调；

3. 就管辖权问题达成共识；

4. 根据第十编，服务提供机构相互授权的可能性；

5. 与公共健康服务和地方公共青年福利机构合作；以及

6. 其他与健康促进和预防有关的机构和组织的参与。

联邦就业局、州级最高劳动保护监管机关以及州一级地区最高协会都将参与框架协议的准备工作。框架协议允许后来加入。为准备和实施框架协议而成立的工作组不适用于第十编第 94 条第 1a 款第 2 句和第 3 句的规定。

第 20g 条　示范项目

[1]第 20d 条第 1 款所述的服务提供机构及其协会可以单独或与第三方，特别是与第 20f 条第 1 款规定的各州负责机构合作开展示范项目，以实现根据第 20d 条第 2 款第 1 项在框架建议中确立的共同目标。根据该示范项目，应当提高在生活环境中提供健康促进和预防服务的质量和效率，以及在企业内部提供健康促进服务的质量和效率。示范项目还可以为科学地选择合适的合作措施提供服务。健康保险公司针对示范项目的支出应计入第20 条第 6 款第 2 句所述的金额。

[2]示范项目通常情况下应限制在五年内，并根据公认的科学标准进行

科学监控和评估。

第20h条　自救促进

[1]健康保险公司及其协会促进自救团体和组织的发展，这些团体和组织的目标在于按照第2句规定制定的疾病种类目录为参保人提供健康预防或康复，以及协助其建立第3款规定框架内的自救联系点。健康保险公司最高协会制定为疾病预防或康复的疾病目录；他们必须有保险公司医生联邦协会和维护自救机构利益的最高协会的代表机构参加。自救联系点必须致力于跨主题、跨领域和跨适应征群体的健康促进的相关工作。

[2]健康保险公司联邦最高协会就自救促进的内容以及在不同层次和领域的资金分配制定基本原则。第1款第2句所述的自救机构代表必须参与其中。可以通过固定拨款和项目支持的方式完成自救促进。

[3]健康保险公司及其协会在2016年用于执行第1款第1句规定的任务而产生的费用为每位参保人1.05欧元；在之后的年份中，根据第四编第18条第1款规定的每月参考值的百分比变化进行调整。根据参保人的居住地来确定州与地区的促进资金。第1句确定的经费至少50%用于跨保险类型的综合促进工作。健康保险公司或其不同促进层面的协会根据第2款第1句中提到的基本原则，在与保障自救团体利益的自救小组、组织、联系点的权威代表协商后，发放综合促进经费。如果健康保险公司在本年度内未达到第1句中提到的年促进资金额度标准，那么必须在下一年度将未支出的资金额外提供给综合促进工作。

第20i条　预防接种疫苗和其他措施

[1]根据《感染保护法》第2条第9款的规定，参保人有权要求接种疫苗，无论他们对其他费用承担者是否享有相应的权利。第1句适用于因在国外逗留导致健康风险增大需要接种疫苗的情形，前提是在国外逗留是因工作原因或接受培训，或对保护公共健康具有特殊利益，接种疫苗可预防此种疾病进入联邦德国。联邦共同委员会在罗伯特·科赫研究所疫苗接种常务委员会根据《感染保护法》第20条第2款提出的建议的基础上，根据第92条确定接种疫苗的前提条件、方式和范围等细节。不接受疫苗接种常务委员会的建议需要有特别理由。如果要更改疫苗接种常务委员会的

建议，联邦共同委员会必须在建议公布后两个月内做出决定。如果未及时做出决定，则在标准出台之前，执行疫苗接种常务委员会的疫苗接种建议，第2句规定的疫苗接种除外。根据《感染保护法》第22条第1句规定的疫苗接种请求权包括提供所需的疫苗接种证明。

[2]健康保险公司可在其章程中规定其他疫苗接种和其他具体预防措施。

[3]在《感染保护法》第20条第4款第1句规定的前提条件下，根据第1款第1句提出的请求权同样成立。

第20j条　暴露前预防

[1]年满16周岁的艾滋病毒感染风险较高的参保人有权请求下列服务：

1. 关于药物暴露前预防艾滋病毒感染的医学建议；以及

2. 使用药物暴露前经许可使用的医药产品所需的检查。

[2]请求权人的具体范围以及提供服务的前提条件由健康保险机构医师联邦协会和健康保险公司联邦最高协会在2019年7月31日之前商定，作为联邦范本合同的一部分自2019年9月1日起生效。

[3]根据第2款所述协议，评估委员会应在本协议订立后的一个月内审查医师服务的统一评估标准并进行调整。

[4]第1款所述的参保人有权在咨询后要求提供用于暴露前预防的处方药物。

[5]联邦卫生部根据普遍接受的科学标准，在2020年年底前评估用于暴露前预防的医疗处方对性传播疾病领域的感染的影响。

第21条　牙病预防（团体预防）

[1]健康保险公司应与牙医和本州负责牙齿健康护理的机构合作，在不影响其他任务的情形下，制定统一和共同的措施，促进完成未满12周岁的参保人的牙病诊断和预防任务，并分摊由此产生的费用。措施必须覆盖全州。在龋齿风险高于平均值的学校和残疾人机构中，采取措施的对象的年龄调整为未满16周岁。这些措施应首先针对特殊群体实施，特别是幼儿园和学校；措施尤其要涵盖口腔检查、牙齿状况调查、牙珐琅质软化、营养咨询和口腔卫生。针对龋齿发病风险高的儿童应当开展专门的项目。

[2]为了实施第1款所述的措施，健康保险公司的州协会和医疗互助保

险公司应根据第1款第1句与相关的州立机关共同制定框架协议。健康保险公司联邦最高协会必须制定联邦统一的建议框架，特别是在协议内容、资金来源、与参保人无关的文件和监控方面。

³如果未达成第2款第1句所述的统一的框架协议，那么关于协议内容、资金来源、与参保人无关的文件和监控将根据州政府的地方条例，并考虑健康保险公司联邦最高协会制定的联邦统一建议框架来确定。

第22条　牙病预防（个人预防）

¹已满六周岁但未满十八周岁的参保人可以每半年进行一次牙齿检查，以预防牙齿疾病。

²检查应当涉及牙龈检查、牙病原因的调查和规避、口腔卫生、牙龈状况和龋齿易感性的诊断比较、口腔护理的启蒙和指导，以及牙珐琅质的固化措施。

³已满六周岁但未满十八周岁的参保人有权要求封闭臼齿裂纹。

⁴（已废止）

⁵联邦共同委员会根据第92条的规定，对提供个人预防服务的方式、范围和证明进行了详细规定。

第22a条　被护理人和残疾人的牙病预防

¹根据第十一编第15条给予某种程度的护理或根据第十二编第53条获得融合援助的参保人有权要求牙病预防的服务。这些服务特别包括口腔健康状况的调查，口腔卫生重要性的教育及其保护措施，制定个人口腔护理和假牙护理计划以及清除牙垢。参保人的护理人应按照第2句参与教育和计划。

²服务的方式和范围的详细信息由联邦共同委员会根据第92条在指令中进行规定。

第23条　疾病预防

¹如有必要，参保人有权要求疾病预防服务，并提供药物、包扎用品和其他医疗辅助器材，为了：

1. 消除在可预见的时间内可能导致的健康恶化；

2. 消除危害子女健康成长的因素；

3. 预防疾病或避免其恶化；或

4. 避免导致护理的需求。

[2]如果第 1 款所述服务不能满足参保人的需要，或者由于特殊的职业或家庭情况而无法实行，那么健康保险公司可出于医疗原因在认可的疗养地提供参保人所需的门诊保健服务。健康保险公司的规章可规定对参保人与此服务相关而支付的其他费用提供每天不超过 16 欧元的津贴。如果为患有慢性病的婴儿提供门诊保健服务，第 2 句规定的津贴可提高到 25欧元。

[3]第 31—34 条准用于第 1 款和第 2 款规定的情形。

[4]如果第 1 款和第 2 款提及的服务不能满足参保人的需要，那么健康保险公司可在相应的保健机构为参保人提供带食宿的治疗，并且健康保险公司与此保健机构要根据第 111 条签订合同；对于家庭护理人员，健康保险公司也可以在相同条件下提供带食宿的治疗，并且健康保险公司与此保健机构要根据第 111a 条签订合同。健康保险公司对根据第 1 句和第 2 款提出的服务申请和完成情况进行统计调查。

[5]在个别医疗需要的情况下，健康保险公司根据第九编第 8 条相应地运用服务请求权人的期待权和选择权确定符合第 4 款的服务方式、时长、范围、起始时间和贯彻实施以及符合责任评估的保健机构；医疗健康基金会在决定中应当考虑家庭护理人员的特殊需要。除非由于医疗原因迫切需要延长服务，否则根据第 4 款提供的服务最长为 3 周。如果健康保险公司联邦最高协会在对保障联邦一级的代表门诊的和住院的供给机构利益的联邦层面的权威的中央组织进行听证后，在指令中确定了适应征并为每种适应征规定了标准期限，则第 2 句不适用；只有在迫切需要医疗的个别情况下，才能延长期限。接受同类或类似服务后 3 年，参保人才能要求第 2 款规定的服务，而第 4 款的服务则要求满 4 年，根据公法性质的相关法律的规定，在这种情况下产生的费用由健康保险公司承担或补助，除非由于医疗原因迫切需要提前提供服务。

[6]年满十八周岁的参保人接受第 4 款规定的服务，应当按照第 61 条第 2 句规定的数额每天向该机构支付费用。服务提供机构向健康保险公司转交这笔费用。

[7]对于未满 14 周岁的参保儿童，一般应在医疗上采取为期 4—6 周的必要住院保健措施。

[8]（已废止）

[9]（已废止）

第 24 条　针对生育父母的医疗保健

[1]在第 23 条第 1 款规定的前提条件下，参保人有权因医疗原因在产后恢复机构或类似机构中获得所需的保健服务；可以以母—婴保护措施的形式提供此项服务。第 1 句准用于相关机构中的父—婴保护措施。提供第 1 句和第 2 句所述保障服务的机构必须根据第 111a 条订立了照护合同。第 23 条第 4 款第 1 句不适用；第 23 条第 4 款第 2 句准用之。

[2]第 23 条第 5 款准用之。

[3]年满 18 周岁并根据第 1 款要求获得服务的参保人，应当每天向服务提供机构支付第 61 条第 2 句规定的费用。服务提供机构应将这笔费用转交给健康保险公司。

[4]（已废止）

第 24a 条　避孕

[1]参保人有权就怀孕问题咨询医生。咨询服务还包括必要的检查和避孕药物的处方。

[2]未满 22 周岁的参保人有权在持有医生处方的情形下要求获得避孕药物；第 31 条第 2—4 款准用之。第 1 句准用于须由医生开具处方的非处方紧急避孕药；第 129 条第 5a 款准用之。

第 24b 条　终止妊娠和绝育

[1]因疾病而需要进行绝育和合法终止妊娠时，参保人有权请求医生提供服务。只有在《妊娠冲突法》第 13 条第 1 款规定的机构中才能请求合法终止妊娠的服务。

[2]提供有关保胎和终止妊娠的医生咨询，要给予用以确定因疾病导致绝育或合法终止妊娠的医学检查和鉴定、医疗、药物、包扎用品和其他医疗器具的供应以及医院护理。如果参保人因疾病导致的绝育或医生合法终

止妊娠而无法工作，则有权请求医疗津贴，除非拥有第 44 条第 1 款规定的其他权利。

[3]在《刑法》第 218a 条第 1 款规定的前提条件下终止妊娠的情况中，参保人有权获得有关保胎和终止妊娠的医生咨询，除人工流产和顺产后治疗以外的其他医疗服务以及药物、包扎用品和其他医疗器具的供应以及医院护理，前提是这些措施有助于：

1. 在未终止妊娠时，保护胎儿健康；

2. 保护将来孕育胎儿的健康；或者

3. 保护孕妇的健康，特别是防止终止妊娠可能导致的并发症或消除已发生的并发症。

[4]排除第 3 款所述权利的终止妊娠医疗措施包括：

1. 麻醉；

2. 手术或药物终止妊娠；

3. 阴道治疗，包括将药物引入子宫；

4. 注射药物；

5. 止痛药物；

6. 其他医生的协助；

7. 直接准备手术的身体检查和手术后的观察。

与这些医疗服务有关的材料成本，特别是麻醉剂、包扎用品、手术巾、消毒剂，不属于健康保险公司的服务范围。在住院终止妊娠的情况下，医疗服务健康保险公司不承担第 1 句和第 2 句规定的终止妊娠当天产生的服务平均费用。DRG 研究所根据第 3 句确定费用，并根据《医院融资法》第 17b 条的规定每年公布与工资体系有关的结果。

脚注

根据德国联邦宪法法院 1993 年 5 月 8 日做出的第 2 BvF 2/90 号等系列判决（《联邦法律公报》1993 年第 1 卷，第 820 页）的判决理由，第 24b 条与《基本法》相符。

第 24c 条　怀孕和哺乳期的服务

怀孕和哺乳期的服务包括：

1. 医疗护理和助产协助服务；
2. 药物、包扎用品和其他医疗辅助器材的供应；
3. 分娩；
4. 家庭护理；
5. 家政服务；
6. 父母津贴。

第 24d 条 医疗护理和助产协助服务

参保人有权在怀孕期间、分娩期间和之后获得医疗护理和助产协助服务，包括检查确定怀孕情况和产前保健；分娩后十二周内在产后护理方面有要求助产士协助的权利，进一步的服务需要医生命令。如果参保人在分娩后不能照顾该子女，受保子女有权获得与其有关的助产士的协助服务。医疗护理还包括就孕妇口腔健康对母亲和子女的重要性向孕妇提供咨询，包括饮食与疾病风险之间的联系，以及评估或确定龋齿的传播风险。如有必要，参保人的医生咨询还包括为父母和子女提供区域支持服务的信息。

第 24e 条 药物、包扎用品和其他医疗辅助器材的供应

参保人有权在怀孕和分娩期间获得药物、包扎用品和其他医疗辅助器材的供应。第 31—33 条的现行规定准用于该服务；针对孕期不适及与分娩相关症状，第 31 条第 3 款、第 32 条第 2 款、第 33 条第 8 款和第 127 条第 4 款不适用。

第 24f 条 分娩

参保人有权接受门诊或住院分娩。参保人可在医院、由助产士或接生员引导的机构、由医生引导的机构、助产机构或家庭分娩的情况下，以门诊方式分娩。如果参保人被送往医院或其他住院机构进行住院分娩，其有权为自己和新生儿获得住宿、护理和食物。在此期间，不享有住院治疗的权利。第 39 条第 2 款准用之。

第 24g 条 家庭护理

如果由于怀孕或分娩而有必要，参保人有权享受家庭护理。第 37 条

第 3 款和第 4 款准用之。

第 24h 条　家政服务

如果由于怀孕或分娩而无法继续完成家务且居住在该家庭的另一个人无法继续完成家务，参保人有权获得家政服务。第 38 条第 4 款准用之。

第 24i 条　父母津贴

[1]在女性参保人丧失工作能力有权获得医疗津贴，或由于《母亲保护法》第 3 条规定的保护期而未领取工资时，她们应当获得父母津贴。如果妇女在雇佣关系存续的最后一天成为健康保险公司的参保人，在《母亲保护法》第 3 条第 1 款规定的保护期开始之前就已经终止雇佣关系的妇女同样应当获得父母津贴。

[2]在《母亲保护法》第 3 条第 1 款规定的分娩前保护期开始时处于雇佣关系或在家受雇的成员，或根据《母亲保护法》第 17 条第 2 款终止雇佣关系的参保人，根据《母亲保护法》第 3 条第 1 款，过去三个月的平均每天薪酬按法定扣减，在保护期开始之前作为父母津贴支付。每日最多支付 13 欧元。在统计每日平均报酬时，准用《母亲保护法》第 21 条。如果每日平均报酬超过 13 欧元，则超出部分将由雇主或负责支付父母津贴的相关机构根据《母亲保护法》的规定进行支付。对于第 1 款第 2 句提及的妇女和其他参保人，应按医疗津贴的额度支付父母津贴。

[3]父母津贴在预期分娩日和分娩日的前六周以及分娩后的八周内支付。在早产和多胞胎的情形中，在分娩后的八周期满之前，由医生确定具有《社会法典》第九编第 2 条第 1 款第 1 句所指的残疾，并根据《母亲保护法》第 3 条第 2 款第 4 句提出申请，第 1 句所述的父母津贴的支付期限应延长至分娩后的前 12 周。对于早产和其他提前分娩的情形，如果缩短了预期分娩日之前的六周时间，则应将支付期限延长至分娩前无法要求的期限。分娩前父母津贴的支付应由医生或助产士出具证明，注明预期分娩日期。在预期分娩日之后分娩的，支付期间应相应延长到分娩日。对于在《母亲保护法》第 3 条规定的保护期内开始雇佣关系的参保人，父母津贴自雇佣关系开始之日起支付。

[4]只要参保人获得应为其缴纳保费的薪酬、工资收入或休假补偿，应

终止获得父母津贴请求权。这不适用于一次性支付的薪酬。

第四节　健康风险评估和疾病早期诊断的支付范围

第 25 条　健康检查

[1]年满 18 周岁的参保人有权接受适合年龄、性别和目标群体的健康检查，以发现和评估健康风险和负担，及早发现与公共卫生相关的疾病，并提供协调的预防性咨询服务，包括在考虑到《感染保护法》第 20 条第 2 款所述疫苗接种常务委员会的建议时对疫苗接种状况的审查。如果医学表明，则该检查包括根据第 20 条第 5 款针对行为预防服务的预防建议。预防建议以医疗证明的形式公布。它提供有关改变与健康相关行为方式的可能性和帮助的信息，还可以参考与行为预防有关的其他提议，例如德国奥林匹克体育协会和联邦医师公会推荐的在运动俱乐部中的锻炼计划，或在健身房中提供的其他有质量保证的锻炼计划以及促进均衡饮食的提议。

[2]年满 18 周岁的参保人有权接受检查，以期在早期发现癌症。

[3]根据第 1 款和第 2 款进行的检查必须满足以下条件：可以有效地治疗疾病，或者根据第 20 条第 5 款的规定通过适当的行为预防可以避免、消除或减少可以涵盖的健康风险和负担。在检查中采取的早期发现措施还要求：

1. 这些疾病的早期和前期阶段可以通过诊断措施来发现；

2. 利用医疗技术可足够明确确定病症；

3. 有足够的医生和设施来深入诊断和治疗疑似病例。

如果联邦共同委员会在根据第 1 款进行健康检查的咨询中发现缺乏必要的认知，则可以决定通过一项指令来测试健康检查的适当内容和组织结构。第 137e 条准用之。

[4]只要职业法允许，可一起进行第 1 款和第 2 款规定的检查。联邦共同委员会根据第 92 条规定的检查方式和范围以及本条第 3 款规定的前提条件制定指令。联邦共同委员会还规定了检查的目标群体、年龄限制和检查频率。直到 2016 年 7 月 31 日，联邦共同委员会才根据第 92 条在指令中首次规定了本条第 1 款第 2 句所述预防建议的安排。此外，联邦共同委

员会在 2018 年 7 月 31 日首次根据第 92 条制定指令，决定提供第 1 款所述的健康检查以便记录与评估健康风险和负担，并对健康检查指令进行调整用于早期发现在人口医学方面具有重大意义的疾病。如果根据第 3 款第 3 句进行测试，则第 5 句规定的期限应当延长两年。

⁴ª如果联邦环境部门、联邦自然保护部门、联邦建筑部门和联邦核安全部门根据《辐射防护法》第 84 条第 2 款在一项条例中确定了早期发现检查的可受理性，对此联邦共同委员会尚未根据第 92 条第 1 款第 2 句第 3 项制定指令，联邦共同委员会应在该条例生效后的 18 个月内审查是否应增加健康保险公司的负担提供第 1 款或第 2 款所述的早期发现检查，并在必要情况下根据第 3 款第 2 句和第 3 句做出详细规定。如果联邦共同委员会得出结论认为使用新的早期发现检查的益处尚未得到充分证实，则通常应当按照第 137e 条通过一项指令。

⁵联邦共同委员会的指令还应规定，如果为了保证检查质量，需要多个专业领域的医生通力合作或者参与医生根据规定的最少次数进行检查或者要求特殊辅助技术机构或者需要具有特殊资质的非医学人员协助实施第 1 款和第 2 款规定的措施，则要在获得医生协会批准之后。如果要求参与医生根据规定的最少次数进行检查或者需要多个专业领域的医生共同提供服务，指令还应当规定评价照顾需求的标准，以确保根据需求分配病房。对医生资质进行评估并在指令规定的招标程序范围内合理分配其门诊病房，在此基础上通过保险公司医生协会完成对医生的选择。可规定早期诊断检查的批准期限，并在满足照顾所需的条件后予以批准。

第 25a 条　有组织的早期诊断项目

¹根据第 25 条第 2 款对癌症早期诊断的研究——对此欧盟委员会公布了《欧洲癌症早期诊断方案质量保证指令》，将作为有组织的癌症早期诊断项目被提供。该项目特别包括以下方面：

1. 根据第 1 句，定期邀请参保人以文本形式参加早期诊断测试；

2. 向参保人提供关于调查、收集、处理和使用个人数据的好处和风险的全面且易于理解的信息，对此第 4 款规定的调查，为保护此类数据而采取的措施、责任主体和现有的撤销权；

3. 目标群体的内容、检查方法、检查之间的间隔、年龄限制、澄清

突出的诊断结果和质量保证措施；以及

4. 系统地记录、监测和改善癌症早期诊断项目的质量，特别是考虑项目参与者的参与率、间歇性癌症的发生、假阳性诊断和相关癌症的死亡率。

第2句第4项中提及的措施还包括根据第299条将传输给联邦共同委员会特定机构以达成质量保证的数据与来自流行病学或临床癌症注册机构的数据进行核对，只要这对于检测项目参与者间歇性癌症的发生和相关癌症的死亡率尤为必要，并且各州法规允许传输癌症注册数据。健康保险公司承担比较数据产生的费用。

²联邦共同委员会应在2016年4月30日之前根据第92条在指令中规范针对早期诊断检查实施有组织的癌症早期诊断项目的细节，为此，《欧洲质量保证指令》已经根据本条第1款第1句做出了规定。将来的指导方针将在其公布后的3年内加以规范。对于新的早期诊断检查，尚未根据第92条第1款第2句第3项制定任何指令，联邦共同委员会应在指导方针公布后3年内首先检验是否由健康保险公司根据第25条第2款承担早期诊断检查，如有必要，在此后3年内，提供有关实施有组织的癌症早期诊断项目的详细信息。关于实施有组织的癌症诊断项目的指令应特别详细说明邀请相关问题、质量保证和确定与癌症登记数据的匹配，并确定主管机构。私人健康保险协会应当参与到指令中来。

³如果联邦共同委员会在其咨询中发现缺乏必要的知识，则可以制定一项指令来测试有组织的癌症诊断项目的适当内容和组织结构。第137e条准用之。第2款第1—3句所述关于实施有组织的癌症早期诊断项目具体内容的期间在准备期间、测试的实行和评估情形下应当延长，但最长不超过五年。

⁴根据本条第2款第4句在指令中确定的机构有权按照其中规定的要求收集、处理和使用执行任务所需并在指令中已经列示的数据。针对第1款第2句第1项所述的邀请，可以收集、处理和使用第291条第2款第1句第2项所述的健康保险公司的数据；就健康保险公司以外的其他机构执行邀请的任务而言，健康保险号码只能以匿名形式使用。参保人可以书面形式反对进一步邀请；其必须在邀请中表明反对权。健康保险公司掌握的其他个人数据，尤其是诊断结果数据和使用癌症早期诊断项目的数据，只

有在参保人同意的情况下才能用于邀请。第299条准用于根据本条第1款第2句第4项出于质量保证目的进行的数据收集、处理和使用，除非参保人以书面形式或电子形式表示反对。根据各州立法，允许将第4句规定的数据和根据第299条为质量保证而向联邦共同委员会指定机构传送的数据与流行病学登记或临床癌症登记的数据进行比较，除非参保人以书面形式表示反对。联邦共同委员会在指令中确定了要传送的数据，以便在其指定机构与流行病学登记或临床癌症登记之间进行比较。

[5]联邦共同委员会或其任命的机构每两年公布一份关于第1款第2句第4项所述措施现状的报告。联邦共同委员会或由其任命的机构在审查申请人的合法权益后，经请求应提交匿名数据以进行科学研究。申请决定须自申请提交之日起两个月内通知申请人；拒绝必须具有正当理由。

第26条　儿童和青少年的健康检查

[1]参保儿童和青少年有权在18岁之前进行一次疾病的早期诊断检查，防止对其身心健康发展造成重大危害。检查还包含收集和评估健康风险，其中包括核查疫苗接种状况的完整程度以及有针对性的预防咨询，其中包括为父母和儿童提供区域支持服务的信息。若有医学指征，检查应包括第20条第5款规定的针对行为预防服务的预防建议，可根据年龄向儿童、青少年、父母或其他监护人提出。预防建议以医生证明的形式发布。口腔、牙齿与颌骨疾病的早期诊断尤其要包括口腔检查、龋齿危险评估及确定、营养与口腔卫生咨询和牙齿釉质硬化与杀菌措施。年满6周岁之前享有第5句所述服务，可由医生或牙医提供此项服务。

[2]第25条第3款准用之。联邦共同委员会根据第92条在指令中详细规定第1款所述的检查的内容、种类和范围以及第25条第3款所列条件的履行情况。还进一步规定了这些检查的年龄限制和次数。联邦共同委员会在2016年7月31日之前根据第92条首次在指令中规定本条第1款第3句所述的预防建议的具体安排。特别是规定预防婴儿龋齿的牙医早期诊断检查的具体安排。

[3]健康保险公司应与州法律指定的负责儿童护理和健康护理的州级机构合作提供第1款所述服务。为了实施第1句规定的措施，健康保险公司的州协会和医疗互助保险公司与州级机构根据第1句签署联合框架协议。

第五节　疾病的支付范围

第一目　疾病治疗

第27条　疾病治疗

[1]在必要情况下，参保人有权要求疾病治疗，以确诊、治愈、防止恶化或减轻病痛。疾病治疗包括：

1. 心理和精神治疗在内的医疗；

2. 牙医治疗；

2a. 包括齿冠和超结构在内的假牙保健；

3. 提供药物、包扎用品与其他医疗辅助器材；

4. 提供家庭病护人员与家政人员；

5. 住院治疗；

6. 医疗康复与补充服务。

疾病治疗还包括参保人的镇痛治疗。疾病治疗要考虑心理患者的特殊需求，尤其是在药物供应和医疗康复中。如果参保人没有生育能力，或者因疾病或疾病要求绝育而丧失了生育能力，恢复其生育能力也包括在疾病治疗范围内。

[1a]组织或器官的捐赠者或用于分离造血干细胞或其他血液成分的献血者根据《移植法》第8条和第8a条完成器官或组织的捐献或在《输血法》第9条含义内为了输送给参保人（从活体捐献者中取出）而进行捐献，则捐献者有权享受疾病治疗服务。其中包括捐献者的门诊和住院治疗、医疗需要的前后护理费用、医疗康复服务以及根据第44a条报销作为医疗津贴和工作收入损失和所需的差旅费；这也适用于超出本法第三章规定的请求范围以外的服务，只要这些服务涵盖在捐献者的保险范围内。捐献者不需要支付额外费用。根据第1句和第2句负责支付服务的是器官、组织或造血干细胞和其他血液成分的受助人（接受者）的健康保险公司。在根据《移植法》第8条和第8a条捐献骨髓以及根据《输血法》第9条捐献造血干细胞或其他血液成分时，可以将报销捐赠人所需的差旅费和根

据《德国薪酬法》第 3a 条第 2 款第 1 句报销向雇主继续支付的款项包括为此目的采取必要的行政行为的权限转移给第三方。相关信息可以由健康保险公司德国联邦最高协会与国内外从骨髓或外周血中寻找无关的造血干细胞供体的权威机构达成协议。捐赠人的后遗症由健康保险公司负责治疗，只要根据第 11 条第 5 款未排除请求该服务的权利。本款项下的请求权也包括非法定的健康保险参保人。捐赠者的健康保险公司有权根据第 1 句和第 2 句的规定将提供服务所需的个人数据传送给接受者的健康保险公司或私人健康保险公司；这也适用于《艺术工作者社会保险法》规定的健康保险投保人的个人数据。根据第 7 句传送的数据只能针对第 1 句和第 2 句所述服务的提供经处理和使用。第 7 句和第 8 句所述的数据处理和使用只能在经过事先得知全面信息的捐献者的书面同意后进行。

[2]临时在国内逗留的参保人、根据《居留法》第 25 条第 4—5 款获得居住许可的外国人，以及：

1. 庇护申请程序还未终结的外国人；

2. 《联邦流亡者法》第 1 条第 2 款第 2 项和第 3 项规定的被驱逐者及该法第 4 条规定的归国者、其配偶、共同生活伴侣及其子孙，如果在提出服务要求之前已经在健康保险公司（第 4 条）至少参保 1 年，或者根据第 10 条参保，又或者出于医学原因必须立刻采取治疗，根据该法第 7 条第 2 款以上人员可以获得安装假牙服务。

第 27a 条　人工受孕

[1]疾病治疗的支付范围也包括诱导妊娠的医疗措施，如果：

1. 医生确诊后需要采取此项措施；

2. 医生确诊后充分确定通过采取此项措施可怀孕，如果采取 3 次措施后未成功，将不能再继续进行；

3. 请求采取此项措施的双方有婚姻关系；

4. 只使用配偶的精子和卵子；以及

5. 在采取此项措施之前，须由非亲自进行治疗的医生从医学及心理社会学角度向当事人介绍此措施的情况，然后再由该医生把病人移交给根据第 121a 条获得批准的医生或机构。

[2]第 1 款还适用于执行刺激程序后的人工授精和可能增大三胞胎或多

胎妊娠风险的人工授精。第 1 款第 2 项后半句和第 5 项不适用于其他人工受精。

[3]只有年满 25 周岁的参保人才有权要求第 1 款规定的实物服务；年满 40 周岁的女性参保人和年满 50 周岁的男性参保人不适用于第 1 款的规定。在治疗开始之前，必须将治疗计划提交给健康保险公司批准。健康保险公司支付获批医疗计划核定的参保人采取医疗措施费用的 50%。

[4]如果由于某种疾病及使用生殖细胞破坏疗法治疗而进行冷冻保存在医学上是必要的，则参保人有权对卵子或精子或生殖细胞组织进行冷冻保存，并有权采取相关的医疗措施，以便能够根据第 1 款采取后续的医疗措施来诱导妊娠。第 3 款第 1 句后半句准用之。

[5]联邦共同委员会在指令中根据第 92 条来确定本条第 1 款和第 4 款所述措施的前提条件、方式和范围的医疗细节。

脚注

根据德国联邦宪法法院 2007 年 2 月 28 日做出的第 1 BvL 5/03 号判决（《联邦法律公报》2007 年第 1 卷，第 350 页）的裁判要旨，第 27a 条第 1 款第 3 项与《基本法》相符。

第 27b 条　第二意见

[1]对其适用症进行可预测手术的参保人，其中特别是在数量发展的实施方面不能排除适应证扩大的危险时，有权根据第 3 款从医生或医疗机构获得独立的第二医疗意见。不能从实施手术的医生或医疗机构处获得第二意见。

[2]联邦共同委员会根据第 92 条第 1 款第 2 句第 3 项在其指令中确定了根据第 1 款第 1 句计划采取的手术是否具有获得第二意见的权利。其规定了特定适应证的要求，该要求是针对推荐的手术的第二意见的提交以及针对第二意见的提出者而提出，以确保第二意见经过特殊的专家鉴定。特殊专家鉴定的标准是：

1. 在与手术适应证相关的专业领域中从事长期专业医疗工作；

2. 了解有关诊断和治疗的科学研究现状，包括建议手术的替代疗法的知识。

联邦共同委员会可制定附加标准的要求。附加标准特别包括：

1. 实施相关手术措施的经验；

2. 适合人工流产相关领域的常规专家工作；或者

3. 对于评估可能需要跨学科商定的适合人工流产的情形具有重要意义的特殊附加资格。

联邦共同委员会须在第 2 句所述规定中考虑提供第二意见远程医疗的可能性。

[3]有权提供第二次意见的有：

1. 经批准的医生；

2. 经批准的医疗供给中心；

3. 经授权的医生和机构；

4. 经批准的医院；以及

5. 未参加合同医疗供给，仅为此目的参加合同医疗的医生。

只要他们满足第 2 款第 2 句的要求。

[4]医生协会与州医院协会应在内容上考虑联邦共同委员会根据第 2 款第 2 句规定的要求，向适合并准备提供独立的第二意见的服务提供者提供信息。

[5]根据第 1 款第 1 句和第 2 款第 1 句提供人工流产手术的医生必须告知参保人获得独立的第二医疗意见的权利，并根据第 4 款告知他有关适当服务提供者的信息。信息必须以口头形式提供；另外，可以参考参保人以文本形式收到的文件。医生必须确保信息通常至少在计划手术前十天提供。无论如何，必须及时做出说明，以便参保人可以就获得第二意见做出明智的决定。医生必须告知参保人，他有权根据《德国民法典》第 630g 条第 2 款的规定从患者档案中转交获得第二意见所必需的病历副本。医生为第二意见整理和转交诊断材料所产生的费用由健康保险公司承担。

[6]健康保险公司可以在其章程中为获得独立的第二医疗意见提供额外服务。如果这些额外服务与联邦共同委员会根据第 2 款第 1 句确定的手术有关，则其必须满足第 2 款第 2 句规定的要求。这也适用于健康保险公司在第 140a 条规定的特别供给合同的框架内提供第二意见程序的情形。

第 28 条　医疗与牙医治疗

[1]医疗包括医生根据医学领域的规则进行的充分和有目的的疾病预防、早期诊断和治疗活动。由医生安排和由其负责的人员提供的协助服务也属于医疗范畴。《联邦范本合同》的参加者以门诊护理为例，规定了在哪些活动中人们可以根据第 2 句提供医疗服务，以及对提供服务有哪些要求。联邦医师协会应当被给予发表意见的机会。

[2]牙医治疗包括牙医根据牙医领域的规则进行的充分和有目的的预防、早期诊断和治疗牙齿、口腔与颌骨疾病的工作；齿冠和超结构在内的假牙安装、必要的保守外科手术与 X 光检查服务也囊括在牙医治疗范围内。如果参保人在牙填充时选择了超标的服务，则自己承担超标的费用。在这种情况下，健康保险公司将价格最低的同类塑料填充作为实物服务的参考标准。在第 2 句所述情形中，在治疗开始前，牙医必须和参保人达成书面协议。超标费用规则不适用于更换完整的牙填充物的情形。在治疗开始时年满 18 周岁的参保人进行的颌骨整形手术不属于牙医治疗范畴。颌骨严重畸形的参保人进行的颌骨外科与颌骨整形综合手术治疗措施也不属于牙医治疗范畴。功能性分析与功能性治疗措施同样不属于牙医治疗范畴；它们也不能得到健康保险公司的补贴。移植服务同样不属于牙医治疗范畴，除非是联邦共同委员会根据第 92 条第 1 款确定的严重例外情况，在此情况下，健康保险公司承担整个医疗范围内的实物费用，包括超结构服务。第 1 款第 2 句准用之。

[3]经批准心理治疗师和儿童及青少年心理治疗师可进行疾病的心理治疗，以及第 92 条规定的指令所规定的合同医生可进行疾病心理治疗。第 1 款第 2 句准用之。最迟在第 92 条第 6a 款规定的验证会议后，心理医生必须在治疗开始前，获得合同医生说明患者生理疾病的会诊报告，如果出具生理报告的合同医生需要保留该报告，则应当向从事精神病学的合同医生索取报告。

[4](已废止)

第 29 条　颌骨整形治疗

[1]如果参保人的颌骨与牙齿缺陷严重影响或威胁咬、嚼、说话或者呼

吸，那么参保人有权要求获得已经医学证实有效的颌骨整形治疗。

[2]参保人应对符合第 1 款所述颌骨整形治疗向合同牙医支付 20% 的费用。第 1 句不适用于与颌骨整形治疗有关的保守外科和 X 射线检查。如果在与监护人共同居住的一个家庭中至少有两名参保子女需要颌骨整形治疗，且其在开始治疗时都未满 18 周岁，第二个子女和其他每个子女承担第 1 款规定费用的 10%。

[3]合同牙医与健康保险牙医协会结算颌骨整形治疗费用时，扣除参保人按照第 2 款第 1 句和第 3 句自付的部分。如果在治疗计划确定的必要医疗范围内完成治疗，健康保险公司将参保人根据第 2 款第 1 句和第 3 句自付的费用退还给参保人。

[4]联邦共同委员会在根据第 92 条第 1 款制定的指令中确定客观检查的适应征群组标准，对此本条第 1 款列举了前提条件。同时规定必须遵循的颌骨整形检查和诊断的标准。

[5]在颌骨整形治疗方面，如果参保人选择的服务与牙科服务统一评估标准中所示的服务相当，而仅在实施方法或使用的治疗手段上不同（附加服务），则参保人必须自行承担这些附加服务所产生的额外费用。在这种情形中，治疗牙医应当对比相关的健康保险牙医协会比照牙医服务统一评价标准所列的颌骨整形治疗来计算实物服务。第 2 款和第 3 款准用之。

[6]牙科服务评估委员会最迟应在 2022 年 12 月 31 日之前决定一份可被安排和计算为附加服务的类别目录。其中可以指定未列入评价标准且不被视为附加服务的颌骨整形服务。如果需要区分附加服务和统一评价标准中包含的颌骨整形服务，评估委员会应当在统一评价标准中列示颌骨整形服务。

[7]如果在牙医服务的统一评价标准中列出了除颌骨整形服务以外的在颌骨整形治疗方面提供的附加服务，则在开始治疗前应由治疗牙医向参保人口头告知有关的治疗方案，并且牙医与参保人之间必须签订书面或电子协议，其中由健康保险公司承担的费用份额和由参保人承担的费用份额按照服务分列。在此应附有书面或电子声明，告知参保人已根据牙医服务的统一评价标准考虑了可能的治疗方案，包括无须额外付费的治疗。联邦范本合同缔约方应根据第 1 句就书面协议和根据第 2 句对参保人的声明达成具有约束力的预印表格，并应确定生效时间点。

[8]健康保险牙科协会应逐案检查是否符合第 7 款第 1 句中规定的信息义务和说明义务。治疗牙医有义务根据要求向相关的健康保险牙科协会提交第 7 款第 1 句所述的协议和第 7 段第 2 句所述的声明。如果对于商定的额外费用的可理解性有必要，相关的健康保险牙科协会还可以要求主治牙医提供治疗相关文件和会计相关文件。如果参保人已以书面或电子形式同意传送，则主治牙医有义务传送治疗相关文件和会计相关文件。健康保险牙科协会可以对第 7 款第 1 句所述协议和第 7 款第 2 句所述声明中包含的数据以及被传送的治疗相关文件和会计相关文件中包含的数据仅做处理，只要这对于第 1 句所述的检查是必需的。

第 30 条　　（已废止）

第 30a 条　　（已废止）

第 31 条　药物和包扎用品，委任立法

[1]参保人有权获得药店必备的药物供应，只要药物不在第 34 条以及第 92 条第 1 款第 2 句第 6 项规定的范围内，还有权获得包扎用品与尿血试纸。联邦共同委员会根据第 92 条第 1 款第 2 句第 6 项制定指令规定，在医疗所需的何种情况下将药物和配制药物作为符合《医药产品法》第 3 条第 1 项或者第 2 项的内用或外用医药产品破例地纳入药物供应清单；在有效期全 2019 年 5 月 10 日的版本中第 34 条第 1 款第 5 句、第 7 句和第 8 句以及第 6 款、第 35 条、第 126 条和第 127 条准用之。第 34 条第 1 款第 6 句准用于第 2 句所述处方药和非处方药。在经证实的特殊医疗情形中，合同医生开具的药方可不在基于第 92 条第 1 款第 2 句第 6 项制定的指令规定的供应清单中，但需说明理由。参保人可在第 129 条第 2 款框架协议范围内的药店自由选择第 1 句规定供应的药物。

[1a]包扎用品是包括固定材料在内的物品，其主要作用是覆盖表面受损的身体部位，从表面受损的身体部位吸收体液，或同时满足这两种要求。特别地，如果物体还保持伤口湿润，则作为包扎用品的属性不会消失。包扎用品还包括可多次使用的物品，这些物品可在未受损的身体表面部位单独完成一次性包扎以稳定、固定或压迫身体部位。联邦共同委员会应根据

第92条第1款第2句第6项的规定，在2018年4月30日之前在指令规定中区分包扎用品与其他伤口护理用品的细节；第1款第2句准用于这些其他护理用品。在第4句的规定生效后的十二个月内，此类药物将继续由2017年4月11日之前负责提供的健康保险公司提供。

[2]根据第35条或者第35a条确定固定价格的药物和包扎用品，健康保险公司按照固定价格上限负担费用，对于其他药物，则负担扣除参保人自付金额以及第130条、第130a条和《药物批发折扣实施法》规定折扣金额之外的全部费用。如果健康保险公司与提供固定价格药物的医药企业根据第130a条第8款签订协议，则健康保险公司负担除去参保人自付的金额以及第130条、第130a条第1款、第3a款和第3b款规定的折扣金额之外的药物费用，而不再适用第1句的规定。该协议仅在可以补偿超过固定价格的额外费用时才有效。健康保险公司根据第129条第2款，将要求的包括药物和健康保险公司机构编码在内的信息发送给缔约方；根据第129条第2款和第5款在合同中约定细节。如果健康保险公司签订的协议不符合法律要求，则参保人和药店没有义务向健康保险公司偿还额外费用。

[2a]（已废止）

[3]年满18周岁的参保人购买由健康保险公司负担法定医保范围内的处方药和包扎用品时，需要自付第61条第1句规定的金额作为附加费用，然而此费用不是药物的价格。第1句不适用于尿血试纸。第1句也适用于根据第1款第2句和第3句被纳入药物供应名单的医疗产品。如果可以节约开支，当药物在医药企业不含增值税的售价至少低于售价基础上有效固定价格的30%时，健康保险公司联邦最高协会可以免除个人自付部分。对于根据第130a条第8款达成协议的药物，如果能够节约开支，健康保险公司可以减少自费金额的一半。第2款第4句准用之。

[4]联邦卫生部无须经联邦议会批准，通过法规性命令确定符合治疗的经济型药物包装细节。成品药物包装尺寸超出以上述第1句为基础确定的包装大小时，不属于第1款提供的药物范畴，且法定健康保险公司不承担相关费用。

[5]如果在医学上采用均衡的饮食是必要、合宜且经济的，参保人有权要求均衡饮食来保持肠道营养。联邦共同委员会根据第92条第1款

第 2 句第 6 项制定的指令中规定，合同医生在何种前提条件下可以开具何种均衡饮食食谱来保持肠道营养，并在联邦报纸上公开医生开具的饮食产品清单。第 34 条第 6 款准用之。该清单仅包括符合指令要求的饮食产品。第 3 款第 1 句准用于额外费用。在至 2019 年 5 月 10 日有效的版本中第 126 条和第 127 条对提供均衡饮食食谱来保持肠道营养作了相应规定。根据第 84 条第 1 款第 2 句第 1 项签订协议时应当考虑第 1 句所述服务。

[6] 在下列情形中，患有严重疾病的参保人有权要求以干花或标准化质量提取物的形式供应大麻，并有权要求含有活性物质屈大麻酚或纳比隆的医药产品：

1. 符合公认医学标准的服务：

（a）无法适用；或者

（b）在个别情况下，根据治疗合同医生的合理评估，考虑到预期的副作用以及参保人的疾病状况，将无法适用。

2. 对病程或严重症状有明显积极影响的前景不是很遥远。

对于第一处方，只有在具有正当理由的例外情形下健康保险公司才会拒绝为参保人提供服务，拒绝批文必须在服务开始之前签发。如果合同医生在第 37b 条规定的护理框架内开具第 1 句规定的服务的处方，则必须在收到申请后的 3 日内决定第 2 句规定的不同于第 13 条第 3a 款第 1 句的申请许可。联邦药物和医疗产品研究所受托根据第 1 句对药物使用情况进行非干预性监测调查，该调查将持续到 2022 年 3 月 31 日。开具第 1 句规定的服务的处方的合同医生以匿名形式将附随调查所需的数据传送给联邦药物和医疗产品研究所；合同医生应当告知参保人关于提供数据传送服务的相关信息。联邦药物和医疗产品研究所只能以匿名形式且仅在出于科学的附随调查的目的下处理和使用根据第 5 句传送的数据。根据第 8 句，联邦卫生部无须经联邦议会批准，通过法规性命令规定须传输的数据范围、进行包括匿名数据传输在内的附随调查的程序以及研究报告的格式。基于第 4 句所述附随调查的调查结果，联邦共同委员会应在以研究报告形式提交调查结果后的 6 个月内，在根据第 92 条第 1 款第 2 句第 6 项制定的指令中详细说明提供服务的细节。该研究报告由联邦药物和医疗产品研究所在其网站上公布。

脚注

（+++ 第 31 条第 3 款的适用参见第 24e 条+++）

第 31a 条　药物治疗计划

[1]同时使用至少三种处方药物的参保人有权请求合同医生制定和交付纸质药物治疗计划。保险公司医生联邦协会和健康保险公司联邦最高协会应根据第 1 句在 2016 年 6 月 30 日前就请求条件的细节达成一致，并自 2016 年 10 月 1 日起作为联邦范本合同的一部分生效。每位参加合同医疗的医生在开药时都有义务告知参保人有权根据第 1 句提出请求。

[2]在药物治疗计划中必须记录应用说明：

1. 向参保人开具的所有药物；

2. 参保人无处方使用的药物；以及

3. 与第 1 项和第 2 项中提及的药物有关的医疗产品的注意事项。

在解释药物治疗计划的内容时，必须考虑到对盲人和视障患者的特殊关切。

[3]第 1 款第 1 句中提及的医生在改变药物或意识到药物发生任何其他变化时，应尽快更新药物治疗计划。应参保人的要求，药店在交付药物时必须对药物治疗计划进行必要的更新。如果参保人可以向医生或者交付药物的药店查阅第 291a 条第 3 款第 1 句第 3 项规定的数据，则自 2019 年 1 月 1 日起，请求更新药物治疗计划的权利对象不包括第 1 句所述的参加合同医疗的每位医生以及第 2 句所述的交付药物的药店。应参保人的要求，第 3 句所述的药物治疗计划的更新将通过电子健康卡来存储。

[4]制作和更新药物治疗计划的内容、结构和规定以及调整计划的程序由保险公司医生联邦协会、联邦医师协会和为保护经济利益而成立的联邦一级药剂师最高权威组织在 2016 年 4 月 30 日之前与健康保险公司联邦最高协会和德国医院协会协商决定。联邦一级负责保护患者利益以及慢性疾病和残疾人自助的权威组织须被给予发表意见的机会。如果协议未在第 1 句规定的期限内达成，则应第 1 句所述的协议一方当事人的申请或联邦卫生部的要求，根据第 291c 条第 1 款在调解机构启动调解程序。调解机构应在调解程序启动后的 4 周内出具调解意见。如果在出具调解意见后的两

周内协议各方当事人未达成协议，则由调解机构代替协议当事人在两周内做出决定。对于调解机构的决定，第 291c 条第 7 款第 4—6 句在此适用。调解机构的决定对第 1 句所述的协议当事人、服务提供者、健康保险公司以及本卷所述的协会具有约束力；在同一情况下，只能由协议当事人根据第 1 句做出替代决定。

[5]为了以电子方式处理和使用药物治疗计划的数据，必须在 2017 年 4 月 30 日之前首次调整第 4 款第 1 句所述的协议，以便第 2 款第 1 句所述的数据可以在合同医生用于处方的电子程序以及药店的电子程序中统一反映，并用于测试药物治疗的安全性。按照第 1 句进行调整时，远程信息处理协会须被给予发表意见的机会。如果未在第 1 句规定的期间内进行首次调整，则准用第 4 款第 3—8 句。

[6]第 63 条规定的区域示范项目不受本条规定的影响。

第 32 条　药物

[1]参保人有权获得药物，只要他不被第 34 条的规定排除。未被第 1 句排除的药物适用第 92 条的规定。

[1a]联邦共同委员会在其根据第 92 条第 1 款第 2 句第 6 项的指令中规定向有长期治疗需求的参保人提供药物的细节。应当特别确定何时需要长期使用药物，并确定是否以及在何种程度上应当履行批准程序。如果在指令中规定了批准程序，则应在四周内对申请做出决定；否则，该许可应视为在期限届满后获得批准。如果该决定需要申请人提供补充信息，则信息送达过程中，期间应中断计算。

[1b]超出第 92 条第 1 款第 2 句第 6 项规定的联邦共同委员会的指令结合第 6 款第 1 句第 3 项所规定的固定治疗数量的处方，无须获得健康保险公司的批准。

[2]年满 18 周岁的参保人购买药物时须向服务提供机构自行交付第 61 条第 3 句规定的药物费用。这也适用于当医疗服务中包含按摩、温泉和保健操（符合第 27 条第 2 句第 1 项）或在医院、康复机构或其他机构门诊接受治疗的情形。作为医疗的一部分而提供的第 2 句所述药物的自付金额，根据第 125 条健康保险公司为合同医生所在地的参保人商定的价格计算。如果在这个地区有不同的价格协议，健康保险公司应当计算平均价

格。健康保险公司将适用价格告知医生协会，再由医生协会告知合同医生。

脚注

（+++ 第 32 条第 2 款的适用时参见第 24e 条+++）

第 33 条　辅助器具

[1]只要辅助器具不是参保人的日常生活的常规日用品或未在第 34 条第 4 款规定范围内，参保人有权获得特殊情况下必要的助听器、假肢、人造骨等辅助器具，以保证成功治疗疾病、预防与补救残障。辅助器具必须至少符合第 139 条第 2 款在辅助器具列表中确定的供应质量和产品的要求，前提是它们已按照第 139 条第 1 款在医疗辅助器具列表中被列出或被其中提及的产品系列所覆盖。就住院治疗而言，为补救残障获得辅助器具的权利与参保人仍可参与群体生活的程度无关；住院护理机构有责任妥善保管用于日常护理工作的必要辅助器具和护理辅助器具。第 92 条第 1 款适用于第 1 句未排除的辅助器具。参保人的权利除提供辅助器具外，还包括必要的服务，例如为了防止参保人遭受无法防御的危险而进行的必要改装、修理与替换辅助器具、提高辅助器具的使用性，在现有技术水平条件下进行必要的保养和技术控制，以便维护其功能和技术安全。如果参保人本人无法使用辅助器具且第三人需要进行医疗活动而可能因针刺具有被感染的风险，参保人还可以要求使用安全装置保护第三人免受针刺伤害的辅助器具。这些医疗活动包括抽血和注射。在 2020 年 1 月 31 日之前，联邦共同委员会将在其根据第 92 条第 1 款第 2 句第 6 项制定的指令中规定会增加感染风险的医疗活动。参保人选择超标的辅助器具或附加服务时，自行承担附加费用和由此产生的高额后续费用。应当遵守《社会法典》第十一编第 18 条第 6a 款的规定。

[2]根据第 1 款规定的前提条件，参保人有权在年满 18 周岁之前获得视觉辅助的服务。年满 18 周岁的参保人下列情形中，有权获得视觉辅助：

1. 弱视或失明使双眼视力损害达到世界卫生组织"疾病与相关健康问题的国际统计分类"界定的一级标准；或者

2. 对近视或远视超过 6 度或散光超过 4 度的参保人进行了规定的远程视力矫正。

如果治疗对眼睛疾病与伤害有疗效时，还有权获得治疗性的视觉辅助。联邦共同委员会在根据第 92 条制定的指令中规定哪些症状有权享有视觉辅助。有权获得视觉辅助的供给不包括眼镜框架的费用。

[3]根据第 2 款，只有在医学上认为是绝对必要的例外情形下，参保人才有权获得隐形眼镜。联邦共同委员会在其根据第 92 条制定的指令中规定哪些症状有权获得隐形眼镜的处方。如果参保人选择隐形眼镜来代替眼镜，且不满足第 1 句规定的前提条件，则健康保险公司将支付购买所需眼镜花费的最高金额，作为对隐形眼镜费用的补贴。护理产品的费用不包含在内。

[4]年满 14 周岁的参保人只要其视力变化达到 0.5 度以上，就有权获得第 2 款规定的视力辅助；联邦共同委员会可以在第 92 条规定的指令中规定在医学上强制必要的例外情形。

[5]健康保险公司可以允许参保人租借必要的医疗辅助器具。健康保险公司可以根据医疗辅助器具对参保人是否适用或是否可以学习使用来批准是否租借。

[5a]仅在医疗上需要首次出具或更新医疗诊断或治疗决定时，参保人才需要根据第 1—4 款申请合同医生的医疗处方。不同于第 1 句的规定，健康保险公司在放弃了对所请求的医疗辅助器具的批准后可以要求将合同医生的处方作为承担费用的前提条件。应当遵守《社会法典》第十一编第 18 条第 6a 款的规定。

[5b]如果健康保险公司不放弃对所请求的辅助器具的批准，则必须与受其指示的内部人员一起审查医疗辅助器具申请。医疗服务部门根据第 275 条第 3 款第 1 项批准医疗辅助器具之前应当审查是否为必要。在此，不允许授权第三人。

[6]参保人可在参保的健康保险公司的任何一家合同医疗服务机构就诊。

[7]健康保险公司承担合同约定的价格。

[8]年满 18 周岁的参保人购买法定健康保险提供的各种医疗辅助器具时，应向提供机构承担第 61 条第 1 句规定的健康保险公司应承担的金额作为自付金额。第 7 款规定的额外补贴中按自付金额减少；第 43c 条第 1

款第 2 句在此不适用。使用特定医疗辅助器具的自付费用为健康保险公司承担总费用的 10%，但是每月需求总额最高为 10 欧元。

[9]在此，第 1 款第 6 句适用于卵泡内输卵管，但仅限于其成本。

第 33a 条 　（已废止）

第 34 条 　不予支付的药物与辅助器具

[1]第 31 条规定的支付范围不包括非处方药物。联邦共同委员会在第 92 条第 1 款第 2 句第 6 款规定的指令中规定，哪些非处方药在作为治疗严重疾病的标准治疗时，可以由合同医生在注明理由的情形下例外地开具非处方药。在此必须考虑治疗方法的多样性。根据第 2 句制定的指令，联邦共同委员会应当创建并定期更新可作为处方开具的成品药汇编，使其可以在网上检索以及以电子方式进行处理。第 1 句不适用于：

1. 未满 12 周岁的参保儿童；

2. 未满 18 周岁有发育障碍的青少年。

年满 18 周岁的参保人根据第 31 条要求开具处方药的权利在下列领域被排除：

1. 用于感冒和流感的药物，包括用于治疗鼻炎、疼痛、抑制和治疗咳嗽的药物；

2. 口腔与咽喉药物，真菌感染除外；

3. 泻药；

4. 晕动病药物。

主要用于提高生活质量的药物也被排除在外。特别是排除了主要用于治疗勃起功能障碍、刺激和增强性能力、戒烟、瘦身或抑制食欲、调节体重或改善头发生长的药物。细节参见根据第 92 条第 1 款第 2 句第 6 项制定的指令。

[2](已废止)

[3]附件 2 第 2—6 项列举的法定健康保险中不符合经济性要求的药物规定（1990 年 2 月 21 日通过《联邦法律公报》第 1 卷，第 301 页）排除在处方清单之外，其在 2002 年 12 月 9 日的规定中进行了最后的修改（《联邦法律公报》第 1 卷，第 4554 页），此清单与联邦共同委员会的清单等

效，并构成根据第 92 条第 1 款第 2 句第 6 项制定的指令中的一部分。在评估具有特殊治疗方向的药物，例如顺势疗法、植物疗法和认知疗法的药物时，必须考虑这些药物的特殊作用方式。

[4]联邦卫生部经联邦议会同意，可通过制定法规性命令来确定健康保险公司不承担费用的医疗辅助器具，其治疗效益不明显或有争议或售价低廉。该法规性命令还可以确定健康保险公司在医疗辅助器具所需的改装、修理和更换以及学习使用方面的费用低至何种程度时不承担费用。第 1 句和第 2 句不适用于向未满 18 周岁的参保人提供助听器的维修和电池更换服务。未被第 1 句规定的法规性命令排除的医疗辅助器具仍然适用第 92 条。

[5]（已废止）

[6]医药企业可以向联邦共同委员会申请将药物纳入第 1 款第 2 句和第 4 句所述的药物清单。申请的理由必须充分；申请须附有所需的证明材料。如果申请理由不充分，那么联邦共同委员会应立即将所需的其他详细信息告知申请人。联邦共同委员会须在 90 天内对第 1 句所述的理由充分的申请做出决定，并告知申请人救济途径和期限。拒绝决定应当建立在客观和经得起检验的标准之上。申请程序需要付费进行。由联邦共同委员会规定充分理由和所需证明材料的细节。

第 35 条　药物和包扎用品的固定支付价格

[1]在根据第 92 条第 1 款第 2 句第 6 项制定的指令中，联邦共同委员会确定可以为哪些类别的药物确定固定支付价格。同一类药物应：

1. 具有同样的有效成分；
2. 具有药理学上类似的有效成分，特别是化学相关物质；
3. 具有类似的疗效，特别是药物组合。

如果对于治疗有意义，则必须考虑具有相同有效成分药物的不同生物利用度。在根据第 1 句划分药物种类时，应在治疗细菌传染病（抗生素）的药物有效成分中考虑耐药性情况。作为储备抗生素供应的重要医药产品，可被排除在根据第 1 句划分的药物种类之外。根据第 2 句第 2 项和第 3 项划分的药物种类必须确保不会限制治疗的可能性和医疗上必要备选处方的可用性；特别地，可以考虑适合儿童年龄的剂型。在根据第 2 句第 2 项和第 3 项划分的药物种类中排除具有新疗效、含有专利保护成分的药物或具有微小副作用改善疗法的药物。只要第一次投入流通时该有效成分受到专利保护，则被认为是新颖的。联邦共同委员会还根据第 3 款确定每日或每支所需的平均剂量或其他合适的参考值。第 106 条第 3 款第 1 句准用于联邦共同委员会办事处根据第 1 款进行的决议准备。如果联邦共同委员会委托第三方，它必须确保第三方公开评估的基本原则和评估理由，其中包括所使用的数据。不得提及委托专家的姓名。

[1a]（已废止）

[1b]如果此药物比含有同类有效成分的其他药物具有与治疗相关的更高收益，则被认为具有第 1 款第 6 句规定的改善疗效的功能，因此，该药物应作为有针对性的疗法定期使用或比同类别的其他药物优先适用于相关患者群体和症状范围。根据第 1 句完成对含有同类有效成分的药物的普遍应用范围进行评估。第 1 句所述的更好的疗效还包括减少与治疗相关的副作用的概率或严重程度。基于专业信息和通过循证医学原理的临床研究进行的评估可以证明治疗效果得到了改善，只要这些研究普遍适用或即将适用且其研究方法符合国际标准即可。应优先考虑临床研究，特别是直接与含有同类有效成分的其他药物的比较研究，尤其要考虑患者的死亡率、发病率和生活质量。应当根据第 1 款第 1 句准备专业且有条理的评估结果作为决议的基础，以便可追溯支持决议的理由。在做出决议之前，还应当根据第 2 款听取专家口头意见。受联邦共同委员会基于重要原因做出的不同决议的限制，决议的理由在根据第 94 条第 1 款完成草案后，最迟在《联邦公报》公布决议时应当公布。由于仅对部分患者或第 1 句所述的部分应用领域的症状具有更好的治疗效果，从固定价格药物清单中排除的药物仅对这些应用是经济的；细节根据第 92 条第 1 款第 2 句第 6 项制定指令进行规定。

[2]在联邦共同委员会做出决定之前，医药科学与实践专家以及药物生产企业和药店的专业代表必须被给予发表意见的机会；在评估特殊疗法的药物时，还必须征得此种疗法方向的专家意见。这些意见应当在决议中被采纳。

[3]健康保险公司联邦最高协会根据药物每日或每次平均剂量或其他合适的参考剂量来规定固定支付价格。健康保险公司联邦最高协会可以为包

扎用品设定统一的固定支付价格。第 2 款准用于专家提出的意见。

[4]（已废止）

[5]固定支付价格的规定应确保在通常情况下足量、有针对性和经济的药物，并确保药物的质量安全。固定支付价格压缩了药物的盈利空间，旨在创造有效的价格竞争，因此必须提供尽量廉价的药物供给选择；应尽可能确保有足够多用于治疗的药物选择。每年应至少检查一次固定支付价格；按照适当的时间跨度根据市场形式的变化调整固定支付价格。第 1 款第 2 句规定的固定价格组的药物定价最高不能超过标准包装最低与最高价差价的三分之一。此外，必须以固定支付价格提供至少五分之一的处方药和五分之一的包装药；同时，未按固定支付提供的处方药和包装药的百分比之和不得超过 160%。根据第 4 句计算时，不考虑固定价格组包装药中比例低于 1% 的高价包装药。对于处方药的数量，应使用第 84 条第 5 款规定的计算截止日期当天提供的最终年度数据。

[6]如果在调整固定支付价格时根据第 31 条第 3 款第 4 句做出了有效决议，并且根据该决定实际上免除了药物的附加费，则应根据该决议调整固定支付价格，确保在调整后也能获得足够的无须支付附加费用的药物供应。如果预计事先无法供应足够数量的第 31 条第 3 款第 4 款规定的免除附加费用的药物，那么在这种情况下，第 5 款第 5 句规定的总和不得超过 100%。

[7]固定支付价格将在《联邦公报》上公布。针对定价的申诉不具有中止效力。不进行预审程序。禁止对第 1 款第 1 至 6 句规定的分类，第 1 款第 8 句规定的每日或每次平均剂量或其他合适的参考剂量以及固定支付价格的其他部分规定提出特殊申诉。

[8]健康保险公司联邦最高协会制定并公布所有定价及药物一览表，并通过数据传输给德国医学文献和信息研究所，供其在网上检索和发表。该一览表每季度更新一次。

[9]根据 2012 年 1 月 1 日起开始生效的药物价格条例，健康保险公司联邦最高协会根据第 7 款第 1 句重新计算符合贸易附加费的处方药定价，并在 2011 年 6 月 30 日之前公布重新计算的药物定价。重新计算无须征求专家意见。重新计算的定价将从 2012 年 1 月 1 日起生效。

脚注

根据德国联邦宪法法院 2002 年 12 月 17 日做出的第 1 BvL 28/95 号等系列判决（《联邦法律公报》2003 年第 1 卷，第 126 页）的裁判要旨，第 35 条与《基本法》相符。

第 35a 条　含有新的有效成分的药物的有效性评估

[1]联邦共同委员会评估含有新的有效成分的可报销药物的有效性。尤其包括评估与有针对性的类似疗法相比的辅助疗效、疗效强度和临床意义。有效性评估基于医药企业提供的证据，医药企业最迟在药物首次用于临床时以及允许用于新领域后的四周内要将所进行或受托进行的所有医学检验以电子方式告知联邦共同委员会，特别是必须包含如下说明：

1. 许可的应用领域；

2. 医药疗效；

3. 与有针对性的其他类似治疗相比的辅助疗效；

4. 显现重大辅助疗效的病人及病人群体数量；

5. 法定健康保险承担的治疗费用；

6. 保证疗效的使用要求。

药理学上与定价药物类似的药物，需要根据第 35 条第 1b 款第 1—5 项来证明第 3 句第 3 项所述的辅助疗效能够改善治疗。如果医药企业即使在联邦共同委员会的要求下也未及时或未充分提供所需的证明材料，则无法证明存在辅助疗效。联邦共同委员会在其程序规则中确定何时满足第 5 句的前提条件。联邦卫生部无须联邦议会的同意通过条例规定辅助疗效的细节。特别是规定：

1. 第 3 句规定的提供证明的要求；

2. 确定有针对性的类似疗法及其辅助疗效的基本原则，包括需要补充证明材料的情况和达到特定证据级别研究的前提条件，基础是循证医学和健康经济学的国际标准；

3. 程序原则；

4. 第 7 款规定的咨询原则；

5. 基于有效性评估的证明材料的公布；以及

6. 针对 2011 年 7 月 31 日前首次用于临床、含有新有效成分的药物的过渡性规定。

联邦共同委员会应当在法规性命令生效的 1 个月内在其程序规则中首次规定其他细节。为了确定有针对性的类似疗法，联邦共同委员会可以要求医药企业提供申请许可的药物应用领域的信息。对于已根据欧洲议会和欧洲理事会 1999 年 12 月 16 日通过的第 141/2000 号决议批准的关于罕见病药物的药物许可，可视为该药物具有医学辅助疗效；不必提交第 3 句第 2 项和第 3 项规定的证明材料。如果在过去的 12 个月中，通过法定健康保险以药店售价出售的符合第 10 句规定的药物营业额（包括销售税）超过 5000 万欧元，则医药企业应当在联邦共同委员会要求的 3 个月内根据第 3 句提交材料证明该药物具有不同于第 10 句规定的有针对性的类似疗法的辅助疗效。应根据第 84 条第 5 款第 4 句的说明确定第 11 句所述的营业额。

[1a]如果预计法定健康保险仅为药物花费少量费用，则联邦共同委员会应免除医药企业根据第 1 款提供证明材料的义务，也可应申请取消根据第 3 款对药物的有效性评估。医药企业应当说明申请的合理性。联邦共同委员会可规定义务免除的期限。第 1 句所述的义务免除申请只允许在首次根据第 1 款第 3 句提供证明材料之前提出。联邦共同委员会在其程序规则中对细节进行规范。

[1b]对于下列药物无须根据第 1 款第 3 句提供证明材料：

1. 针对参保儿童和青少年，根据第 34 条第 1 款第 5 句未从第 31 条所述的供给中被排除的药物；

2. 适用于根据第 34 条第 1 款第 6 句从第 31 条规定的医疗服务中被排除的处方药。

[2]联邦共同委员会根据第 1 款第 3 句审查证明材料并决定，自行评估辅助疗效还是委托卫生事业质量与经济性研究所或第三方进行。联邦共同委员会和卫生事业质量与经济性研究所可要求审阅上级联邦主管部门的许可材料。辅助疗效的评估必须在第 1 款第 3 句规定的提交证明材料截止日期的三个月内完成并在网上公布。

[3]联邦共同委员会在公布后 3 个月内对疗效评估做出决议。第 92 条第 3a 款在有机会口头提出意见的情形下适用。根据决议确定药物的辅助疗

效。联邦共同委员会可规定疗效评估决议的有效期。该决议应在网上公布。决议是符合第 92 条第 1 款第 1 句第 6 项指令的一部分；第 94 条第 1 款不适用。

[3a]联邦共同委员会应在第 3 款规定的决议被做出的 1 个月内公布该决议的机器可读版本，该版本应当根据第 73 条第 9 款第 2 句适合在电子程序中进行映射，并且符合第 73 条第 9 款第 2 句所述法规性命令的要求。联邦共同委员会应在其程序规则中根据第 73 条第 9 款第 2 句，在法规性命令生效后三个月内首次对细节做出规定。在根据第 2 句首次做出决议之前，准用第 92 条第 3a 款的规定。关于根据第 2 句对程序规则进行首次修改之前根据第 3 款做出的决议，联邦共同委员会应在根据第 2 句对程序规则进行首次修改后的 6 个月内，公布第 1 句所述的机器可读版本。

[4]如果根据第 1 款第 4 句确定药物不具有改善治疗的效果，则在符合第 3 款所述的决议中将此药物纳入第 35 条第 1 款规定的具有类似药理学功能药物的固定价格组中。第 35 条第 1b 款第 6 句准用之。第 35 条第 1b 款第 7、8 句以及第 2 款不适用。

[5]对于已经根据第 3 款做出决议的药物，如果医药企业根据新的科学知识证明其必要性，则可以申请新的药效评估。联邦共同委员会在 8 周内决定是否批准申请。医药企业根据要求应在三个月内根据第 1 款第 3 句向联邦共同委员会提交证明材料。新的药效评估最早应在第 3 款所述决议公布一年后开始。第 1—4 款和第 5a—8 款准用之。

[5a]如果联邦共同委员会在其决议中未确定第 3 款规定的辅助疗效或第 4 款规定的改善疗效，则应医药企业的要求申请根据第 35b 条或第 139a 条第 3 款第 5 项进行评估，前提是医药企业承担此费用。确定固定支付价格或报销价格的义务不变。

[5b]如果预期从符合第 1 款第 3 句规定的时点起六个月内批准至少一个新的应用领域，则联邦共同委员会可以确定不同于第 1 句第 3 款的提交所需证明材料的时间。联邦共同委员会确定的相关日期不得超过第 1 款第 3 句所述日期后的六个月。医药企业必须在符合第 1 款第 3 句所述时间至少三个月前提交申请。联邦共同委员会在 8 周内决定是否批准申请。联邦共同委员会在其议事规则中规范细节。第 130b 条第 3a 款第 2 句和第 3 句以及第 4 款第 3 句仍然适用。

[6]对于具有有效成分但不具有第 1 款第 1 句意义上新的有效成分的药物，如果在具有新文件保护的情形中对该药物授予新的许可，则联邦共同委员会可以根据第 1 款决定药效评估。如果在具有新文件保护的情形中对该药物授予新的许可，则第 1 句也适用于具有第 1 款第 1 句意义上新的有效成分的药物。联邦共同委员会在其程序规则中规范细节。

[7]联邦共同委员会特别在待提交材料、研究以及类似疗法方面为医药企业提供咨询。并且可以在这些方面与医药企业达成协议。可在第三阶段批准程序开始前或在临床试验计划开始前，在医药产品联邦研究所或保尔埃尔利希研究所的参与下展开咨询。医药企业获得咨询谈话记录。包含报销咨询所产生费用在内的细节应在程序规则中加以规定。

[8]不得针对第 1 款规定的提交证明材料的要求、第 2 款规定的疗效评估、第 3 款规定的决议和第 4 款规定的将药物纳入固定价格组提出申诉。第 35 条第 7 款第 1—3 句准用之。

第35b 条 药物的成本效用评估

[1]联邦共同委员会基于符合第 130b 条第 8 款的申请委托卫生事业质量与经济性研究所进行成本效用评估。在委托中应特别确定，针对何种疗效与哪些患者群体进行评估，以及评估时需要考虑的时段、疗效和费用类型和在总疗效中占的比例；联邦共同委员会在其议事规则中规范细节；第 92 条第 3a 款准用于委托授权，前提是联邦共同委员会进行口头听证。评估通过与其他药物和治疗形式进行比较来进行，同时考虑到对患者的治疗辅助疗效与费用的关系；评估是基于临床研究的结果以及根据第 2 款与联邦共同委员会协商服务内容或经医药企业申请得到联邦共同委员会认可的医疗服务；第 35a 条第 1 款第 3 句和第 2 款第 2 句准用之。药物对患者的疗效应适当考虑患者健康状况的改善、病期的缩短、寿命的延长、副作用的减轻及生活质量的提高，评估经济性时也要考虑参保群体承担费用的适当性和合理性。研究所根据委托基于各专业领域内公认的循证医学和卫生经济学的国际标准，根据第 1 句确定评估方法和标准。在完成评估之前，研究所要保证流程的高度透明性，并且适当参与第 35 条第 2 款和第 139a 条第 5 款所提到事项。研究所在网上公布相关方法和标准。

[2]联邦共同委员会可以就医疗服务研究和待处理的重点与医药企业达

成协议。研究草案的准备期限取决于既定指标和准备有效数据所需的时间。联邦共同委员会在其议事规则中对细节进行规范。该研究应优先在德国进行，而费用由医药企业承担。

³联邦共同委员会基于第 1 款所述的成本效用评估，做出成本效用评估决议并在网上公布。第 92 条第 3a 款准用之。根据该决议应特别确定使用相应药物时的辅助疗效和治疗费用。该决议构成符合第 92 条第 1 款第 2 句第 6 项所述指令的一部分；决议也可包括符合第 92 条第 2 款的治疗提示。第 94 条第 1 款在此不适用。

⁴不得提出针对第 1 款第 2 句规定的委托或第 1 款第 3 句规定的评估特殊申诉。针对根据第 3 款确定的成本效用关系提出的申诉不具有中止效力。

第 35c 条 药物超出许可范围的应用

¹基于现有的科学水平对根据《药物法》禁用的适用症及适用症领域许可药物的使用进行评估时，联邦卫生部须任命联邦医药产品研究所的专家小组进行评估，其中至少包括一个常设专家组，并可根据相关专业领域进行补充。关于专家组的组织和工作方式的细节由联邦医药产品研究所的章程进行规定，该章程需经联邦卫生部批准。为了确保专家的专业独立性，准用第 139b 条第 3 款第 2 句。联邦共同委员会可以按照第 1 句的规定委托专家小组进行评估；细节内容由联邦共同委员会在议事规则中进行规定。符合第 1 句的评估也可由联邦卫生部委托进行。根据第 92 条第 1 款第 2 句第 6 项，将评估结果作为对决议的建议转交给联邦共同委员会。评估应当经过相关医药企业的同意。不得针对评估提出特别申诉。

²除第 1 款规定的应用领域之外，如果与现有的治疗方案相比预期能够得到更好的重症治疗效果，且相关的附加费用与预期的辅助疗效之间成适当比例，则参保人有权要求在临床试验中获得许可的药物的供应，该治疗须由合同医生或第 116b 条和第 117 条规定的门诊医生参与完成，并且不与联邦共同委员会制定的药物处方相冲突。如果医药企业根据药物法的规定免费提供药物，则排除健康保险公司的支付义务。必须在开具药物处方前十周通知联邦共同委员会；如果不符合第 1 句规定的前提条件，联邦共同委员会可在收到通知的 8 周内驳回。联邦共同委员会根据第 92 条第

1 款第 2 句第 6 项在指令中规定包括证明材料和通知义务在内的细节内容。如果第 1 句规定的临床试验为许可范围的扩大做出了决定性的贡献，则医药企业须为健康保险公司报销处方费用。这也适用于欧洲法律规定的用药许可。

第 36 条　医疗辅助器具的固定支付价格

[1]健康保险公司联邦最高协会确定医疗辅助器具的固定支付价格。同时，应考虑第 139 条规定的医疗辅助器具清单，按照其功能将相似和一致的器具归为一组并确定供应的细节。在传送所需信息后，在做出决议前的合理的期限内应当给予联邦制造商和服务提供者的相关最高协会组织发表意见的机会；在决议中应考虑提出的意见。

[2]健康保险公司联邦最高协会为供应第 1 款规定的医疗辅助器具确定统一固定支付价格。第 1 款第 3 句准用之。制造商和服务提供者有义务向健康保险公司联邦最高协会提供执行第 1 句和第 1 款第 1 句和第 2 句所述任务所需的信息，特别是有关医疗辅助器具的售价信息。

[3]第 35 条第 5 款和第 7 款准用之。

[4](已废止)

脚注

根据德国联邦宪法法院 2002 年 12 月 17 日做出的第 1 BvL 28/95 号等系列判决（《联邦法律公报》2003 年第 1 卷，第 126 页）的裁判要旨，第 36 条与《基本法》相符。

第 37 条　家庭疾病护理

[1]如果参保人所需的住院治疗无法提供或家庭疾病照护可避免或缩短住院治疗，则参保人在医疗之外有权在家务、家庭中或其他合适的地方，特别是护理型住宅、学校、幼儿园以及各类需要特别护理的残疾人工作场所获得适当护理人员提供的家庭疾病护理。《工作场所条例》第 10 条仍然有效。家庭疾病护理包括个别情况下所需的基础护理、治疗护理和家政服务。参保人在生病后的 4 周内有权提出请求。在合理的特殊情况下，如

果医疗服务提供机构（第 275 条）认为从第 1 句所述理由出发确有必要，则健康保险公司可批准较长时间的家庭疾病护理。

¹ᵃ只要不存在符合《社会法典》第十一编所述的 2、3、4 或 5 级护理程度的护理需求，参保人有权在符合第 1 款第 1 句所述的适当地点因病情严重或病情恶化，特别是在住院、门诊手术、门诊治疗后要求所需的基础护理和家政服务供应。第 1 款第 4 句和第 5 句准用之。

² 在为确保达到医疗目标而有必要的情形下，作为家庭疾病护理，保险人可在家务、家庭中或其他合适的地方，特别是护理型住宅、学校、幼儿园以及各类需要特别护理的残疾人工作场所获得治疗护理。《工作场所条例》第 10 条仍然适用。除在此提及的情形外，第 1 句规定的请求还例外适用于第十一编第 43 条所指的经批准的护理机构中的参保人，他们需要为期至少 6 个月的长期、特殊医疗护理。章程可规定，除了第 1 句规定的治疗护理外，健康保险公司还应提供基础护理和家政服务。章程同时可规定符合第 4 句的基础护理和家政服务的持续时间与范围。在符合《社会法典》第十一编所述的 2 级以上的护理需求产生后，健康保险公司不再提供第 4 句和第 5 句所述的服务。符合第十一编第 71 条第 2 款或第 4 款规定的机构未长期收容的参保人，如果其家庭已经不存在且只有被临时机构或另一个适当安置处收容才能获得治疗护理时，有权获得第 1 句和第 4—6 句规定的服务。如果治疗护理需要合理的护理人员进行持续监管和照料，则参保人将在第十一编第 43a 条所指的住院设施获得第 1 句所述服务。

²ᵃ对于符合第十一编第 8 条第 6 款规定的护理保险公司的薪酬附加费的统一费率，健康保险公司每年向社会护理保险调节基金支付 6.4 亿欧元。为此，健康保险公司联邦最高协会根据健康保险公司中参保人在所有健康保险公司参保人总数中所占的份额，向健康保险公司收取费用。健康保险公司联邦最高协会规定征收程序和护理保险支付的细节。

²ᵇ第 1 款和第 2 款规定的家庭疾病护理还包括门诊姑息治疗。对于门诊姑息治疗服务，通常应认为符合第 1 款第 5 句所述的合理例外情况。第 37b 条第 4 款准用于门诊姑息治疗的家庭疾病照护。

³ 只有病人所在家庭的在世者不能提供所需的护理和照料时，才可提出家庭疾病护理的请求。

⁴如果健康保险公司不能为家庭雇用到护理员，或者有充分理由不雇用护理员，健康保险公司将以适当额度报销参保人自己雇用护理员的费用。

⁵年满 18 岁的参保人应支付第 61 条第 3 句规定的自付费用，但限于健康保险公司每年提供此服务最初 28 日发生的费用之和。

⁶联邦共同委员会在根据第 92 条制定的指令中规定，在哪些地点和情形下，也可以在参保人的家庭场所之外提供第 1 款和第 2 款所述服务。

⁷联邦共同委员会在考虑现有治疗方案的前提下根据第 92 条规定的指令规定慢性及难以治愈伤口的医疗服务。也可在参保人家庭以外的适当地点的专门机构中提供慢性及难以治愈伤口的医疗服务。

第 37a 条　社会治疗

¹如果社会治疗能避免或缩短住院治疗，或者医院提供社会治疗却无法实施，由于严重的精神疾病而无法独立使用医生处方服务的参保人有权要求社会治疗。在第 2 款的框架内，社会疗法包括在个别情况下所需的医疗处方服务及服务实施说明与积极性协调。每种疾病在 3 年内享有的社会疗法服务不超过 120 个小时。

²联邦共同委员会在根据第 92 条制定的指令中规定第 1 款所述供应的前提条件、方式和范围的细节，特别是：

1. 在通常情况下需要社会疗法进行治疗的病症；
2. 社会疗法的目标、内容、范围、持续时间和频率；
3. 医生有权提供社会疗法的前提条件；
4. 对病人疗效的要求；
5. 开具处方的医生与服务提供者合作的内容与范围。

³年满 18 周岁的参保人享受服务时应自行每天向健康保险公司缴纳第 61 条第 1 句规定的费用。

第 37b 条　专科门诊姑息治疗

¹预期生存期有限的参保人所患疾病不可治愈、不断恶化且需要极其昂贵的照料时，有权要求专科门诊姑息治疗。该服务由合同医生或医院医生开具处方。专科门诊姑息治疗包括医生与护理服务，包括其协调工作，

尤其是止痛疗法和症状控制方面，旨在在家庭区域的熟悉环境中为参保人提供第 1 句规定的照管；例如包括为残疾人提供融合援助和救助儿童及青少年的设施。常住收容所的参保人有权要求在专科门诊姑息疗法治疗范围内所需的部分医疗服务。这仅在其他服务提供者不承担服务义务的情形下适用。同时必须考虑儿童的特殊需求。

[2]在《社会法典》第十一编第 72 条第 1 款意义上的护理机构住院治疗的参保人，有权在准用第 1 款时要求获得专科门诊姑息治疗。符合第 132d 条第 1 款的合同规定：第 1 款的服务是由护理机构中的健康保险公司的合同当事人提供还是由护理机构的工作人员提供；第 132d 条第 2 款准用之。

[3]联邦共同委员会在根据第 92 条制定的指令中规定服务的细节，特别是：

1. 第 1 款第 1 句规定的疾病以及参保人的特殊护理需求；

2. 专科门诊姑息治疗的内容和范围，包括与门诊治疗的关系以及服务提供者与现有门诊临终关怀服务和住院医疗的合作（综合方法），必须考虑不断变化的服务体系；

3. 开具处方的医生与服务提供者之间合作的内容和范围。

[4]健康保险公司联邦最高协会每 3 年向联邦卫生部报告有关专科门诊姑息治疗的发展以及联邦共同委员会所发布指令的实施情况。为此，健康保险公司联邦最高协会确定其成员就已签订的合同和专科门诊姑息治疗所提供服务要传送的统计信息。

第 38 条　家政服务

[1]如果参保人因住院治疗或者因第 23 条第 2 款或第 4 款、第 24 条、第 37 条、第 40 条或第 41 条规定的服务丧失家务能力，则有权获得家政服务。前提条件还包括，家庭中的子女还未满 12 周岁或者残疾并需要照料。只要不存在符合《社会法典》第十一编所述的 2、3、4 或 5 级护理程度的护理需求，参保人有权在因病情严重或病情恶化，特别是在住院、门诊手术、门诊治疗后 4 周内要求获得家政服务。如果家庭中的子女在家政服务开始提供时尚未达到 12 周岁或者残疾并需要照料，则根据第 3 句享有的权利最多可延长至 26 周。根据第 3 句和第 4 句，参保人的护理需

求并不排除为照顾子女提供的家政服务。

[2]健康保险公司的章程可规定，如果参保人因为疾病而无法继续家务，则健康保险公司在第1款规定外的其他情形下提供家政服务。章程也可规定不同于第1款第2—4句的服务范围和持续时间。

[3]只有在家庭在世成员无法继续从事家务活动的情形下，参保人才有权要求家政服务。

[4]如果健康保险公司无法提供家政服务或者有理由不提供，则必须适当报销参保人自行雇用家政服务人员的费用。如果雇用的是家属或两代以内的直系亲属则不会报销任何费用，但是，如果报销费用与雇用其他家政服务人员产生的费用成合理比例，则健康保险公司可以报销必要的差旅费和收入损失。

[5]年满18周岁的参保人享受服务时应自行每天向健康保险公司缴纳第61条第1句规定的费用。

第39条　医院治疗

[1]住院治疗包括住院、住院等效、半住院、住院前和住院后以及门诊。如果治疗目的无法通过半住院、住院前后、门诊包括家庭疾病照护达到，而且经医院审核有必要在家庭环境中接受治疗，则参保人有权要求在根据第108条批准的医院住院或住院等效治疗。医院治疗包括医院服务协议范围内的所有服务，包括个别情形下按照疾病的类型和严重程度为参保人提供住医院中所需的医疗服务，尤其是医疗（第28条第1款）、疾病护理、药物、治疗和辅助器具的供应、住宿和膳食；急性住院治疗还包括在个别情况下提供必需、及时的早期康复服务。住院等效治疗包括由流动医生领导的多专业治疗小组在家庭环境中进行的精神病学的治疗。就内容、治疗的灵活性和复杂性而言，它相当于全面的住院治疗。

[1a]医院治疗包括出院管理，以支持参保人在医院治疗后过渡到护理过程中的跨部门护理。第11条第4款第4句准用之。医院可根据第95条第1款第1句的规定和服务提供者就执行出院管理的任务达成协议。《药店法》第11条仍然适用。参保人有权根据第1句要求提供出院管理支持；在符合护理保险提供资助的范围内，健康保险公司和护理保险公司相互配合。出院管理包括医院治疗后护理所需的所有服务，特别是符合第37b

条、第 38 条、第 39c 条规定的服务和符合《社会法典》第十一编的所有必要服务。在出院后直接为参保人提供护理的必要范围内，医院可以开具处方提供第 92 条第 1 款第 2 句第 6 项和第 12 项所述的服务并确定参保人无劳动能力；有关合同医生服务的规定准用之，条件是在使用符合第 293 条第 7 款第 3 句第 1 项规定的医生编号之前，应使用符合第 9 句前半句的框架协议中商定的替代标志。开具处方药物时，医院可根据包装尺寸规定开具最小包装规格的处方；还可以规定应在 7 天内开具处方提供第 92 条第 1 款第 2 句第 6 项所述的服务并确定参保人无劳动能力（第 92 条第 1 款第 2 句第 7 项）。联邦共同委员会根据第 92 条第 1 款第 2 句第 6 项、第 7 项和第 12 项制定指令，根据本条第 7 句确定《处方法》的其他规定。第 1—7 句的更多细节，特别是有关服务提供者与健康保险公司的合作，由健康保险公司联邦最高协会同时也是护理保险公司联邦最高协会、保险公司医生联邦协会和德国医院协会进行规范，在框架协议中也应考虑联邦共同委员会制定的指令。如果框架协议全部或部分终止，并且在该协议到期之前没有达成新的框架协议，则联邦一级的跨部门仲裁小组将根据第 89a 条做出决议。在签订框架协议之前，必须由与保护经济利益相关的最高药剂师组织以及联邦一级护理提供机构协会发表意见。出院管理以及为此所需的收集、处理和使用个人相关数据，必须在经参保人事先同意并获得事先信息后才能进行。该同意可随时撤销。信息、同意及其撤销都必须采用书面形式。

[2]如果参保人在无强制理由的情形下选择了医生指定之外的其他医院进行治疗，则可由其自行承担全部或部分的额外费用。

[3]在州医院协会和健康保险公司医生协会的合作下，健康保险公司州协会、医疗互助保险公司以及德国"矿工—铁路职工—海员"养老保险公司共同制定参保人在本州或本地区许可医院接受医院治疗的服务与支付明细并随着发展对其进行调整（住院服务和支付明细）。同时应汇总支付明细，使其能够进行比较。健康保险公司应督促合同医生和参保人在提供与接受住院治疗时应注意此明细。

[4]年满 18 周岁的参保人应从住院治疗开始每天向医院缴纳第 61 条第 2 句规定的费用，每年最多缴纳 28 天的费用。在一个年度之内根据《社会法典》第六编第 32 条第 1 款第 2 句向法定养老保险机构以及根据第 40 条

第 6 款第 1 句已经支付的费用应抵充第 1 句规定的费用。

[5](已废止)

第 39a 条 住院和门诊的临终关怀服务

[1]如果在参保人的家庭环境中不能提供门诊服务，不需要住院治疗的参保人在第 4 句规定的合同框架内有权要求在提供姑息医药治疗的机构中获得住院或半住院治疗的补助金。健康保险公司在计入第十一编规定服务分担费用的情形下，根据第 1 句承担补助性费用的 95%。根据第四编第 18 条第 1 款的规定，每日的补贴不得少于每月参考金额的 9%，在计入其他社会服务提供者分担费用的情形下，不得超过第 1 句所述的每日实际费用。健康保险公司联邦最高协会与代表住院临终关怀服务机构利益的最高权威组织共同协商有关第 1 句规定服务的种类和范围。此外，必须根据第 4 句通过单独的协议充分考虑到儿童服务和成人服务的特殊关切。在第 4 句所述的协议中，必须规定关于服务范围和合格服务质量的联邦适用标准。同时，必须考虑到住院服务的特殊管理费用。第 4 句所述的协议应至少每 4 年审查一次，并随着服务和费用的当前发展情况进行调整。协议还应规定在何种情况下居住在住院护理机构的参保人可迁至住院临终服务机构；必须考虑到参保人的正当意愿。保险公司医生联邦协会应当有机会发表意见。健康保险公司和临终服务机构之间就第 1 句规定的服务细节签署协议，其中规定在不能达成共识的情况下，须由患者指定的独立仲裁员来解读协议内容。如果协议双方当事人不同意指定的独立仲裁员，则由负责签订协议的健康保险公司监管机关来决定。仲裁费用由双方当事人平均分摊。

[2]健康保险公司应当督促门诊临终关怀服务，该服务针对无须医院治疗、住院、半住院治疗的参保人，在家庭、住院护理机构、残疾人融合援助机构或儿童和青少年救助机构中为其提供合格的临终义务陪护。如果在医院为参保人提供门诊临终关怀服务机构代表相应的医院机构提供临终陪护，则准用第 1 句。此外，督促的前提条件还包括，门诊临终关怀服务机构：

1. 与在姑息治疗方面有经验的护理人员和医生合作；以及

2. 由护士、病护或其他具有专业资格的人员专门负责，其能证明具有姑息治疗方面多年护理经验或相应培训，且具有负责的专业护理人员培训或管理职能培训。

门诊临终关怀服务由经过相应培训的专家人员提供姑息护理咨询，并确保招聘、培训、协调和支持义务临终陪护人员。通过为必要人员和实物支出提供适当津贴促进第 1 句内容的实施。津贴参考由合格义务临终陪护人数与临终陪护人数之比确定的服务单位。为促进第 1 句内容的实施，健康保险公司为每个服务单位承担第四编第 18 条第 1 款规定的每月参考值的 13%，不得超过临终关怀机构人员和实物支出的津贴。健康保险公司联邦最高协会与代表住院临终关怀服务机构利益的最高权威组织共同协商有关促进的前提条件以及门诊临终关怀工作的内容、质量和范围。同时，应当充分考虑符合第十一编第 72 条在护理机构中门诊临终关怀服务和工作对儿童的特殊关切。必须确保临终关怀服务志愿者和临终关怀专职人员以合乎需求的比例进行合作，并确保从门诊临终关怀服务提供合格的临终陪护之时起及时提供支持。协议应至少每 4 年审查一次，并随着服务和费用的当前发展情况进行调整。符合第十一编第 72 条的护理机构应当和门诊临终关怀服务机构合作。

第 39b 条　通过健康保险公司提供临终关怀和姑息咨询

[1]参保人有权从健康保险公司获得有关临终关怀和姑息治疗服务的个人咨询和帮助。该服务还包括编制本地区可用的咨询和服务提供者概览。在参保人有需求时，健康保险公司应提供联系和服务方面的帮助。该咨询应由第十一编第 7a 条确定的护理机构和其他经请求的咨询提供者进行协调。应参保人的要求，其亲属和其他信赖人员应当参与咨询。健康保险公司代表参保人将主要咨询内容和帮助情况告知协作的服务提供者和机构，或为此目的向参保人提供相应的书面说明。根据本条规定采取的措施以及为此所需的收集、处理和使用个人相关数据，必须在经参保人事先同意并获得事先信息后才能进行。该同意可随时以书面形式撤销。健康保险公司可根据本条规定将其任务委托给其他健康保险公司、协会或工作组。

[2]健康保险公司以一般形式告知参保人为最后生命阶段提供个人服务的可能性，尤其是关于生前遗嘱、授权书和照管选任。健康保险公司联邦最高协会规范其成员的信息形式和内容的细节，同时要考虑其他公共机构

的信息材料和帮助服务汇编。

第39c条 欠缺长期护理必要性的短期护理

如果在病情严重或病情恶化的情形下，特别是在住院、门诊手术、门诊治疗后，不符合第37条第1a款的家庭疾病照护的标准，只要不存在符合《社会法典》第十一编所述的2、3、4或5级护理程度的护理需求，健康保险公司在过渡时期根据第十一编第42条提供必要的短期护理。关于服务持续时间和金额，准用第十一编第42条第2款第1句和第2句。可在《社会法典》第十一编许可的机构或其他合适机构中提供该服务。

第40条 医疗康复服务

[1]如果门诊治疗不足以使参保人达到第11条第2款规定的目标，健康保险公司出于医疗原因在康复机构中提供所需的门诊康复服务，康复机构须根据第111c条与健康保险公司签订医疗服务合同；这也包括位于参保人住处附近的康复机构提供的移动康复服务。符合第1句的服务还应在第十一编第72条第1款规定的住院护理机构中提供。

[2]如果第1款规定的服务不充分，健康保险公司则为参保人提供带食宿的住院康复服务，提供服务的康复机构须经第九编第37条第3款的认证，并根据第111条与健康保险公司签订合同。无论第1款规定的服务是否充分，健康保险公司为护理亲属提供住院康复服务。健康保险公司可以为护理亲属提供带食宿的住院康复服务，提供服务的康复机构也须经第九编第37条第3款的认证，并根据第111条与健康保险公司签订合同。如果参保人选择另一家康复认证机构，则应承担由此产生的额外费用；这不适用于在遵守第九编第8条的期待权和选择权方面产生的某些适当的额外费用。健康保险公司根据性别来统计符合第1句与第1款的服务申请与处理。第39条第1a款准用之，前提是为提供医疗康复服务的联邦一级权威协会应参与到符合第39条第1a款的框架合同中。如果框架合同全部或部分未成立，或全部或部分终止，且在合同到期时也未成立新的框架合同，则联邦一级的跨部门仲裁小组应按照第89a条根据合同一方当事人的请求做出决议。不同于第89a条第5款第1句和第4句的规定，联邦一级的跨部门仲裁小组在这一情形下由健康保险公司和经认证的康复机构各自委派

两名医生代表以及一名独立主席和另一名独立成员组成。经认证的康复机构的代表由为提供医疗康复服务的联邦一级权威协会任命。

[3]根据个别情况下的医学要求以及考虑到第九编第 8 条的期待权和选择权，健康保险公司根据第 1 款和第 2 款确定服务方式、持续时间、范围、开始时间和贯彻实施，以及符合义务评估的康复机构；健康保险公司在做出决议时考虑护理亲属的特殊利益。在住院康复方面，如果护理亲属入住同一机构，他们有权要求病患的护理服务。如果需要将患者送往护理亲属所在机构以外的其他护理机构，则由健康保险公司和护理保险公司应护理亲属的要求并在患者的同意下协调患者的护理。除非因医疗原因迫切需要延长服务时间，否则根据第 1 款的服务最多享受 20 个治疗日，根据第 2 款的服务最多享受 3 周。如果健康保险公司联邦最高协会在对联邦一级代表门诊和住院康复机构利益的最高组织进行听证后在指令中确定了病症清单并分别规定了治疗的标准时间，则第 4 句不适用；仅在个别情况下由于紧急医疗原因有必要时，才可以不遵守规定的标准时间。第 1 款和第 2 款提供的服务要等到提供同类或类似服务四年后才能提供，该费用或提供津贴根据公法规定承担，除非出于医疗原因迫切需要提前提供服务。第 23 条第 7 款准用之。健康保险公司为在申请后的六个月内未获得必要的医疗康复服务且有护理需要的参保人，向护理保险公司支付 3072 欧元。如果健康保险公司对未提供的服务不承担责任，则不适用第 8 句。

[4]如果根据适用于其他社会保险公司的有效法规未提供类似服务时，第 6 卷第 14、15a、17 和 31 条除外，健康保险公司才提供第 1 款和第 2 款的服务。

[5]年满 18 周岁且有权获得第 1 款和第 2 款规定服务的参保人，每天向康复机构缴纳第 61 条第 2 句规定的费用。这笔款项将转入健康保险公司的账户。

[6]年满 18 周岁的参保人有权要求在医院治疗后直接接受第 1 款和第 2 款的服务（连续康复），向康复机构缴纳第 61 条第 2 句规定的费用，每年缴纳费用最多不超过 28 天；在住院治疗结束后 14 条之内开始的康复都视为治疗后直接开始的康复，除非由于强制性的事实或医学原因而无法遵守此期限。在一个年度内已向其他法定养老保险公司缴纳的符合

第六编第 32 条第 1 款第 2 句的每日支付费用以及符合第 39 条第 4 款的支付费用，均可抵消第 1 句规定的费用。该笔款项将转入健康保险公司的账户。

[7]健康保险公司联邦最高协会在工作组的参与下根据第 282 条规定了病症清单，在出现这些病症时，提供第 2 款规定的必要医疗服务时由参保人自行承担第 6 款第 1 句规定费用，在此不涉及连续康复的情形。确定病症清单之前，应当给予代表住院康复机构利益的联邦一级权威组织发表意见的机会；在决议中应考虑其意见。

第 41 条　针对父母的医疗康复机构

[1]参保人有权在第 27 条第 1 款规定的前提条件下，在产妇康复机构或类似机构中要求获得出于医学原因所需的康复服务；可通过母—婴措施的形式提供该服务。第 1 句同样适用于类似机构中的父—婴措施。在根据第 111a 条与之签订服务合同的机构中提供第 1 句和第 2 句规定的康复服务。第 40 条第 2 款第 1 句和第 2 句不适用；第 40 条第 2 款第 3 句和第 4 句准用之。

[2]第 40 条第 3 款和第 4 款准用之。

[3]年满 18 周岁的参保人享有第 1 款规定的服务时，应每天向康复机构支付第 62 条第 1 句规定的费用。该笔款项将转入健康保险公司的账户。

[4](已废止)

第 42 条　压力测试和职业治疗

93 如果参保人根据适用于其他社会保险机构的有效规定不能获得类似服务，则有权要求获得压力测试和职业治疗。

第 43 条　康复的补充服务

[1]如果最后由健康保险公司提供医疗服务，则除了根据第 64 条第 1 款第 2—6 项以及第九编第 73 条和第 74 条提供的服务外，作为补充服务，健康保险公司还可以：

1. 在考虑残疾类型或严重程度的情形下，提供或推进部分或全部康复服务，以达到或巩固康复目标，但是不包括工作生活的参与或日常社会融合的服务；

2. 为慢性病患者提供有效和高效的患者教育，如果出于医学原因有必要的情形下，应当纳入其家属和固定看护人员。

[2]如果由于疾病的种类、严重程度和持续时间而需要后续措施，出于医学原因，健康保险公司在第 39 条第 1 款规定的医院治疗或住院康复结束后，为慢性病人或未满 14 周岁患重病、未满 18 周岁患特别重大疾病的儿童或青少年提供所需的社会医学后续措施，以便缩短住院时间或保证之后的门诊医生治疗。后续措施包括个别情况下所需的医嘱服务的协调以及服务说明和动机。如果出于医学原因有必要的情形下，应当纳入其家属和固定看护人员。健康保险公司联邦最高协会确定前提条件以及后续措施的内容和质量细节。

第 43a 条　非医疗的社会儿科服务

[1]如果非医疗的社会儿科服务在医生任务范围内且确有需要时，为了及早确诊疾病并制定治疗计划，参保儿童有权享受该服务，特别是心理、特殊教育和心理社会服务；第九编第 46 条仍然有效。

[2]在医生提供门诊精神治疗的任务范围内，参保儿童有权请求非医疗的社会儿科服务。

第 43b 条　对于患有精神障碍或严重多重残疾的成年人提供的非医疗服务

如果非医疗服务在医生任务范围内通过医疗中心根据第 119c 条提供且确有需要时，为了及早确诊疾病并制定治疗计划，患有精神障碍或严重多重残疾的成年人有权要求非医疗服务，特别是心理、特殊教育和心理社会服务。这也包括在个别情形中服务之间所需的协调。

第 43c 条　付款方式

[1]医疗服务提供机构必须收取参保人应当支付的款项，并在向健康保险公司申报支付时结清此款项。如果参保人在医疗服务提供机构另行提出书面付款要求时仍未付款，则健康保险公司必须收取此款项。

[2](已废止)

[3]医院扣留参保人按照第 39 条第 4 款必须支付的附加费用；其向健康保险公司申请支付时应相应扣减。第 1 款第 2 句不适用。如果参保人在医院另行提出书面要求时仍未付款，则医院应当在健康保险公司的委托下收取此附加费用。医院有权根据第 3 句执行行政程序。为此医院可以对参保人做出行政行为；针对该行政行为提出的申诉不具有中止效力；不进行预审程序。相关的健康保险公司应当报销医院每次按照第 3 句执行行政程序产生的合理费用。医院由于参保人申诉行政行为产生的费用，由健康保险公司承担。由相关健康保险公司执行第 39 条第 4 款规定的针对附加费用的强制执行程序。健康保险公司联邦最高协会和德国医院协会根据第 6 句和第 7 句就费用报销实施细节达成协议。如果医院未能成功收取附加费用，不同于第 1 句的是，医院向健康保险公司申请支付时不会相应扣减。医院与健康保险公司之间可以就付款方式做出不同的规定，只要这在经济上可行。

第二目 医疗津贴

第 44 条 医疗津贴

[1]如果参保人因疾病丧失工作能力或由健康保险公司承担费用在医院、保健以及康复机构（第 23 条第 4 款、第 24 条、第 40 条第 2 款和第 41 条）住院治疗，参保人有权要求获得医疗津贴。

[2]下列情形无权要求获得医疗津贴：

1. 符合第 5 条第 1 款第 2a、5、6、9、10 或 13 项以及第 10 条的参保人；如果有权要求获得过渡津贴，则不适用于符合第 5 条第 1 款第 6 项的参保人，以及只要独立从业或不从事第四编第 8 条和第 8a 条所述的低收入工作者或者如果他们是全职独立经营者且根据第 2 项提交了选择声明，则不适用于符合第 5 条第 1 款第 13 项的参保人；

2. 全职独立经营者，除非参保人向健康保险公司声明保险关系应当包括获得医疗津贴的权利（选择声明）；

3. 符合第 5 条第 1 款第 1 项的参保人，根据《薪酬继续支付法》、劳资协定、企业协定或其他合同约定在丧失工作能力时无权要求继续支付至少六周的薪酬或要求支付基于保险义务的社会福利，除非参保人提交了选

择声明，主张保险关系应当包括获得医疗津贴的权利。这不适用于根据
《薪酬继续支付法》第 10 条有权要求支付薪酬收入额外津贴的参保人；

4. 从相关职业的公法保险机构或护理机构或其他类似机构获得养老
金的参保人，其类型须符合第 50 条第 1 款中提及的服务。第 50 条第 2 款
准用于符合第 1 句第 4 项参保人，只要其获得的服务在类型上与本条所列
服务相符。

第 53 条第 8 款第 1 句准用于第 1 句第 2 项和第 3 项所述选择声明。
第 53 条第 6 款准用于第 2 项和第 3 项所列参保人。如果健康保险公司在
现有的工作能力丧失时根据第 1 句第 2 项和第 3 项收到选择声明，则选择
声明在丧失工作能力后的次日生效。

[3]在丧失工作能力时要求继续支付薪酬的权利参见劳动法规。

[4]参保人有权从健康保险公司获得个人咨询和帮助，这些服务和支付
的提供对于恢复工作能力是必需的。符合第 1 句的措施以及必要的收集、
处理和使用个人数据，都只有在获得参保人的书面同意和事先书面资料后
才能采取。该同意可随时以书面形式被撤销。健康保险公司可将第 1 句所
述的任务委托给《社会法典》第一编第 35 条中提及的机构。

第 44a 条　捐献器官、组织或血液以分离血液干细胞或其他血液成分的医疗津贴

根据第 27 条第 1a 款第 1 句，用于分离血液干细胞或其他血液成分的
器官、组织或血液的捐献者，如果向参保人的捐赠使其丧失工作能力，则
有权获得医疗津贴。医疗津贴由接受捐赠的参保人的健康保险公司按其在
丧失工作能力之前的正常净工资或劳动收入的数额支付给捐献者，直至达
到每日保险金的上限。对于根据《艺术工作者社会保险法》强制参保的
捐献者，第 2 句所指的劳动收入损失应从劳动收入中计算得出，依据在于
捐赠使其丧失工作能力前最近 12 个月的保险金上限。第 44 条第 3 款、第
47 条第 2 至 4 款、第 47b 条、第 49 条和第 50 条准用之；第 44 条下的权
利根据本条下的权利被排除。非法定健康保险参保人群也可以根据本条提
出请求。

第 45 条　子女疾病期间的医疗津贴

[1]如果根据医生书面证明，参保人有必要离开工作岗位来照看、照顾

或护理其生病且参保的子女，同时其他家庭成员不能照看、照顾或护理子女且该子女尚未年满 12 周岁或因残疾需要帮助，则参保人有权要求医疗津贴。第 10 条第 4 款和第 44 条第 2 款适用。

²每名子女每年不超过 10 个工作日，而单亲的参保人不超过 20 个工作日，可享有第 1 款所述的医疗津贴。参保人每年不超过 25 个工作日，而单亲的参保人不超过 50 个工作日，可享有第 1 句所述的权利。第 1 款规定的医疗津贴占参保人需缴纳保险费工资的净工资损失的 90%，对于根据第 3 款休假前的 12 个月内需一次性缴纳保险费的收入（第四编第 23 条），占需缴纳保险费工资的净工资损失的 100%；最高不得超过第 223 条第 3 款规定的保险金上限的 70%。如果医疗津贴是根据第 1 款从工作收入中计算得出，则数额应为正常工作收入的 70%，但要以缴纳的保险费进行计算。第 47 条第 1 款第 6—8 句和第 4 款第 3—5 句准用之。

³根据第 1 款要求获得医疗津贴的参保人在享有权利期间，有权向其雇主提出不带薪休假的请求，只要申请原因不同于带薪休假。健康保险公司根据第 1 款确认其服务义务之前，如果符合第 1 句的请求休假的权利生效且未满足其前提条件，则雇主有权将已经获得批准的休假计入以后因照看、照顾或护理生病子女的享有的休假中。第 1 句所述休假的权利不能通过合同被排除或限制。

⁴如果参保人有必要离开工作岗位来照看、照顾或护理其生病且参保的子女，同时该子女尚未年满 12 周岁或因残疾需要帮助且根据医生证明患有疾病，则参保人有权进一步要求医疗津贴：

　　a）病情逐步恶化且已经达到相当严重程度；

　　b）无法治愈，且姑息疗法是必需的或是父母一方所希望的；以及

　　c）只能预期存活数周或数月。

该权利仅针对父母一方适用。本条第 1 款第 2 句、第 3 款和第 47 条准用之。

⁵雇员不是根据第 1 款有权获得医疗津贴的参保人，也有权根据第 3 款和第 4 款获得不带薪休假。

第 46 条　医疗津贴请求的提出

有权获得医疗津贴的情形有：

1. 从开始在保健或康复机构（第 23 条第 4 款、第 24 条、第 40 条第 2 款和第 41 条）进行医院治疗或治疗时；

2. 从医生确定丧失工作能力之日起。

获得医疗津贴的权利一直持续到医生确定因同一疾病而进一步丧失工作能力之日为止，如该医生诊断不迟于最后一次经证明的丧失工作能力终止后的下一工作日做出；在此，周六不视为工作日。对于根据第 192 条第 1 款第 2 项，其保险资格取决于是否享有医疗津贴的参保人，如果因同一疾病而进一步丧失工作能力不是在第 2 句所指的下一工作日，而是最迟在最后一次经证明丧失工作能力终止后的一个月内做出，依然享有获得医疗津贴的权利。对于符合《艺术工作者社会保险法》的参保人，以及根据第 44 条第 2 款第 1 句第 2 项提交了选择声明的参保人，应从无工作能力的第七周起享有权利。如果参保人已经在健康保险公司选择了第 53 条第 6 款规定的收费标准，则第 3 句所述的参保人获得医疗津贴的权利根据《艺术工作者社会保险法》在丧失工作能力的第 7 周之前的法律规定时间内享有，最晚从丧失工作能力第 1 周起。

第 47 条　医疗津贴的额度与计算

[1]如果按照保费计算（标准工资），医疗津贴是正常工资和收入的 70%。根据工资计算的医疗津贴不得超过根据第 2 款计算所得的净工资的 90%。对于第 2 句所述净工资的计算，第 2 款第 6 句所述每日追加金额所产生的净工资份额应按百分比确定，该百分比根据第 2 款第 1—5 句的每日标准工资与该标准工资所产生的净工资之比得出。根据第 1—3 句计算的每日医疗津贴不得超过第 2 款第 1—5 句所述工资所产生的每日净工资。标准工资根据第 2 款、第 4 款和第 6 款进行计算。医疗津贴按天支付。如果要支付整个月的医疗津贴，则按 30 天计算。在根据第 1 句计算标准工资以及根据第 2 句和第 4 句计算净工资时，不考虑第四编第 20 条第 2 款关于过渡地区费用评估和费用支付的特殊规定。

[2]标准工资的计算为参保人在丧失工作能力前最后一段工资结算期间，至少是在最后四周内（评估期），并将劳动报酬除以付酬小时数并减去一次性支付的劳动报酬。其结果乘以因雇佣关系内容产生的每周标准工作时数，再除以七。如果工资按月计算，或者无法根据第 1 句和第 2 句计算标

准工资，则丧失工作能力前最后一个月所赚取劳动报酬的三十分之一减去一次性支付的劳动报酬被视为标准工资。如果是以完成一定工作任务而支付劳动报酬，且解职时间在工作任务之前或之后到期（符合第四编第7b条的账户余额），则在计算标准工资时重点考虑以计算期间内工资评估为基础并减去一次性支付的劳动报酬后所得的报酬；未根据灵活工作时间协议（第四编第23b条第2款）使用的账户余额不计算在标准工资内。适用第1句时，每周标准工作时间是与所支付劳动报酬相对应的工作时间。在计算标准工资时，根据第四编第23a条在丧失工作能力前十二个月一次性支付的劳动报酬的三百六十分之一是工资评估的基础，应当计入依据第1—5句计算的劳动报酬中。

³在非连续工作和报酬的情形下，健康保险公司的章程可就医疗津贴的支付和计算做出不同规定，以确保医疗津贴执行收入替代的功能。

⁴海员的标准工资是根据第233条第1款负有缴纳保险费义务的收入。未受雇用的参保人的标准工资是在丧失工作能力前对劳动收入计算具有决定意义的每日工资。符合《艺术工作者社会保险法》的参保人的标准工资应根据丧失工作能力前十二个月的劳动收入计算得出；同时，该收入的三百六十分之一为每日工资。从三百六十天中扣除根据《艺术工作者社会保险法》不存在强制参保义务的天数或根据第234条第1款第3句不以劳动收入为基础的天数。不考虑符合第226条第1款第1句第2项和第3款的收入。

⁵（已废止）

⁶标准工资在不超过每日工资评估的限额内考虑。

脚注

（+++ 第47条第1款和第2款的适用参见2000年12月21日的《社会法典》第六编第301a条和《社会法典》第七编第47条第1a款 +++）

第47a条　健康保险公司向专业护理机构支付费用

¹对于医疗津贴的权利人，因其在专业护理机构中的义务保险关系而免于法定养老保险的参保义务，健康保险公司应参保人要求将费用支付给

相关的专业护理机构，如果根据第六编第 3 条第 1 句第 3 项发生参保义务，则应当将其支付给法定养老保险公司。健康保险公司应缴纳的费用限于其若未免除在法定养老保险中的参保义务而在服务期间内应当承担的费用；其不得超过参保人在服务期间应向专业护理机构缴纳费用的一半。

[2]健康保险公司应当向相关的专业护理机构告知费用支付的起止时间以及费用计算所基于的需缴纳保险费的收入和应当向参保人支付的费用；从 2017 年 1 月 1 日起，通过电子证明材料完成告知。有关程序、必要的其他信息和数据记录的细节由健康保险公司联邦最高协会和专业护理机构工作组在 2016 年 7 月 31 日前按照联邦卫生部批准的共同原则进行规范。

第 47b 条　领取失业津贴、赡养津贴以及短期工作津贴者的医疗津贴的额度和计算方法

[1]符合第 5 条第 1 款第 2 项的参保人领取医疗津贴的额度为其最后一次领取的失业津贴或赡养津贴。

[2]如果在领取医疗津贴期间参保人享有失业津贴或赡养津贴权利的决定性法律关系发生变化，则参保人应请求医疗津贴为假设其未患病时将获得的失业津贴或赡养津贴。不考虑医疗津贴增加不足 10% 的变化。

[3]对于在获得短期工作津贴期间因疾病丧失工作能力的参保人，医疗津贴根据其停工前最后获得的正常劳动报酬（标准工资）计算。

[4]因疾病丧失工作能力的参保人，在其工作的企业满足第三编规定的获得短期工作津贴的前提条件之前，只要在患病期间有权要求继续支付劳动报酬，则除了劳动报酬之外，参保人还可获得假设其未丧失工作能力情形下的短期工作津贴收入作为医疗津贴。雇主应当无偿计算并支付医疗津贴。雇员应当提供所需的信息。

[5]在确定法定健康保险服务的评估基准时，应当基于评估法定健康保险缴费基础的劳动报酬。

[6]在符合第 232a 条第 3 款的情形下，不同于本条第 3 款的规定，医疗津贴按照包括冬季损失津贴在内的劳动报酬计算。第 4 款和第 5 款准用之。

第 48 条　医疗津贴的期间

[1]参保人获得医疗津贴的权利无时间限制，但如果因同一疾病而丧失

工作能力，则从丧失工作能力开始之日起每三年内最长可有 78 周的时间获得医疗津贴。如果在丧失工作能力期间患有其他疾病，不延长服务期间。

[2]对于在过去三年中因同一疾病已经领取了 78 周医疗津贴的参保人，在新的三年期间开始后因同一疾病有权获得医疗津贴，如果因其再次丧失工作能力而有权获得医疗津贴且在此之间至少有六个月：

1. 没有因该疾病丧失工作能力；且

2. 有工作能力或在寻找工作。

[3]在确定医疗津贴的服务期间时，将获得医疗津贴的权利中止或医疗津贴被拒绝的期间作为接收医疗津贴的期间考虑。不考虑无权获得医疗津贴的时间。根据第七编，第 2 句不适用于领取工伤津贴的时间。

脚注

根据德国联邦宪法法院 1998 年 3 月 24 日做出的第 1 BvF 6/92 号判决（《联邦法律公报》1998 年第 1 卷，第 1526 页），第 48 条第 2 款与《基本法》相符。

第 49 条　医疗津贴的暂停

[1]获得医疗津贴的权利在以下情况出现时暂停：

1. 只要参保人获得负缴纳保险费义务的工资或劳动报酬，这不适用于一次性支付的工资；

2. 只要参保人根据《联邦父母津贴与父母假法》请求父母假，如果丧失工作能力发生在父母假开始之前或医疗津贴需根据工资计算，该工资来源于在父母假期间具有强制参保义务的工作；

3. 只要参保人获得战争受害者医疗津贴、过渡津贴、赡养津贴或短期工作津贴；

3a. 只要参保人获得父母津贴或失业津贴，或者由于第三编所述的冻结期而暂停行使权利；

4. 只要参保人从国外的社会保险机构或政府机构那里获得了与第 3 款所述补偿金性质相似的替代补偿收入；

5. 只要丧失工作能力的参保人尚未在健康保险公司登记，如果在丧失工作能力后一周内补充登记，则不适用该规定；

6. 只要在解职期间（第四编第 7 条第 1a 款）不承担工作任务；

7. 根据第 44 条第 2 款第 1 句第 3 项提交选择声明的参保人在丧失工作能力后的前六周；

8. 直到医生根据第 46 条第 3 款确定因同一疾病导致进一步丧失工作能力。

[2]（已废止）

[3]在适用第 1 款时，不得增加基于法律规定而减少的补偿金或替代补偿收入。

[4]（已废止）

第 50 条　医疗津贴的排除与缩减

[1]当参保人：

1. 因完全残疾领取养老金或因达到法定养老保险的年龄而领取全额养老金；

2. 根据《公务员法》的规定或原则领取公务员退休金；

3. 根据第 5 条第 3 款领取提前退休津贴；

4. 领取由国外的法定养老保险机构或政府机构支付且其性质与本条第 1 款和第 2 款所述津贴相似的款项；

5. 领取按照专门适用于《统一合同》第 3 条所述领域内的规定支付且其性质与本条第 1 款和第 2 款所述津贴性质相似的款项。

则参保人获得医疗津贴的权利从津贴开始发放之日终止；在津贴开始发放之后不会重新产生获得医疗津贴的权利。如果健康保险公司在超出第 1 款所述服务开始之日后支付了医疗津贴且超过了津贴额度，则其不能向参保人索回超额款项。在第 4 款所述的情形中，将超额支付的不超过上述款项额度的津贴视为服务提供者或机构预付金额；该金额应当返还。如果不再支付第 1 句所述任一款项，当参保人再次丧失工作能力获得领取医疗津贴的权利时，有权领取医疗津贴。

[2]如果医疗津贴在丧失工作能力或住院治疗后的某一时间点被确认，则应按下列支付款项减少：

1. 因收入能力降低领取的养老金或从农民养老金中领取的土地税养老保险金；

2. 因部分收入能力降低领取的养老金或因达到法定养老保险年龄领取的部分养老金；

3. 矿工的补偿收入或养老金；或者

4. 国外保险公司或政府机构支付的类似款项；

5. 按照专门适用于《统一合同》第3条所述领域内的规定支付且其性质与第1—3项所述津贴性质相似的款项。

第51条　医疗津贴的取消、申请分摊服务

[1]健康保险公司可以根据医生鉴定，为收入能力受到严重威胁或降低的参保人设置十周期限，他们需在此期间内提交医疗康复和分摊工作生活服务的申请。如果参保人的居住地或经常居住地在国外，则其健康保险公司可以为其设置十周的期限，在此期间他们可以向国内的服务提供者提交医疗康复和分摊工作生活服务的申请，也可以因全部收入能力降低向国内的法定养老保险机构申请养老金。

[1a]如果参保人因达到法定养老保险的年龄领取部分养老金，并且可以预见不会超过第六编第34条第2款规定的额外收入限额，则健康保险公司可以设置4周期限，在此期间参保人应当根据第六编第34条第3e款提交申请。

[2]如果参保人年满65岁且符合从农民养老金中领取标准养老金或养老金的条件，则健康保险公司可以为其设置10周期限用以提交申请。

[3]如果参保人未在规定期间内提交申请，则领取医疗津贴的权利在到期后取消。如果日后申请，领取医疗津贴的权利在申请提交之日重新生效。在符合第1a款规定的情形中，即在确定养老保险公司后发现超出了额外收入限额，则不同于第1句，领取医疗津贴的权利可追溯到该期间届满时。

第三目　服务限制

第52条　自身责任下的服务限制

[1]如果参保人故意或在实施犯罪行为或故意实施违法行为时患有疾病，

则健康保险公司对其可按适当数额分担治疗费用，并在患病期间拒绝支付全部或部分医疗津贴并要求退还已支付款项。

[2]如果参保人因医学上未经认证的美容手术、文身或穿孔而患有疾病，则健康保险公司对其可按适当数额分担治疗费用，并在患病期间拒绝支付全部或部分医疗津贴并要求退还已支付款项。

第52a条　服务终止

在本法典的适用范围内，如果参保人在保险中根据第5条第1款第13项或基于该保险根据第10条不当接受服务时，则无权请求医疗津贴。实施细节由健康保险公司在其章程中规定。

第六节　免赔额、退还保费

第53条　选择费率

[1]健康保险公司可在章程中规定参保人可按年度自行负担应由健康保险公司承担的部分费用（免赔额）。健康保险公司应当为该参保人拟定奖金。

[2]如果参保时间达3个月以上的参保人及其符合第10条共同参保的家庭成员未在本年度内享有由健康保险公司负担的医疗服务，则健康保险公司可在章程中为参保人拟定奖金。奖金不得超过每年保险费的十二分之一，并在本年度结束后的一年内支付给参保人。除符合第23条第2款和第24—24b条的服务外不考虑第三目和第四目所述服务以及针对未满18周岁的参保人的服务。

[3]健康保险公司应当在章程中为根据第63条、第73b条、第137f条或第140a条参加特殊供给形式的参保人规定费率。健康保险公司可为这些参保人拟定奖金或附加费用折扣。对于根据73b条参加以家庭医生为中心的供给的参保人，如果预期和效率提高节省的费用超过可选费率的预期支出，则健康保险公司应当为其拟定奖金或附加费用折扣。在上述情形中，奖金和附加费用折扣应当至少为节余和效率提高节省的费用超过可选费率的其他费用差额的一半。相关的健康保险公司应当根据第3句的向其监管

机关提交预期节余、效率提高和支出的计算。如果预计效率提高节省的费用不会超过支出费用，则应当单独说明理由。

⁴健康保险公司可在章程中规定参保人为自身和按照第 10 条共同参保的家庭成员选择费用报销的费率。健康保险公司可以改变报销的金额并为参保人拟定特殊奖金。第 13 条第 2 款第 2 句和第 3 句在此不适用。

⁵（已废止）

⁶健康保险公司应当在其规章中为第 44 条第 2 款第 2 项和第 3 项提及的参保人提供共同费率以及为《艺术工作者社会保险法》规定的参保人提供费率，他们在符合第 46 条第 1 句或之后的时间点有权获得医疗津贴，然而，《艺术工作者社会保险法》规定的参保人不得迟于丧失工作能力的第三周开始之时。允许存在不同于第 47 条的情况。健康保险公司应当根据服务的扩展拟定参保人的奖金。奖金额度的确定与参保人的年龄、性别或疾病风险无关。健康保险公司可以通过章程规定将第 1 句所述选择费率的实施转移给其他健康保险公司或者州协会。在上述情形中，保险费继续支付给被转让的健康保险公司。问责通过实施选择费率的健康保险公司或者州协会完成。

⁷健康保险公司可在其章程中为特定的参保人群根据本卷对其规定的服务范围的限制拟定相应奖金支付的服务范围。

⁸符合第 2 款和第 4 款的选择费率的最低承诺期为 1 年，符合第 1 款和第 6 款的选择费率的最低承诺期为 3 年；符合第 3 款的选择费率无最低承诺期的限制。根据第 1 句保险关系最早可以在最低承诺期到期时解除，而非根据第 175 条第 4 款第 1 句在最低承诺期到期前；除根据第 6 款适用选择费率的参保人外，第 175 条第 4 款第 5 句适用。健康保险公司章程应当规定在特殊艰难情形下针对费率的特别解约权。对参保人支付的奖金最高可达 20%，对于一项或多项费率可达参保人每年缴纳保险费 30%，但根据第六编第 106 条和本卷第 257 条第 1 款第 1 句规定提供的保费津贴除外，即不超过 600 欧元，对一项或多项费率每年不超过 900 欧元。第 4 句不适用于根据第 14 条选择部分费用报销的参保人。完全由第三方承担的保险费的参保人只能根据第 3 款选择费率。

⁹每项选择费率的支出须长期由这些选择费率的收入、节余和效率提高提供资金。不考虑仅通过拥有或接受新的参保人产生的计算收入；如果

在计算选择费率时已考虑了此类收入，则最迟在 2013 年 12 月 31 日之前应更改计算方式。健康保险公司应至少每三年向相关监管机关报告第 1 句和第 2 句所述的计算结果。为此，健康保险公司须提交保险精算意见来说明以保费计算和选择费率保险准备金为基础的保险精算的主要受理情况。

第 54 条　（已废止）

第七节　假牙安装

第 55 条　服务请求权

[1]当牙齿修复服务是必需的且计划的修复方法符合第 135 条第 1 款的认证时，根据第 2—7 句的规定，参保人有权在包括齿冠和超结构（牙医和牙齿技术服务）在内的医疗所需假牙服务中获得有关诊断的固定补贴。固定补贴占符合第 57 条第 1 款第 6 句和第 2 款第 5 句和第 6 句的标准供给金额的 50%。为了促进个人维护牙齿健康，第 2 句规定的固定补贴提高 20%。在下列情形中取消固定补贴的提高，当参保人的牙齿状况未显示出定期牙齿护理且参保人在治疗开始前五年期间：

1. 每半个日历年未根据第 22 条第 1 款进行检查；以及

2. 在年满 18 岁周岁后未在每个日历年至少进行一次牙医检查。

如果参保人定期护理牙齿并在治疗开始前十年不间断地进行第 4 句第 1 项和第 2 项规定的检查，则第 2 句所述固定补贴再提高 10%。这不适用于第 2 款规定的情形。对于在 1978 年 12 月 31 日之后出生的参保人，可以提供其在 1997 年和 1998 年尽力维护牙齿健康的证明作为适用上述规定的条件。

[2]如果参保人在其他方面不合理地负担过重，则其在牙医服务中除了第 1 款第 2 句所述固定补贴外，参保人还可要求获得同样数额的款项，并根据标准供给服务实际产生的费用进行调整，但不超过实际产生的费用；当参保人不合理地负担过重，并根据第 4 款或第 5 款选择超过标准供给范围的相同或不同类型的假牙，则健康保险公司只需支付固定补贴的两倍。参保人不合理地负担过重的情形包括：

1. 参保人每月生活总收入不超过第四编第 18 条规定的每月参考值

的 40%；

2. 参保人根据第十二编或《联邦供给法》在战争受害者范围内获得生活救助，根据《基本需求供给法》获得服务、根据第二编获得确保基本生活的供给、根据《联邦教育促进法》或第三编获得助学金；或者

3. 住房或类似设施的住宿费用由社会救助机构或战争受难者福利机构承担。

参保人的生活收入也包括在同一个家庭居住的家庭成员和同居伴侣的家庭成员的收入。参保人的生活收入不包括残疾人根据《联邦供给法》或在适用该法范围内根据其他法律获得的基本养老金，也不包括根据《联邦赔偿法》为身体和健康损害支付的养老金或救助金，其最高不超过《联邦供给法》规定的类似基本养老金。对于首位与参保人在同一个家庭居住的家庭成员，第 2 句第 1 项所述百分比按照第四编第 18 条规定的每月参考值提高 15%，与参保人和其同居伴侣在同一个家庭居住的家庭成员每增加一名，百分比提高 10%。

[3]根据第 1 款第 2 句的规定，参保人有权获得除在安装假牙服务中获得固定补贴外的其他款项。健康保险公司向参保人报销符合第 1 款第 2 句的固定补贴超过每月生活总收入与根据第 2 款第 2 句第 1 项给予双重固定补贴的相关收入限额之差的三倍的金额。可由健康保险公司承担的费用最高不超过第 1 款第 2 句所述固定补贴的两倍，但不超过实际发生的费用。

[4]如果参保人选择超出第 56 条第 2 款所述标准供给范围之外的同种假牙，则其应自行承担第 56 条第 2 款第 10 条所列服务之外的费用。

[5]在实行不同于第 56 条第 2 款所述标准供给的其他护理情形中，健康保险公司应当按照第 1 款第 2—7 句、第 2 款和第 3 款报销已批准的固定补贴。

第 56 条　标准供给服务的确定

[1]联邦共同委员会须在 2004 年 6 月 30 日之前首次在指令中确定供给第 55 条所述固定补贴的诊断结果，并为其制定了假牙的供给服务标准。

[2]诊断结果基于国际公认的牙间隙分类确定。为每种诊断结果制定安装假牙的供给服务标准。如此可定位牙齿医学上所需的牙医与牙科技术服务，以保证每种诊断结果都能得到现有牙医技术水平普遍承认的包括齿冠

和超结构在内的充分、合目的性和经济性的安装假牙供给。在为诊断结果制定供给服务标准时应特别考虑功能持续时间、稳定性和相反牙列。固定安装假牙应至少在小间隙中用作基础。对于大的间隙，标准供给服务限于每个颌骨最多更换四颗缺牙，每个后牙区域最多替换三颗缺牙。在组合服务的情形中，标准供给限于每个颌骨两个连接元件，如果参保人每个颌骨最多只剩下三颗牙齿，则限于每个颌骨三个连接元件。标准供给包括镶牙，其中上颌骨最多五颗牙，下颌骨最多四颗牙。标准供给服务的确定包括剩余牙列的诊断结果、计划、准备，清除粗糙的咬合障碍，包括后续护理在内的安装假牙的制造和适用的所有措施以及安装假牙的使用说明。在确定牙医服务和牙科技术服务的供给标准时，应当根据第 87 条第 2 款和第 88 条第 1 款单独列出各项服务。标准供给的内容和范围应在适当的时间间隔内进行审查，以适应牙齿医学的发展。联邦共同委员会可以不遵循第 5—8 句的要求，并继续完善服务说明。

[3]联邦共同委员会根据第 2 款做出决议之前，德国牙科技师协会应当有机会发表意见；该意见应包含在有关牙科技术服务供给标准的决议中。

[4]在每年 11 月 30 日之前，联邦共同委员会应当根据第 55 条第 1 款第 2 句、第 3 句和第 5 句以及第 2 款规定的等级在联邦公报公布诊断结果、包括第 2 款第 10 句所列牙医与牙齿技术服务在内的对应供给标准以及第 57 条第 1 款第 6 句和第 2 款第 6 句与第 7 句规定的标准供给的分摊费用。

[5]第 94 条第 1 款第 2 句的适用条件是异议期间为 1 个月。如果联邦卫生部根据第 94 条第 1 款第 5 句公布指令，则准用第 87 条第 6 款第 4 句后半句和第 6 句。

第 57 条　与牙医和牙科技术人员的关系

[1]健康保险公司联邦最高协会和保险公司医生联邦协会在下一年 9 月 30 日之前对符合第 56 条第 2 款第 2 句的牙医标准供给服务的报酬达成协议，2004 年 9 月 30 日前首次对 2005 年的牙医报酬进行协商。对于首次协商，合同双方根据第 1 句权衡参保人数，确定 2004 年包括齿冠在内安装假牙方面牙医服务的联邦平均点值。如果截至 2004 年 6 月 30 日总合同的当事人未商定当年点值，则使用第 71 条第 3 款规定的对 2004 年具有决定

作用的健康保险公司所有参保人需缴纳保险费收入的平均变化率确定整个联邦区域内每位参保人的点值。使用第 71 条第 3 款规定的对 2005 年具有决定作用的健康保险公司所有参保人需缴纳保险费收入的平均变化率确定当年整个联邦区域内每位参保人符合第 2 句和第 3 句的点值。第 71 条第 1 至 3 款以及第 85 条第 3 款适用于下一个年度。第 1 句所述款项根据第 56 条第 2 款第 10 句所列牙医服务点数总和，乘以分别商定的点值。第 1 句所述合同当事人通知联邦共同委员会关于第 6 句所述款项。如果未达成协议或一方当事人解除协议，且在期间届满前仍未达成新的协议，则仲裁委员会应根据第 89 条确定协议内容。对于符合第 2—4 句的约定，第 89 条第 3 款、第 4 款和第 9 款规定的约定期间为两个月。

[2]健康保险公司联邦最高协会和德国牙科技师协会在每年 9 月 30 日前就改变原有联邦统一平均价格达成协议，2004 年 9 月 30 日之前首次为 2005 年商定价格。第 71 条第 1—3 款适用。健康保险公司州协会、医疗互助保险公司与德国牙科技师协会根据第 56 条第 2 款第 2 句规定共同协商提供标准供给时牙齿技术服务的最高价格；此价格可在符合第 1 句的各个年度联邦统一平均价格的 5% 的范围内上下浮动。第 71 条不适用于第 3 句规定的协议。在非由牙科医生提供的牙医技术服务中，对确定第 55 条第 1 款第 2 句所述固定补贴有决定作用的标准供给的报酬，是通过第 56 条第 2 款第 10 句所列牙齿技术服务符合第 1 句所述联邦统一价格之和得出。第 3 句规定的最高价格和第 5 句规定的款项对于由牙医提供的牙齿技术服务的报酬减少 5%。第 1 句所述合同当事人应当通知联邦共同委员会关于牙齿技术服务标准供给的报酬。如果未按照第 1 句达成协议或一方当事人解除协议，且在期间届满前仍未达成新的协议，则仲裁委员会应根据第 89 条确定协议内容。对于符合第 1 句的约定，第 89 条第 3 款、第 4 款和第 9 款所述约定期间为 1 个月。

第 58 条　安装假牙的保费

[1](已废止)

[2](已废止)

[3](已废止)

[4](已废止)

第 59 条　（已废止）

第八节　交通费

第 60 条　交通费

[1]如果出于强制医疗原因所需，与健康保险公司的服务存在联系，则健康保险公司根据第 2 款和第 3 款的规定承担包括第 133 条（交通费）所述运输在内的交通费用。可以使用哪种交通工具取决于个别情况下医疗的必要性。在联邦共同委员会根据第 92 条第 1 款第 2 句第 12 项所制定指令中规定的特殊例外情形中，健康保险公司承担扣除根据第 61 条第 1 句发生款项后的门诊治疗的交通费。第 3 句和第 2 款第 1 句第 3 项所述门诊治疗的交通费只有在经健康保险公司事先批准的情形下才能支付。如果满足下列条件之一，对于门诊治疗的交通费应视为已授予第 4 句所述事先批准：

1. 带有标记"AG""Bl"或"H"的严重残疾证明；

2. 根据第十一编第 15 条的分类为第 3、4 或 5 级护理，在第 3 级护理中增加永久性行动不便的条件；或者

3. 截至 2016 年 12 月 31 日，根据第十一编（2016 年 12 月 31 日生效）第 15 条的分类为第 2 级护理，且自 2017 年 1 月 1 日起，至少分类为第 3 级护理。

[2]在下列情形中，由健康保险公司承担每次超过第 61 条第 1 句所述数额的交通费：

1. 住院提供的服务，这仅适用于因强制医疗所需转移到其他医院，或在经健康保险公司同意后转移到居住地附近的医院；

2. 送往医院急救，即使不需要住院治疗；

3. 参保人在其他运输途中需要专业协助或救护车的特别设施，或因身体状况预计需要该服务（急救运送）；

4. 参保人前往门诊治疗以及根据第 115a 条或第 115b 条前往治疗，如果这样避免或缩短了为其提供的住院或半住院治疗（第 39 条）或无法提供院治疗应有服务。

如果急救服务中心根据第 1 句进行运输，则健康保险公司每次运输向参保人收取根据第 61 条第 1 句发生款项数额的附加费。

[3]下列费用视为交通费：

1. 在使用公共交通工具时充分利用减免后的交通费；

2. 无法使用公共交通工具时，根据第 133 条计算的出租车或租车费用；

3. 无法使用公共交通工具、出租车或租车时，根据第 133 条计算的救护车或救援车辆的费用；

4. 使用私家车时，基于《联邦差旅费法》确定的每千米路程的最高补偿费，但最多不超过使用第 1—3 项规定所需交通工具产生的费用。

[4]返回国内的费用不包括在内。第 18 条仍然有效。

[5]与医疗康复服务相关的交通费和其他差旅费根据第九编第 73 条第 1 至 3 款的规定支付。

第九节　自付费用、负担上限

第 61 条　自付费用

参保人应当负担的自付费用为交付价格的 10%，最少为 5 欧元，最多为 10 欧元；但每次不超过物品成本。住院措施的自付费用按每日 10 欧元收取。对丁药物和家庭疾病护理，自付费用为总费用的 10% 以及每张处方 10 欧元。已经支付的费用由收取义务方向参保人签字承认收到；在此不存在补偿请求权。

第 62 条　负担上限

[1]参保人每年负担的自付费用不超过上限；如果在一年内已达到负担上限，则健康保险公司应当对此出具证明，在该年度剩余期间内参保人不再承担自付费用。负担上限为每年生活总收入的 2%；对于因同一严重疾病而长期接受治疗的慢性病患者，负担上限为每年生活总收入的 1%。不同于第 2 句，对于 1972 年 4 月 1 日之后出生且患慢性病的参保人，自 2008 年 1 月 1 日起，在患病前没有定期进行第 25 条第 1 款规定的健康检

查，负担上限为每年生活总收入的 2%。对于按照第 3 句参加针对其疾病的现有结构化治疗项目的参保人，负担上限为每年生活总收入的 1%。联邦共同委员会在其指令中规定了不必强制进行健康检查的例外情形。第 2 句所述治疗的进一步延长最晚由健康保险公司在每年结束后确定，必要时由健康保险公司的医疗服务部门进行检查；如果已经对参保人做出必要诊断，且在个别情形中没有证据表明慢性病已经消失，则健康保险公司可以放弃年度证明。健康保险公司有义务在每年开始时将与其相关的符合第 25 条第 1 款的检查通知参保人。严重慢性疾病定义的细节由联邦共同委员会根据第 92 条在指令中确定。

[2]在根据第 1 款确定负担上限时，只要其生活在同一家庭中，则将参保人，其配偶或共同生活伴侣，参保人照顾的未成年人或符合第 10 条的参保人子女、参保人子女的配偶或共同生活伴侣以及符合《农民健康保险第二法》第 8 条第 4 款的家庭成员的自付费用和生活总收入分别合计。对此，与参保人共同生活的第一位家庭成员的每年总收入按照第四编第 18 条规定的每年收入参考值减少 10%，每增加一位参保人和同居伴侣的家庭成员减少每年收入参考值的 10%。对于参保人及其同居伴侣的每个子女，其每年总收入按照《所得税法》第 32 条第 6 款第 1 句和第 2 句规定的免税金额减少；在确定负担上限时，不考虑第 2 句的规定。生活收入不包括伤残者根据《联邦供给法》或《联邦供给法》应用范围内的其他法律获得的基本养老金以及养老金或根据《联邦补偿法》针对身体与健康损害支付的补助金，但补助金最多不超过《联邦补偿法》规定的类似基本养老金。第 1—3 句不适用于下列参保人：

1. 领取生活保障救助金或老年人基本保障金及第十二编规定的失去工作能力者的基本保障金，或者《联邦供给法》或其他在此适用法律规定的生活保障补助金；

2. 在养老院或类似机构的住宿费用由社会救助机构或战争受害者救助机构承担。

对于第 264 条所述人群，作为满足生活整体需求的总收入，只有第十二编第 28 条附录规定的第 1 级需求标准的家庭费用具有决定性意义。对于根据第二编获得生活保障服务的参保人，不同于第 1—3 句的规定，作为满足生活整体需求的总收入，只有第二编第 20 条第 2 款第 1 句规定的需求标准具有决定性意义。如果参保人的配偶或同居伴侣长期在住院机构获得第十一编第 43 条或第 43a 条规定的服务，则也应认为其符合第 1 句意义上的生活在同一家庭中。

[3]健康保险公司为参保人开具符合第 1 款的免除自付费用的证明。证明中不得包含参保人及其他相关人员的收入信息。

[4]（已废止）

[5]健康保险公司联邦最高协会根据控制效果评估 2006 年自付费用义务的例外规定，并最迟在 2007 年 6 月 30 日之前对此通过联邦卫生部向联邦议会提交相关报告。

第 62a 条　（已废止）

第十节　服务的扩展

第 63 条　基本原则

[1]在法定任务范围内，为提高服务的质量和经济效益，健康保险公司及其协会可以根据第 64 条协商或实施示范项目，以进一步发展服务提供的程序、组织、筹资及报酬形式。

[2]健康保险公司可以根据第 64 条协商或实施示范项目，以促进根据本卷相关规定或在相关规定基础上健康保险服务范围外的疾病预防、早期诊断以及在妊娠和分娩时的疾病治疗。

[3]如有必要，按照第 1 款协商或实施示范项目时，可以不遵循本卷第四章与第十章的规定，以及《医院融资法》《医院报酬法》和与这些法规相关的规定；保费稳定原则准用之。若示范项目产生的额外支出与基于在示范项目中规定的措施产生的节余相抵消，特别是这一情形不违背基本原则。如果第 2 句所述节余超出额外支出，则可将其转移到参加示范项目的参保人身上。第 1 句适用的条件是不得违背第 284 条第 1 款第 5 句的规定。

[3a]如果第 1 款所述示范项目的对象不遵循第十章的规定，则可特别针对数据运用过程中的信息技术与组织改善，包括扩展获取、处理及使用个

人相关数据。根据第十章的规定获取、处理及使用个人相关数据只有在经参保人书面同意且在达成示范项目目标所需范围内才能进行。在征得书面或电子同意之前应当告知参保人，该示范项目偏离第十章规定的程度和偏离的必要性。参保人的书面同意包括获取、处理及使用其个人和参与者信息数据的目的、内容、方式、范围及时长；该同意可撤回。在使用移动个人相关存储和处理媒介时，《联邦数据保护法》第 6c 条准用之。

[3b]第 1 款规定的示范项目可规定，《健康健康护理法》和《老年健康护理法》所规定的职业人员：

1. 开具绷带与护理物品处方；以及

2. 家庭疾病护理的内容，包括持续时间，只要他们基于相关方面的培训得到认证且不涉及单独的医疗实践。

[3c]第 1 款规定的示范项目允许将医疗工作转交给《健康护理法》规定的相关从业人员，其基于《健康护理法》第 4 条第 7 款受过培训并得到认证，且此医疗工作是可独立进行的医疗实践。第 1 句适用于《老年护理法》规定的相关从业人员，其基于《老年护理法》第 4 条第 7 款受过相应培训并得到认证。联邦共同委员会在指令中规定了在示范项目框架内可转交给第 1 句和第 2 句所述从业人员的医疗活动。在联邦共同委员会做出决议前，联邦医师公会和权威的护理职业协会应当有机会发表意见。在做出决议时应当考虑这些意见。

[3d]根据联邦共同委员会按照第 92 条第 1 款第 2 句第 6 项制定的指令中规定的护理物品的应用仅可用于治疗与疾病相关的损害，如果损害是由于某些基础疾病引起的，那么对于其他原因性的基础疾病，也可以按照第 2 款作为示范项目的对象。

[4]第 2 款规定的示范项目的对象限于此类服务，即在第 92 条第 1 款第 2 句第 5 项或第 137c 条第 1 款规定的决议框架内，联邦共同委员会根据第 91 条不会对其作为健康保险服务的恰当性予以否决。生物医学研究以及药物和医疗器械的开发和测试研究不能成为示范项目的对象。

[5]通常示范项目的最长期限为 8 年。第 64 年第 1 款所述合同应当向有关合同双方当事人的监管机关提交。第 1 款所述示范项目可不遵循本卷第十章的规定，其最长期间为 5 年；示范项目结束后，必须立即删除已收集、处理或使用的偏离第十章规定的个人相关数据。有关第 1 款所述示范

项目，其中偏离本卷第十章的规定，应在示范项目开始之前及时通知联邦数据保护专员或州数据保护专员，只要他们对此负责。

[6]保险公司医生协会也可以在其法定任务框架内，与健康保险公司或其协会商定第 1 款和第 2 款所述示范项目。本部分规定准用之。

第 64 条　与服务提供者的协议

[1]健康保险公司及其协会可以与法定健康保险批准的服务提供者或服务提供团体缔结协议，以实施第 63 条第 1 款或第 2 款所述示范项目。就合同医生服务框架内的医疗而言，健康保险公司只能与单个合同医生、服务提供者联合会或保险公司医生协会缔结合同，以根据第 63 条第 1 款或第 2 款实施示范项目。

[2]（已废止）

[3]在符合第 63 条第 1 款或第 64a 条的示范项目服务中，如果补偿超出针对该服务根据第 85 条或 87a 条以及根据第 84 条的支出额或医院预算支付的补偿，则按照参与示范项目的参保人数和发病率或风险结构以及第 1 款所述合同约定的有关示范项目的内容，相应地减少第 87a 条第 3 款第 2 句规定的补偿或治疗需求以及包括这些服务支出在内的支出额或预算；参与医院的预算应当根据较小的服务范围进行调整。如果合同当事人未能就第 1 句所述的补偿、支出额或预算的降低达成一致，则健康保险公司及其协会，即第 1 款所述合同当事人一方，可向第 89 条所述仲裁委员会或《医院融资法》第 18a 条第 1 款所述仲裁机构申诉。如果所有根据《医院融资法》第 18 条第 2 款参与护理费率协议的健康保险公司共同协定一个示范项目，且该项目涵盖医院根据《联邦护理费率条例》或《医院报酬法》为参保人支付的全部服务费用，则应当为所有住院参保人统一计算协定费用。就第 1 句的分拆而言，应将与单个服务无关的尤其是超出期限的资助义务分拆出来的份额归于示范项目。第 73b 条第 7 款准用于第 87a 条第 3 款第 2 句所述治疗需求的下降；如果参与的参保人无法提前登记，则可以商定进行追溯调整。如果健康保险公司对于示范项目的预期调整额少于执行此调整所需的费用，则健康保险公司可以放弃第 1 句所述合同的调整。评估委员会在其根据第 87a 条第 5 款第 7 句的任务中，调整和确定保险公司特定的最高值以及预期下降额的阈值——低于该数值时可免除调

整，并根据第 73b 条第 7 款第 1 句统一确定可能的下降额并将其告知合同当事人，并将其计入相关健康保险公司的最高值中。

[4]第 1 款第 1 句所述合同当事人可以实施示范项目以避免参保人在不协调情形下多次享有合同医生的服务。合同当事人可约定，当参保人既未在该治疗季度首位合同医生处就诊，也未获转诊单，也未要求获得第二意见时，其可以要求在费用报销中扣除由此产生的服务费用。

第 64a 条　药物供应的示范项目

[1]保险公司医生协会、维护经济利益的州级药剂师组织、州级健康保险公司区域协会以及医疗互助保险公司可以共同商定根据第 63 条实施示范项目以便在 3 年时间内提高药物供应的质量和经济效益。如果示范项目在保险公司医生协会所涉多个地区中都得到同意，则保险公司医生协会应商定在一个地区实施示范项目。由健康保险公司按照第 1 句实施示范项目实现的基于费用减少而产生的盈余，应部分转移给服务提供者。健康保险公司通过示范项目产生的额外费用应当予以补偿。第 1 句所述协议应当涵盖示范项目的细节，尤其是：

1. 所有与供应相关症状中经济导向的可选有效成分目录表；

2. 示范项目中所需提供的服务及其文件汇编；

3. 基本原则，包括确定盈余和按照第 3 句部分转移给服务提供者以及第 4 句所述补偿方法。

对于第 1 句所述协议的其他内容，第 63 条第 3 款和第 4—6 款准用之。第 65 条准用的条件是，合同当事人应当根据第 1 句安排监督和评估。对于示范项目，应当按照第 106b 条第 1 款第 1 句缔结协议。保险公司联邦医生协会和第 129 条第 2 款规定的合同当事人可以就共同建议特别是关于示范项目的内容和实施达成协议，且该建议应在第 1 句所述协议中被重点考虑。

[2]如果无法就实施示范项目达成一致，则任一合同当事人均可根据第 2 句和第 3 句向仲裁小组申诉以确定第 1 款所述协议的内容。仲裁小组由第 1 款第 1 句提及的当事人组成。第 89a 条第 3—10 款以及符合第 89a 条第 11 款的法规性命令准用之。如果在该地区已有其他保险公司医生协会就示范项目达成一致，则无须进行上述确定程序。

第 64b 条　精神病患者护理的示范项目

[1]第 63 条第 1 款或第 2 款所述示范项目的对象也可能针对精神病患者的护理进一步发展，其目的是改善患者护理或跨部门服务的提供，包括在家庭环境中进行复杂的精神病学治疗。在各个州中，应至少实施一个第 1 句所述的示范项目，并特别注意儿童和青少年的精神病学治疗；一个示范项目可以扩展到多个州。服务提供机构现有的护理义务不受影响。第 63 条第 3 款适用于第 1 句所述示范项目，条件是不得违反《医院融资法》第 295、300、301 和 302 条以及第 17d 条第 9 款的规定。第 63 条第 5 款第 1 句不适用。第 3 款第 2 句所述报告应在协议达成之前进行。

[2]一般情形下，第 1 款所述示范项目最长期限为 8 年。根据第 65 条提交报告后，健康保险公司和合同当事人可以要求主管监管机关延长期限。

[3]除根据《医院报酬法》第 21 条所需传输的来自示范项目合同当事人的数据外，特别是商定的有关患者的种类和人数、特定服务内容和议定补偿的基础费用的信息，以及有关示范项目的结构特征的信息，包括根据第 65 条进行的评估，《医院融资法》第 17b 条第 2 款所述自治伙伴应当向 DRG 研究所告知其他信息。《医院融资法》第 17b 条第 2 款所述自治伙伴应在 2012 年 12 月 31 日之前就需要向 DRG 研究所报告的数据种类和范围以及报告的示范项目达成协议。《医院报酬法》第 21 条第 4、5 款第 1 句和第 2 句以及第 6 款对于协议和数据传输准用之。《医院融资法》第 17d 条第 5 款准用于为 DRG 研究所的课题提供资金。

[4]私人健康保险和私人健康保险协会可以参与第 1 款所述示范项目及其融资。

第 64c 条　用于 4MRGN 筛选的示范项目

[1]第 115 条第 1 款第 1 句所述合同当事人与罗伯特·科赫研究所商定，共同和统一开展第 63 条所述示范项目，以便深入了解在计划住院前对 4MRGN（对四组抗生素中的四种具有耐药性的多重耐药革兰氏阴性杆菌）进行筛选的有效性和工作量。根据医院卫生及感染预防委员会的建议，该示范项目将特别针对风险人群。保险公司医生协会同意至少在一个医生协会中实施示范项目。如果存在跨区域护理，则示范项目应在相关的

保险公司医生协会中共同实施。示范项目可以在多个保险公司医生协会中实施，特别是要确保有足够的病例并考虑到人口结构的地区差异。第 65 条适用的条件是，必须与罗伯特·科赫研究所达成协议，对示范项目进行科学的监测和评估。

[2]如果无法根据第 1 款就实施示范项目达成协议，则任一合同当事人都可以根据第 89a 条向相关跨区域仲裁小组申诉。如果在该地区已有其他保险公司医生协会就第 1 款所述示范项目达成一致、不存在跨区域护理或者出于科学原因不需要在多个医生协会中实施示范项目，则不应向仲裁小组申诉。

第 65 条　示范项目的评估

健康保险公司或其协会应当根据公认的科学标准对示范项目进行科学监测和评估，以期达到第 63 条第 1 款或第 2 款所述目标。应当公开独立专家编写的评估结果报告。

第 65a 条　对有意识的健康行为的奖励

[1]健康保险公司应当在其章程中确定，满足何种前提条件时，参保人可要求获得奖励，第 62 条第 1 款第 2 句所述降低的负担上限除外，当其：

1. 根据第 25 条和第 26 条，定期要求享受健康风险评估和疾病早期发现服务；

2. 要求享有第 20i 条所述疫苗接种服务；或者

3. 要求根据第 20 条第 5 款定期享有健康保险公司提供的行为预防服务或参加类似高质量的服务以促进有意识的健康行为。

[2]在其章程中，健康保险公司还应规定，雇主和参与的参保人都应在通过雇主的企业健康促进措施中获得奖励。

[3]第 1 款所述措施的支出必须在中期通过这些措施产生的节余和提高的效率来提供资金。关于该节余，健康保险公司应当至少每三年定期向主管监管机关提交报告。如果没有节余，则不能为相应的供应形式提供任何奖励。

第 65b 条　促进建立消费者与患者咨询机构

[1]健康保险公司联邦最高协会支持向消费者和患者提供有关健康与健

康法问题的高质量和免费的信息提供与咨询机构，目的是加强医疗健康系统中对患者的指导并明确健康系统中的问题。健康保险公司联邦最高协会不得影响咨询活动的内容或范围。促进消费者和患者咨询机构建立需以证明其中立性和独立性为前提。健康保险公司联邦最高协会和代表患者利益的联邦政府专员共同准备和决定资助经费的发放；经费每 7 年发放一次。咨询委员会在经费发放和提供阶段为代表患者利益的联邦政府专员和健康保险公司联邦最高协会提供咨询。咨询委员会在代表患者利益的联邦政府专员的指导下每年至少召开两次会议；咨询委员会包括学术界和患者组织的代表——两位联邦卫生部的代表、一位联邦司法部的代表、一位消费者保护部的代表以及在私人健康保险组织提供合适的经费参与第 1 句所述促进工作情形下，包括一位私人健康保险协会的代表。健康保险公司联邦最高协会每年应当将有关第 1 句所述促进工作的事项告知咨询委员会。根据第 1 句获得促进支持的咨询机构可通过申请向咨询委员会陈述意见。

[2]第 1 款第 1 句所述促进工作的总资金在 2016 年达到 900 万欧元，并将在此后年度根据第四编第 18 条第 1 款规定的每月收入的百分比进行调整。该款项还包括质量保证和保险总额所需的费用。第 1 句所述资助经费由健康保险公司根据其参保人数在所有健康保险公司参保人数中所占比例发放。健康保险公司的参保人数应在每年 7 月 1 日根据关于法定健康保险公司参保人数的 KM6 统计表格确定。

[3]（已废止）

第 65c 条　临床癌症登记

[1]联邦各州正在建立临床癌症登记，以提高肿瘤护理质量。临床癌症登记尤其负有以下义务：

1. 除必须向德国儿童癌症登记处报告的病例数据外，在某一区域确定的住院附属区和门诊护理患者的个人数据收集，内容关于恶性肿瘤以及《疾病和相关健康问题国际统计分类》第二章所述良性中枢神经系统肿瘤的发生、治疗和过程，包括其早期阶段；

2. 对记录的临床数据进行评估，并将评估结果反馈给各个服务提供机构；

3. 对主要居住地和治疗地位于不同区域的患者进行区域间临床癌症

登记数据交换，以及与州级临床癌症登记评估中心进行数据交换；

　　4. 促进跨学科且与患者直接相关的癌症治疗合作；

　　5. 根据第 136 条第 1 款第 1 句第 1 项和第 135a 条第 2 款第 1 项，参与联邦共同委员会的跨机构和跨部门的质量保证；

　　6. 与肿瘤学中心进行合作；

　　7. 收集来自流行病学癌症登记处的数据；

　　8. 提供必要的数据，以提高服务的透明度并促进护理研究。

　　临床癌症登记以德国肿瘤中心工作组和德国流行病学癌症登记协会的联邦统一数据集为基础，该数据集涵盖了肿瘤患者和综合模块的基本文件并尽可能地完整。该数据应由各州每年进行评估。全面的临床癌症登记也可以跨州进行。建立和运行第 2 句所述临床癌症登记所需的规定，包括数据保护法规，均由州法保留。

　　[2]健康保险公司通过按支付第 4 款第 2—4 句规定的费用，促进第 1 款第 2 句所述临床癌症登记的运行。健康保险公司联邦最高协会在 2013 年12 月 31 日之前对开展促进工作的统一前提条件做出决议。其应当在促进工作的前提条件中特别确定下列内容：

　　1. 临床癌症登记处的适当组织和设备，包括统一的数据格式和用于接收、处理和转发数据的相应接口；

　　2. 根据第 1 款第 2 句第 1 项对数据收集程度和不同数据类型的完整性的最低要求，以及数据验证的必要程序；

　　3. 向服务提供机构反馈评估结果的统一程序；

　　4. 改善癌症治疗质量的必要程序；

　　5. 支持第 1 款第 2 句第 4 项所述跨学科合作所需仪器设备；

　　6. 各州评价的标准、内容和指标，保证跨州的可比性；

　　7. 在健康保险公司进行临床癌症登记的结算方法。

　　健康保险公司联邦最高协会与两位由各州卫生部长会议确定的代表协商后决定第 2 句和第 3 句所述确定内容。如果各州反对确定内容，则应当将其提交给联邦卫生部，在此情形中，可由联邦卫生部确定相关促进工作的前提条件。

　　[3]健康保险公司联邦最高协会应当让下列组织和人员参与确定开展促进工作的前提条件：

1. 保险公司医生联邦协会；

2. 德国医生协会；

3. 联邦共同委员会；

4. 德国癌症协会；

5. 德国癌症援助组织；

6. 德国肿瘤中心工作组；

7. 德国流行病学癌症登记协会；

8. 联邦医生协会；

9. 科学医学专业协会工作组；以及

10. 维护患者利益以及慢性病和残疾人互助的重要组织。

如果私人健康保险公司通过支付与个人医疗参保人相关报告且符合第4款第2—4句的费用来促进临床癌症登记的运行，则私人健康保险协会将参与处理促进工作的前提条件。这同样适用于《公务员法》规定的疾病、护理和生育费用的承担者，如果他们为该法规定的权利人的报告支付部分与疾病有关且符合第4款第2—4句的癌症登记费用。

[4]经临床癌症登记处或其承担者的申请，健康保险公司州协会和医疗互助保险公司共同确定其成员保险公司的统一效力，即：

1. 临床癌症登记处满足第2款第2句和第3句所述促进工作的前提条件；且

2. 临床癌症注册处所在的州，应当保证全面的临床癌症登记以及与流行病学癌症登记机构的合作。

如果临床癌症登记处基于第1句所述确定内容证明其满足促进工作的前提条件，则针对每一份第1款第1项所述的新肿瘤疾病的报告处理，健康保险公司向该登记处或其承担者支付的与疾病相关的癌症登记费用为119欧元，但非黑色素性皮肤癌及其早期阶段的报告除外。自2015年起，第2句所述疾病相关的癌症注册费用按照第四编第18条第1款所述每月收入的百分比逐年增加。如果由于地区特殊性的需要，则健康保险公司州协会和医疗互助保险公司可以在对其成员保险公司有效的前提下共同且统一与该州达成不同于第2句所述金额的疾病相关的癌症登记费用。在第3款第2句所述情形中，私人健康保险协会的各州委员会在第4句所述协议中加入健康保险公司州协会与医疗互助保险公司行列。如果有必要进行调整以覆盖根据第 2 款第 1 句推动的临床癌症注册登记的平均运营成本的 90%，则健康保险公司联邦最高协会应相应调整第 2 句所述费用。对该费用的第一次审查最迟应在 2019 年底进行；第 2 款第 4 句和第 5 句准用之。

[5]在截至 2017 年 12 月 31 日的过渡阶段中，无论第 4 款第 1 句所述确定内容如何，健康保险公司应向临床癌症登记处支付第 4 款第 2—4 句所述费用，并由联邦各州指定的固定附属区主管。在该情形中，不包括从法定健康保险的资金中为临床癌症登记处提供的其他经费。健康保险公司州协会和医疗互助保险公司可以共同且统一地与各州就过渡阶段关于建立和发展临床癌症登记处的进程进行安排。如果临床癌症登记处在第 1 句所述过渡阶段经过或其后的某个时间点不符合第 4 句第 1 句第 1 项的要求，则其可在三年内进行修正。对该期间准用第 1 句。

[6]对于州法规定的每一份将临床数据传输给临床癌症登记处的报告且该登记处应符合第 4 款第 1 句的条件，如果完整报告了所需传输的数据，则应由相应的临床癌症登记处向服务提供机构支付报告补偿。第 1 句不适用于有关非黑色素性皮肤癌及其早期阶段的报告。报告登记的参保人所在的健康保险公司应当报销第 1 句所述临床癌症登记处产生的费用。第 5 款所述过渡阶段的规定准用之。个人报告补偿的数额由健康保险公司联邦最高协会、德国医院协会和保险公司医生联邦协会商定。如果私人健康保险公司向临床癌症登记处报销私人健康保险参保人报告数据的补偿费用，则私人健康保险协会在第 5 句所述协议中加入健康保险公司联邦最高协会行列。该规定同样适用于《公务员法》规定的疾病、护理和生育费用的承担者，如果他们向临床癌症登记处报销该法规定的权利人报告数据的补偿费用。如果第 5 句所述协议全部或部分终止，并且在期限届满前未达成新的协议，则联邦一级的跨部门仲裁委员会将根据第 89a 条做出决议。

[7]临床癌症登记处、州级癌症登记评估机构和联邦共同委员会共同致力于癌症护理服务的质量保证。联邦共同委员会对临床癌症登记数据进行了必要的联邦性评估。为此，州级临床癌症登记评估机构经要求将所需数据以匿名形式发送给联邦共同委员会或第 4 句所指的接收者。联邦共同委员会通过决议确定由州级临床癌症登记评估机构传输的数据、该数据的接收者以及第 2 句所述评估的内容和标准；第 92 条第 7e 款准用之。在起草和确定第 2 句所述联邦性评估的标准与内容时，德国癌症协会、德国癌症

救助组织和德国肿瘤中心工作组应当有机会发表意见。

[8]在肿瘤护理服务中实施第135a条第2款第1项和136条第1款第1句第1项所述跨机构和跨部门质量保证措施时，联邦共同委员会应在按照第299条的要求执行任务时使临床癌症登记处加入其中。如果将第1句所述任务交给临床癌症登记处，则其应受根据第92条第1款第13项制定的指令的约束。

[9]联邦共同委员会在2013年12月31日之前使批准的针对第137f条第2款第2句第5项规定的乳腺癌的结构化治疗项目的文件要求适应德国肿瘤中心工作组和德国流行病学癌症登记协会的联邦统一数据的文件要求，该数据关于癌症患者和有关补充模块。如果参保人在获得全面信息后做出书面同意，则参与符合第137g条第1款的经批准的、结构化治疗项目的服务提供者，可委托在此项针对乳腺癌协调功能的项目中负责第137f条第2款第2句第5项所述文件数据的接收机构将相应数据报告给临床癌症登记处。该同意可以撤销。如果服务提供者利用第2句所述的可能性，则其不得领取第6款所述报告补偿。

[10]自2018年起，健康保险公司联邦最高协会以患者可理解的形式每五年发布一份联邦临床癌症登记结果报告，其中还包括报告的无障碍提供。该报告的编写基于第1款第3句所述各州的评估和第9款第2句所述联邦共同委员会的联邦评估结果。州级临床癌症登记评估机构和联邦共同委员会为健康保险公司联邦最高协会提供编写报告所需的评估。

第65d条　促进特殊治疗设施

[1]自2017年1月1日起，健康保险公司联邦最高协会为治疗恋童癖性疾病患者示范项目框架内的服务提供者提供资金，每年总计500万欧元。符合促进条件的标准为参加合同医疗服务的服务提供者，其自愿提供治疗服务并被健康保险公司联邦最高协会认证为符合促进条件。对于在示范项目框架中收集、处理和使用个人数据适用第63条第3款第1句和第4句、第3a款和第5款的前提是必须保证患者的匿名性。仅当患者同意时才可以对匿名加以限制。

[2]健康保险公司联邦最高协会应当安排对示范项目进行科学的监测和评估，以期按照公认的科学标准实现示范项目的目标。这种科学的监测和

评估的目的是，根据恋童癖性疾病的特殊特征，获得尽可能高的有关第 1 款所述治疗效果的高质量证据。

[3]必须公开独立专家根据第 2 款就评估结果编写的报告。该专家不得在健康保险公司、保险公司医生协会或其协会工作，也不能作为服务提供者处或其雇员参与示范项目。

[4]第 1 款所述促进资金由健康保险公司按照其参保人数在法定健康保险参保人总数中所占比例来分配。健康保险公司联邦最高协会确定资金分配和发放的细节。除了根据第 1 款第 1 句提供资金外，其他机构也可以参加第 1 款所述进示范项目及其筹资，特别是私人健康保险机构、私人健康保险协会以及公共机构。第 64 条第 3 款所述程序在此不予适用。

第 66 条　误诊时对参保人的支持

健康保险公司可在损害赔偿请求权的跟进过程中为参保人提供支持，该赔偿产生于保险服务过程中的误诊且未根据第十编第 116 条转至健康保险公司。第 1 句所述健康保险公司的支持特别可以包括审查参保人提交的文件的完整性和真实性、在参保人同意的情形下向服务提供者索要其他文件、由第 275 条第 3 款第 4 项所述的医疗服务机构发起一项社会医学评估以及对所有现有文件的最终总体评估。在出现误诊情形中，基于参保人的同意而从服务提供者处收集的数据仅可用于支持参保人。

第 67 条　电子交流

[1]为了提高护理的质量和经济效益、沟通以及数据和信息的交流，在健康保险公司之间、服务提供者之间以及关于健康保险公司、服务提供者之间与参保人的关系应当通过网络数字应用程序和服务进行扩展，尤其是针对：

1. 以电子和机器方式传输审批程序中的检验、诊断，治疗建议、治疗报告和文件；

2. 促进参保人在知情的情形下积极地参与治疗和康复过程；以及

3. 支持参保人的有意识的健康生活方式。

[2]健康保险公司和服务提供者及其协会应为符合第 1 款的电子交流过渡提供资金支持。

第 68 条 个人电子健康卡的筹资

为了提高护理质量和经济效益，健康保险公司可以为参保人提供资金支持，以电子方式存储和传输第三方提供的患者相关健康数据。细节由健康保险公司的章程规定。

第四章 健康保险公司与服务提供者的关系

第一节 一般原则

第 69 条 适用范围

[1]本章及第 63 条、第 64 条最终规定了健康保险公司及其协会和医生、牙医、心理医生、药店和其他服务提供者及其协会的法律关系，包括联邦共同委员会和州委员会根据第 90—94 条做出的决议。健康保险公司及其协会和医院及其协会的法律关系最终在本章、第 63 条、第 64 条、《医院融资法》、《医院报酬法》以及颁布的与此相关的法规性命令中规定。第 1 句和第 2 句所述法律关系应适用《民法典》的规定，只要其根据本章就第 70 条所述指导方针和参与者的其他任务与义务做出协定。只要第三人的权利受到这些法律关系的影响，第 1—3 句也对其适用。

[2]《反不正当竞争法》第 1 条、第 2 条、第 3 条第 1 款、第 19 条、第 20 条、第 21 条、第 32—34a 条、第 48—80 条，第 81 条第 2 款第 1 项、第 2a 项和第 6 项、第 3 款第 1 项和 2 项、第 4—10 款以及第 82—95 条准用于第 1 款所述法律关系。如果健康保险公司或其协会对于合同或协议的订立负有义务，则第 1 句不适用于健康保险公司及其协会与服务提供者或其协会之间的合同或其他协议。第 1 句也不适用于健康保险公司或其协会按照法律义务做出的决议、建议、指令或其他决策，也不适用于联邦共同委员会按照法律义务做出的决议、指令与其他决策。

[3]《反不正当竞争法》第四节规定适用于本卷规定的公共合同。

[4]根据欧洲议会和理事会 2014 年 2 月 26 日第 2014/24 号指令/欧盟附

录 XIV 的规定，就在医疗活动框架内提供有关社会和其他特殊服务符合第63 条和第 140a 条的公共合同而言，订约当局可以不遵循《反竞争限制法》第 119 条第 1 款和第 130 条第 1 款第 1 句以及《采购条例》第 14 条第 1—3 款，并规定其他程序来保证透明和平等待遇原则。订约当局只能在《采购条例》第 14 条第 4 款和第 6 款所述情形中，根据《采购条例》第 66 条规定无参与竞争和无事先公布的程序。除第 53 条、第 58 条、第60 条和第 63 条外，可能偏离《采购条例》第 15—36 条和第 42—65 条规定的目标。健康保险公司联邦最高协会于 2019 年 4 月 17 日向联邦卫生部报告其成员对该款的适用情况。

第 70 条　质量、人道和经济性

[1]健康保险公司和服务提供者确保为参保人提供适合其需求、公平的服务，且该服务应符合普遍公认的医学知识水平。参保人的服务应当充分和有针对性，不得超出必要范围，且须以专业质量和经济的方式提供。

[2]健康保险公司和服务提供者应当采取适当措施为参保人提供人道的疾病治疗。

第 71 条　保险费率的稳定性

[1]健康保险公司和服务提供者作为合同一方应当按照本卷商定保险服务偿付协议，以排除保费的提高，除非耗尽经济储备后也无法保证必要的医疗服务（保险费率稳定性原则）。即使支出的增加是由于法律规定的预防和及早发现措施，或根据联邦共同委员会的指令的第 137f 条或法规性命令的第 266 条第 7 款要求的结构化治疗项目框架内额外服务，也不得违背保险费率稳定性原则。

[2]为了遵守第 1 款第 1 句前半句的要求，商定的相应补偿变动不得超过根据第 3 款对整个联邦范围变动率的适用所导致的补偿的变动。与第 1句不同的是，如果相关的额外费用通过合同被担保或与其他服务领域节省的费用相抵，则允许超过。

[3]联邦卫生部在每年 9 月 15 日之前确定下一年度的补偿协议，该协议根据每位参保人上一年下半年和本年度上半年健康保险公司所有参保人需缴纳保费收入与上一年相对时期的平均变化率，根据第 1 款和第 2 款适用

该变化率。这是基于对健康保险公司的月度调查和医疗基金的季度财务报表，其中表明健康保险公司所有参保人需缴纳保费的收入。变化率的确定情况在《联邦公报》上公布。在根据第1句确定平均变化率时，不考虑2017年和2018年的参保人，其本应根据2015年12月31日生效版本的第5条第1款第2a项优先参加家庭保险。

³ᵃ（已废止）

⁴符合第57条第1款和第2款、第83条和第85条的服务补偿协议应当提交给合同当事人的主管监管机关。协议违反法律规定的，监管机关可在协议提交后两个月内提出异议。

⁵不受第4款限制，第4款第1句所述协议和第73b条和第140a条所述合同也要提交给主管社会保险事务的合同效力涉及的州最高管理机关，只要该机构不监管缔结合同的健康保险公司。

⁶如果第73b条和第140a条所述合同严重违反法律规定，则监管机关可以不遵循第四编第89条第1款第1句和第2句，并发布所有适当且必要的命令以立即纠正违法行为。特别是，监管机关可以命令健康保险公司更改或终止合同。在有此命令的情形中，健康保险公司也可以以特殊方式终止合同。如果存在严重且无法弥补的损害风险，尤其是对参保人的利益造成的损害，则监管机关可以命令采取临时措施。根据第271条，可对健康基金规定最高1000万欧元的强制性罚款。监管机关在临时措施结束后也可以将其确认为严重违法行为，只要该确认存在合法利益。针对第1—4句所述命令的法律抗辩不具有中止的效力。第1—7句准用于第140a条第1款第3句所述合同。健康保险公司和服务提供者之间的合同对于合同当事人医疗诊断的提交和记录，不得包含任何以电子或机器可识别形式的建议。根据主管监管机关的要求，健康保险公司应当提供合规证明。

第二节　医生、牙医和心理医生的关系

第一目　合同医生和合同牙医服务的供给

第72条　合同医生和合同牙医服务的供给

¹医生、牙医、心理医生、医疗服务中心和健康保险公司协力确保参

保人获得合同医疗。除非另有说明，只要本章的规定适用于医生，也准用于牙医、心理医生和医疗服务中心。

[2]保险公司医生协会和健康保险公司协会之间的书面合同应在法律规定和联邦共同委员会的指令框架内对合同医疗进行规范，以确保在普遍认可的医学知识水平下为参保人提供充分、有针对性和经济的服务，并为医生服务提供适当补偿。

[3]如果"矿工—铁路职工—海员"养老保险公司未对与医生的地方性关系另行规定，则第1款和第2款准用于"矿工—铁路职工—海员"健康保险公司。

[4]（已废止）

第72a条　将供给任务转移给健康保险公司

[1]如果许可区内或者地区规划范围内超过50%的合同医生放弃第95b条第1款规定的合同医生资格，或者拒绝提供合同医生供给服务，并且监管机关在对健康保险公司州协会、医疗互助保险公司和保险公司医生协会进行听证之后确定，当地的合同医疗服务不再能够得到保障，则健康保险公司及其协会在此情形中应当执行保障任务。

[2]如果合同医疗服务继续由被许可的或获得授权的医生以及获得授权的机构提供，则保险公司医生协会参与第1款所述的供给任务的执行。

[3]如果健康保险公司执行供给任务，则健康保险公司或健康保险公司州协会和医疗互助保险公司共同且统一地与医生、牙医、医院或其他合适的机构订立单个或总合同。也可以根据第140条第2款设立固有机构。如果医生或牙医在与其他合同医生的协调程序或行为中放弃其作为合同医生的资格（第95b条第1款），则不得与其签订第1句所述合同。

[4]可就不同内容根据第3款签订合同。商定的医生或牙医报酬金额应取决于承诺服务的内容、范围和难度，以及扩展的瑕疵担保或承诺保证或商定的质量保证程序。在根据第1款确定监管机关后直接根据第3款签订合同的医生，应有权获得比在之后签订合同的医生更高的报酬。

[5]如果根据第3款订立的合同不能充分保障护理服务，则也可以与设在国外的医生和合适的机构签订参保人的护理合同。

[6]根据第3款或第5款签订参保人护理合同的医生或机构有义务和权

利记录关于其提供、开具处方以及提供保险服务所产生的，用于执行健康保险公司的任务以及结算合同报酬的必要信息，并通知健康保险公司。

第73条　保险公司医生供给服务、开具处方的授权

[1]合同医疗服务分为家庭医疗服务和专业医疗服务。家庭医疗服务特别包括：

1. 根据患者的家庭环境，为患者提供诊断和治疗方面的普遍且持续的医疗护理；不排除特殊治疗方向的治疗手段和药物。

2. 诊断、治疗和护理措施的协调，包括协调因医疗原因迫切需要与参与专业医疗服务的服务提供者预约治疗。

3. 文件，特别是整理、评估和保存门诊及住院服务的主要治疗数据、诊断结果与报告。

4. 引入或实施预防和康复措施，以及将非医疗救助和陪同服务整合到治疗措施中。

[1a]参与家庭医疗服务的有（家庭医生）：

1. 全科医生；

2. 儿科医生；

3. 被选入家庭医疗服务的无特别方向的内科医生；

4. 根据第95a条第4款和第5款第1句在医生登记处注册的医生；以及

5. 2000年12月31日参与家庭医疗服务的医生。

其他专业医生参与专业医疗服务。如果合理需求的服务无法得到供给，则合同医生许可委员会可对儿科医生和无特别方向的内科医生做出不同于第1句的期限规定。如果州医生委员会和健康保险公司根据第100条第1款第1句对包括全科医生、儿科医生或专业内科医生的医生团体做出决定，则合同医生许可委员会在6个月内决定是否根据第3句做出规定。有特别方向的儿科医生也可参加专业医疗服务。合同医生许可委员会可应申请，向主要提供专科服务的全科医生和无领域限制的医生颁发仅参与专业医疗服务的许可。

[1b]为参保人治疗的服务提供者有义务询问参保人选择的家庭医生；并有义务在参保人同意的情形下传送与其相关的治疗数据和诊断结果，以使

家庭医生进行存档和进一步治疗。经参保人同意，家庭医生有义务将治疗所需数据和诊断结果传送给为参保人治疗的服务提供者。如果家庭医生发生变化，先前的家庭医生经参保人同意，应将其存储的有关参保人的材料全部传送给新的家庭医生。

[1c]（已废止）

[2]合同医疗服务包括：

1. 医疗；

2. 牙医治疗和第 28 条第 2 款的颌骨整形治疗；

2a. 符合第 56 条第 2 款的包括齿冠和超结构在内的安装假牙服务；

3. 疾病的早期发现措施；

4. 妊娠及育儿的医疗护理；

5. 医疗康复服务的处方；

6. 为他人提供救助服务的命令；

7. 药物、绷带、医疗辅助器具、患者运输以及住院治疗或在保健或康复机构中治疗的处方；

8. 家庭疾病护理的处方；

9. 出具证明或编写报告，对此健康保险公司或医疗服务机构（第 275 条）在执行其法定任务或参保人要求继续支付劳动报酬时需要；

10. 根据第 27a 条第 1 款促进怀孕的医疗措施；

11. 第 24a 和第 24b 条所述医疗措施；

12. 社会疗法的处方；

13. 第 27b 条所述第二意见；

14. 第 37b 条所述专科门诊姑息治疗。

第 1 句第 2—4 款、第 6 款、第 8 款、第 10 款、第 11 款和第 14 款不适用于心理医生；第 1 句第 9 项不适用于心理医生，只要该规定涉及丧失工作能力的确定和证明。在心理治疗康复服务处方方面，第 1 句第 5 项适用于心理医生。在患者运输的处方以及住院治疗方面，第 1 句第 7 项适用于心理医生。关于心理医生处方的细节由联邦共同委员会在其根据第 92 条第 1 款第 2 句第 6 项、第 8 项和第 12 项制定的指令中规定。

[3]总合同应当就保健和康复措施是否属于保险公司医疗服务的范围达成一致，只要该措施根据第 2 款不属于保险公司医疗服务的范围。

　　⁴仅当门诊治疗不足以达到治愈或救援的效果时，才可以开具住院治疗的处方。在处方中应当说明住院治疗的必要性。在住院治疗的处方中还应当在适当情形下注明两所最近可达且适合住院治疗的医院。应当考虑第 39 条第 3 款所述清单。

　　⁵参与保险公司医疗服务的医生和授权机构在开具药物处方时，应当注意第 92 条第 2 款的价格比较表。在处方单和电子处方数据记录中，排除药店出售的具有相同有效成分的低价药物来代替处方药物。如果医生开具的药物价格超过第 35 条所述固定价格，则医生有必须告知参保人其处方所产生的支付额外费用的义务。

　　⁶如果疾病是在住院治疗或住院分娩期间发现的，则疾病的早期发现措施不属于保险公司的医疗服务范围，除非由主治医生提供医疗服务。

　　⁷合同医生不得针对参保人的分配或诊断的分配和记录允诺或保证他人或自己从中获得报酬或其他经济利益。第 128 条第 2 款第 3 句准用之。

　　⁸为了确保处方开具方式的经济性，保险公司医生协会、保险公司医生联邦协会以及医疗互助保险公司及其协会还应当向合同医生告知低价的处方服务和供应来源，包括各自的价格和报酬，并根据公认的医疗知识水平提供适应证和治疗效益方面的信息。药物和绷带的处方信息和提示的获取特别基于第 92 条第 2 款第 3 句所述提示、第 84 条第 7 款第 1 句所述框架规定和根据第 84 条第 1 款达成的药物协议。在该信息和提示中，应当以能够直接比较的方式注明商品名称、适应证、价格以及与药物处方有关的其他信息，尤其是基于第 92 条第 1 款第 2 句第 6 项的指令；为此，可以选择在适应证范围内对参保人的护理占有重要份额的药物。应根据解剖—治疗—化学分类注明每日剂量的药物费用。德国医学文献和信息研究所受联邦卫生部委托出版的分类手册在此适用。该手册在每年的基准日编制，且经合适的时间间隔，通常为一年，进行更新。

　　⁹如果处方根据符合第 92 条第 1 款第 2 句第 6 项的指令由法定健康保险承担费用而开具，则合同医生对药物、包扎用品和产品开具处方只能使用当前状态下至少包含以下内容的电子程序：

　　1. 第 8 款第 2 句和第 3 句所述信息；

　　2. 第 130a 条第 8 款所述折扣合同信息；

　　3. 第 131 条第 4 款第 2 句所述信息；

4. 根据第 31a 条编制和更新用药计划所需的功能和信息；以及

5. 第 35a 条第 3a 款第 1 句所述信息。

并且由保险公司医生联邦协会批准用于合同医疗服务。联邦卫生部有权不经联邦参议院的同意规定第 1 句第 5 项所述信息的细节，特别是信息的最低要求。还可以在法规性命令中根据第 1 句规定进一步要求的细节。在此联邦卫生部可以按照适用于合同医疗的规定提供指导，以实现与其他治疗选择相比时处方药的合目的性和经济性。还可以为了互通性对语义和技术的前提条件提供指导。进一步的细节在第 82 条第 1 款所述合同中商定。第 82 条第 1 款所述合同中的约定在符合第 2—4 句的法规性命令首次生效后以及该法规性命令每次变更生效后的三个月内进行调整。应定期独立进行审查并在必要时加以调整。

[10]从 2017 年 1 月 1 日起，合同医生只能使用由保险公司医生联邦协会批准适用于合同医疗的特定电子程序来开具药物处方，且该程序应包含符合第 92 条第 1 款第 2 句第 6 项和第 92 条第 6 款的指令中的信息和有关第 106b 条第 2 款第 4 句规定的特殊处方需求的信息以及第 125a 条所述合同产生的特殊性。细节在第 82 条第 1 款所述合同中约定。

[11]如果合同医生向参保人提供第 125a 条所述诊断和告知药物的适应证，则治疗的选择和持续时间以及单位治疗的频率应由药物提供者决定。在医学上合理的情形中，即使已经做出符合第 125a 条的诊断，合同医生也可以自行决定治疗的选择和持续时间以及单位治疗的频率。合同医生应在根据第 125a 条订立的合同生效的下一季度开始时，但最早在六周后，根据本款的规定开具处方。

第 73a 条 （已废止）

第 73b 条 以家庭医生为中心的护理

[1]健康保险公司应当为其参保人提供特殊的家庭医疗服务（以家庭医生为中心的护理）。

[2]对此必须确保以家庭医生为中心的护理符合下列要求，超出联邦共同委员会和联邦范本合同规定的符合第 73 条的家庭医生护理的要求时，尤其如此：

1. 家庭医生在经过培训的专业人员的指导下，参与药物治疗的结构性质量检测；

2. 根据先进、循证且经过实践检验的针对家庭医疗护理的指南进行治疗；

3. 通过参与针对家庭医生的典型治疗问题的培训来履行第 95d 条所述的义务，例如以患者为中心的对话、身心基本护理、姑息治疗、一般性疼痛治疗、老年医学；

4. 根据家庭医生的特殊情况，引入机构内部的、基于指标且经科学认证的质量管理。

[3] 自愿参与以家庭医生为中心的护理。参与者以书面或电子方式向其健康保险公司承诺仅从符合第 4 款的家庭医生中选择医生就诊，且仅在有此医生的转诊单时才能进行门诊专科医生治疗，但眼科医生和妇科医生除外；直接获得儿科医生服务的权利不受影响。参保人可以在提交参与声明后的两周内以电子或书面形式向健康保险公司撤销该声明，而无须说明理由。为了在期限范围内撤销，应及时将撤销声明发送给健康保险公司。撤销期间从健康保险公司以书面或电子形式告知参保人其撤销权时开始计算，但不得早于提交参与声明之时。如果未行使撤销权，则参保人应当受其参与申明的约束且对家庭医生的选择的约束力持续最少一年；仅在有重要原因时才可更换所选择的家庭医生。健康保险公司在参与声明中对实施参保人参与的细节进行规定，特别是与所选择的家庭医生的关系、转诊服务的其他例外情形以及在参保人未履行义务的后果。健康保险公司的章程应当包含提交参与声明的规定；该规定根据符合 217f 条第 4a 款的指令制定。

[4] 为确保根据第 1 款全面提供服务，健康保险公司最晚于 2009 年 6 月 30 日前应当单独或与其他健康保险公司合作与共同体签订合同，该共同体应至少代表该地区保险公司医生协会中参与家庭医疗服务的全体医生的半数。如果合同双方未达成一致意见，则共同体可根据第 4a 款申请启动仲裁程序。如果第 1 款所述合同已经成立或拟订立儿童与青少年供给合同，则订立合同的当事人还可能包括：

1. 参与第 73 条 1a 款所述合同医疗保障的服务提供者；

2. 此类服务提供者团体；

3. 以家庭医生为中心的护理服务的机构承办人，该服务由参与第 73 条第 1a 款所述合同医疗保障的服务提供者提供；

4. 保险公司医生协会，只要第 2 项所述团体已对其授权。

为确保根据第 1 款全面提供服务，如果保险公司医生协会所在地区的健康保险公司未找到符合第 1 句所述前提条件的合同当事人，则保险公司应当与一个或多个第 3 句所述合同当事人签订合同。在第 3 句和第 4 句所述情形中无权要求订立合同；提供服务的公开招标应在公布客观选择标准之后进行。如果参保人的家庭医疗服务通过本款所述合同实施，则根据第 75 条第 1 款限制供给任务。在非咨询时间内，第 6 句不适用于合同医疗服务机构。

⁴ᵃ如果共同体根据第 4 款第 2 句申请启动仲裁程序，则合同当事人须同意由一名独立仲裁员根据第 4 款第 1 句确定合同的内容。如果当事人未能就仲裁员达成一致，则由健康保险公司的主管监管机关决定。合同双方平均分担仲裁费用。对指定仲裁员的申诉不具有中止效力。对合同内容确定的申诉应针对合同一方当事人提出，而非针对仲裁员。

⁵符合第 4 款的合同应当规定以家庭为中心的护理的具体内容和实施细节，特别是要规定第 2 款所述要求的设计，以及补偿；在 2014 年 3 月 31 日之后成立的合同中，还应当协定经济标准和不遵循该标准时的措施以及质量保证规定。保险公司医生协会可以参与第 2 款所述要求的设计和实施。如果联邦共同委员会根据第 91 条在第 92 条第 1 款第 2 句第 5 项所述决议框架内未做出否定决策，则该合同可与第二章提及的服务有偏差，只要其与第 11 条第 6 款提及的服务，第 20i、25、26、37a 和 37b 条所述服务以及包含新的检查和治疗方法在内的医疗服务相关。单独合同可偏离本章规定和根据本章规定制定的规章。对于医生和参保人结算合法型的审查准用第 106d 条第 3 款。如果根据第 137f 条和第 137g 条批准的结构化治疗项目与家庭医疗服务相关，则该治疗项目是第 4 款所述合同的一部分。有关诊断额外补偿的协议不能成为合同的一部分。

⁵ᵃ如果健康保险公司解除第 4 款所述合同且在合同到期前未订立新的合同，则先前合同的规定应继续适用至新合同订立为止。这不适用第 71 条第 6 款第 3 句规定的特殊解除。

⁶健康保险公司须以适当方式全面告知参保人关于以家庭医生为中心

的护理的内容及目标，以及其住所附近参与的家庭医生的有关情况。

[7]总合同的当事人应当清算第87a条第3款第2句所述治疗需求。根据本季度的参保人数和发病率结构以及按照第87a条第5款第7句所述评估委员会要求的以家庭医生为中心的护理合同约定内容，清算在总偿付须进行清算的季度及时完成。同时，考虑到第2句所述条件，清算可采用统一费率。如果就治疗需求的清算未及时达成协议，则以家庭医生为中心的护理合同的当事人也可以向第89条规定的仲裁委员会申诉。健康保险公司在该季度的前三周向主管的总合同双方提交清算程序所需的医生及参保人数据，对此应对本季度参保人的总偿付进行清算。如果未确定及时进行清算，则健康保险公司可以按照第2句的要求临时清算治疗需求。对于居住在其他保险公司医生协会所在地区的参保人，健康保险公司还可以要求保险公司医生协会确认并执行当前的清算程序，以清算参与以家庭医生为中心护理的参保人的总偿付。对于第7句所述治疗需求的清算以及在参保人终止参与后偿还清算款项的情形中，应当适用符合第87a条第5款第9句的程序。保险公司医生协会应当在其法定任务框架内实施清算的必要规定。

[8]第4款所述合同当事人可约定，对于超出第73条所述家庭医疗护理以及不属于第7款所述清算义务的服务费用，由符合第4款的合同措施实现的节余和效率提高来提供资金。

[9]符合第5款第1句商定的经济标准应当在基础合同生效后的四年内被证明；第四编第88条第2款准用之。

第73c条　（已废止）

第73d条　（已废止）

第74条　逐步重返社会

如果丧失工作能力的参保人经过医生确诊可部分从事之前的工作且可通过逐步恢复工作得以重新更好地融入工作生活，医生应在丧失工作能力的证明上注明其可从事的工作种类和范围，并在适当情形中征求企业医生的意见或经健康保险公司的同意征求医疗服务机构（第275条）的意见。

最迟于丧失工作能力持续的六周起，应当定期进行符合第 1 句的医生确诊，并附上无工作能力证明。2019 年 11 月 30 日之前，联邦共同委员会在其符合第 92 条的指令中规定第 2 句所述关于逐步重返社会的定期确诊程序。

第75条　保障的内容和范围

[1]保险公司医生协会和保险公司医生联邦协会应在第 73 条第 2 款所述范围内确保合同医疗服务并为此向保险公司及其协会保证，合同医疗服务符合法定及约定要求。如果保险公司医生协会因其负有责任的原因未能执行其保障任务，则健康保险公司可以部分扣留在第 85 或 87a 条规定的总合同中被约定的报酬。细节由联邦范本合同的当事人约定。

[1a]第 1 款所述保障任务还包括适当且及时地提供合同医疗服务。对此，保险公司医生协会应以适当方式在联邦范围内通过网络统一告知参保人关于合同医生的门诊时间和残疾人获得服务的途径（无障碍环境）并最迟在 2020 年 1 月 1 日前设立预约服务处，其需使用联邦统一的电话号码，并保证每周 7 天、每天 24 小时可以接通；预约服务处可以与保险公司州协会以及医疗互助保险公司合作运营，也可以和州救援控制中心合作。预约服务处：

1. 为参保人在一周内安排与第 95 条第 1 款第 1 句所述服务提供者的治疗预约；

2. 支持参保人寻求其根据第 76 条第 3 款第 2 句希望选择的家庭医生；以及

3. 最迟于 2020 年 1 月 1 日起，在联邦统一、标准化的首次评估程序基础上，在提供医疗护理的过程中为参保人提供急性病例医疗所需的直接医疗护理。

除了与眼科医生和妇科医生的治疗预约以及第 3 句第 3 项所述急性病例的安排外，安排与专业医生的治疗预约应当提供转诊单；在第 11 句第 2 项所述情形中也应当提供转诊单。治疗预约的等待时间不得超过四周。参保人的居住地与安排的医生之间的距离应当合理。如果预约服务处无法在第 5 句规定的期限内根据第 95 条第 1 款第 1 句与服务提供者安排治疗预约，则其应在经批准的医院提供门诊治疗预约；第 3 句第 1 项和第 4

句、第 5 句、第 6 句准用之。第 7 句不适用于可推迟的例行检查，除非是针对儿童以及在轻微疾病和其他类似情形下进行无须预约的健康检查。合同医疗的规定适用于医院的门诊治疗。在第 8 句所述情形中，预约服务处须在合理期限内根据第 95 条第 1 款第 1 句安排与服务提供者的治疗预约。在符合第 82 条第 1 款的联邦范本合同中应规范下列内容：

    1. 证明转诊单的存在；

    2. 对于安排与家庭医生或儿童和青少年医生的治疗预约，需要提供转诊单；

    3. 对于第 6 句所述合理距离，根据医生专业进行区分；

    4. 关于第 8 句所述情形的细节；

    5. 符合第 76 条第 1a 款第 2 句的进一步治疗的必要性。

在联邦范本合同中，可以对此达成补充规定，特别是对于需要提供转诊单的其他例外情形。第 2—12 句不适用于第 28 条第 2 款和第 29 条所述治疗。对于在心理治疗咨询框架内的首次咨询预约以及澄清后及时要求的治疗预约，第 2 句和第 3 句第 1 项以及第 5—12 句适用于第 28 条第 3 款所述治疗；其无须提供转诊单。急性心理治疗的等待时间不得超过两周。保险公司医生联邦协会通过提供安排预约时电子支持的等待时间管理和处置管理的结构为保险公司医生协会提供支持；保险公司医生联邦协会应当提供一个电子程序，将参保人引导至主管的保险公司医生协会网站，使其得知医生的门诊时间。此外，保险公司医生协会还可以提供自己的数字服务，以执行第 3 句所述任务。保险公司医生联邦协会评估预约服务处的工作效果，尤其是在及时安排医生预约、要求预约的次数和安排预约的比例方面。保险公司医生联邦协会须每年向联邦卫生部报告评估结果，首次报告时间为 2017 年 6 月 30 日。合同医生有义务向预约服务处申报空闲的预约时间。

    [1b]除非州法另有规定，第 1 款所述保障任务还应包括门诊空闲时间的合同医疗服务（急救服务），但不包括救援服务框架内的紧急医疗服务。保险公司医生协会还应通过与认可医院的合作和组织联系来确保提供急救服务；为此，其应在医院内建立医院急诊室，或将医院救护车直接纳入急救服务。根据与保险公司医生协会的合作协议，被批准参与急救服务且未参与合同医疗服务的医院及医生有权在急救服务框架内提供服务，并为此

目的参与合同医疗服务。第 3 句准用于在紧急医疗服务中未参与合同医疗服务的医生，只要州法根据第 1 句确定该服务也包含在保险公司医生协会的保障任务中。保险公司医生协会应与州药店同业协会就紧急服务组织交换信息，以改善对参保人的紧急服务保障；信息交换的结果应列入符合第 2 句的合作中。保险公司医生协会应当与各州救援控制中心合作。

[2]保险公司医生协会和保险公司医生联邦协会向健康保险公司行使合同医生的权利。它们应当监督合同医生履行义务的情况，并在必要情形下督促合同医生使用第 81 条第 5 款所述措施来执行任务。

[3]保险公司医生协会和保险公司医生联邦协会还应当基于提供医疗服务的法律规定，确保有权享有免费医疗的人群获得医疗服务，只要其未通过其他方式实现该权利。医疗服务的报酬参照医疗互助机构对合同医疗服务的报酬。第 1 句和第 2 句准用于进行义务兵役的医疗检查以及由公法费用承担者发起的人事决定准备检查以及企业和保健医疗检查。

[3a]保险公司医生协会和保险公司医生联邦协会还应确保按照符合第 257 条第 2a 款、第 314 条、第 257 条第 2a 款和第 315 条的行业标准费率和符合《保险监管法》第 152 条第 1 款的行业统一基本费率以及符合《保险监管法》第 153 条的紧急费率参保的参保人获得医疗服务。只要根据第 3b 款未有其他约定或规定，则根据《医生收费规定》或者《牙医收费规定》，偿付第 1 句所述服务和第 121 条规定的协作医师服务：《医生收费规定》收费明细表第 M 篇提及的服务费用和收费明细表第 437 项服务费用最多等于《医生收费规定》规定额度的 1.16 倍，《医生收费规定》收费明细表第 A、E 和 O 篇提及的服务费用最多等于《医生收费规定》规定额度的 1.38 倍，《医生收费规定》收费明细表中其他的服务费用最多等于《医生收费规定》规定额度的 1.8 倍，而《牙医收费规定》收费明细表中的服务费用最多为规定数额的 2 倍。如果在上述费率范围内向符合第 1 句的参保人提供第 115b 条和第 116b—119 条中提及的服务，则第 2 句准用于此类服务的偿付。

[3b]第 3a 款第 2 句中提及的服务的偿付可在私人健康保险协会与保险公司医生协会或保险公司医生联邦协会签订的合同中规定，此规定可完全或部分偏离第 3a 款第 2 句的规定，上述私人健康保险协会统一对私人健康保险公司产生效力并根据《公务员法》的规定与疾病、护理和生育的费

用承担者达成一致。《保险监管法》第 158 条第 2 款准用于私人健康保险协会。如果第 1 句所述当事人未就偏离第 3a 款第 2 句的偿付规定达成一致，则有异议的当事人可向符合第 3c 款的仲裁机构申诉。后者须在三个月内就无法达成一致的内容做出决议，并确定合同的内容。仲裁机构做出决议，使合同内容：

1. 满足第 3a 款第 1 句中提及的参保人获得充分、合目的性、经济和高质量的医疗服务的要求；

2. 考虑来自合同医疗和私人医疗领域的类似服务的偿付结构；以及

3. 适当考虑合同医生的经济利益、偿付规定对第 3a 款第 1 句中提及的参保人的费率奖金发展的财务影响。

如果合同当事人在根据第 1 款商定或由仲裁机构确定的合同期限到期后仍未就偿付达成一致，则在仲裁机构做出决议前，先前的合同仍然有效。对于第 3a 款第 1 句提及的参保人和费率，可在私人健康保险协会和相关服务提供者或其代表协会订立的合同中规定第 115b 条和第 116b—119 条提及的服务偿付，该约定可全部或部分偏离第 3a 款第 2 句或第 3 句的规定，上述私人健康保险协会统一对私人健康保险公司产生效力并根据《公务员法》的规定与疾病、护理和生育的费用承担者达成一致；第 2 句准用之。如果在合同当事人根据第 7 句约定的合同期限到期后仍未就偿付达成一致，则先前的合同继续适用。

[3c]保险公司医生联邦协会和私人健康保险协会组建共同的仲裁机构。一方面由保险公司医生联邦协会或保险公司牙医联邦协会的代表组成，另一方面由私人健康保险协会以及《公务员法》规定的疾病、护理和生育费用承担者的代表组成，双方人数相同，同时还包括一名独立主席、两名独立成员以及联邦财政部和联邦卫生部的各一名代表。任期为四年。主席与其他独立成员以及机构代表应促成合同当事人达成一致。如果未达成一致，则准用第 134a 条第 4 款第 5 句和第 6 句。否则，应准用第 129 条第 9 款。联邦财政部监督仲裁机构的管理，第 129 条第 10 款第 2 句准用之。

[4]保险公司医生协会和保险公司医生联邦协会应当确保在监狱医生和监狱牙医工作时间之外的紧急情形下为监狱犯人提供医疗服务，只要该服务未以其他方式提供。第 3 款第 2 句准用之。

[5]只要未通过矿工医生确保在"矿工—铁路职工—海员"健康保险公司获得医疗服务，则准用第 1 款和第 2 款。

[6]经监管机关同意，保险公司医生协会和保险公司医生联邦协会可执行医疗服务的其他任务，特别是针对其他社会保险承担机构。

[7]保险公司医生联邦协会应当：

1. 为履行其在责任范围内订立的合同制定必要的指令；

2. 在指令中规定合同医疗服务的跨地区实施和保险公司医生协会之间的清算，只要联邦范本合同未有特殊规定；

3. 制定关于保险公司医生协会的企业运作、经济管理及会计指令；

4. 根据第 1a 款第 2 句，建立联邦统一电话号码的实施指令；

5. 针对按照第 1a 款第 3 句第 3 项提供数字服务以安排治疗预约制定指令，针对按照第 1a 款第 3 句第 3 项为急性病例安排即时医疗以及提供电子支持的处置管理制定指令；以及

6. 为联邦统一、标准化的首次评估程序制定指令，在此基础上，根据第 1a 款第 3 句第 3 项在紧急情形下进行安排。

第 1 句第 2 项所述指令须确保提供服务的保险公司医生协会获得的偿付达到提供服务所在地区的可支配的服务偿付。允许基于联邦平均结算点值的偿付。第 1 句第 2 项所述指令可规定结算审查、经济审查、质量审查以及拥有多个保险公司医生协会成员的跨地区职业共同体纪律事务程序，只要对此联邦范本合同未有特殊规定。第 1 句第 4 项和第 5 项所述指令还必须确保合同医生在实行指令规定时使用的电子程序获得保险公司医生联邦协会的批准。

[7a]不同于第 7 款第 2 句、第 7 款第 1 句第 2 项规定的医疗服务有效指令应当确保，根据第 87a 条第 2 款，在本地提供服务的保险公司医生协会（服务提供者——保险公司医生协会）可从参保人居住地的保险公司医生协会（居住地——保险公司医生协会）根据对服务提供者——保险公司医生协会有效适用的《欧洲费用规定》获得服务对应的偿付。同时应与健康保险公司联邦最高协会协商。

[8]保险公司医生协会和保险公司医生联邦协会应当采取适当措施，确保在合同医生的诊所内有足够的场所完成医生的实习期及常规医学培训。

[9]保险公司医生协会有义务根据《怀孕冲突法》第 13 条所述机构的要

求与其签订关于提供第 24b 条中提及的医疗门诊服务的合同，并根据保险公司医生协会与《怀孕冲突法》第 13 条所述机构或其协会商定的费率对分配范围外的服务进行偿付。

[10]（已废止）

第 75a 条　促进培训

[1]保险公司医生协会和健康保险公司有义务确保家庭医疗服务，在经批准的医生及医疗服务中心的诊所促进常规医疗培训。保险公司医生协会和健康保险公司各自承担门诊地区常规医疗培训促进费用的一半。健康保险公司的津贴在合同医疗服务总偿付之外发放。该津贴须从培训机构转入医院常规薪酬，并全额支付给受训人员。

[2]健康保险公司有义务确保家庭医疗服务，在经批准的医院及预防与康复中心促进常规医疗培训，上述机构已根据第 111 条订立了护理合同。健康保险公司的津贴在与医院商定的预算范围之外发放。

[3]联邦范围内促进机构的总数量最少应达到 7500 家。保险公司医生协会不得限制培训促进机构的数量。

[4]保险公司医生联邦协会与健康保险公司联邦最高协会及德国医院协会商定符合第 1—3 款的财政支持的范围和实施细节。应特别商定有关：

1. 财政支持的数额；

2. 确保转换到其他保险公司医生协会所在地区的其他培训机构时的持续资金；

3. 促进机构在保险公司医生协会中的分配；

4. 如果某一保险公司医生协会所在地区的培训促进机构多于或少于第 3 项的规定，则采用财政补偿程序；以及

5. 一般专业医疗领域的医生参与基础护理的专科医生（基础护理专科医生）的促进工作。

应与联邦医师公会进行协商。如果协议全部或部分终止，并在期限届满前未达成新的协议，则由联邦一级的跨部门仲裁委员会根据第 89a 条做出决议。

[5]健康保险基金对促进常规医疗培训费用的财政支持数额需扣除私人健康保险公司支付的款项数额。对于第 4 款所述合同应寻求与私人健康保

险协会达成共识。

[6]根据第 4 款第 2 句第 1 项商定的财政支持数额应使所有培训机构的受训人员根据第 1 款和第 2 款获得合理偿付。如果在某地区，医生和健康保险公司的州级委员会已根据第 100 条第 1 条第 1 句对家庭医疗的服务领域做出决策，则应提供更有力的财政支持。合同当事人须定期审查促进资金的适当性，并在必要时进行调整。

[7]符合第 4 款的合同还可以商定：

1. 资金由州或联邦一级的中央机构管理；

2. 对地区常规医疗促进项目的财政支持；

3. 最多可跨地区提供计划资金的 5%，用于建立和组织机构，以提高培训质量和效率，以及用于提供培训师资格；

4. 供资期间未调用的资金转入下一个供资期，且不受培训机构类型的限制，在跨地区范围内提供。

[8]保险公司医生协会之间可以协作执行第 1 款所述任务，也可以委托任一保险公司医生协会来执行第 1 款所述任务。

[9]第 1 款和第 4—8 款准用于符合第 4 款第 2 句第 5 项的协议，促进对门诊基础护理专科医生的培训。在联邦范围内，将有多达 2000 所机构被资助，并拟定为儿童和青少年医生提供进一步的培训。

第 76 条 自由选择医生

[1]参保人可在经批准的合同医疗服务医生、医疗供给中心、授权医生、授权或根据第 116 条参与门诊服务的机构、健康保险公司的牙科诊所、符合第 140 条第 2 款第 2 句的健康保险公司的固有机构、根据第 72a 条第 3 款合同规定的有义务提供医疗服务的医生和牙医、获得门诊手术批准的医院以及符合第 75 条第 9 款的机构之间自由选择。其他医生仅能在紧急情形下才能提供服务。在符合第 140 条第 1 款和第 2 款第 1 句的健康保险公司的固有机构处获得的服务需符合为此订立的合同内容。如果符合第 140 条第 2 款第 1 句的前提条件，可基于合同协定增加固有机构的数量。

[1a]在第 75 条第 1a 款第 7 句所述情形中，参保人还可以在未参与合同医疗服务的经批准的医院处获得服务；如果在第 75 条第 1a 款第 3 句第 3 项所述情形中，预约服务处将参保人安排在救护车中，则也适用该规定。

参保人还有权获得预约后的其他必要治疗，以确保或巩固治疗的成果。

[2]如果非出于必要，参保人未在最近的参与合同医疗服务的医生、机构或医疗服务中心处就诊，则参保人须自行承担额外费用。

[3]参保人仅在有重大理由时，才能在一个季度之内更换合同医疗服务参与医生。参保人选择一位家庭医生。医生须事先告知参保人家庭医疗服务（第73条）的内容和范围；参与家庭医疗服务的医生须在其诊所招牌上注明。

[3a]合同当事人应根据第82条第1款商定适当措施，来避免合同医生在未经协调的情形下重复提供服务，并保证前期与后期治疗医生之间的信息交换。

[4]第1款中提及的人员或机构根据民事合同法的规定有义务为参保人提供细心的治疗服务。

[5]"矿工—铁路职工—海员"健康保险的参保人可在"矿工—铁路职工—海员"医生和第1款中提及的人员及机构间自由选择。第2—4款准用之。

第二目　保险公司医生协会和保险公司牙医协会

第77条　保险公司医生协会及联邦协会

[1]为完成通过本卷委托的合同医疗任务，每个州区域的合同医生组建了保险公司医生协会和保险公司牙医协会（保险公司医生协会）。如果某个州存在多个保险公司医生协会，则其可根据第2款合并。

[2]经负责社会保险的州级最高行政机关的批准，保险公司医生协会也可基于其代表大会的决议在多个州区域内合并。该决议须获协会主管监管机关的批准。第144条第2—4款准用之。在合并前应当对符合第4款的联邦协会进行听证。根据参与该协会的保险公司医生协会所在区域，联合保险公司医生协会最长可使用四个季度的独立总合同。此外，如果出于平衡不同州法规定或其他特殊原因所需，总合同的缔约各方可以与主管的监管机关商定不同的薪酬。

[3]经批准的医生、在合同医疗服务框架内经批准的医疗服务中心任职的医生、合同医生中根据第95条第9款和第9a款任职的医生、在符合第

105 条第 1a 款和第 5 款第 1 句的机构中任职的医生以及参与合同医疗服务的授权医院医生均为主管该地区医生的保险公司医生协会的成员。雇用医生获得主管该地区医生的保险公司医生协会的成员资格的前提条件是，每周至少工作十小时。

[4]保险公司医生协会组建保险公司医生联邦协会和保险公司牙医联邦协会（保险公司医生联邦协会）。保险公司医生协会和保险公司医生联邦协会可为对其主管的联邦与州最高机关提供短期人员支持，特别是关于立法问题。由此产生的费用原则上应予报销；在确定联邦和州政府预算时，相关法律对例外情况做出规定。

[5]保险公司医生协会和保险公司医生联邦协会是公法法人。

[6]第十编第 88 条、第 94 条第 1a—4 款和第 97 条第 1 款第 1—4 句准用之。如果保险公司医生协会根据第十编第 88 条第 1 句委托其他保险公司医生协会执行其任务，并委托收集、处理和使用社会数据，则受托人有责任根据第十编第 67 条第 9 款第 1 句，接收根据第 285 条第 3 款第 7 句传送的社会数据。第十编第 80 条第 3 款第 1 句第 1—3 项和第 2 句准用之，但第 1 句第 1 项适用的条件是仅通知受托人。

第 77a 条　服务团体

[1]保险公司医生协会和保险公司医生联邦协会为了执行第 2 款中提及的任务可成立公司。

[2]相对于合同医疗服务提供者，第 1 款所述公司可执行下列任务：

1. 在与参保人订立提供法定健康保险服务合同时提供咨询；
2. 提供有关数据处理、数据备份和数据保护问题的咨询；
3. 提供有关合同医疗实践的一般经济问题的咨询；
4. 针对为参保人提供法定健康保险服务的合同当事人提供合同清算；
5. 承担诊所网络的行政管理任务。

[3]第 1 款所述公司的运行只能利用偿还的费用。不得利用保险公司医生协会和保险公司医生联邦协会的资金支持。

第 77b 条　有关保险公司医生联邦协会的机构和工作组的特殊规定

[1]在保险公司医生联邦协会董事会就第四编第 85 条第 1 款含义范围内

的机构的建立、接管或实质性扩建以及直接或间接参与此类机构做出决议前，保险公司医生联邦协会代表大会应通过董事会基于适当的数据全面了解预期活动的机会和风险。董事会根据第 1 句做出的决议须获得代表大会的批准。

[2]为了向保险公司医生联邦协会代表大会报告情况，董事会应当起草一份关于保险公司医生联邦协会参与机构的年度报告。参与报告至少应包含关于每个机构的下列信息：

1. 机构的主体事项、所有权结构、机构的组成以及参与其他机构的情况；

2. 参与该机构与保险公司医生联邦协会的法定任务之间的持续关联；

3. 机构业务的主要特征、机构的收益状况、保险公司医生联邦协会的资本注入和从该机构提取的资本、注资和撤资对该保险公司医生联邦协会预算的影响以及保险公司医生联邦协会提供的担保；

4. 在本财政年度中授予该机构的管理层、监事会、咨询委员会或类似组织每个成员的薪酬总额，以及在本财政年度中以这些组织的名义授予其中每个成员的薪酬。

上一年度的财政报告最迟应在下一年度的 10 月 1 日之前提交给保险公司医生联邦协会和监管机关的代表大会。

[3]第四编第 89 条准用于根据第十编第 94 条第 1a 款以及第 77 条第 6 款第 1 句对工作组进行的监管，对此保险公司医生联邦协会参与其中。

[4]第 1 款和第 2 款准用于第 77a 条所述服务组织和第十编第 94 条第 1a 款以及第 77 条第 6 款第 1 句所述工作组，上述机构均有保险公司医生联邦协会的参与。

第 78 条　监管、预算及会计、资产、统计

[1]联邦卫生部负责监管保险公司医生联邦协会，各州主管社会保险的最高行政机关负责监管保险公司医生协会。

[2]为多个州的保险公司医生协会组建的联合保险公司医生协会，受这些协会所在州的主管社会保险事务的最高行政机关的监管。该监管必须与相关州主管社会保险事务的最高行政机关协商。

[3]监管内容包括法律和其他法规的遵守情况。第四编第 88 条和第 89

条准用之。

[4]为了执行针对保险公司医生联邦协会的监管令，监管机关可以根据第271条的规定，对健康基金征收不超过1000万欧元的罚款。

[5]保险公司医生联邦协会的活动费用应根据保险公司医生联邦协会章程的规定由保险公司医生协会按照预算计划支付，只要其未通过其他收入获得支付。对于保险公司医生联邦协会，第67—70条第1款和第5款、第72—77条第1款和第1a款、第78条、第79条第1款和第2款以及第3a款准用于预算和会计（包括统计），第四编第80—83条和第85条以及第220条第1款第2句准用于资产，第305b条准用于资金的使用。第四编第77条第1a款所述上一财政年度的决算须在次年10月1日之前拟定，并提交监管机关。运营资金不得超过保险公司医生联邦协会预算规定的一个半月的费用。允许储备金的前提是储备金适当且旨在执行法定任务。如果资产不是建立储备金所必需的，就必须将其用于减少保险公司医生协会的缴款或返还给保险公司医生协会。

[6]对于保险公司医生协会，第67—70条第1款和第5款、第72—77条第1款、第78条、第79条第1款和第2款以及第3a款准用于预算和会计（包括统计），第四编第80条和第85条准用于资产，第305b条准用于资金的使用。

第78a条　保险公司医生联邦协会特殊情形下的监管措施

[1]如果随后出现不应该批准规章的情形，或者由于后来发生的法律或事实情况导致规章违法而需更改，则监管机关可以命令保险公司医生联邦协会在特定期间内进行任何必要修改。如果保险公司医生联邦协会在期间届满前未遵守该命令，则监管机关可以自行进行必要的修改。

[2]如果执行法律规定或监管命令需要代表大会做出决议，则监管机关可命令在规定期限内做出此种决议。如果未在期限内做出必要决议，则监管机关可代替代表大会做出决议。

[3]如果保险公司医生联邦协会代表大会的决议违反了对该协会适用的法律或任何其他应当适用的法律，则监管机关可以命令在一定期限内废除该决议。该命令达到后，决议不再执行。监管机关可以要求撤销根据该决议采取的措施。如果保险公司医生联邦协会在期限内未遵守该命令，则监

管机关可以撤销该决议。

[4]如果第 1 款或第 2 款所述决议基于法律规定应在一定期限内做出，则无须下达附有期限的命令。根据第 1—3 款针对监管机关的命令及措施的申诉不具有中止效力。

第78b条　保险公司医生联邦协会针对特殊事项的派出人员

[1]只要保险公司医生联邦协会的有序管理受到威胁，监管机关可以派遣人员到保险公司医生联邦协会，委托该人在保险公司医生联邦协会执行任务，并对此授予必要的权力。特别在以下情形中，有序的管理受到威胁：

1. 董事会成员采取不符合行政法规或规章规定或法律规定的内部或外部措施；

2. 董事会成员采取的行动会严重损害主管部门的内部组织或机构之间的合作；

3. 不能保证执行监督令；或者

4. 有足够的证据表明，机构成员或前机构成员违反任务已对法人造成损害。

在这种情况下，监管机关可以派遣人员向董事会或代表大会提供建议和支持，监管命令的执行情况，或审查对机构成员或前机构成员的损害赔偿请求权。监管机关应确定派出人员可以代表机构在内部关系中行事的范围。机构在外部关系中的权力不受影响。通过针对保险公司医生联邦协会的行政行为进行派遣。

[2]在执行任务范围内，第 1 款所述派出人员有权要求机关成员和保险公司医生联邦协会的雇员提供信息并提交文件。其可以顾问身份参加保险公司医生联邦协会的机构及其他委员会的所有会议，进入保险公司医生联邦协会的办公场所并进行调查以执行其任务。该机构和机构成员必须支持派出人员执行任务。派出人员有义务向监管机关提供其在工作过程中获得的所有信息。

[3]保险公司医生联邦协会应按照第 1 款向派出人员支付报酬和合理费用。监管机关根据针对保险公司医生联邦协会的行政行为来确定报酬金额。保险公司医生联邦协会还应承担其他因派出而产生的费用。

[4]在派出人员之前，监管机关应当发布一项命令，规定保险公司医生联邦协会采取必要措施，确保在规定期限内进行有序的管理。针对第 1 句所述命令或派出人员的申诉不具有中止效力。

第 78c 条　联邦卫生部的报告义务

在不与第三方利益冲突的情形下，联邦卫生部须于每年 3 月 1 日向德国联邦议院卫生委员会报告，该报告的内容是关于符合第 78a 条第 1—3 款、第 78b 条第 1 款和第 4 款第 1 句和第 79a 条第 1a 款和第 2 款第 1 句的监管法律措施，符合第四编第 89 条第 1 款第 2 句和第 78 条第 3 款第 2 句的义务通知的发出以及监管程序的状态，首次报告于 2018 年 3 月 1 日。

第 79 条　机关组织

[1]保险公司医生协会和保险公司医生联邦协会组建作为自我管理机关的代表大会和全职董事会。第四编第 40 条准用于代表大会的成员。

[2]保险公司医生协会和保险公司医生联邦协会的代表大会的成员人数由章程确定。保险公司医生协会的代表大会最多有 30 名成员。当保险公司医生协会成员人数超过 5000 或保险公司牙医协会成员人数超过 2000 时，代表大会成员人数最多可增至 40，当保险公司医生协会成员人数超过 1 万或保险公司牙医协会成员人数超过 5000 时，代表大会成员人数最多可增至 50。保险公司医生联邦协会代表大会最多有 60 名成员。

[3]代表大会特别要：

1. 制定章程与其他自治规定；
2. 监督董事会；
3. 做出对法人至关重要的所有决策；
4. 确定预算计划；
5. 因年终决算对免除董事会做出决议；
6. 在董事会及其成员面前代表法人；
7. 决定土地的购买、转让或抵押以及建筑物的建造。

其可审阅和审查所有经营与管理文件。保险公司医生联邦协会的代表大会可以随时要求董事会报告法人事务。该报告应当及时提交，且通常采用书面形式。保险公司医生联邦协会也可以其成员四分之一的票数主张第

2 句和第 3 句所述权利。董事会应当向保险公司医生联邦协会的代表大会报告其在医疗机构的兼职活动。

[3a]在保险公司医生联邦协会的代表大会上，家庭医生的代表对仅涉及家庭医疗护理的问题进行表决，专科医生的代表对仅涉及专科医疗护理的问题进行表决。在联合投票，包括第 80 条第 2 款所述选举情形下，投票的加权方式应使代表大会上家庭医生代表和专科医生代表的票数完全相等。章程应在 2015 年 11 月 1 日前对第 1 句所述投票项目划分和第 2 句所述票数加权的细节加以规定；章程决议须经代表大会成员三分之二多数票通过。

[3b]保险公司医生联邦协会的代表大会须证明决议的合理性。应对会议进行记录。保险公司医生联邦协会的代表大会可以要求提供口头记录。保险公司医生联邦协会代表大会的投票通常不以秘密形式进行。秘密表决仅在特殊情形下进行。应就章程第 81 条第 1 款中确定的责任相关的表决项目进行唱票表决。代表大会会议通常公开进行。仅在特殊情形中，特别是当个人合法利益排除了公开会议时，才能将公众排除在外。

[3c]如果保险公司医生联邦协会代表大会的成员在代表大会以外从事工作，而通过该雇用合同未建立劳动关系，或通过与保险公司医生联邦协会签订雇用合同从事较高类型的工作，则合同的有效性取决于代表大会的同意。如果保险公司医生联邦协会根据雇用合同或承揽合同向代表大会成员授予报酬，而代表大会未批准该合同，则代表大会成员须退还报酬，除非代表大会随后批准了该合同。代表大会成员要求保险公司医生联邦协会交付由其从事工作所获得的收益的权利不受影响。但是，该权利不得与报酬返还请求权相抵消。

[3d]代表大会成员个人的年度偿付额，包括附加偿付，将于每年 3 月 1 日在保险公司医生联邦协会的概览中通过联邦公报予以公布，于 2017 年 3 月 1 日首次公布，同时，还将在保险公司医生联邦协会的相应通报中公布。

[4]保险公司医生协会和保险公司牙医联邦协会的董事会最多由三名成员组成。保险公司医生联邦协会的董事会由三名成员组成。如果保险公司医生联邦协会董事会存在意见分歧，则由成员多数决定。如果出现平局，则由主席决定。董事会成员互为对方代表。成员专职从事自身工作。如果

医生被选为专职董事会成员，则可以在限制范围内兼职从事医疗工作，或者暂停其行医许可。任期为六年，除非在代表大会的当前任期成员中选出董事会成员；可以连选。必须在每年 3 月 1 日以概览形式在联邦公报公布各个董事会成员每年包括所有附加服务在内的报酬额度和总体服务规定，同时根据保险公司医生和牙医组织分别在保险公司医生联邦协会的相关报道中公布，并在相关保险公司医生协会或保险公司医生联邦协会的网站上公布。由第三方担保的董事会成员与董事会工作有关的财务支出的种类及额度应告知代表大会的主席及副主席。

　　[5]董事会管理并在法庭内外代表法人，除非法律或其他法规另有规定。在章程或者在董事会确定的个别情形中，可以确定董事会的单独成员也可以代表法人。

　　[6]第四编第 35a 条第 1 款第 3 句和第 4 句、第 2 款、第 5 款第 1 句、第 6a 款以及第 7 款准用于董事会；第四编第 42 条第 1—3 款准用于代表大会的成员。在选举时，代表大会须确保董事会成员具备各自业务领域的必要专业资格。第四编第 35a 条第 6a 款第 2 句准用于保险公司医生协会的条件是，法人的重要性以其成员的数量来衡量。在根据第四编第 35a 条第 6a 款以及第 1 句做出决议前，监管机关可以要求保险公司医生联邦协会向其提交对董事会任用合同的独立法律和经济评估。保险公司医生联邦协会的董事会成员在任期间不得提高薪酬。保险公司医生联邦协会董事会成员在新任期开始时，除根据第四编第 35a 条第 6a 款第 1 句最后批准的上一任期或上一任成员的薪酬之外，更高的薪酬只能根据消费物价指数的提高通过基本薪酬的附加费来达成。监管机关可以在新任期开始时下调保险公司医生联邦协会董事会成员的薪酬。符合第 4 款第 10 句的财务资助应计入保险公司医生联邦协会董事会成员的薪酬，或应支付给各自的保险公司医生联邦协会。保险公司医生联邦协会有关董事会成员未来供给的协议仅在有明确的保费承诺基础时才被允许。

　　[7]保险公司医生联邦协会董事会须采取适当措施，以建立并确保有序的行政组织。特别是，应在行政组织内部建立具有控制系统和独立审核的适当控制程序。内部审核部门应定期向董事会报告，并在出现违反法律规定或其他主要法规的情形时向监管机关报告。如果发生的违法行为与董事会成员的行为有关，则还须向代表大会报告。

第79a条 组织障碍、任命代表

[1]只要未进行保险公司医生协会代表大会和董事会的选举或者代表大会或董事会拒绝执行任务，监管机关自身或其任命的代表执行保险公司医生协会的任务，费用由保险公司医生协会承担。如果代表大会或董事会危及法人运作，特别是当其不再按照法律和章程规定管理法人，导致保险公司医生协会解散或计划或已经做出侵害资产的决定时，则由监管机关本身或由其任命的代表执行协会任务，费用由该协会承担。

[1a]只要未进行保险公司医生联邦协会代表大会和董事会的选举或者代表大会或董事会拒绝执行任务，监管机关可自行或由其任命代表执行任务，并将全部或部分权力授予保险公司医生联邦协会的一个或多个机构。如果代表大会或董事会危及法人运作，特别是当其不再按照法律或章程规定管理法人，导致保险公司医生联邦协会解散或计划或已经做出侵害资产的决定时，也适用上述规定。

[1b]符合第1a款的代表任命通过针对保险公司医生联邦协会的行政行为做出。负责任命代表的机构的权力和权限在内部和外部关系中均受委托的范围和期间的限制。保险公司医生联邦协会根据第1a款向任命的代表支付报酬和合理费用。监管机关根据针对保险公司医生联邦协会做出的行政行为来确定报酬金额。保险公司医生联邦协会还承担委托代表所产生的其他费用。如果将董事会的权力下放给代表专员，则须相应减少董事会的薪酬。

[2]在由监管机关或其任命的代表执行任务之前，应发布一项命令，其中监管机关应命令保险公司医生协会或保险公司医生联邦协会在一定期限内采取必要措施。对于第1句所述命令、对于任命代表或由监管机关自行执行保险公司医生协会或保险公司医生联邦协会任务的决议提出申诉，不具有中止效力。监管机关或由其任命的代表与保险公司医生协会的执行任务的机构的立场相同。

第79b条 心理治疗咨询专家委员会

保险公司医生协会和保险公司医生联邦协会组建心理治疗咨询专家委员会。该委员会由五名心理治疗师，一名儿童和青少年心理治疗师以及同等数量的医生代表组成，这些代表由代表大会从其保险公司医生协会成员范围中以直接和秘密方式选举产生。第 2 句适用于在保险公司医生联邦协会选举专业委员会成员，条件是专业委员会成员的心理治疗师必须是具备医保服务资格的心理治疗师。在保险公司医生协会和保险公司医生联邦协会就提供心理治疗服务的主要问题做出决议之前，应当及时让委员会发表意见。在决策时考虑该意见。细节由规章规定。保险公司医生协会和保险公司医生联邦协会的权力不受影响。

第 79c 条　家庭医疗服务咨询专家委员会；其他咨询专家委员会

在保险公司医生协会和保险公司医生联邦协会中对于下列服务组建咨询专家委员会：

1. 家庭医疗服务；
2. 专科医生服务；以及
3. 受雇医生。

符合第 1 句第 1 项和第 2 项的专家委员会由参加相应医疗服务的成员组成，且其不属于符合第 79b 条的专家委员会的成员。符合第 1 句第 3 项的专家委员会由第 77 条第 3 款第 2 句所述受雇医生组成。可成立其他咨询专家委员会，特别是对于康复医疗问题。咨询专家委员会的成员应由代表大会从保险公司医生协会的成员中直接和秘密选举产生。规章对有关咨询专家委员会的细节及其组成做出规定。第 79b 条第 5—8 句准用之。

第 80 条　选举与罢免

[1]健康保险公司医生协会的成员通过直接和无记名投票选出代表大会的成员。选举遵循基于名单和个人选举提名的比例选举原则。心理治疗师应根据第 1 句和第 2 句选举其代表大会成员，条件是其在代表大会上最多只能占成员名额的十分之一。在章程中规定代表大会选举成员的细节，包括保险公司医生协会其他成员的比例。

[1a]保险公司医生协会的主席和一名副主席是保险公司医生联邦协会代表大会的成员。保险公司医生协会代表大会成员从其队伍中以直接和无记名投票选出保险公司医生联邦协会代表大会的其他成员。准用第 1 款的条件是根据健康保险公司医生协会成员在所有保险公司医生协会成员总数中

的比例来考虑保险公司医生协会。

²代表大会以直接和无记名投票选举：

1. 内部产生的一位主席和一位副主席；

2. 董事会成员；

3. 董事会主席及副主席。

代表大会主席及其代表不得同时担任董事会主席或副主席。选举保险公司医生协会和保险公司医生联邦协会的董事会成员时，从代表大会中参加家庭医疗服务的成员和参加专科医生服务的成员中分别提名。保险公司医生联邦协会董事会中应至少有一位成员既不得参加家庭医疗服务也不得参加专科医生服务。选举保险公司医生联邦协会董事会主席须获得代表大会成员三分之二多数选票。如果没有达到这一多数票，候选人在第三轮投票中获得代表大会成员的简单多数票就足以当选。

³保险公司医生协会和保险公司医生联邦协会代表大会成员当选后的任期为六年。任期应在第六年年末结束，而无论选举时间如何。任期结束后，当选者继续任至其继任者就职为止。

⁴如果某些事实使代表大会成员对主席或副主席的行为失去信任，特别是当主席或副主席违反其作为大会意志代表的义务或违反其向代表大会提供信息的义务，则保险公司医生联邦协会代表大会可罢免其主席或副主席职位。罢免须经简单多数票通过。决定罢免的同时，代表大会应选举主席或副主席的继任者。被罢免的主席或副主席的任期在罢免时结束。

第 81 条　章程

¹章程须特别包含下列规定：

1. 协会的名称、地区和所在地；

2. 机构的组成、选举和成员人数；

3. 公开性和代表大会的决策方式；

4. 机构及其成员的权利和义务；

5. 资金的筹集和管理；

6. 年度经营与会计审计和财务报表验收；

7. 章程的修改；

8. 机构成员的补偿规定；

9. 公告方式；

10. 执行供给任务的合同医疗义务。

规章须获监管机关的批准。

[2]如果要建立管理和会计机构，保险公司医生协会的章程必须包含有关该机构建立和任务的规定。

[3]保险公司医生协会的章程规定应符合：

1. 保险公司医生联邦协会订立的合同和为此目的通过的决议，以及跨地区提供医疗服务和对该协会及其成员具有约束力的保险公司医生协会之间的清算规定；

2. 对保险公司医生协会以及成员具有约束力且符合第75条第7款、第92条、第136条第1款和第136a条第4款的指令。

[4]保险公司医生协会的章程须含有关在合同医疗服务领域对医生的进修、进修形式与方式细节以及参与义务的规定。

[5]保险公司医生协会的章程还须确定对未履行合同医疗义务或未正确履行合同医疗义务的成员采取强制措施的条件和程序。根据过失轻重，第1句所述措施包括警告、通报批评、罚款、最长两年的暂停许可或禁止参与合同医疗。最高罚款额可达5万欧元。不采取预审程序（《社会法院法》第78条）。

第81a条　卫生事业中反不当行为机构

[1]保险公司医生协会和保险公司医生联邦协会设立组织单位，其须查明与各自的保险公司医生协会或保险公司医生联邦协会任务相关的违规行为、非法或不当使用资金的案件和情况。该组织单位根据第十编第67c条第3款行使控制权力。

[2]任何人都可以就第1款所述事项向保险公司医生协会和保险公司医生联邦协会求助。如果根据个别细节或整体情况看来线索可信，则第1款所述机构将调查该线索。

[3]保险公司医生协会和保险公司医生联邦协会必须互相合作，并与健康保险公司及其协会合作以执行第1款所述任务。保险公司医生联邦协会根据第1款第1句组织定期与机构交流经验，符合第197a条第1款第1句的机构代表、专业协会和检察机构的代表以适当形式参与其中。经验交

流的成果应当告知监管机关。

^{3a}第 1 款所述机构对于为执行第 1 款所述任务而收集、转发或传输所得个人相关数据可相互之间传送或传送给符合第 197a 条第 1 款的机构，只要这对于数据接收者发现和消除卫生事业中的不当行为是必要的。接收者只能出于上述目的处理和使用收到的数据。

^{3b}第 1 款所述机构可将个人数据传送给下列机构，只要这对于预防或发现有关机构任务范围内卫生事业的不当行为是必要的：

1. 符合第 96 条的许可委员会；

2. 负责第 106d 条规定的结算审查的机构；

3. 负责监督第 75 条第 2 款第 2 句规定的合同医生履行义务的机构，以及

4. 负责决定授予、撤销、废除或命令暂停开业许可、临时或部分执业或专业程序许可的有关当局和专业协会。

符合第 1 句的传输数据只能由相应的接收者出于上述目的进行处理。

⁴如果经检查，初步怀疑存在可对法定健康保险造成重要影响的犯罪行为，则保险公司医生协会与保险公司医生联邦协会应立即通知检察机构。

⁵董事会须每两年向代表大会报告第 1 款所述机关单位的工作及其成果。报告还应包括在审查所涉期间有违反义务迹象的保险公司医生协会成员人数、经证实的违反义务的人数、违反义务行为的性质和严重性以及对此采取的措施，包括第 81 条第 5 款所述措施，以及防止的损害和造成的损害；重复有代表性的案例和其他合适案例应被描述为匿名案例以供研究。该报告应发送给主管的监管机关；保险公司医生协会的报告也将转发给保险公司医生联邦协会。

⁶保险公司医生联邦协会将于 2017 年 1 月 1 日对下列事项做出详细规定：

1. 第 1 款第 1 句所述机构在其成员中的统一组织；

2. 实施第 1 款第 2 句所述的控制；

3. 第 2 款所述线索的查验；

4. 第 3 款所述的合作；

5. 第 4 款所述的告知；以及

6. 第 5 款所述的报告。

符合第 1 句的规定应提交给联邦卫生部。保险公司医生联邦协会将由其成员转交的第 5 款所述报告汇总，将结果与健康保险公司联邦最高协会进行比较，并在互联网上公布自己的报告。

第三目　联邦及州一级的合同

第 82 条　基本原则

[1]总合同的一般内容由保险公司医生联邦协会与健康保险公司联邦最高协会在联邦范本合同中约定。联邦范本合同的内容是总合同的一部分。

[2]参加合同医疗服务的医生和机构的报酬由健康保险公司州协会、医疗互助保险公司和保险公司医生协会通过总合同约定。可由所有类型的保险公司共同协商。

[3]保险公司医生联邦协会可与非联邦直属的医疗互助保险公司、德国"矿工—铁路职工—海员"养老保险和农村健康保险公司按照偏离第 83 条第 1 句的程序协定总合同，偏离第 85 条第 1 款和第 87a 条第 3 款的支付程序在总合同中约定薪酬以及偏离第 291 条第 2 款第 1 项的标志进行约定。

第 83 条　总合同

保险公司医生协会与其所在地区的主管的保险公司州协会以及医疗互助保险公司签订总合同，内容为居住地在该地区的协会成员包括其家庭成员的合同医疗服务；健康保险公司州协会订立总合同，并对相应保险公司类型的健康保险公司生效。如果由保险公司医生协会确保医疗服务，则第 1 句准用于德国"矿工—铁路职工—海员"养老保险。第 82 条第 2 款第 2 句准用之。有关诊断的额外报酬的保险公司个体协议或保险公司类型的特殊协议不能成为总合同的一部分；第 71 条第 6 款准用之。第 4 句不适用于合同牙医服务。

第 84 条　药物协议

[1]为确保根据第 31 条提供合同医疗服务，健康保险公司州协会、医疗

互助保险公司和保险公司医生协会共同且统一地在每年 11 月 30 日之前为下一年达成药物协议。该协议包括：

1. 合同医生根据第 31 条提供所有服务的支出总额；

2. 服务和经济目标以及为实现此目标的具体措施，特别是不同应用领域各种有效成分及有效成分组的处方比例，以及单次用量的经济处方（目标协议），特别是信息和咨询；以及

3. 遵循年度内协定支出总额的紧急措施标准。

如果在第 1 句提及的期限届时仍未达成协议，则先前的协议将继续适用，直到达成新的协议或仲裁机构做出裁决。健康保险公司州协会和医疗互助保险公司向健康保险公司联邦最高协会告知根据第 2 句第 1 项商定或仲裁确定的支出总额。健康保险公司可与医生达成不同或超出第 2 句规定的协议。

[2]根据第 1 款第 1 句调整支出总额时，应特别注意：

1. 参保人数与年龄结构的变更；

2. 第 31 条所述服务价格的变更；

3. 健康保险公司法定服务义务的变更；

4. 符合第 92 条第 1 款第 6 项的联邦共同委员会指令的变更；

5. 创新药物的经济且保障质量的使用；

6. 与适应证相关的必要性变更和基于第 1 款第 2 项目标协定的药物处方质量变更；

7. 服务领域转移导致的符合第 31 条的服务处方范围的变更；

8. 符合第 1 款第 2 项目标协定的储备金的充分使用。

[3]根据第 5 款第 1—3 句确定的第 31 条所述服务的支出总额超过根据第 1 款第 1 项商定的支出总额时，此超标额属于总合同范畴。合同双方须考虑到超额的原因，特别是要考虑履行第 1 款第 2 项所述目标协议的影响。如果根据第 1 款第 1 项商定的支出总额被削减，则该削减也属于总合同范畴。

[4]如果履行了第 1 款第 2 句所述目标协议，则参与的健康保险公司根据总合同各方的约定向保险公司医生协会支付约定的奖金，而不论其是否遵循第 1 款第 1 项中约定的支出总额。

[4a]只要健康保险公司协会以及医疗互助保险公司的董事会是第 1 款所

述合同当事人，就要与保险公司医生协会的董事会共同对上述措施的适当实施负责。

[5]为了根据第 3 款确定实际支出总额，健康保险公司应记录在药物协议有效期内发生的与医生有关，而非与参保人有关的支出。在财务审查后，健康保险公司将该信息告知健康保险公司联邦最高协会，健康保险公司联邦最高协会将跨保险公司类型的数据汇总，并分别告知费用支出医生所属保险公司医生协会；同时，健康保险公司联邦最高协会将该数据告知健康保险公司州协会和医疗互助保险公司，它们根据第 1 款分别为保险公司医生协会的合同当事人。第 1 句所述支出也属于符合第 31 条的服务支出，该支出已通过费用报销予以偿付。此外，健康保险公司联邦最高协会为每一保险公司医生协会编写关于第 31 条所述服务支出发展的月度报告，并将此报告作为快讯告知第 1 款所述合同双方，特别是对于药物协议的签订与实施以及对于符合第 73 条第 8 款的信息。第 1 句和第 2 句准用于该报告；准用第 2 句的条件是必须在财务核算之前告知该信息。保险公司医生联邦协会获得对于第 7 款所述框架规定协议和对于第 73 条第 8 款所述信息报告的评估。健康保险公司和健康保险公司联邦最高协会可以委托第 219 条规定的工作组执行上述任务。第 304 条第 1 款第 1 句第 2 项准用之。

[6]保险公司医生联邦协会和健康保险公司联邦最高协会在每年 9 月 30 日前就下一年的框架规定达成协议，该框架规定系针对第 1 款所述药物协议内容和第 73 条第 8 款所述信息与提示内容的框架规定。框架规定应当在保险公司医生协会之间比较和评估药物处方；必须指出服务质量和经济效益之间的差异。只有根据区域供应条件证明合理性后，药物协议的合同双方才允许偏离框架规定。

[7]考虑到药物领域的特殊服务条件和清算条件，医药产品准用第 1—6 款。第 5 款第 1 句含义内发生的支出与同健康保险公司签订的药物协议有效期内结算的服务有关。第 5 款中提及的针对药物的数据传输，应以与医生相关的形式和与参保人相关的匿名形式进行。健康保险公司联邦最高协会规范数据传输和匿名化程序的细节。

[8]如果发生对医疗服务有重大影响的事件，则联邦卫生部可经联邦参议院同意通过一项法规性命令，根据第 1 款第 1 项增加支出总额，以确保提供第 31 条规定的必要的供给服务。

第85条　总报酬

[1]健康保险公司根据总合同的规定，分别向保险公司医生协会为保险公司医生协会所在地区的参保人及其家庭成员支付所有医疗服务合同的全部总报酬。

[2]总报酬在总合同中被约定；健康保险公司州协会的协议对所有保险公司类型的健康保险公司都有效。总报酬是指有偿合同中医疗服务的开支总额；可以将其计算为固定金额，也可以基于单项服务、人头费、统一费率或由上述或其他计算方法组合体系的评价标准进行计算。不得针对不同参保群体服务协定不同的报酬。合同双方还需就社会与精神治疗框架内的非医疗服务和需要特别资质的肿瘤服务协定适当的报酬；细节分别在联邦范本合同中约定。根据第22条、第25条第1款和第2款、第26条进行检查的报酬约定为一次付清。就安装假牙服务而言，不允许为制定医疗和费用计划支付报酬。如果总报酬是基于单项服务协定，则支出总额须根据第2句确定。除符合第13条第2款第6句的费用报销服务外，符合第13条第2款和第53条第4款的费用报销服务支出以及基于第28条第2款第3句所述额外费用规定的支出都应计入符合第2句的支出总额。

[2a]对于2013年签订的合同牙医服务报酬协定，由健康保险公司州协会、医疗互助保险公司和相关保险公司医生协会共同且统一地在2012年12月31日前一次性确定2012年度不含安装假牙的牙医服务平均点值，并根据对应保险公司医生协会计算的点集加权。如果总合同双方未在2012年12月31日之前协定2012年的点值，则2011年的点值根据第3g款的规定并在不超过根据第71条第3款为全联邦确定的变化率减去0.5个百分点的基础上对2012年适用。如果报酬不以协定的点值为基础，则合同双方根据第1句为各个服务地区设定假定的点值，该假定根据计算得出的点集与2012年协定的总报酬之比得出。总合同中双方根据第1—3句确定的点值来调整2012年协定的总报酬，并将其用作2013年合同谈判的基础。

[2b](已废止)

[2c]第82条第1款所述合同双方可约定，将参与合同医疗服务医生群体的单独薪酬份额作为总报酬的基础；合同双方还可规定薪酬份额的计量基

础。第 89 条第 1 款不适用。

　　[2d]在 2010 年 12 月 31 日适用的不包括安装假牙的牙医服务点值，在 2011 年的变化幅度最高不超过根据第 71 条第 3 款为全联邦确定的变化率减去 0.25 个百分点，在 2012 年的变化幅度最高不超过根据第 71 条第 3 款为全联邦确定的变化率减去 0.5 个百分点；这不适用于个人预防和早期发现服务。

　　[3]在合同牙医服务中，总合同各方当事人在考虑到参保人的数量和结构、发病率的发展、费用和护理结构、为合同牙科服务花费的工作时间以及牙医服务的类型和范围等方面，就总报酬的变更达成协议，只要该变更符合法定或规章规定的服务范围。在商定总报酬的变更时，除了应考虑第 1 句的标准外，还须考虑到所有不含安装假牙的合同牙医服务支出总额的保费稳定性原则（第 71 条）。第 2 款第 2 句仍然适用。健康保险公司应当在每年 7 月 1 日前通知保险公司医生协会有关居住在相关保险公司牙医协会所在地区的参保人人数，该参保人在每年 10 月 1 日前按照法定健康保险公司参保人数的 KM6 统计表格确定的年龄组分类。在 2013 年根据第 1 句谈判协议时，必须在经事实计算校正后适当考虑 2012 年相关保险公司医生协会针对不含安装假牙的牙医服务计算的点值。

　　[3a]（已废止）

　　[3b]（已废止）

　　[3c]（已废止）

　　[3d]（已废止）

　　[3e]（已废止）

　　[3f]根据第 3 款协定的作为所有不含安装假牙的合同牙医有偿服务支付总额的总报酬的变更，在 2011 年的变化幅度最高不超过根据第 71 条第 3 款为全联邦确定的变化率减去 0.25 个百分点，在 2012 年的变化幅度最高不超过根据第 71 条第 3 款为全联邦确定的变化率减去 0.5 个百分点；这不适用于个人预防和早期发现服务。

　　[3g]为了统一不含安装假牙的合同牙医服务的偿付，除了根据第 3 款、第 2d 款和第 3f 款协定的变更之外，在统一协议第 1 条第 1 款提及的州将对 2011 年协定的点值和 2012 年的总报酬增加 2.5 个百分点，在柏林州将增加 2%。除了根据第 3 款协定的变更之外，在 2013 年《统一协议》第 1

条第 1 款提及的州将对 2012 年协定的点值的总报酬增加 2.5 个百分点，在柏林州将再增加 2 个百分点。2014 年总报酬的变更计入根据第 2 句增加的总报酬中。

[4]保险公司牙医协会将总报酬分配给合同牙医。在合同牙医服务中，采用与健康保险公司州协会及医疗互助保险公司协商确定的分配标准。在分配总报酬时，必须考虑合同牙医提供的服务类型和范围；此外，还要以健康保险公司支付给某种保险公司类型的酬劳金额点值为基础，此点值大小相同。分配标准必须确保总报酬在全年平均分配。分配标准应当提供规则，以防止合同牙医按照第 95 条第 3 款第 1 句所述护理任务过度扩张服务。针对费用设定及其变更或取消的异议和申诉不具有中止效力。

[4a](已废止)

[4b](已废止)

[4c](已废止)

[4d](已废止)

[4e](已废止)

[4f](已废止)

第 85a 条　（已废止）

第 85b 条　（已废止）

第 85c 条　（已废止）

第 85d 条　（已废止）

第 86 条　（已废止）

第 87 条　联邦范本合同、统一评估标准、联邦统一基准值

[1]保险公司医生联邦协会和健康保险公司联邦最高协会共同协商一项针对医疗服务的统一评估标准和一项针对牙医服务的统一评估标准，在医疗领域包含材料费用，并通过评估委员会将其作为联邦范本合同的一部

分。联邦范本合同中的组织合同医疗服务的必要规定尤其是表格和证明材料须达成一致。在设计药物处方表时必须遵循第 73 条第 5 款。药物处方表的设计方式应使每一处方表最多可开具三个处方。此外，每个处方应留有填写第 300 条第 1 款第 1 项规定标记的空白处，和医生根据第 73 条第 5 款通过打叉标记其决定的地方。保险公司医生联邦协会和健康保险公司联邦最高协会审查，迄今以纸质形式组织合同医疗服务的程序可以在多大程度上被电子通信程序所取代。审查结果须不迟于 2016 年 12 月 31 日提交给联邦卫生部。在 2019 年 12 月 31 日之前，保险公司牙医联邦协会和保险公司联邦最高协会在联邦范本合同中规定了针对牙医需要批准的牙医服务电子申请和批准程序的详细信息。保险公司牙医联邦协会和保险公司联邦最高协会可通过联邦范本合同中针对牙医的规定要求参与合同牙医护理的服务提供者，通过电子数据传输将有关需要批准的服务申请所需的信息传输给相关保险公司牙医协会和相关健康保险公司。为了执行电子申请和批准程序，参加合同牙医护理的服务提供者被授权将与参保人相关的必要信息传输给相关保险公司牙医协会和相关健康保险公司。相关保险公司医生协会被授权处理实施电子申请和批准程序所需的参保人相关信息。

[1a]保险公司牙医联邦协会和保险公司联邦最高协会应在联邦范本合同中规定，如果所选的服务符合第 56 条第 2 款规定的标准服务，则须根据第 2 款规定向参保人扣除包括齿冠和超结构在内的安装假牙费用。此外，还应在联邦范本合同中规定下列内容：合同牙医应在开始治疗前制定免费的治疗与费用计划，内容包括诊断结构、标准服务和在第 55 条第 4 款与第 5 款所述情形中根据方式、范围及费用计划的实际服务。必须在治疗和费用计划中提供有关假牙制造地点的信息。开始治疗前，须由健康保险公司整体审查治疗和费用计划。健康保险公司可以对诊断结果、护理必要性和计划护理进行鉴定。存在护理必要性时，健康保险公司根据治疗和费用计划中指定的诊断结果，根据第 55 条第 1 款或第 2 款批准固定津贴。完成治疗后，除第 55 条第 5 款规定的情形外，合同牙医和保险公司牙医协会结算健康保险公司批准的固定津贴。公布账目时，合同牙医必须提交一份从事牙齿技术服务的商业或执业实验室提供的实验单据复印件及一份符合 1993 年 6 月 14 日联邦参议院 93/42/EWG 指令附录Ⅷ的有效医药产品申明（《欧洲共同体公报》第 L 169 项，第 1 页）。联邦范本合同还规定

了治疗和费用计划的设计细节，特别是可从治疗和费用计划中辨明，牙医技术服务是否由牙医提供。

[1b]保险公司医生联邦协会和健康保险公司联邦最高协会最迟在 2016 年 6 月 30 日之前首次在联邦范本合同中就需要特别资质和协调的姑息医疗服务的前提条件达成协议。在联邦范本合同中特别应就下列内容达成协议：

1. 需要特别资质和协调的姑息医疗服务的内容和目标及其与其他服务的区别；

2. 医疗服务提供者资质的要求；

3. 护理过程的协调和专业间结构的要求，以及与其他参与姑息治疗的服务提供者、机构和照料家属积极合作的要求；

4. 保证护理质量的措施。

在达成协议之前，联邦医师协会和联邦心理治疗师协会以及第 92 条第 7b 款中提及的组织应当有机会发表评论。该建议应在决策过程中被采纳。基于该协议，评估委员会必须根据第 2 款第 2 句审查医疗服务的统一评估标准，并在第 1 句所述时点后六个月内进行调整。评估委员会于 2017 年 12 月 31 日之前首次并在此后每年都将关于计算的姑息医疗服务发展情况以及与其他合同医疗服务的合作、医疗服务提供者的数量和资质、服务质量以及特殊门诊姑息治疗处方的影响向联邦卫生部报告。联邦卫生部可以确定报告的详细信息以及所需的评估。

[1c]健康保险公司可在第 275 条第 1 款、第 2 款、第 3 款中提及的情形中，特别是在下列情形中，偏离第 275 条第 1 款、第 2 款、第 3 款的规定，通过符合第 2 句的针对牙医的联邦范本合同中规定的鉴定程序获得鉴定意见来代替来自医疗服务的鉴定意见：

1. 在颌骨整形措施中；

2. 在牙周疾病的治疗中；

3. 在安装假牙和齿冠的修复中，包括符合第 136a 条第 4 款第 3 句的保修检查；

4. 根据第 28 条第 2 款第 9 句，在特殊适应证情形下进行植入治疗措施。

健康保险公司牙医协会和保险公司联邦最高协会在联邦范本合同中就牙医的鉴定程序的细节，特别是鉴定人的选任、鉴定程序的启动和评价以及鉴定程序可能涉及的措施和治疗达成协议。健康保险公司牙医协会和保险公司联邦最高协会以及对该区域负责领域总合同当事人可以协商,健康保险公司仅将第 2 句规定的鉴定程序统一适用于联邦范本合同中进一步规定的措施和治疗,或者仅让医疗服务机构执行鉴定意见。主诊合同牙医有义务向由健康保险公司指定的合同牙医鉴定人提供鉴定意见所需的数据。合同牙医的鉴定人只能处理由合同牙医发送的数据用以出具第 1 句中提及的鉴定意见。此外,对于联邦范本合同中针对牙医规定的鉴定意见准用第 275 条第 5 款,第 276 条第 1 款、第 2 款第 2 句和第 3 款以及第 277 条第 1 款第 1—3 句。

[2]统一的评估标准确定可结算的服务内容以及相互之间以点数体现的价值关系;尽可能对服务标注合同医生提供该服务所需时间的信息;这不适用于合同牙医服务。还应按照特定时间间隔审查评估标准,以确定服务说明及其评估是否仍符合医学科学和技术水平以及在提供经济服务的框架下对合理化的需求,同时,对医疗服务统一评估标准的审查还包括按照第 33 条第 9 款的规定最迟将于 2012 年 10 月 31 日首次纳入;在评估服务时,应特别注意用于提供服务的医疗技术设备的经济使用方面。在医疗服务的统一评估标准中,必须根据第 1 句对服务进行评估,并根据第 2 句对经济方面进行审查,尤其是在医疗技术设备方面,考虑到相关医生群体的特殊性按照特定的时间间隔更新经济运行的基础。医疗服务统一评估标准的更新原则上基于联邦统计局根据有关医疗和牙科诊所以及心理治疗师诊所成本结构统计的法律收集的成本结构数据,此外,合同医疗服务提供者可以适当进行抽样调查。评估委员会应按照第 3 句进行下一次审查,并最迟于 2020 年 2 月 29 日前更新医疗服务统一评估标准,前提是要特别更新技术服务比例较高的服务评估的适当性。为此,评估委员会最迟于 2019 年 8 月 31 日之前向联邦卫生部提交一份计划,内容关于评估委员会如何在医疗服务的统一评估标准上调整不同的服务领域,其中包括材料成本。在一定时期内对技术服务比例较高的服务进行评估的方式应确定为,以统一的评估标准为这些服务分配的点数从一定阈值开始随着数量的增加而减少。材料费用的估价可不遵循第 1 句的规定,以欧元数额确定。

[2a]根据第 73 条第 1 款中确定的合同医疗服务分类,将按照医疗服务统一评估标准罗列的服务分为家庭医疗服务和专科医疗服务,但前提是在不

影响共同结算服务的条件下，家庭医疗服务只能由参加家庭医疗服务的医生结算，而专科医疗服务则只由参与专科医疗服务的医生结算；专科医生服务划分的方式是，仅为独立专科医生群体分配可由其结算的服务。根据第 1 句确定医生群体时，必须以合同医疗服务框架内各个医生群体的供给任务为基础。医疗服务的统一评估标准应包含一项规定，根据该规定，耐甲氧西林金黄色葡萄球菌（MRSA）的携带者将获得用于诊断和门诊根除疗法（包括电子文档）的医疗服务的补偿。保险公司医生联邦协会每季度向联邦卫生部报告第 3 句所述规定的评估结果。联邦卫生部可以确定第 4 句所述内容以及匿名文件评估的细节以达到服务研究和提高质量的目的；联邦卫生部还可以委托评估委员会提交报告。此外，根据第 135b 条第 1 款第 2 句，公布义务在此适用。在第 2 款第 2 句所述审查中，评估委员会应最迟于 2012 年 10 月 31 日之前审查可提供门诊远程医疗服务的范围；在此基础上，评估委员会最迟在 2013 年 3 月 31 日之前决定将医疗服务统一评估标准调整到何种程度。在第 2 款第 2 句所述审查中还应包括符合第 28 条第 1 款第 2 句的人群可在何种程度上有资格提供可委托服务并获得适当报酬；在此基础上，必须在 2016 年 1 月 23 日之前决定对医疗服务统一评估标准进行调整，其中要考虑到不同的服务结构。在符合第 27b 条第 2 款第 2 句的规定生效后，评估委员会须根据第 5a 款就医疗服务的统一评估标准制定一项规定，根据该规定，服务和费用可在根据 27b 条征求第二意见范围内结算。如果在联邦共同委员会的规定生效的三个月内，根据第 27b 条第 2 款未在医疗服务统一评估标准中做出任何规定，则参保人可根据第 13 条第 1 款，以费用报销的方式，向符合条件的服务提供者要求获得第 27b 条所述服务。费用须由健康保险公司按发生的金额报销。根据第 13 条第 1 款有权要求费用报销的可能性在符合第 9 句的规定生效后即告终止。最迟在 2015 年 12 月 31 日前，应当做出一项自 2016 年 4 月 1 日起生效的规定，根据该规定偿付合作协议中符合第 119b 条第 2 款要求的附加医疗协作和协调服务。如果评估委员会对远程医疗服务的决议未在或部分未在联邦卫生部规定的时限内做出，则联邦卫生部可根据第 4 款召集扩大的评估委员会，对合同各方有效。第 6 款适用。评估委员会应自 2016 年 10 月 31 日起每两年向联邦卫生部提交符合第 7 句的有关咨询状况的报告，其中应介绍评估委员会记录和处理的服务工作情况。联邦卫生部将该报告转交给德国联邦议院。从 2019 年 4 月 1 日起，评估委员会必须规范医疗服务的统一评估标准，根据该标准，可在相当范围内进行视频问诊。在视频问诊方面迄今医疗服务统一评估标准中包含的临床图片规范不再适用。在调整时应考虑到通过补充手段进行护理的特殊性以及心理治疗护理中的特殊性。该调整基于第 291g 条所述协议。最迟在 2016 年 6 月 30 日前，应当做出一项自 2016 年 10 月 1 日起生效的规定，根据该规定对第 31a 条所述医疗服务进行偿付。最迟在 2017 年 9 月 30 日前，应当制定一项自 2018 年 1 月 1 日起生效的规定，根据该规定对创建和更新符合第 291a 条第 3 款第 1 句第 1 项的数据记录的医疗行为进行偿付。最迟在 2016 年 12 月 31 日前，第 5a 款所述评估委员会必须根据情形的严重性，以统一的医疗服务评估标准来区分紧急情况和急救服务中的护理规定。上述规定生效两年后，第 5a 款所述评估委员会应当评估服务的发展并就此向联邦卫生部报告；第 3a 款准用之。评估委员会应审查可在何种范围内诊断使用快速且有质量保证的抗生素治疗，并在此基础上最迟于 2017 年 12 月 1 日前首次决定做出对医疗服务统一评估标准的适当调整。

　　[2b]按照医疗服务统一评估标准罗列的家庭医疗服务应设计为参保人的一揽子服务；针对特别需要促进的服务或根据第 2a 款第 7 句和第 8 句以远程医疗或委托方式提供的服务，应当拟定单个服务或综合服务。符合第 1 句的服务应当偿付参保人在家庭医疗服务范围内接受的结算期间内的常规或极少见同时花费极少的所有服务，包括护理、协调以及存档服务。从 2019 年 9 月 1 日起，医疗服务统一评估标准中必须包含对参保人一次性支付的费用增加下列附加费用：

　　1. 如果根据第 75 条第 1a 款第 3 句第 1 项的规定在每周期限届满后的第一天结束前进行治疗，则收取相应参保人一次性费用的 50% 的附加费，以及对于符合第 75 条第 1a 款第 3 句第 3 项的紧急情形下的治疗相应收取参保人一次性费用 50% 的附加费；

　　2. 如果根据第 75 条第 1a 款第 3 句第 1 项，从每周期限届满后的第二天开始到每周期限届满后的第一周的最后一天结束前进行治疗，则收取参保人一次性费用 30% 的附加费；

　　3. 如果根据第 75 条第 1a 款第 3 句第 1 项的规定，从每周期限届满后的第二周的第一天开始到每周期限届满后的第四周的最后一天结束前进行治疗，则收取参保人一次性费用20%的附加费；

4. 对于按照第73条第1款第2句第2项成功安排治疗预约的情形，至少收取10欧元的附加费。

此外，可拟定质量附加费以补偿特殊治疗情形下的质量要求。

[2c]考虑到不同的医生群体特性以及联合服务形式的特殊性，将按照医疗服务统一评估标准罗列的专科医生服务构建基本与附加套餐；只要医学上必要或出于服务提供的原因和执行的特殊性，可拟定单个服务项目，包括根据第2a款第7句提供远程医疗服务的可能性，或根据第2a款第8句通过委托方式提供服务。通过符合第1句的基本套餐偿付常规或极少见同时花费极少的由医生群体在各种治疗情形下提供的服务。自2019年9月1日起，必须为患者拟定以下基本套餐的附加服务：

1. 如果根据第75条第1a款第3句第1项的规定在每周期限届满后的第一天结束前进行治疗，则提供相应参保人基本套餐的50%的附加服务，以及对于符合第75条第1a款第3句第3项的紧急情形下的治疗相应收取参保人基本套餐的50%的附加费；

2. 如果根据第75条第1a款第3句第1项，从每周期限届满后的第二天开始到每周期限届满后的第一周的最后一天结束前进行治疗，则提供参保人基本套餐30%的附加服务；以及

3. 如果根据第75条第1a款第3句第1项的规定，从每周期限届满后的第二周的第一天开始到每周期限届满后的第四周的最后一天结束前进行治疗，则提供参保人基本套餐20%的附加服务。

通过符合第1句的附加套餐偿付特殊的服务费，即在特定治疗情形下因服务提供机构的业绩、结构与质量特征产生的特殊服务费。与第1和第2句不同，可以用特定医生群体诊断相关病例套餐来补偿需要巨额治疗服务费和超常费用的参保人群体的治疗。对于在合作医疗形式下的护理，应设置特定的病例套餐，其中应考虑来自不同专业方向的医生在该形式护理中与病例有关的共同作用。对心理治疗服务的评估必须确保每个单位时间的合理报酬。

[2d]应在医疗服务统一评估标准上拟定包括试验标准在内的规定，以确保充分提供第2a—2c款中提及的服务及服务套餐的服务内容，满足所需的质量标准，结算的服务限于医疗必要范围内以及在根据第2c款结算病例套餐时，遵循参与医生合作制度设计的最低要求；为此，可以将服务的

可结算性与遵循联邦共同委员会和在联邦范本合同中确定的资质和质量保证要求，以及与遵循保险公司医生协会提供的建档义务联系起来。此外还可规定，第 2b 款第 1 句所述参保人套餐的结算以及根据第 2c 款第 1 句针对参保人基础套餐的结算仅通过医生在结算期间内完成，或者可规定参保人在结算期间内更换医生时，可以缩减套餐内容。

²ᵉ在医疗服务统一评估标准中，应在每年 8 月 31 日前确定联邦统一的点数，作为合同医疗服务报酬的欧元基准值。

²ᶠ（已废止）

²ᵍ根据第 2 款调整基准值，需特别考虑：

1. 发展与医生诊所有关的投资和业务费用，只要尚未通过第 2 款第 2 句所述的估值关系的发展掌握此发展；

2. 利用经济储备的可能性，只要尚未通过第 2 款第 2 句所述的估值关系的发展掌握该可能性；以及

3. 病例数量增加时普遍的费用下降，只要尚未通过第 2 款第 3 句所述的分级规定对此进行考虑。

4. （已废止）

²ʰ牙医服务统一评估标准中罗列的服务可合并为服务组合。必须参照保护牙齿和以预防为目的的合理服务进行评估，特别要参照牙齿维护、预防、安装假牙以及颌骨整形手术服务范围内和之间所需工作时间的标准。确定评估关联时，应考虑科学专业知识。

²ⁱ在牙医服务统一评估标准中应为参保人的必要寻医拟定额外服务，该参保人根据第十一编第 15 条被划分为获得某种程度护理，根据第十二编第 53 条获得重返社会的帮助，并且由于护理需要、残疾或限制而不能或仅在花费较高费用时才能去牙医诊所。第 71 条第 1 款第 2 句准用之。

²ʲ对于在第 119b 条第 1 款所述合同范围内提供的服务，在合同牙医统一评估标准中提供超出第 2i 款第 1 句之外的额外服务。结算上述额外服务的前提条件是遵循符合第 119b 条第 2 款的协议中确定的要求。在该情形下，根据第 2i 款第 1 句提供的服务不计算费用。第 71 条第 1 款第 2 句准用之。

²ᵏ在牙医服务统一评估标准中应拟定视频问诊服务，以检查和治疗第 2i 款中提及的参保人以及根据第 119b 条第 1 款在合同范围内为其提供牙

科服务的参保人。第 1 句所述视频问诊服务还可包含与护理人员的病例会诊。第 71 条第 1 款第 2 句准用之。根据 291g 条，以协议为基础进行调整。

³评估委员会由保险公司医生联邦协会委托的三名代表以及由健康保险公司联邦最高协会委托的三名代表组成。主席由医生代表和健康保险公司代表轮流担任。评估委员会的讨论（包括讨论文件和会议记录）是保密的。评估委员会的执行组织和机构用于在评估委员会中准备和进行磋商的文件也应当保密。

³ᵃ评估委员会分析其决议的影响，尤其是对参保人提供合同医疗服务、合同医生的费用以及健康保险公司支出的影响。联邦卫生部可以确定分析的详细内容。第 6 款准用之。

³ᵇ评估委员会在执行任务时接受研究机构的支持，该机构根据评估委员会依据第 3e 款协定的议事程序准备符合第 87 条、第 87a 条和第 116b 条第 6 款的决议以及符合第 3a 款的分析。该机构的承担者是保险公司医生联邦协会和健康保险公司联邦最高协会。如果该研究机构未按预期范围或未按适用要求执行任务，或者解散，则联邦卫生部可以委托第 2 句所述一个或多个组织或第三方完成第 1 句规定的任务。第 6 款准用之。

³ᶜ通过向合同医疗服务中的每个门诊治疗病例收取附加费，为研究机构或根据第 3b 款委托的第三方提供资金。该附加费由健康保险公司在第 85 条规定的总报酬或第 87a 条规定的与发病率有关的总报酬之外筹集。细节由评估委员会在符合第 3e 款第 1 句第 3 项的决议中规定。

³ᵈ评估机构决定有关研究机构根据第 3b 款的设计以及执行任务所需的物资配备、人员雇用和按照第 3f 款的数据使用。研究机构的内部组织应符合欧洲议会和理事会有关自 2016 年 4 月 27 日起在个人数据处理中保护自然人、数据自由流动以及已废除的第 95/46/EG 号指令（《数据保护基本条例》）（商业信息全文数据库 2016 年 5 月 4 日 L 119，第 1 页；2016 年 11 月 22 日 L 314，第 72 页；2018 年 5 月 23 日 L 127，第 2页）第 24、25 和 32 条各个有效版本规定的数据保护的具体要求。第 6 款准用之。联邦卫生部决定有关根据第 3b 款第 3 句委托第三方执行任务所需的物资配备、人员雇用和符合第 3f 款的数据使用。

³ᵉ评估委员会决定：

1. 最迟在 2017 年 8 月 31 日之前规定程序规则，其中特别规定符合条件的申请人、有关磋商的准备和实施的方法要求和期限以及有关纳入统一评估标准的决议，特别是新的实验室服务和新的人类基因服务，其根据第135 条第 1 款第 1 句的规定不属于新的检查或治疗方法；

2. 议事规则，其中包括评估委员会和研究机构根据第 3b 款采取的工作方式规定，特别是机构运作和准备第 3b 款第 2 句提及的决议、分析与报告的方式；以及

3. 筹资规定，其中包括根据第 3c 款筹集附加费的细节。

程序规则、议事规则和筹资规定须经联邦卫生部批准。程序规则和议事规则应在互联网上公布。评估委员会有义务与联邦共同委员会商定，应要求提供有关一项新服务的信息，能否在评估委员会责任范围内讨论将新服务纳入统一评估标准或其是否为一种新方法，都需要根据第 135 条第 1款第 1 句首先由联邦共同委员会评估。医药企业、医疗设备制造商、诊断服务制造商及其各自的协会、相关专业协会、医学协会和联邦一级负责保护患者利益以及慢性疾病和残疾人自助的权威组织可以根据第 140f 条要求提供信息。评估委员会和联邦共同委员会通过相互协商在各自的程序规则中规范细节。

3f保险公司医生协会和健康保险公司根据由评估委员会确定的内容与程序规定获得本法规定的评估委员会任务所需数据，包括符合第 73b 条第7 款第 5 句和第 140a 条第 6 句的数据与有关医生和参保人的以统一匿名形式记录的数据。保险公司医生协会将第 1 句所述数据免费传输给保险公司医生联邦协会，健康保险公司则将这些数据免费传输给健康保险公司联邦最高协会，其将这些数据汇总，并免费传输给研究所或根据第 3b 款委托的第三方。如有必要，评估委员会还须进行或委托进行对非个人相关数据的调查和评估，或获取专家鉴定。评估委员会可以建立数据中心，也可以根据第 2 句和第 3 句委托外部数据中心收集和处理数据；第 3c 款和 3e 款准用于数据中心的筹资。如果不再需要，则删除第 1 句所述个人相关信息。符合第 1 句的匿名程序将由评估委员会与联邦信息技术安全局协商确定。

3g第 3a—3f 款的规定不适用于主管牙医服务的评估委员会。

4如果经所有成员一致决议未在评估委员会内达成全部或部分协议，

则评估委员会可根据至少两名成员的要求增加一名独立董事与两名独立成员。第89条第6款适用于独立董事的任命。在两名独立成员中，一名成员由保险公司医生联邦协会任命，另一名成员由健康保险公司联邦最高协会任命。

[5]扩大的评估委员会通过成员多数决进行协商。该协定具有第82条第1款所指的合同协议的法律效力。为了在医疗服务范围内准备第1句所述措施，研究所或者根据第3b款委托的第三方必须依据主管的扩大评估委员会的命令立即直接开展准备工作。第3款第3句和第4句准用之；独立成员的文件也需保密。

[5a]如果决定根据第116b条调整针对特殊专科医疗服务报酬的统一评估标准，则须由德国医院协会的三名代表补充第3款所述医疗服务评估委员会。如果经所有成员一致决议未在符合第1句的补充扩大评估委员会内达成全部或部分协议，则评估委员会可根据至少两名成员的要求增加一名独立董事与另一名独立成员。两名独立成员由保险公司医生联邦协会、健康保险公司联邦最高协会与德国医院协会最迟在2019年6月30日前任命；第89a条第6款准用之。只有保险公司医生联邦协会、健康保险公司联邦最高协会与德国医院协会各自两名代表以及两名独立成员有资格在补充扩大后的评估委员会中投票。补充扩大的评估委员会在三个月内以有投票权成员的三分之二多数投票通过该决议。如果未达到三分之二多数，则由两名独立成员决定。如果出现平局，则主席的投票发挥决定作用。

[5b]医疗服务的统一评估标准必须在联邦共同委员会根据第92条第1款第2句第5项和第135条第1项对引入新的检查和治疗方法的决议生效后的六个月内进行调整。第1句准用于联邦共同委员会关于进一步指令决议，这使得有必要调整医疗服务的统一评估标准。在此情形中，应同时根据135条第2款达成必要协议。第1—3句准用于2015年7月23日前生效的联邦共同委员会的决议，前提是第1句所述期限从2015年7月23日开始。医疗服务的统一评估标准应在根据第35a条第3款第1句做出决议的同时进行调整，只要该药物的专业信息指定了其使用的强制性服务，这使得有必要调整医疗服务的统一评估标准。评估委员会和联邦共同委员会通过相互协商在各自的程序规则中规范合作的细节。对于2017年5月13日之前根据第35a条第3款第1句做出的决议，准用第5句的前提是评估

委员会必须最迟在 2017 年 11 月 13 日之前调整医疗服务的统一评估标准。

[6]联邦卫生部可参加评估委员会、研究所或根据第 3b 款委托的第三方以及由其组成的分委员会和工作组的会议；评估委员会的决议以及该决议所依据的咨询文件和起决定作用的理由应一并向其提交。联邦卫生部可在两个月内驳回该决议；可在审核决议范围内向评估委员会索要额外信息和补充观点；在收到信息前，期间中止计算。联邦卫生部对通过该决议附加条件；联邦卫生部可对满足条件设立适当期限。如果评估委员会在联邦卫生部设定的期限内未达成全部或部分决议，或者在联邦卫生部设定的期限内未撤销驳回，则联邦卫生部可规定协议；对此，可以委托获取数据调查或专家鉴定。为了在医疗服务范围内准备第 4 句所述措施，研究所或委托的第三方或由联邦卫生部根据第 3b 款委托的机构必须依据联邦卫生部的命令立即直接开展准备工作。联邦卫生部可为了准备第 4 句所述措施在期限届满前按照第 5 句委托研究所获取数据调查或专家鉴定，只要评估委员会尚未或未在合适范围内准备或实施咨询以及决议。与第 4 句所述措施相关的费用应由健康保险公司联邦最高协会和保险公司医生联邦协会各自承担一半；细节由联邦卫生部确定。不同于第 4 句，如果评估委员会在联邦卫生部设定的期限内未全部或部分达成决议，则联邦卫生部可根据第 4 款向扩大的评估委员会提出异议，该异议对合同双方都有效。扩大委员会在联邦卫生部设定的期限内经多数成员通过确定协议；第 1—7 句准用之。该决议及对决议起决定作用的理由应在《德国医学杂志》和网上公布；如果在网上公布，则必须在《德国医学杂志》中公布相关参考信息。

[7]针对联邦卫生部符合第 2a 款第 14 句和第 6 款的措施的提出的申诉不具有中止效力。

[8]至[9]（已废止）

第 87a 条　区域欧元费用规定、与发病率相关的总报酬、参保人的治疗需求

[1]不同于第 82 条第 2 款第 2 句和第 85 条，第 2—6 款中的相关规定适用于合同医疗服务的报酬；其不适用于合同牙医服务。

[2]保险公司医生协会、健康保险公司州协会和医疗互助保险公司在每年 10 月 31 日之前根据第 87 条第 2e 款确定的基准值共同且统一地就当年

点值达成协议，该点值将用于结算下一年合同医疗服务的报酬。此外，第1句所述合同双方可根据第 87 条第 2e 款第 1 句第 1—3 项确定的基准值协定补贴或折扣，以便在费用与供给结构中考虑区域特点。此外，对于值得特别资助的服务以及对于值得特别资助的服务提供者的服务，根据评估委员会为改善参保人的供给而确定的标准，特别是在已经根据第 100 条第 1款或第 3 款做出规定的计划区域内，协定基于第 87 条第 2e 款所述基准值确定的补贴。在确定补贴或折扣时，必须确保对参保人提供医学上必要的护理。通过协定的点值和符合第 87 条第 1 款的医疗服务统一评估标准，制定以欧元标价的区域费用规定（区域欧元费用规定）。第 3 句所述值得特别资助的服务也可以是远程医疗提供的合同医疗服务。

[3]同样的，第 2 款第 1 句提及的合同双方在每年 10 月 31 日前共同且统一地协定健康保险公司向相关保险公司医生协会支付的下一年总报酬，总报酬以发病率为条件，其中包含保险公司医生协会所在地的参保人享有所有合同医疗服务。为此，基于统一评估标准，根据与参保人数量及发病结构相关的治疗需求确定点值，并根据第 2 款第 1 句商定的以欧元为单位的点值进行评估；根据第 71 条第 1 款第 1 句，协定的治疗需求被视为必要的医疗护理。按照第 2 款第 5 句所述欧元费用规定的价格偿付治疗需求范围内提供的服务。此外，如果在协商以发病率为条件的总酬劳时出现不可预见的以发病率为条件的治疗需求，则由此产生的超出范围的服务由健康保险公司考虑到第 5 款第 1 句第 1 项的建议，最迟在下一次结算时同样按照第 2 款第 5 句所述《欧元费用规定》中含有的价格来偿付。除第 1 句商定的总报酬外，下列服务和补贴也应由健康保险公司按照第 2 款第 5 句所述《区域欧元费用规定》的价格偿付：

1. 根据联邦共同委员会的指令，在药物成瘾的替代治疗服务范围内；

2. 符合第 87 条第 2b 款第 3 句以及第 2c 款第 3 句的附加费用；

3. 通过第 75 条第 1a 款第 3 句第 1 项和第 3 项规定的预约服务点的安排提供的治疗服务，除非与第 75 条第 1a 款第 8 句所述情形无关；

4. 通过根据第 73 条第 1 款第 2 句第 2 项参与家庭医疗的服务提供者的安排，由参与专科医疗的服务提供者为患者继续治疗时的服务；

5. 由参与基本服务或直接医疗服务的医生针对患者提供的治疗服务，该患者首次或至少两年内未在相应的医生诊所进行检查和治疗；以及

6. 由合同医生在每周最多五次开放门诊时间范围内提供的治疗服务，该服务根据《批准条例》第 19a 条第 1 款第 3 句无须事先预约，在减轻护理任务的情形中，超出总报酬的偿付限于合同医生按照《批准条例》第 19a 条第 1 款第 4 句每周开放门诊时间的相应比例。

此外，如果服务需要特别资助或医疗上需要或由于安排和执行服务时的特殊性而需要，超出根据第 1 句协定的总报酬之外的服务可以按照第 2 款第 5 句所述《区域欧元费用规定》的价格偿付。考虑到上一季度各医生群体的特定支付比率，该比率由保险公司医生协会向健康保险公司证明，针对第 5 句第 3—6 项中提及的服务，第 2 款第 1 句所述合同当事人应将符合第 3 款第 1 句的协议中与发病率相关的总报酬限于一年内清偿。同时，合同当事人应考虑到根据第 5 款第 7 句由评估委员会决定的要求。

[3a]在跨区域实施合同医疗服务的情形中，第 3 款第 3 句和第 4 句在此不适用，健康保险公司应当按照保险公司医生协会的有效价格偿付该服务，保险公司医生协会须是服务提供者的成员。如果根据第 2 款第 5 句协定的价格不同于第 1 句所述价格，则最迟在下一次协定与发病率相关的总薪酬的变更时考虑该偏差。第 3 款第 2 句所述参保人人数应根据基准时段内的参保天数确定。如果与疾病相关的总薪酬协商过程的基础参保人数与协议期内的实际参保人数有出入，则必须及时考虑这一偏差，最迟在下一次就与发病率相关总薪酬的变更达成协议时。除第 13 条第 2 款第 5 句规定的费用报销服务外，第 13 条第 2 款和第 53 条第 4 款规定的费用报销服务的支出应计入第 3 款第 1 句规定的待支山的总报酬中。

[4]根据上一年度居住在保险公司医生协会所在地区的参保人总和来调整治疗需求的协议的基础，根据第 3 款第 2 句商定和调整治疗需求时尤其要变更：

1. 住所地在相应保险公司医生协会所在地区的健康保险公司的参保人数；

2. 住所地在相应保险公司医生协会所在地区的所有健康保险公司的参保人发病率结构；

3. 医疗服务的类型和范围，只要其是基于健康保险公司法定或章程规定的服务范围的变更，或基于联邦共同委员会根据第 135 条第 1 款做出的决议；

4. 基于住院和门诊部门之间服务转移的合同医疗服务范围；

5. 合同医疗服务提供方在资金储备耗尽时的合同医疗服务范围。

在此应当根据第 5 款考虑评估委员会的建议和目标。在对第 1 句所述治疗需求针对健康保险公司确定项目价值时，经上一年居住在保险公司医生协会所在地区的所有参保人协定，针对所有参保人调整后的治疗总需求中各自的份额应当根据其在四个季度中结算的服务总额中的当前份额进行调整。保险公司医生协会所在地区发病率结构的年度变化，一方面基于符合第 295 条第 1 款第 2 句的合同医疗诊断，另一方面基于人口统计标准（年龄和性别），通过对评估委员会根据第 5 款第 2—4 句提出的建议进行加权汇总达成共识。如有必要，可以使用与门诊服务相关的其他发病率标准。第 3 句所述保险公司医生协会所在地区发病率结构的年度变化应从该年份起，在这一年根据第 5 款第 2—4 句报告的变化率基于 2023—2025 年的治疗诊断确定，必须仅在此变化率的基础上达成一致。

[4a] 如果针对 2014 年单独计算的平均向保险公司医生协会支付的与发病率有关的总报酬（包含清算）低于居住在保险公司医生协会所在地的每个参保人平均向联邦范围内所有健康保险公司支付的与发病率有关的总报酬，则应在 2016 年按照第 3 款第 1 句在协议中就 2016 年调整后的附加价值进行磋商，该附加价值按照第 4 款第 1 句一次性有效提高且从 2017 年 1 月 1 日起生效。符合第 87 条第 3b 款第 1 句的研究机构进行第 1 句的计算。研究机构最迟在 2016 年 9 月 15 日之前将结果告知合同各方和联邦卫生部。只有在根据第 1 条进行的谈判中确定项目价值在 2014 年不合理地过低时，才可以商定单次基本有效地提高项目价值。保险公司医生协会应考虑到住院部门的使用情况，证明项目价值在 2014 年是否不合理地过低以及在何种程度上过低。项目价值应该提高至 2014 年项目价值不合理地过低的程度。通过商定项目价值的提高（包括下降），2014 年居住在相关法定保险公司医生协会所在地区的每个参保人与发病率有关的总报酬不得超过在 2014 年向德国所有保险公司医生协会支付的与发病率有关的平均总报酬，其中包括下降。对于价值的提高，保险公司医生协会所在地区的所有健康保险公司均采用统一的系数。商定的增加额也可以在几年内逐步分配。额外的资金将用于改善护理结构。排除以其他保险公司医生协会为代价进行的再分配。

[5]评估委员会的决定程序用来：

1. 根据第 3 款第 4 句，就与发病率相关的治疗需求的不可预测的增长达成共识；

2. 就第 4 款第 1 句第 2 项规定的发病率结构的变更达成共识；以及

3. 根据第 3 款第 6 句确定报酬。

评估委员会在提出建议时，应将评估委员会研究机构根据第 4 款第 1 句第 2 项计算的发病率结构变更的结果告知第 2 款第 1 句中提及的合同当事人。评估委员会研究机构为保险公司医生协会每个区域计算两种统一的变化率，一种变化率特别基于第 295 条第 1 款第 2 句规定的治疗诊断，另一种变化率基于人口统计标准（年龄和性别）。变化率根据扩大评估委员会的 2009 年 9 月 2 日 B 部分第 2、3 项决议确定，前提是要更新数据基础。为了确定诊断率，将使用分类程序的有效模型。评估委员会可以按照特定的时间间隔审查和进一步开发该模型，以使其进一步适用于合同医疗。此外，评估委员会还需确定一个程序，以清算本法规定情形中的治疗需求，以及根据第 4 款第 1 句决定项目价值和根据第 4 款第 2 句决定各个健康保险公司的份额；特别是，其还可以采纳有关根据第 4 款第 1 句第 3—5 项以及第 3 句和第 4 句达成变更协议的建议，以及根据第 3 款第 5 句和第 6 句决定补偿分类程序中清算程序的相对权重。符合第 1 句的建议和符合第 7 句的要求将在每年 8 月 31 日之前决定；第 2 句所述通知最迟于每年 9 月 15 日发出。在第 73b 条第 7 款第 7 句和第 8 句的情形中，评估委员会决定采用适当的总算程序来清算治疗需求。在根据第 4 款第 1 句确定项目价值的要求中，还须决定，一次性基本有效地增加项目价值，该价值符合在 2015 年 12 月 31 日（含）之前有效版本中根据第 120 条第 3 款第 2 句，通过取消投资费用折扣提高的相应报酬金额。在根据 2020—2022 年、2021—2023 年和 2022—2024 年按治疗诊断计算变化率的年份，评价委员会研究机构根据第 3 句计算变化率，在计算中须清算因遵循第 295 条第 4 款第 3 句的约束规则而对第 295 条第 1 款第 5 句所述密码的分配和传输所产生的编码效果。评估委员会必须为此决定相应的程序。评估委员会须在 2019 年 9 月 1 日之前按照第 3 款第 5 句第 5 项拟定参与基本护理或直接医疗服务的医生群体的薪酬。

[6]评估委员会在 2012 年 3 月 31 日前首次确定数据传输的方式、范围、

时间与程序，通过该程序保险公司医生协会和健康保险公司根据第 2—4
款将协议和计算所需的数据传输给评估委员会研究机构，以便在每年的 6
月 30 日之前根据第 2 款第 1 句为合同双方提供相关数据基础。第 87 条第
3f 款第 2 句准用之。

第 87b 条　医生报酬（报酬分配）

[1]保险公司医生协会将商定的报酬分配给医生、心理治疗师、医疗服
务中心以及参与合同医疗供给的授权机构，合同医疗分为家庭医疗领域和
专科医疗领域；同时，由专科医生提供的家庭医疗服务不应减少总报酬中
的家庭医疗部分，由家庭医生提供的专科医疗服务不应减少总薪酬中的专
科医疗部分。保险公司医生协会将分配标准应用于分配，该标准是与健康
保险公司州协会和医疗互助保险公司共同制定。紧急情况和急救服务中的
报酬从供给区域分离之前形成的独立报酬节中支付，但前提是不得在分配
标准上对这些服务使用限制或减少报酬的措施。之前的规定，特别是有关
医疗及诊所标准服务量分配的规定将继续适用，直至对分配标准做出
决议。

[2]分配标准必须提供规定，以防止服务提供者的活动过度地超出第 95
条第 3 款规定的服务委托或授权范围；同时，服务提供者应该能够计算确
定其预期报酬的金额。分配标准应适当考虑在为此构建的护理形式中患者
的合作治疗。必须为保险公司医生协会认可的诊所网络拟定单独的薪酬规
定；对于此类诊所网络也可以作为第 87a 条第 3 款所述与发病率相关的总
报酬的一部分形成单独的报酬额。对于由心理治疗师、儿童和青少年精神
病学和心理治疗专家、精神病学和心理治疗专家、神经内科专家、心身医
学和心理治疗专家以及专门从事心理治疗的医生提供的心理治疗服务，根
据分配标准规定报酬，以保证每个时间单位的适当报酬。在分配标准中，
不能使用限制或减少麻醉服务报酬的措施，麻醉服务对于在智力障碍或严
重运动障碍情形下缺乏合作的患者提供合同牙科服务是必要的。针对报酬
设定及其变更或取消的异议和申诉不具有中止效力。

[3]如果州医生委员会和健康保险公司根据第 100 条第 1 款或第 3 款做
出决议，则相关医生群体的医生不得在分配标准中采取措施，来限制或减
少有关计划区域内病人治疗个案的数量。此外，对于分配标准必须拟定适

当的规定，根据该规定，保险公司医生协议有义务在个别情形下审查该措施是否以及在何种程度上足以确保医疗服务。保险公司医生协会应每年以适当形式公布一次有关报酬分配标准的原则及供给目标的信息。

[4]保险公司医生联邦协会在目标规划中确定和调整第 1 款第 1 句所述家庭医疗供给和专科医疗供给的报酬额，以及根据第 2 款第 3 句认可特别值得支持的诊所网络作为保险公司医生协会指令框架的标准和质量要求，特别是针对供给目标，并与健康保险公司联邦最高协会达成共识。此外，保险公司医生联邦协会必须确定要求，特别是关于第 2 款第 1—4 句的规定以及执行适当且中立的报酬清算程序；同时，应当和健康保险公司联邦最高协会达成共识。保险公司医生协会须遵守第 1 句和第 2 句所述规定。保险公司医生协会应最迟于 2015 年 10 月 23 日决定符合第 1 句的指令。

[5]第 1—4 款的规定不适用于合同医疗服务。

第 87c 条　合同医疗服务报酬的透明性

保险公司医生联邦协会在相应结算期结束后应及时对每个保险公司医生协会公布有关报酬分配、总报酬，清算金额以及每位医生和每个医生群体的报酬结果的报告。此外，还应提供有关医生人数、病例数和服务额的信息，以解释可能存在的区域报酬差异。保险公司医生协会将必要的数据传输给保险公司医生联邦协会。细节由保险公司医生联邦协会规定。

第 87d 条　（已废止）

第 87e 条　额外费用的支付要求

根据第 28 条第 2 款第 2 句、第 29 条第 5 款第 1 句和第 55 条第 4 款结算额外费用的基础是《牙医费用规定》。合同牙医在以额外费用为基础的费用中向参保人提出的支付要求限于牙医费用规定收费标准的 2.3 倍。根据第 28 条第 2 款第 2 句，两边牙齿薄膜和腐蚀技术的光固体符合材料补牙的额外费用限于《牙医费用规定》收费标准的 3.5 倍。如果联邦共同委员会根据第 92 条第 1a 款、评估委员会根据第 87 条第 2h 款第 2 句执行了任务，则第 2 句和第 3 句所述限制不再适用。指令生效日和评估委员会决议日起决定性作用。

第四目　牙科的服务

第88条　联邦服务列表，报酬

[1]健康保险公司联邦最高协会与德国牙科技师协会就实行全国统一的可结算的牙科服务列表进行约定。该联邦统一的列表须与联邦牙科基金协会协商后而制定。

[2]健康保险公司州协会和医疗互助保险公司一起与牙科技师协会依据全国统一的服务列表协商确定可结算的牙科服务的报酬，该服务不包含包括牙冠以及超级结构在内的假牙安装。该协商所确定的报酬应为最高数额的报酬。健康保险公司可以向参保人以及牙医告知经济上较为实惠的治疗可能性。

[3]第1款所规定的牙医实施的不包含包括牙冠以及超级结构在内的假牙安装的牙科服务的价格须至少低于第2款第1和2句所规定的价格的5%。对此可以依据第83条缔结合同。

第五目　仲裁

第89条　仲裁机构，委任立法

[1]保险公司医生协会、健康保险公司州协会以及医疗互助保险公司一起成立关于医疗合同供给的共同的仲裁机构和关于牙科合同供给的共同的仲裁机构（州仲裁机构）。

[2]保险公司医生联邦协会和健康保险公司联邦最高协会成立关于医疗合同供给的共同的仲裁机构和关于牙科合同供给的共同的仲裁机构（联邦仲裁机构）。

[3]如果关于医疗合同供给或者牙科合同供给的合同完全或者部分不成立，则由主管仲裁机构以其成员的多数票决在三个月内确定合同的内容。如果当事人未提出对于启动仲裁程序所必要的申请，则也可由对各仲裁机构或者合同双方的主管监管机关在其为组成仲裁机构的组织确定一个期限且该期限已经经过或者在法定的合同缔结的期限经过后，就合同对当事人的效力向仲裁机构申请仲裁。仲裁程序开始于向仲裁机构的申请被提出

之时。

⁴如果一方当事人要终止合同，则其必须以书面或者电子的形式通知负责的仲裁机构。如果在合同期满之前没有签订新合同，主管仲裁委员会应在三个月内以其成员的多数票决确定新合同的内容。在这种情况下，先前合同的规定将继续适用，直到仲裁委员会确定新合同的内容为止。仲裁程序开始于终止期限届满的下一天。

⁵州仲裁机构和联邦仲裁机构分别由四名医师或牙医代表，四名健康保险公司代表以及一名公正的主席和另外两名独立的成员组成。在确定非典型保险种类的健康保险合同的内容时，只有仲裁机构中所涉及的保险种类的代表才是健康保险公司的代表。第 1 款所规定的健康保险公司州协会和医疗互助保险公司可以达成与第 2 句不同的合意。成员的任期共计四年。代表和副手由组建各自仲裁机构的组织任命。如果组织未进行任命，则由主管各个仲裁机构的监管机关在其为该组织确定一个期限，且在该期限已经届满后任命代表与副手。

⁶各方应就公正的主席和另外两名独立的成员及其副手的人选达成合意。一直有效至 2008 年 12 月 31 日的版本中的第 213 条第 2 款准用于健康保险公司州协会与医疗互助保险公司。如果未达成协议，则在由主管各仲裁机构的监管机关为当事人设定协议的最后期限且该期限已过后，由各仲裁机构的监管机关任命公正的主席、其他独立的成员及其副手。一旦独立的成员及其副手同意接受参与的合同各方，该独立的成员及其副手即被任命。

⁷仲裁机构的成员作为志愿者履行职责。他们不受命令的约束。主管各仲裁机构的监管机关可出于正当理由解雇仲裁机构的独立成员及其副手。医生或牙医的代表和健康保险公司的代表以及他们的副手可以被任命他们的组织解雇。辞职必须向建立各仲裁机构的组织声明。成员有义务参加仲裁委员会的会议，如果被阻止则应通知其代表。弃权是不被允许的。每个成员都有一票。

⁸只有所有的成员或者他们的副手均到场，仲裁机构才有权做出裁决。如果仲裁机构在会议中没有达到法定的人数要求，则应当在该会议结束后的 14 个日历日内召集一个新的会议。在这个重新召开的会议上，如果独立的成员均出席该会议，或其副手以及仲裁委员会其他成员或者该其他成

员的副手中的一半以上出席该会议，该会议将达到法定人数。如果依据第
3 句新召集的会议也没有达到法定的人数要求，那么由仲裁机构的独立成
员确定合同的内容。这些后果应在新会议的邀请中被明确说明。

⁹如果仲裁机构在第 3 款第 1 句或者第 4 款第 2 句规定的期限内没有
确定合同的内容，那么由主管各仲裁机构的监管机关确定一个期限以确定
合同的内容。在该期限经过后由仲裁机构的独立成员确定合同的内容。独
立成员可以委托他人进行资料收集、评估或者专家鉴定，并由合同当事人
承担相应的费用。依据相应条文针对仲裁机构的裁决或者监管机关的决定
所提起的申诉不会导致前述程序的中止。在第 4 句规定的情形中不进行预
审程序。

¹⁰各州负责社会服务的最高行政机关对州仲裁机构进行监督。州政府
可以通过法规性命令指定其他的行政机关担任监管机关；州政府可以将此
授权移交给州最高行政机关行使。州仲裁机构的监督由联邦卫生部管理。
监督扩展至对法律和其他法的遵守。监督的内容还包括参加仲裁会议的权
利；参加仲裁机构会议的权利也应适用于联邦保险局，但前提是必须按照
第 6 条的规定将仲裁机构的裁决提交给它。仲裁机构关于社会服务报酬的
裁定依据第 57 条第 1 款和第 2 款、第 83 条、第 85 条和第 87a 条应当提
交给各个主管监管机关。如有违法的情形，监管机关可以在提交后的两个
月内对裁决提出质疑。合同当事人对于该质疑所提出的申诉按照第 9 条第
4 款或者第 5 款处理。

¹¹根据联邦参议院的许可，由联邦卫生部确定任命、任期、行政管
理、现金费用的偿还以及仲裁委员会成员所花费时间的补偿、管理、程
序、规费的征收和数额以及费用分配等更为详细的信息。

¹²德国牙科技师协会和健康保险公司联邦最高协会成立联邦一级的仲
裁机构。该仲裁机构由德国牙科技师协会和健康保险公司联邦最高协会的
相同数量的代表组成，其中包括了一个独立的主席和两个独立的成员。此
外，第 3、4 款，第 5 款第 4—7 句，第 6、7、8、9 款和第 10 款第 3、4、
5 句以及依据第 11 款颁布的仲裁机构条例准用之。

¹³牙科技师协会、健康保险公司州协会和医疗互助保险公司成立州一
级的仲裁机构。该仲裁机构由牙科技师协会和健康保险基金协会的相同数
量的代表所组成，其中包括了一个独立的主席和两个独立的成员。此外第

3、4 款，第 5 款第 4—7 句，第 6、7、8、9 款和第 10 款第 1、2、4、5 句以及依据第 11 款颁布的条例准用之。

第 89a 条　跨部门仲裁委员会，法规授权

[1]保险公司医生协会、健康保险公司州协会和医疗互助保险公司以及州医院协会或者州的医院协会成立一个跨部门仲裁委员会。

[2]保险公司医生联邦协会、健康保险公司联邦最高协会和德国医院协会成立一个联邦一级的跨部门仲裁委员会。

[3]跨部门仲裁委员会依据第 1 款和第 2 款在三个月内以其成员的三分之二多数决对通过法律或者基于法律被分派的案件进行裁决。如果对于启动程序所必要的申请没有被提出，则也可由主管各个跨部门仲裁委员会或者合同当事人的监管机关在其向设立跨部门仲裁委员会的组织设立一个期限且该期限已经经过后，或者在跨领域的合同订立的法定期限经过后召集跨部门仲裁委员会而对合同当事人具有约束力。仲裁程序在仲裁申请向跨部门仲裁委员会提出后启动。

[4]如果缔约的一方当事人终止跨部门的合同，则必须以书面形式或电子方式通知负责的跨部门仲裁委员会。如果在合同期满之前没有成立新合同，则负责的跨部门仲裁委员会应在三个月内以其成员的三分之二多数决确定新合同的内容。在这种情况下，以前的合同规定将继续适用，直到跨部门仲裁委员会确定新合同的内容为止。仲裁程序将从终止通知期限届满的第二天开始。

[5]依据第 1 款和第 2 款的跨部门仲裁委员会由牙医、健康保险公司和经批准的医院的各两名代表以及一名独立的主席和一名独立的成员组成。每个成员配备两名副手。成员的任期为四年。代表和副手各自由组建各个跨部门仲裁委员会的组织任命。如果该组织没有进行任命，则由主管跨部门仲裁委员会的监管机关在其为该组织设定一个任命的期限，并在该期限已经经过后任命代表和副手。

[6]合同当事人应当合意确定独立主席和独立成员以及他们的副手。如果合同当事人未达成合意，则由主管跨部门仲裁委员会的监管机关在其为合同当事人设定一个达成合意的期限，并在该期限已经经过后任命独立主席、独立成员和他们的副手。独立成员及其副手自其向合同当事人表明愿

意承担仲裁工作时起被任命。

⁷跨部门仲裁委员会的成员以志愿者的身份履行职责。他们不受命令的约束。对于各跨部门仲裁委员会负责的监管机关可以基于重要的理由撤销独立的成员及其副手的职务。牙医、健康保险公司和经批准的医院的代表以及他们的副手可以被任命他们的组织撤职。辞职必须向组建各个跨部门仲裁委员会的组织提出声明。成员有义务出席跨部门仲裁委员会的会议或者在不能出席的情况下通知其副手参加。弃权是不允许的。每个成员可以投一票。

⁸如果所有成员或其副手均在场，则跨部门仲裁委员会达到可召开会议的法定人数。如果跨部门仲裁委员会的会议没有达到法定人数，则应在该会议后的 14 天内召开新的会议。如果独立主席和独立成员或者他们的副手和超过半数的跨部门仲裁委员会的成员或者他们的副手出席会议，则新召开的会议达到法定人数。如果根据第 3 句新召开的会议未达到法定人数，那么由跨部门仲裁委员会的两个独立成员确定合同的内容。如果投票数相同，则主席的投票是决定性的。这些后果应在新会议的邀请中明确说明。

⁹如果跨部门仲裁委员会在第 3 款第 1 句或者第 4 款第 2 句规定的期限内没有确定合同的内容，则由主管各个跨部门仲裁委员会的监管机关确定一个期限以确定合同内容。在该期限经过后由跨部门仲裁委员会的两个独立的成员确定合同内容。如果投票数相同，则主席的投票是决定性的。独立成员可委托他人收集数据、进行评估或出具专家意见，但由合同当事人承担相应费用。依据相应条文针对跨部门仲裁委员会的裁决以及监管机关的决定所提起的申诉不会导致前述程序的中止。在第 4 句规定的情形中不进行预审程序。

¹⁰负责社会保险的州最高行政机关依据第 1 款对跨部门仲裁委员会进行监督。州政府可以通过法规性命令确定一个其他的机构作为监管机关；州政府可以进一步将此授权移交给州最高行政机关。联邦卫生部负责对跨部门仲裁委员会进行联邦一级的监督。该监督扩展到对法律和其他法的遵守。监督权利还包括了关于参加会议的权利；关于参加仲裁机构会议的权利也适用于联邦保险局，只要仲裁机构的裁决根据第 6 条被提交给联邦保险局即可。依据第 116b 条第 6 款，仲裁机构关于服务报酬的裁决应提交

给各个主管监管机关。如有违法的情形，监管机关可以在裁决被提交后的两个月内提出质疑。合同当事人对于该质疑的申诉适用第 9 款第 4 句和第 5 句。

[11]经联邦参议院许可，联邦卫生部通过法规性命令确定关于任命、任期、行政工作、现金费用的偿还和对于跨部门仲裁委员会成员的时间花费的补偿、管理、程序、费用的收取与数额以及关于开销的分配的更为详细的信息。

[12]第 1—11 款的规则不适用于保险公司牙医协会和保险公司牙医联邦协会。

第六目 州委员会和联邦共同委员会

第 90 条 州委员会

[1]保险公司医生协会和健康保险公司州协会以及医疗互助保险公司在各个州的范围内设立一个医生和健康保险公司的州委员会与一个牙医和健康保险公司的州委员会。医疗互助保险公司可以将该任务委托给保险公司医生协会所在行政区的由医疗互助保险公司设立的劳动组织或者委托给一个医疗互助保险公司。

[2]州委员会由一个独立主席、两个独立成员、九个医生代表、三个地方健康保险公司的代表、三个医疗互助保险公司的代表、企业健康保险公司和行业健康保险公司各一个代表、州农业健康保险公司和矿工、"矿工—铁路职工—海员"的一个共同代表所组成。保险公司医生协会、健康保险公司州协会和医疗互助保险公司应当就主席和两个独立成员以及他们的副手的任命达成一致意见。如果无法达成一致意见，则由负责社会保险的州最高行政机关协同保险公司医生协会、健康保险公司州协会以及医疗互助保险公司进行任命。如果在州委员会的范围内不存在特定保险公司种类的州协会，并且因此健康保险公司的代表的数量相应减少，那么医生的数量也应当相应减少。医生的代表及其副手由保险公司医生协会任命，健康保险公司的代表及其副手由健康保险公司州协会以及医疗互助保险公司任命。

[3]州委员会的成员作为志愿者进行工作。他们不受命令的约束。参

与的保险公司医生协会承担州委员会一半的开支，保险公司医生协会以及医疗互助保险公司承担州委员会另一半的开支。联邦卫生部经联邦参议院的同意通过法规性命令在经保险公司医生联邦协会和健康保险公司联邦最高协会的听证后确定有关任期、行政工作、现金费用的偿还和对于委员会成员的时间花费的补偿以及关于开销的分配的更为详细的信息。

[4]州委员会的任务基于本卷加以确定。依据第116b条第3款在州委员会以及扩展的州委员会中负责社会保险的州最高行政机关以提供咨询的方式参与到工作中来。该提供咨询的权利也包括出席委员会会议的权利。在州委员会中，咨询权还包括提交申请的权利。

[5]由主管社会保险的州最高行政机关对州委员会进行监督。第四编的第87条第1款第2句和第88条、第89条准用之。

[6]依据第99条第2款、第100条第1款第1句和第3款以及第103条第1款第1句和第3款由州委员会提出的决定应当提交给负责社会保险的州最高行政机关。负责社会保险的州最高行政机关可以在两个月内表示反对。第94条第1款第3—5句准用之。

第90a条　州共同委员会

[1]按照州的法律规定可以在州范围内成立一个由州、保险公司医生协会、健康保险公司州协会以及医疗互助保险公司和州医院协会以及其他的参与者的代表共同组成的委员会。该州共同委员会可以就跨部门的供应问题提出建议；跨部门紧急供应的提议也被包括在内。

[2]州共同委员会有机会对第99条第1款所规定的需求规划的制定和调整以及对由州委员会依据第99条第2款、第100条第1款第1句和第3款以及第103条第1款第1句所做出的决定表明立场，但以州法对此有规定为限。

第91条　联邦共同委员会

[1]保险公司医生联邦协会、德国医院协会和健康保险公司联邦最高协会建立一个联邦共同委员会。该联邦共同委员会具有权利能力。决策机构的主席在法庭内外全权代表联邦共同委员会。

²联邦共同委员会的决策机构由一个独立主席、两个独立成员、一个由保险公司牙医联邦协会任命的成员、两个由保险公司医生联邦协会任命的成员和两个由德国医院协会任命的成员和五个由健康保险公司联邦最高协会任命的成员组成。依据第 1 款第 1 句的各组织应针对独立主席和独立成员以及他们各自两个副手的任命就一项提议达成一致意见，并至迟在其任期届满前的十二个月将所有提议提交给联邦卫生部。只有在前一年内未在第 1 款第 1 句提及的组织或者在其成员组织或者在其成员的协会或者在医院中工作过的，或者自己未担任合同医生、合同牙医或合同心理治疗师的自然人才能被任命为独立成员及其副手。联邦卫生部将所有提案送交给德国联邦议会卫生委员会。德国联邦议会卫生委员会可以在六周内依据非公开地对各个候选人进行的听证会以其成员的三分之二多数决所形成的决议进行反对，只要德国联邦议会的卫生委员会认为候选人的独立性无法得到保证。第 1 款第 1 句提到的组织应当在联邦卫生部将异议通知联邦共同委员会后的六周内提出新的提议。如果德国联邦议会的卫生委员会对依据第 5 句在六个月内被新提出的提议表示反对，或者如果第 1 款第 1 句提到的组织没有提出新的提议，那么由联邦卫生部进行任命。独立成员通常全职地执行职务；担任名誉职位执行职务是被允许的，但以独立成员被其雇主在执行职务必要的范围内解放出来为限。独立成员的副手以担任名誉职位的方式执行职务。全职的独立成员在任期内与联邦共同委员会形成雇佣关系。除了完成在决策机构中的任务外，各个独立主席和其他独立成员还须主持联邦共同委员会的小组委员会。依据第 1 款第 3 句的主席要全面确保联邦共同委员会遵守所有的法定期限。为了完成这项任务，主席须承担时间控制的职责，并且还须按照第 11 款的规定每年进行报告。第 1 款第 1 句中提到的组织与全职的独立主席和其他独立成员签订雇佣协议；第四编第 35a 条第 6 款第 2 句和第 6a 款第 1 句和第 2 句准用之。在独立主席和其他独立成员的任期内，薪酬的增加是不被允许的。在独立主席或者成员的新任期开始之际，只能根据消费者价格指数的发展，就通过向基本薪酬中增加附加费达成协议来使得最后任期内的薪酬或者前任的薪酬高于第四编第 35a 条第 6 款第 1 句所支付的最后薪酬。监管机关可以在独立主席和其他独立成员的新任期开始之时规定更低的薪酬。对于作为独立第三方的独立主席和其他独立成员就其履行职务进行的财政资助的种类和数额的

批准应当通知第 1 款第 1 句提到的组织，并且计入独立主席和其他独立成员的薪酬或者交给联邦共同委员会。第 1 款第 1 句提到的组织对独立主席和其他独立成员的未来保证的协议仅基于以贡献为导向的承诺才被允许。该组织任命的决策机构的特别成员以担任名誉职位的方式执行其职务；他们不受决策机构通过决议所形成的指令的约束。第 1 款第 1 句中提到的组织应为由其任命的每个成员配备最多三个副手。在决策机构中的任期自 2012 年 7 月 1 日起为六年。

²ᵃ自 2012 年 2 月 1 日起，对于本质上仅涉及一个社会服务部门的决定，社会服务提供方的所有票将按比例转移给第 1 款第 1 句提到的社会服务提供组织所任命的成员。自 2012 年 2 月 1 日起，对于本质上涉及三个社会服务部门中两个部门的决定，不被涉及的社会服务提供组织任命的成员的选票将按比例转移给被涉及的社会服务提供组织任命的成员。直到 2012 年 1 月 31 日，联邦共同委员会才首次在其议事规则中确定哪些指令和决定实质上仅影响一个或两个社会服务部门。2012 年 1 月 1 日起，由保险公司牙医联邦协会所任命的成员就评价医生的检查和行为方法的决定的选票将按比例移转给由保险公司医生联邦协会和德国医院协会所任命的成员。

³对于除去第 1 款第 1 句提到的组织所任命的成员的开支以外的联邦共同委员会的开支的承担准用第 139c 条。否则准用第 90 条第 3 款第 4 句，前提是在法规性命令颁布前且要听取德国医院协会的意见。

³ᵃ如果第 1 款第 1 句提到的组织任命的成员或者其副手在执行职务的过程中违反了法定义务，则准用第四编第 42 条第 1—3 款，由联邦共同委员会而非由第 1 款第 1 句提到的组织承担责任。这也适用于第 2 款第 7 句所规定的由联邦卫生部任命的独立成员及其副手执行职务的情形。只要被第 1 款第 1 句提到的组织任命的为联邦共同委员会的决议从事筹备工作而为依据联邦共同委员会的议事规则设置的委员会工作的自然人对于其可以接触到的且对联邦共同委员会来说是机密的资料和信息负有保密义务，则第 1 句准用之。第 1 句同样适用于依据第 140f 条第 2 款第 1 句的后半句被任命的因行使其参与提供咨询的权利而能够接触到对于联邦共同委员会来说是机密的资料和信息的专业人士，只要这些专业人士被联邦共同委员会要求对维护这些资料的机密性负有义务。联邦共同委员会在其议事规则中

对细节做进一步规定。

[4]联邦共同委员会有权决定下列事项：

1. 一套程序规则，其规定了极富条理的具有科学针对性、跨部门性的收益评价，包括依据第 35a 条和第 35b 条对作为决议基础的措施的必要性和经济性的评价的要求，以及针对证明专家的专业独立性和对于各个指令的听证的程序，特别是听证席位的确定、听证的类型和方式以及听证的评定的要求。

2. 一套议事规则，其规定了联邦共同委员会的工作方式，特别是管理模式，通过设立通常具有跨部门性质的小组委员会来制定政策决定，决策机构的独立成员担任小组委员会的主席并参与委员会和联邦共同委员会的办事处的合作；该议事规则还规定了对第 140f 条第 2 款所规定的由组织派遣的专业人士的参与提供咨询的权利的保障。

该程序规则和议事规则必须得到联邦卫生部的批准。如果联邦卫生部在收到决议及其理由的三个月内未完全或部分拒绝批准该决议，则该决议被视为已获批准。联邦卫生部可以在对联邦共同委员会的批准审查的过程中要求联邦共同委员会提供其他信息和补充意见；直到收到答复为止，第 3 句规定的时间才中断。如果决议的批准被部分或者完全拒绝，则联邦卫生部尤其可以确定对于联邦共同委员会的工作方式和评价程序的安排必要的修改，并且可以要求联邦共同委员会在特定的时间内完成该必要的修改。如果联邦共同委员会在该特定的时间内没有完成必要的修改，则联邦卫生部可以自己完成该必要的修改。如果已经被批准的程序规则或者议事规则出现了修改的必要性，那么第 5 句和第 6 句准用之。针对联邦卫生部的要求和措施的申诉不会导致相应程序的停止。

[5]做出涉及医生、心理治疗师或者牙医的职业实践的决议时，应当给予这些职业的同业协会的联邦级别工作组发表意见的机会。第 136b 条第 2 款第 2 句的适用不受影响。

[5a]对于调整个人或者与个人相关的数据的搜集、加工或者使用或者以对这些数据的搜集、加工或者使用为前提的联邦共同委员会的决议，应当给受联邦委托的主体对数据保护和信息自由发表意见的机会；该被发表的意见应当被包括在决议之中。

[6]联邦共同委员会的决议除了第 136d 条规定的决定的决议外，对于第

1款第1句提到的承担者及其成员和基金会的成员以及对于参保人和社会服务提供者均有约束力。

[7]联邦共同委员会的决策机构依据第2款第1句以其成员的多数决做出决议，但以议事规则没有另作规定为限。药物供应和质量保证的决议通常应以跨部门的方式做出。实质上不止涉及一个服务部门且导致到目前为止由健康保险公司提供的服务未来不再由其提供的决议，应当由9票的多数通过。独立主席和其他独立成员可以共同将其决议提案提交给决策机构决定。他们可以委托管理层准备决议提案。决策机构的会议一般是公开的。联邦共同委员会的非公开的讨论，特别也包括在筹备机构里进行的讨论，其包括讨论资料和备忘录在内的一切都是机密。

[8](已废止)

[9]有权对联邦共同委员会的决定表明立场并发表书面或电子意见的人通常也有机会发表口头意见。联邦共同委员会应当在其程序规则中规定，对于决议事项有权发表意见的组织的各个代表可以参与到负责的小组委员会对于决议事项的讨论中来。

[10]联邦共同委员会最迟应当自2012年9月1日起确定《建立国家法规审查委员会法》第2条第2款意义上的根据联邦共同委员会的决议预期的行政机构的开支，并在各个决议的说理部分以可被理解的方式将其表达出来。在确定行政机构开支的时候应当适用《建立国家法规审查委员会法》第2条第3款规定的方法。有关细节在2012年6月30日之前由联邦共同委员会在其程序规则中进行规定。

[11]联邦共同委员会应当在每年的5月31日向德国联邦议会卫生委员会提交一份关于遵守第135条第1款第4句和第5句、第137c条第1款第5句和第6句以及第137h条第4款第9句所规定的时间的报告，在该报告中应当逐一写明在超期的情形中以及为了缩短程序所采取的措施和评价上可能导致超期的特殊困难。此外，该报告还应涵盖自咨询程序正式启动以来已持续三年以上且尚未做出任何最终决议的关于联邦共同委员会的决议和指令的所有其他咨询程序。

第91a条 对联邦共同委员会、财政会计行业、财产的监督

[1]联邦卫生部对联邦共同委员会进行监督。第四编第87—89条准用

之。第四编第 67 条至第 69 条第 1 款和第 2 款，第 70 条第 1 款和第 76 条至第 77 条第 1 款和第 1a 款准用于财政会计行业的监督准用。联邦共同委员会将其财政计划提交给联邦卫生部。如果联邦共同委员会决定临时财政措施、批准超支和计划外支出或者补充预算，其应当通知联邦卫生部。第四编第 80—83 条、第 85 条第 1 款第 1 句和第 2—5 款准用于财产，第 305b 条适用于资金使用。第 263 条准用于行政财产。第 260 条第 2 款第 1 句准用于生产设施。如果不要求资产构成储备金，则必须根据第 91 条第 3 款第 1 项与第 139c 条的规定，将其用于降低被征收的附加费。

[2]为执行针对联邦共同委员会的监管令，监管机关可根据第 271 条规定向健康基金支付最高 1000 万欧元的罚款。

[3]联邦共同委员会必须采取措施来建立并保障一个符合规定的行政组织。特别应在该行政组织中建立具有内部控制系统的适当的内部控制程序。内部控制系统的结果必须根据第 91 条第 2 款第 1 句定期通知于决策机构，并根据第 92b 条第 1 款通知于创新委员会，并且在确定违反法律规定或其他基本法规的情况下也要上报监管机关。

[4]第 219 条第 2 款第 4 句有关机构的设立、接管或者实质上的扩展以及有关直接或者间接参与到机构中的规定准用之。

第 92 条　联邦共同委员会的指令

[1]联邦共同委员会就对于保障医疗供给来说必要的且使参保人获得足够的、符合目的和经济的供给的必要指令做出决议；对此必须考虑到残疾人或者受到残疾威胁的人和精神病患者的特殊需要，尤其是关系到负担测试和劳动治疗方面的服务；在此情形下，如果根据公认的医学知识状态，尚未确定诊断或治疗的益处、医疗必要性或经济性，联邦共同委员会可以限制或排除服务或措施的提供以及对于服务或措施的规定；如果某药物的处方被证明不具有经济性或者存在其他在诊断或者治疗效果方面具有可比性的处方，则联邦共同委员会可以限制或者排除该药物处方的使用。联邦共同委员会尤其应当做出与如下方面有关的指令：

1. 医疗；
2. 包括安装假牙和颌骨整形外科治疗在内的牙科治疗；
3. 第 25a 规定的对疾病的早期识别和早期识别检查的质量保证，以及实施包括系统地记录、监测和改善程序质量在内的被组织的癌症早期识别计划的措施；

4. 妊娠与育儿期间的医疗照顾；

5. 新的检查和治疗方法的引入；

6. 药物、绷带、治疗和辅助器具、医院治疗、家庭疾病护理和社会治疗的批准；

7. 包括第 44a 条第 1 句规定的判断在内的对于不具备劳动能力的判断以及第 5 条第 1 款第 2a 项规定的对于本法典第二编意义上参保的具有劳动能力的需要帮助者的判断；

8. 个别情形下提供的对于医疗恢复服务的规定和对于医疗恢复服务的咨询、对于参加劳动生活的服务和补充的对于康复的服务；

9. 需求规划；

10. 第 27a 条第 1 款规定的对于诱导怀孕的医疗措施以及第 27a 条第 4 款规定的深低温保存；

11. 第 24a 条和第 24b 条规定的措施；

12. 患者运输的批准；

13. 品质保证；

14. 专门的门诊姑息治疗；

15. 预防性疫苗接种。

¹ᵃ第 1 款第 2 句第 2 条规定的指令适用于符合病因的，不损伤牙质的和以预防为导向的包括安装假牙和颌骨整形外科治疗在内的牙科治疗。联邦共同委员会必须基于外部的、全面的牙齿医学科学的专业知识对指令做出决议。联邦卫生部可以要求联邦共同委员会做出或者审查单个的通过法律分派任务给联邦委员会的决定，并为此设定一个适当的期限。如果联邦共同委员会没有遵守该期限，则由联邦委员会成员组成的仲裁委员会应在 30 天内做出必要的裁决。该仲裁委员会由联邦委员会的独立主席、其他两个独立成员和保险公司牙医联邦协会以及健康保险公司联邦最高协会确定的各一名代表组成。在联邦委员会做出与第 1 款第 2 句第 2 项规定的指令相关的决定前，应当给能够代表牙科技术人员利益的联邦层面的权威最高组织发表意见的机会；该意见应当被包含在决定之中。

¹ᵇ在联邦共同委员会做出与第 1 款第 2 句第 4 项规定的指令有关的决

定前应当给第 134a 条第 1 款提到的联邦一级的服务提供组织发表意见的机会；该意见应当被包含在决定之中。

²第 1 款第 2 句第 6 项规定的指令应当同时将第 35a 条和第 35b 条规定的对于药物和药物的评价考虑在内，以便医生能够选择经济且符合目的的药物治疗方案。药物的编排应当按照适应证领域和药物成分进行归类。为了使医生能够选择与疗法和价格相适应的药物，针对各个适应证领域的指令应当被采纳，通过这些指令可以得出与治疗价格和处方的经济性成比例的对治疗有益处的评价，这些评价是为了实现药理上具有可比性的药物成分或者治疗上具有可比性的效果；第 73 条第 8 款第 3—6 句准用之。为了使医生能够选择与疗法和价格相适应的药物，可以进一步针对各个适应证领域将药物总结为如下类别：

1. 适合于所有治疗的药物；

2. 仅适用于部分患者或特殊治疗情形的药物；

3. 因为已知的风险或者模糊的治疗上的适当性而须对其处方特别加以注意的药物。

第 3a 款准用之。在第 1 款和第 7 款规定的治疗说明中可以确定与质量相符的药物的使用要求，特别是与医生的资质或者待治疗的患者群体相关的要求。在第 1 款第 2 句第 6 项规定的指令中也可以给出药物编排以外的针对药物的治疗指令；第 3 句和第 4 句以及第 1 款第 1 句第 3 小句准用之。第 1 句和第 7 句规定的治疗指令可以在适应证领域中处方里的各个有效成分的推荐比例。联邦共同委员会在其程序规则中针对第 1 句和第 7 句规定的治疗指令进行原则性规定。联邦共同委员会在治疗指令外的指令中分别对第 1 款规定的药物的处方限制或者处方排除做出决议。只有当药物的经济性没有通过第 35 条规定的固定金额被确定下来时，联邦共同委员会才可以限制或者排除药物的处方。根据第 1 款第 1 句规定的不适当性做出的对药物的处方限制或者处方排除不可与批准机构对该药物的品质、功效和安全性的定性相矛盾。

²ª联邦共同委员会可以在影响到制药企业家未来的个别情形下和德国医学会药物委员会及联邦药物与医疗产品研究所，或者与保尔·埃尔利希研究所进行磋商，要求其在适当的期限内补充与处方相关的研究，以评价药物的适当性。对于第 1 句规定的要求，第 3a 款准用之。有关前提条件、

补充研究要求、期限和研究要求的具体内容由联邦共同委员会在其程序规则中加以规定。如果第 1 句规定的研究没有提交或者没有按时提交，联邦共同委员会可以偏离第 1 款第 1 句而不予开具该处方。对于要求补充研究的单独申诉不予准许。

³对于第 2 款规定的药物编排的申诉，相应适用撤销之诉的规定。该申诉不具有导致程序停止的效力。不进行预审程序。对于第 2 款第 2 句规定的依据适应证领域进行的分类或者药物成分、第 2 款第 4 句规定的药物编排的分组单独提起申诉或者对于第 2 款规定的药物编排的其他的组成部分单独提起申诉是不被允许的。

³ᵃ在做出有关第 1 款第 2 句第 6 项规定的药物处方指令或者第 2 款第 7 句规定的治疗指令的决定前应当给医学和制药学的科学与实践的专家以及为了代表经济利益而建立起来的制药企业家的权威最高组织，相关制药企业家、药剂师的代表机构和联邦层面的特殊治疗机构的医生协会的顶层协会以发表意见的机会。该意见应当在决策时被考虑。在发表意见的程序开始时，联邦共同委员会须在保护企业和商业秘密的同时给出并公开鉴定意见或者对于专家的提名以及在决议的理由中进行说明，联邦共同委员会将该鉴定意见或者专家提名作为做出第 1 款第 2 句第 6 项规定的对于药物处方的指令以及第 2 款第 7 句规定的治疗指令的基础。

⁴在第 1 款第 2 句第 3 项规定的指令中特别需要规定：

1. 经济程序的应用和将若干种早期识别措施归为一组的条件；

2. 有关实施疾病早期识别措施的证明和记录的更为详细的信息；

3. 对于程序的详细信息和执行评价记录的详细信息，以及实施包括第 25a 条规定的被组织的癌症早期识别计划在内的对于疾病早期识别措施评价的详细信息。

⁵在联邦共同委员会就有关第 1 款第 2 句第 8 项规定的指令做出决定前，应当给第 111b 条第 1 句提到的社会服务提供者的组织、康复承担机构（第九编第 6 条第 1 款第 2—7 项）以及联邦康复工作组以发表意见的机会；该意见应当被纳入决定之中。该指令必须规定在哪些残疾情形、在什么条件下以及根据什么程序，合同医生必须向健康保险公司告知参保人的残疾情况。

⁶在第 1 款第 2 句第 6 项规定的指令中特别需要规定：

1. 可开具处方的药物目录；

2. 针对适应证对药物进行的归类；

3. 基于适应证的治疗量和每个处方的治疗单位的数量；

4. 开具处方的合同医生和各个药物提供者合作的内容和范围；

5. 在第 73 条第 11 项第 1 句规定的处方中可以免于提供哪些信息；

6. 第 73 条第 11 款第 1 句规定的处方的有效期限。

在联邦共同委员会就有关第 1 款第 2 句第 6 项规定的对于药物处方的指令做出决定之前，应当给第 125 条第 1 款第 1 句提到的社会服务提供者的组织以发表意见的机会；该意见应当在决策时被考虑。

[6a]在第 1 款第 2 句第 1 项规定的指令中应当特别就有关有必要进行心理治疗的疾病、适合疾病治疗的程序、申请和鉴定程序、验证会议以及有关治疗的种类、范围和执行的更为详细的信息进行规定。指令还应当就有关会诊报告的内容要求和出具会诊报告（第 28 条第 3 款）的合同医生的专业要求进行规定。在指导方针中，联邦共同委员会在指令中对于使治疗提供更灵活的规则，尤其是对于建立心理治疗咨询时间、对于促进早期的诊断的澄清和紧急治疗、促进团体治疗和防止复发以及简化申请和鉴定程序的规则做出决议。

[7]在第 1 款第 2 句第 6 项规定的指令中应当特别规定：

1. 家庭护理的批准及其医疗目的；

2. 开具处方的合同医生及各个社会服务提供者与医院之间合作的内容和范围；

3. 批准家庭护理的前提条件和住院后医院中药物的配备；

4. 批准为给予耐甲氧西林金黄色葡萄球菌（MRSA）携带者独立的家庭疾病护理的更详细的信息；

5. 批准针对门诊姑息治疗的家庭疾病护理。

在联邦共同委员会针对第 1 款第 2 句第 6 项规定的家庭护理运行规定的指令做出决定前，应当给第 132a 条第 1 款第 1 句提到的服务提供者，以及除了符合第 1 句第 5 项的规则以外给联邦一级的临终关怀工作和姑息治疗的权威高层组织以发表意见的机会；该意见应当在决策时被考虑。

[7a]联邦共同委员在做出有关批准第 1 款第 2 句第 6 项规定的辅助器具指令的决定前应当给第 127 条第 9 款第 1 句提到的联邦层面的社会服务提

供者的组织和相关辅助器具生产商以发表意见的机会；该意见应当在决策时被考虑。

[7b]在做出有关批准第1款第2句第14项规定的特种门诊姑息治疗的指令的决定前应当给权威的临终关怀工作和姑息治疗的组织以及第132a条第1款第1句提到的组织以发表意见的机会。该意见应当在决策时被考虑。

[7c]在做出有关批准第1款第2句第6项规定的社会治疗指令的决定前应当给权威的社会治疗供给的服务提供者的组织以发表意见的机会；该意见应当在决策时被考虑。

[7d]在做出有关第135条、第137c条和第137e条规定的指令的决定前应当给各个有关的科学专业团体以发表意见的机会；在做出有关技术应用上很大程度上取决于某种医疗产品使用方法的指令的决定前，也应当给为了代表经济利益而建立的权威的医疗产品生产商的高层组织和各个相关的医疗产品生产商以发表意见的机会；在做出有关将放射性物质或电离辐射应用于人体的方法的指令的决定前，也应当给放射保护委员会以发表意见的机会。该意见应当在决策时被考虑。

[7e]针对第1款第2句第9项规定的指令，各州有提出申请和参与讨论的权利。该权利由各州卫生部长会议任命的两名州代表行使。咨询还包括将讨论对象放在议程上的权利，以及做出决议时在场的权利。联邦共同委员会必须在各委员会的下一次会议上讨论各州的申请。如果无法对申请做出决定，则应当在会议上确定有关进一步讨论和做出决定的程序。主管的小组委员会关于建立工作组和任命专家的决定只能在州的两名代表达成一致意见的情况下做出。该两名代表必须统一进行投票。

[7f]针对第1款第2句第13项规定的指令和第136b条和第136c条规定的决议，各州有提出申请和参与讨论的权利；第7e款第2—7句准用之。在就有关第136条第1款结合第136a条第1款第1—3句规定的指令做出决定前应当给罗伯特·科赫研究所以发表意见的机会。罗伯特·科赫研究所必须依据《感染保护法》第23条与罗伯特·科赫研究所的科学委员会协调意见。该意见应当在决策时被考虑。

[8]联邦共同委员会的指令是联邦范本合同的组成部分。

第92a条　创新基金、通过联邦共同委员会促进新的供给形式以进一步发展供给和促进供给研究的基本规定

[1]联邦联合委员会资助超越当前标准供给的新型供给方式。特别要资助旨在改善跨部门的供给以及显示出足够的能够被稳定纳入供给之中的潜力的计划。资助的前提条件是对计划进行科学的监控和评价。下列事项尤其被作为资助标准：

1. 改善供给质量和供给效率；

2. 克服供给缺陷；

3. 优化不同的供给领域、供给机构和职业团体内部与相互之间的合作；

4. 跨学科和跨专业的供给模式；

5. 知识的可移转性，特别是对于其他地区或者适应证；

6. 执行费用和收益的比例性；

7. 可评价性。

只有基于理由不被包含在标准供给报酬体系之中的开支才是可被资助的。在提出申请时通常须有健康保险公司参加。不存在对于资助的请求权。

[2]联邦共同委员会资助旨在提升现有法定健康保险中的供给认识的供给研究。对于供给研究资助的申请者尤其可以是大学或者非大学的研究机构。对于依据2015年7月22日生效的文本而缔结的合同，如果合同内容显示出足够的被转化为标准供给的潜力，则可以基于合同当事人的申请对科学的监控和评价进行资助。不存在对于资助的请求权。可用于供给研究的资金也可以被用于为进一步发展以及特别是为评价联邦共同委员会的指令的研究计划。

[3]对于第1款和第2款规定的新的供给形式和供给研究的资助金额在2016—2019年分别达到3亿欧元。该资助金额也包括为了管理资金和执行包括第5款规定的科学评价在内的资助所必要的费用。如果2015年已经有积累的支出，则这些费用将由健康基金的流动性储备金承担；第271条第2款第5项规定的金额在2016年扣除了2015年使用的金额。资助金额的75%应当被用于第1款规定的资助，资助金额的25%应当被用于第2

款规定的资助。在财政年度内没有被许可的资金应当按照第 4 款第 1 句规定的比例返还给健康基金（流动性储备金）和健康保险公司。第 1 款和第 2 款规定的计划期限可能长达四年。

[4]第 3 款规定的资金扣除第 221 条第 3 款第 1 句第 1 项规定的农民健康保险公司的融资份额后由健康基金（流动性储备金）和第 266 条规定的参与风险结构补偿的健康保险公司各承担一半。联邦保险局基于第 92b 条规定的创新委员会的决定收集和管理资金（创新基金）并支付资助资金。联邦保险局与创新基金有关的支出由创新基金的收入支付。联邦保险局通过第 266 条规定的参与风险结构补偿的健康保险公司收取的为了创新基金的资金的详细内容，由第 266 条第 7 款第 1 句进行调整；第 266 条第 6 款第 7 句准用之。将资金转交给创新基金以及创新基金资金管理的详细内容，由联邦保险局和创新委员会以及健康保险公司联邦最高协会协商加以确定。

[5]联邦卫生部根据资助对于进一步发展供给的作用而推动本条文规定的资助的科学评估。为此产生的支出由创新基金的收入进行支付。联邦卫生部在 2019 年 3 月 31 日前向德国联邦议会发送关于科学评估的中期报告。联邦卫生部在 2021 年 3 月 31 日前向德国联邦议会递交有关科学评估结果的最终报告。

第 92b 条　通过联邦共同委员会实施对于新的供给形式的资助以进一步发展供给和执行对于供给研究的资助

[1]为了实施资助而在联邦共同委员会中设立了一个创新委员会。创新委员会由以下成员组成：健康保险公司联邦最高协会任命的三个第 91 条第 2 款规定的决策机构的成员，保险公司医生联邦协会、保险公司牙医联邦协会和德国医院协会各自任命的一个第 91 条第 2 款规定的决策机构的成员，联邦共同委员会的独立主席以及两个联邦卫生部的代表和一个联邦教育和研究部的代表。代表患者利益、慢性病患者与残疾人的自救利益的联邦一级权威组织享有参与讨论和提出申请的权利。第 140f 条第 2 款第 2—7 句、第 5 款和第 6 款准用之。

[2]创新委员会在资助公告中确定了第 92a 条第 1 款和第 2 款第 1—4 句规定的资助的重点和标准。创新委员会将根据资助公告执行利益公告程

序，并对收到的资助申请做出决定。创新委员会也就第 92a 条第 2 款第 5 句规定的资金使用做出决定。创新委员会的决定须以七票的多数决获得通过。创新委员会通过一项议事和程序规则，该规则尤其应当就创新委员会的工作方式和与第 3 款规定的办事处的合作以及第 2 句规定的资助程序做出规定。该议事和程序规则须得到联邦卫生部的许可。

³为了筹备和实施创新委员会的决定而成立一个办事处。创新委员会及其办事处的人力和物质需求由创新委员会确定，联邦委员会须将该需求纳入其预算。

⁴第 3 款规定的办事处须服从创新委员会的专业指令和联邦共同委员会独立主席的职务指令且尤其承担下列职责：

1. 起草资助公告的草案；

2. 获得第二意见的可能性，特别是通过第 139a 条规定的卫生事业质量与经济性研究所或者第 137a 条规定的质量保证和透明度研究所；

3. 公布资助决定；

4. 通过联邦保险局促使资助资金的支付；

5. 检查资助资金的合法使用和可能的资助资金的归还要求；

6. 公布由创新基金所资助的计划。

⁵为了将科学和供给实践的专业知识引入创新委员会的咨询程序，而成立一个专家咨询委员会。专家咨询委员会的成员是来自科学界和供给实践界的代表。成员的数量不能超过十个。专家咨询委员会的成员由联邦卫生部任命。专家咨询委员会的建议由创新委员会纳入其决定之中。创新委员会须对偏离专家咨询委员会的判断给出书面理由。

⁶专家咨询委员会尤其应承担下列职责：

1. 基于第 3 款规定的办事处的草案对资助公告的内容提出建议；

2. 对资助申请进行简要评估；

3. 提出对于资助决定的建议。

⁷对于基于本条规定所产生的争端提起的申诉不具有导致相应程序停止的效力。不进行预审程序。

第 93 条　关于被排除的药物的概述

¹对于依据第 34 条第 1 款的规定或者基于第 34 条第 2 款和第 3 款制

定的法规性命令完全地被排除的药物，或者对于第 31 条规定的供给的特定适应证领域被排除的药物，联邦共同委员会应定期以概述的形式进行编排。该概述须公布于联邦公报。

第 94 条　指令的生效

[1]联邦共同委员会通过的指令应当提交给联邦卫生部。联邦卫生部可以在两个月内表示反对；对于第 20i 条第 1 款规定的决议或者第 35 条第 1 款规定的决议，联邦卫生部可在四周内表示反对。联邦卫生部可以在指令审查的框架内要求联邦共同委员会提供附加的信息和补充的意见；直到答复到达为止，第 2 句规定的期限才中断。联邦卫生部在一定条件下可以不对指令表示反对；联邦卫生部可以为满足相应的条件而设定一个适当的期限。如果联邦共同委员会没有或者没有在联邦卫生部设定的期限内形成对于确保医疗供给所必要的决议，或者联邦卫生部的异议没有在其所设定的期限内被排除，则由联邦卫生部公布该指令。

[2]指令在联邦公报公布，其基本理由在互联网公布。指令的公布也必须包含公布在互联网的基本理由的链接。

[3]对于第 1 款规定的联邦卫生部的措施提起的申诉不具有导致相应程序停止的效力。

第七目　医生和牙医参与供给的前提条件和形式

第 95 条　参与合同医疗的供给

[1]被许可的医生或者被许可的医疗供给中心、被授权的医生和被授权的机构参与合同医疗的供给。医疗供给中心为医生领导机构，在该机构中，第 2 款第 3 句规定的医生名册所登记的医生作为职工或者合同医生进行工作。医生领导须自身在医疗供给中心作为被雇佣的医生或者作为合同医生进行工作；其在医疗问题上不受任何指令的约束。如果医疗供给中心里存在参与合同医疗供给工作的不同的职业团体的成员，也可采取共同领导的模式。医生的营业地或者医疗供给中心的营业地（合同医生营业地）须被许可。

[1a]医疗供给中心可以由被许可的医生、被许可的医院、第 126 条第 3

款规定的非医疗透析服务的提供者、第 87b 条第 2 款第 3 句规定的公认的医生网络、被许可或者被授权参与合同医疗供给的非营利承担者或者由乡镇建立。然而第 126 条第 3 款规定的非医疗透析服务的提供者只能被专业的医疗供给中心授权；对于透析患者全面的供给的框架中还涉及与透析服务有关联的医疗服务。建立医疗的供给中心只能采取合伙企业、被登记的合作社或者有限责任公司的法定形式或者采取公法规定的法定形式。无论医疗供给中心的赞助和法律形式如何，已经于 2012 年 1 月 1 日获得许可的医疗中心的许可将继续适用；无论供给提供如何，已经于 2019 年 5 月 10 日获得许可的由第 126 条第 3 款规定的非医疗透析服务提供者成立的医疗供给中心的许可将继续适用。第 105 条第 5 款第 1—4 项不适用于乡镇建立医疗供给中心的情形。

[1b]牙科医疗供给中心只能由医院建立，但医院整体上建立的牙科医疗供给中心的供给份额在保险公司牙医协会的旨在建立牙科医疗供给中心规划区域内的合同牙科供给中所占的比例不得超过 10%。在普遍的符合需求的供给率未超过 50% 的规划区域中医院的对于牙科医疗供给中心的建立许可应包括至少五个合同牙科医生岗位。医院可以在满足下列条件的情形下偏离第 1 句的规定建立牙科医疗供给中心：

1. 在普遍符合需求的供给率未超过 150% 的规划区域中，只要医院整体上建立的牙科医疗供给中心的供给份额在规划区域内的合同牙科供给中所占的比例不超过 20%；

2. 在普遍符合需求的供给率未超过 110% 的规划区域中，只要医院整体上建立的牙科医疗供给中心的供给份额在规划区域内的合同牙科供给中所占的比例不超过 5%。

许可委员会基于普遍的符合需求的供给率和合同牙科医疗供给的情况确定各个有效的供给份额。对此保险公司牙医协会须在每年的 12 月 31 日完成全面且可比较的对于普遍符合需求的供给率和合同牙科医疗供给的情况的概述。概述必须在第二年的 6 月 30 日之前完成，并以适当的方式在保险公司牙医协会的官方公报中发布。第 1—6 句也适用于现有的医院的牙科医疗供给中心的扩建。

[2]每个证明其被登记在医生或者牙医名册（医生名册）上的医生均可以申请获得成为合同医生的许可。医生名册由保险公司医生协会为各个许

可地区进行管理。通过以下方式进行申请而被登记入医生名册：

1. 满足第 95a 条规定的对合同医生的前提条件和第 95c 条规定的对心理治疗师的前提条件；

2. 在为期两年的成为合同牙医的准备期结束后。

《许可条例》对详细内容进行规定。有被登记在第 3 句规定的医生名册中的医生的医疗供给中心可以申请许可。以有限责任公司的法定形式获得医疗供给中心的许可还须满足以下条件，即为了使保险公司医生协会和健康保险公司要求医疗供给中心履行合同医疗相关义务的请求权得以实现，股东要么出具自愿承担义务的保证声明，要么提出《德国民法典》第 232 条规定的其他种类的担保；这也适用于在医疗中心解散后才到期的请求权。聘任获得许可的医疗供给中心的医生须获得许可委员会的同意。当第 5 句规定的前提条件满足时，应当授予许可；第 9b 款准用之。如果提出申请时存在第 103 条第 1 款第 2 句规定的对于执业医生许可的限制或者该许可或者聘任同意与第 101 条第 1 款第 8 句相冲突，则对于许可医生的申请或者对于许可医疗供给中心的申请以及对于同意被许可的医疗供给中心聘任医生的申请应当被驳回。如果许可或者聘任同意符合了第 101 条第 1 款第 8 句的规定，那么不考虑第 103 条第 1 款第 2 句对于许可限制的规定，而偏离第 9 句的规定给予许可。第 135 条准用于在医疗供给中心里被聘任的医生。

[2a]（已废止）

[3]许可使得合同医生成为对其所在的基金会医生执业地区负责的保险公司医生协会的成员并且有权且有义务在其被许可的供给委托的范围内参与合同医疗的供给。医疗供给中心的许可使得在医疗供给中心中被聘任的医生成为对医疗供给中心的合同医生岗位负责的保险公司医生协会的成员，并且被许可的医疗供给中心在此范围内有权且有义务参与合同医疗的供给。有关合同医疗供给的合同的约定具有拘束力。保险公司医生协会在联邦范围内统一地检查第 1 句和第 2 句规定的供给委托的履行情况，特别是借助于已经结算完毕的案件以及借助于第 87 条第 2 款第 1 句第 2 半句规定的时间限制之内的费率表项目。结果以及必要时采取措施的概述应当于每年的 6 月 30 日提交给州委员会和许可委员会以及主管各个保险公司医生协会的监管机关。

4被授权的医生或者机构有权利和义务参与合同医疗供给。有关合同医疗供给的合同约定对其有拘束力。第5—7款、第75条第2款和第81条第5款准用之。

5如果合同医生不接受或者不执行其工作，但是其被期待在适当的时期内接受工作，或者基于第79条第1款规定的全职董事会中被选任的合同医生的申请，则许可不生效。在相同的条件下可以做出所有供给委托中一半或者四分之一的许可不生效的决议；在四分之三的供给委托中可以做出四分之一的许可不生效的决议。

6如果许可的条件不具备或者不再具备，合同医生不接受或者不执行合同医疗的工作或者严重违反其合同医疗的义务，则许可被撤销。在这些情况下许可委员会也可以决议撤销一半或者四分之一的许可而不是全部许可。如果不具备第1a款第1句规定的基本条件长达六个月，则也应当撤销对于医疗供给中心的许可。只要被雇佣的医生在医疗供给中心工作且是该医疗供给中心的股东，则第1a款第1句规定的建立条件也适用于该被雇佣的为了医疗供给中心的职位而放弃许可的医生。如果被雇佣的医生接管第1a款第1句或第4句规定的医生的股东股份，并且只要他们在医疗中心工作，则继续适用第1a款第1句规定的建立条件；被雇佣的医生可以随时接管股份。如果有效期至2011年12月31日的版本中的第1款第6句后半句规定的建立条件已经有六个月未得到满足或者医疗供给中心直至2012年6月30日也没有向许可委员会证明医疗服务符合第1款第3句规定的前提条件，则属于第1a款第4句第1半句规定的祖父条款范围内的医疗供给中心应当被撤销。

7如果许可限制涉及的规划区域内的合同医疗工作没有在发出有关许可决议的三个月内被接收，而权利人在此期间死亡、放弃许可生效、时效期间届满或者权利人变更其基金会医生执业地区，则许可终止。当医疗供给中心对于许可的放弃生效、医疗供给中心解散、时效期间届满或者医疗护理中心变更其合同医生岗位时，对于医疗供给中心的许可终止。

8（已废止）

9合同医生可以经由许可委员会的许可雇佣被登记入医生名册的医生，只要对于将被雇佣的医生所属的医生团体不存在许可限制的规定，且该雇佣不与第101条第1款第8句的规定相冲突；与此相偏离的应当遵守第

101 条第 1 款第 8 句的规定进行雇佣时，尽管存在对于许可限制的规定，也应当授予雇佣准许。如果许可限制被规定，第 1 句准用之，但须满足第 101 条第 1 款第 1 句第 5 项规定的前提条件。对于合同医生雇佣医生的详细规定参见《许可条例》。第 5 款准用之。

[9a]参与家庭医疗供给的合同医生可以经由许可委员会同意而不受许可限制的影响，雇佣被高校雇佣的每天至少工作半天的或者被聘任为高校基础医学的教师或者作为教师的科学助手的被登记入医生名册的医生。在计算某个规划区域内的供给程度时，这些被雇佣的医生并不被计算在内。

[9b]第 9 款第 1 句规定的被同意的雇佣，经许可委员会的雇佣其他医生的合同医生的申请须被转化为许可，只要被雇佣的医生的工作范围与全部或者一半的供给委托相符；如果雇佣其他医生的合同医生没有同时向保险公司医生协会申请执行第 103 条第 3a 款规定的人员接替程序，则迄今为止被雇佣的医生成为许可的持有人。

[10]当符合下列条件时，心理治疗师可被许可参与合同医疗供给：

1. 到 1998 年 12 月 31 日为止已满足《心理治疗师法》第 12 条所规定的执业许可的前提条件和第 95c 条第 2 句第 3 项所规定的专业知识证明的前提条件，且已提出授予许可的申请；

2. 到 1999 年 3 月 31 日为止已经提交执业许可证书；且

3. 在 1994 年 6 月 25 日至 1997 年 6 月 24 日期间为法定健康保险的参保人提供门诊心理治疗。

许可委员会须在 1999 年 4 月 30 日前对许可申请做出决定。

[11]当符合下列条件时，心理治疗师可被授权参与合同医疗供给的提供：

1. 直到 1998 年 12 月 31 日为止，符合《心理治疗师法》第 12 条规定的执业许可的先决条件，且提供了 500 小时有记录的治疗，或者治疗程序中在质量监督下提供了 250 小时有记录的治疗，该质量监督程序已经被联邦共同委员会于 1998 年 12 月 31 日生效的有关执行合同医疗供给中的心理治疗的指令所承认（1987 年 7 月 3 日的新版心理治疗指令公布于《联邦公报》第 156 号副刊第 156a 号以下，最后一次修订公布于 1997 年 3 月 12 日《联邦公报》第 49 号，第 2946 页），且已经提交了后资格认证申请；

2. 在 1999 年 3 月 31 日前提交执业许可证书；

3. 在 1994 年 6 月 25 日至 1997 年 6 月 24 日期间为法定健康保险的参保人提供门诊心理治疗。

许可委员会须在 1999 年 4 月 30 日前对申请做出决定。已完成的后资格认证以在联邦共同委员会承认的治疗程序中提供对于《心理治疗师法》第 12 条第 1 款和第 12 条第 3 款规定的执业许可所要求的资格、所要求的治疗时长、治疗案例和理论培训为前提条件。在已完成的后资格认证完成的证明中许可委员会须将授权申请转化为许可。心理治疗师的授权在后资格认证终止后失效，授权的有效期间最长不超过获得授权后的五年；但是，如果转换申请是在获得授权后五年内提出的，则授权应一直保留至许可委员会做出决定为止。

[11a]对于到 1998 年 12 月 31 日为止因在对其有抚养义务并与其一起生活的小孩出生的头三年照顾和抚养该小孩而没有参与工作的心理治疗师，第 11 款第 1 句第 1 项规定的授权申请提出和满足治疗时长被推迟计算，该推迟的时间相当于抚养小孩的时间。但最长不超过三年。如果心理治疗师因在对其有抚养义务并与其一起生活的小孩出生的头三年照顾和抚养该小孩而没有参与工作，则停止对于该心理治疗师的授权期间的计算。该期间最长可延长至相当于抚养小孩的期间。

[11b]对于第 10 款第 1 句第 3 项和第 11 款第 1 句第 3 项规定的因在对其有抚养义务并与其一起生活的小孩出生的头三年照顾和抚养该小孩而没有参与工作的心理治疗师，期间的计算起点被提前，该提前的时间相当于抚养小孩的三年时间。如果抚养小孩的时间开始于 1994 年 6 月 25 日前，则期间从开始抚养小孩时起算。

[12]只有当医生与健康保险公司的州委员会已经确定第 103 条第 1 款第 1 句规定的相应事项，许可委员会才可就心理治疗师和 1998 年 12 月 31 日后被雇佣的主要或者只从事心理治疗工作的医生的许可申请做出决定。

[13]在心理治疗师和主要或者只从事心理治疗工作的医生（第 101 条第 3 款第 1 句）的许可事项中可以偏离第 96 条第 2 款第 1 句和第 97 条第 2 款第 1 句的规定，心理治疗师和医生的相同数量的代表取代医生的代表；心理治疗师的代表中必须存在至少一个儿童和青年心理治疗师。对于许可委员会和上诉委员会的首次全体会议第 1 句规定的主管的监管机关的心理

治疗师代表基于在职业利益方面处于权威地位的州层面的心理治疗师组织的建议而被任命。

第 95a 条　被登记入合同医生名册的前提条件

[1]符合下列条件即可被登记入医生名册：

1. 有医生执业许可；

2. 要么成功地完成基础医学的继续教育，要么成功地完成其他领域的继续教育，且有权使用相应的领域称号，要么有符合第 4 款第 5 句所承认的资格证明。

[2]如果医生按照州法的规定有权使用基础医学专科医生称号，且被授权参与继续教育的医生在被许可的机构中接受至少五年的成功的基础医学领域的继续教育后获得该权限，则第 1 款第 2 项意义上的基础医学的继续教育得到证明。如果依据相应州法的规定，已经开始的至少三年的基础医学领域的继续教育，因医生在对其有抚养义务并与其一起生活的小孩出生的头三年中对该小孩的照顾和抚养而被中断，且依据该州法的规定该继续教育应当继续进行至少长达三年，则直到 2008 年 12 月 31 日为止，符合第 1 句的至少三年的继续教育例外地得到满足。当基于所谓的抚养小孩的理由而在 2006 年 1 月 1 日前不能接受基础医学领域的合同医疗工作，且基于截至 2008 年 12 月 31 日完成了至少三年的继续教育并已经提出登记入医生名册的申请，则第 2 句准用之。

[3]基础医学的继续教育尽管持续至少五年的时间，但在内容上至少要符合欧洲议会和理事会于 2005 年 9 月 7 日颁布的有关承认职业资格（《欧盟官方公报》第 L255 号，第 22 页；2007 年第 L271 号，第 18 页）的 2005/36/欧共体指令的第 28 条的要求，且须在获得基础医学专科医生称号的同时顺利结业。该继续教育尤其须包含下列工作：

1. 在为基础医学领域的继续教育而被授权的医生的诊所中从事至少六个月的工作；

2. 在被许可的医院中工作至少六个月；

3. 在其他被许可的致力于基础医学发展的卫生事业的机构或者岗位工作至少六个月，但以该医生被委托从事与患者相关的工作为限。

[4]如果医生基于州法的规定为了执行欧洲议会和理事会于 2005 年 9 月

7 日颁布的有关承认职业资格的 2005/36/欧共体指令（《欧盟官方公报》第 L255 号，第 22 页；2007 年第 L271 号，第 18 页）的第 30 条而于 1995 年 12 月 31 日前获得"实习医生"的称号，则登记入册的前提条件也被满足。

[5]如果被许可的医生是基础医学领域的特殊教育证明的持有者，该教育证明在内容上至少与欧洲议会和理事会于 2005 年 9 月 7 日颁布的有关承认职业资格的 2005/36/欧共体指令（《欧盟官方公报》第 L255 号，第 22 页；2007 年第 L271 号，第 18 页）第 28 条相符合，且该教育证明在欧盟的成员国或者其他有关欧洲经济区协议的缔约国，或者德国和欧共体或者德国和欧盟通过合同承认其享有相应请求权的合同缔约国被签发。第 1 句提及的指令的第 30 条规定的有关实习医生特殊获得权证明的持有者、有关内容上至少与该指令第 25 条规定的要求相符合的专科医生继续教育证明的持有者或者有关指令第 27 条规定的专科医生的特殊获得权证明的持有者也应当被登记入医生名册。

第 95b 条 对于许可的共同放弃

[1]在与其他医生相互协商确定的程序或者行为中放弃其作为合同医生的许可，是违反合同医生义务的行为。

[2]如果合同医生在与其他医生相互协商确定的程序或者行为中放弃其作为合同医生的许可，且因此导致监管机关依据第 72a 条第 1 款进行了查明，再 次的许可最早可在做出放弃表示的八年后被授予。

[3]如果参保人对于已经放弃享有第 1 款规定的许可的医生或者牙医享有请求权，则健康保险公司支付医生或者牙医的报酬，且对医生或者牙医具有解放的作用。针对健康保险公司的报酬请求不得超过医生费率表费率或牙医费率表费率的 1.0 倍。医生或者牙医对于参保人不享有报酬请求权。偏离本规定的约定无效。

第 95c 条 心理治疗师被登记入医生名册的前提条件

心理治疗师被登记入医生名册所需要的前提条件为：

1.《心理治疗师法》第 2 条或者第 12 条规定的心理治疗师的执业许可；和

2. 专业知识证明。

专业知识证明的前提条件为：

1.《心理治疗师法》第2款第1句规定的被许可的心理治疗师，须在第92条第6a款规定的被联邦共同委员会所认可的治疗程序中顺利地完成《心理治疗师法》第8条第3款第1项规定的深入教育；

2.《心理治疗师法》第2条第2款和第3款规定的被许可的心理治疗师，须通过第92条第6a款规定的被联邦共同委员会所认可的治疗程序顺利地完成作为执业许可基础的教育和考核；

3.《心理治疗师法》第12条规定的被许可的心理治疗师，须在第92条第1款第2句第1项规定的被联邦共同委员会所认可的治疗程序中证明许可所要求的资格、继续教育或者治疗时长、治疗案例和理论教育。

第95d条　接受专业继续教育的义务

[1]在合同医生获得和进一步扩展其履行合同医疗供给职务所要求的专业知识的必要范围内，其有接受继续教育的义务。继续教育的内容必须与医学、牙科医学知识或者心理治疗领域的科学知识现状相符合。继续教育的内容必须摆脱经济利益的影响。

[2]继续教育的证明可以通过医生、牙医以及心理治疗师和针对小孩与年轻人的心理治疗师的行业协会的继续教育证书提供。其他的继续教育证书必须符合联邦一级各个职业的同业协会工作组设置的标准。在例外情况下，也可以通过其他方式证明继续教育是否符合第1款第2句和第3句的要求；详细内容由保险公司医生联邦协会根据第6款第2句加以规定。

[3]合同医生必须每五年向保险公司医生协会提交其在过去五年内履行了第1款规定的继续教育义务的证明；在许可中止的期间内，该期间也中止计算。如果由于合同医生搬离其所处合同医生岗位所在的管辖范围而导致之前的许可终止，则之前的期间继续计算。如果合同医生没有提供继续教育的证明或者提供的继续教育证明不完整，则保险公司医生协会有义务在五年的期间届满后的四个季度里，将应当支付给该合同医生的来自合同医疗工作的薪酬的支付给自由工作者的部分减少10%，并在接下来的一个季度减少25%。合同医生可以在两年内完全或者部分补上所确定的五年期间的继续教育；该补充的继续教育不算入接下来的五年期间内。酬金

减少在完整的继续教育证明被提供的季度经过后终止。如果合同医生在五年期限届满后的两年内未提供继续教育证明，则保险公司医生协会应立即向许可委员会提出撤销许可的申请。如果撤销许可的申请被拒绝，则酬金减少在合同医生提供接下来五年期间内完整的继续教育证明的季度经过后终止。

[4]第1—3款准用于被授权的医生。

[5]第1款和第2款准用于医疗供给中心的、合同医生制的或者第105条第1款第2句、第5款或者第119b条规定的机构中的被雇佣的医生。第3款规定的被雇佣医生的继续教育证书由医疗供给中心或者合同医生颁发；对于被第105条第5款或者第119b条规定的机构雇佣的医生由该机构颁发第3款规定的继续教育证书。如果被雇佣的医生超过三个月没有执行工作任务，则保险公司医生协会须基于申请为缺席时间延长五年期限。第3款第2—5句和第7句在符合医疗供给中心、合同医生或者第105条第1款第2句、第5款或者第119b条规定的机构的酬金被减少的条件下准用之。如果健康保险公司被证明终止了雇佣关系，则酬金减少也在该雇佣关系终止的季度经过后终止。如果雇佣关系继续存在，且在五年期限经过后的两年之前对于第2句规定的被雇佣的医生的继续教育的证明没有被提出，则保险公司医生协会应当对许可委员会提出撤销雇佣的申请。

[6]保险公司医生联邦协会与同业协会的工作组就五年期间内必要的继续教育适当范围的规定达成一致。保险公司医生联邦协会规定继续教育证明和酬金减少的程序。特别需要规定的是在哪些情形下合同医生在五年期限届满前已经获得了书面或者电子形式的对于已经完成的继续教育的承认的请求权。该规定对于保险公司医生协会具有约束力。

第96条　许可委员会

[1]为了做出许可事项中的决策和决定，保险公司医生协会、健康保险公司州协会以及每个保险公司医生协会所在地区或者这些地区（许可地区）的部分的医疗互助保险公司建立了一个医生许可委员会或者一个牙医许可委员会。

[2]许可委员会由相同数量的医生和健康保险公司的代表组成。医生的代表及其副手由保险公司医生协会任命，健康保险公司的代表及其副手由

健康保险公司州协会和医疗互助保险公司任命。许可委员会的成员以担任名誉职位的方式履行自己的职责，不受指令的约束。医生和健康保险公司的代表轮流担任主席。许可委员会以简单多数决的方式做出决议，在票数相同的情况下申请视为被拒绝。

[2a]负责社会保险的最高州行政机关在医生许可委员会做出下列决定的程序中享有参与提供咨询的权利：

1. 额外分配第 101 条第 1 款第 1 句第 3 项规定的额外合同医生岗位；

2. 执行第 103 条第 3a 款规定的人员接替程序；

3. 基于第 103 条第 2 款第 4 项规定的负责社会保险的最高州行政机关的决定分配额外的合同医生岗位；

4. 拒绝第 103 条第 4 款第 9 句规定的人员接替；

5. 医生和机构的授权；

6. 依据《许可条例》第 19 条第 4 款为合同医生规定许可期限；以及

7. 迁移合同医生岗位或者《许可条例》第 24 条第 7 款规定的经批准的对于合同医生的雇佣。

参与提供咨询的权利也包括获得有关程序对象的早期信息的权利，包括在做出决策时在场的权利在内的参与会议的权利以及提出主导程序的申请的权利。

[3]许可委员会的业务由保险公司医生协会负责。许可委员会的一半开支由保险公司医生协会承担，另一半由健康保险公司州协会和医疗互助保险公司承担，但以该开支未被收费所覆盖为限。

[4]对于许可委员会的决定，参与程序的医生和机构、保险公司医生协会、健康保险公司州协会以及医疗互助保险公司可以向上诉委员会提出上诉。该上诉具有中止的效力。

第 97 条　上诉委员会

[1]保险公司医生协会、健康保险公司州协会以及医疗互助保险公司为每个保险公司医生协会所在地区设立一个医生上诉委员会和一个牙医上诉委员会。它们可以基于需求为保险公司医生协会所在地区设立多个上诉委员会或者为多个保险公司医生协会所在地区设立一个共同的上诉委员会。

[2]上诉委员会由一名具有担任法官职务资格的主席、相同数量的医生

代表、健康保险公司州协会的代表以及医疗互助保险公司的代表作为委员会成员而组成。委员会成员应当就主席的人选达成一致意见。如果无法就主席的人选达成一致意见，则由负责社会保险的最高行政机关同保险公司医生协会、健康保险公司州协会以及医疗互助保险公司协商后任命主席。第96条第2款第2—5句和第7句以及第3款准用之。

[3]《社会法院法》第84条第1款和第85条第3款适用于上诉程序。在上诉委员会之前进行的程序视为预审程序（《社会法院法》第78条）。

[4]上诉委员会可以基于公共利益的考量而命令立即执行其决定。

[5]负责社会保险的州最高行政机关负责对许可委员会和上诉委员会的业务执行进行监督。只有保险公司医生协会、健康保险公司州协会或者医疗互助保险公司没有任命医生和健康保险公司的代表，方由主管社会保险的州最高行政机关进行任命。

第98条　《许可条例》

[1]《许可条例》规定有关参与合同医疗供给以及为保障该合同医疗供给的必要需求规划（第99条）和许可限制。《许可条例》由联邦卫生部经联邦参议院批准以法规性命令的方式公布。

[2]《许可条例》必须包含如下规定：

1. 委员会成员及其副手的数目、聘任和解雇，他们的任期，他们的事务执行，偿还他们的现金垫付款以及对于时间花费的补偿；

2. 委员会的管理；

3. 与社会法院预审程序的基本原则相符的委员会程序；

4. 兼顾管理开支和债务人事务的意义基础上收取的程序费用以及有关委员会的开支在各个参与的协会之间的分摊；

5. 通过保险公司医生协会管理医生名册，通过保险公司医生联邦协会管理联邦医生名册、查阅名册和登记文件的权利，特别是相关的医生和健康保险公司的该权利；

6. 兼顾管理开支和债务人事务的意义基础上登记入医生名册的程序以及程序费用；

7. 许可地区的设立及其界限；

8. 对于合同医疗供给的中长期保障所必要的需求规划的建立、协调、

继续发展和评价以及在该方面与其他部门的合作，医生和健康保险公司的
州委员会中有关事项的通知和咨询提供；

9. 合同医生岗位的公告；

10. 考虑对于合同医疗事务执行的准备和能力基础上的许可的前提条件以及基于许可的对供给委托时间范围的更为详细的规定；

11. 医生，特别是在医院或者职业康复机构工作的医生被授权参与到合同医疗供给中来的前提条件，或者在特殊的情况下医疗机构通过许可委员会被授权参与到合同医疗供给中来的前提条件，被授权的医生和机构的权利和义务以及通过具有相同领域称号的医生代表被授权的医院医生的许可；

12. 规定许可期限的前提条件；

13. 依据执行自由职业的基本原则，合同医生在合同医疗供给的过程中被允许雇佣医生、助手和代表的前提条件或者合同医生可以在其他地区执行合同医疗事务的前提条件；

13a. 被许可参与合同医疗供给的服务提供者可以共同执行合同医疗事务的前提条件；

14. 通过获得德国当局授予的暂时从事医疗执业许可的医生，以及通过根据《建立欧洲共同体条约》第 50 条或者《欧洲经济区协定》第 37 条在国内暂时提供服务的医生参与到合同医疗供给中来；

15. 在放弃许可的情况下为终止合同医疗活动设定的为了保障合同医疗供给所必要的合理期限。

[3]第 2—12 项不适用于针对合同牙医的许可条例。

第八目 需求规划、供给短缺、供给过度

第 99 条 需求规划

[1]保险公司医生协会须在与健康保险公司州协会以及医疗互助保险公司达成一致意见的基础上依据联邦共同委员会公布的州层面的指令为保障合同医疗供给制定需求规划并对该需求规划进行及时调整以使其适应于当下的发展状况。须注意土地规划、区域规划以及医院规划的目的和需求。可以偏离联邦共同委员会的指令，但以考虑到地区的特性，特别是在地区

的人口统计和发病率的基础上提供符合需求的供给是必要的为限。必须给予主管的州当局和州层面对于代表患者利益、慢性病人和残疾人的自我救助利益的权威组织以发表意见的机会。被制定或者调整的需求规划须提交给负责社会保险的最高州当局。该负责社会保险的最高州当局可以在两个月的期限内表示反对。需求规划必须以适当的方式公布。

[2]如果保险公司医生协会、健康保险公司州协会和医疗互助保险公司没有达成一致意见，则每个成员均可向医生和健康保险公司的州委员会提出申请。这也适用于需求规划的反对须被补正的情形。

[3]州委员会对第1款规定的需求规划提出建议，并在第2款规定的情况下做出决定。

第100条　供给短缺

[1]医生和健康保险公司州委员会有责任确定在许可区的特定区域内，是否已经出现或者在可预见的时间内即将出现的医疗供给短缺；在确定供给短缺时不考虑通过授权参与合同医疗供给的医生。医生和健康保险公司州委员会必须给予主管相关地区的保险公司医生协会一个适当的期限以消除或者避免供给短缺。

[2]如果通过保险公司医生协会的措施或者通过其他合适的措施，医疗供给的保障不能够得到确保，且该供给短缺的情况在期限经过后仍然持续，则对于许可委员会具有约束力的州委员会在听取许可委员会的意见后，须依据《许可条例》的规定命令在其他地区进行许可限制。

[3]医生和健康保险公司州委员会有责任依据指令的条件，基于第101条第1款第3a项确定在未出现供给短缺状况的规划区域是否存在额外的地方供给需求。

[4]第1款第2项和第2款对于牙医不适用。

第101条　供给过度

[1]联邦共同委员会通过决议在指令中对于下列事项做出规定：

1. 合同医疗供给中基于普遍符合需求的供给程度的统一比例；

2. 家庭医疗和专科医疗的供给结构相平衡的标准；

2a. 规定在计算供给程度时要考虑医生提供的第116b条规定的门诊

医疗服务规则；

2b. 规定在计算供给程度时要考虑通过授权参与合同医疗供给的医生的规则；

3. 例外地分配合同医生岗位的指标以满足当地额外的供给需求或者与资格相关的供给需求，但以在某个供给区域内该合同医生岗位对于保障合同医疗的供给是必要的为限；

3a. 州医生委员会和健康保险公司可以依据第100条第3款在非供给短缺的规划区域内确定当地的额外供给需求的普遍前提条件；

4. 对于在某个被规定了许可限制的规划区域内许可医生的例外规则，只要医生与在该规划区域已经从事工作的相同专业领域的合同医生一起执行医疗事务，或者只要继续教育规章预先规定了专科医生称号、将使用该专科医生称号且职业共同体的成员对于许可委员会负有不过分超过目前的诊疗范围的服务限制的义务，这准用于在依据第311条第2款第1句规定的机构和医疗供给中心雇佣医生，在查明供给程度时，该医生不被计算在内；

5. 相同专业领域的合同医生雇佣医生的规则，或者只要继续教育规章预先规定了专科医生称号，在存在许可限制的规划区域内使用相同的专科医生称号，只要合同医生对于许可委员会负有不过分超过目前诊疗范围的服务限制的义务，以及服务限制的例外情形，只要且仅限于这对于覆盖额外的当地的供给需求是必要的，在查明供给程度时，该被雇佣的医生不被计算在内；

6. 针对第4项和第5项所规定的低于平均水平诊疗范围的服务限制的例外规则，对于在低于平均诊疗范围的心理治疗实践诊疗范围内扩大不应当被局限于专业小组的平均水平。

只要继续教育规章在相同专业领域规定多个专科医生称号，则基于第4项和第5项的指令也决定哪些专业称号可在第4项规定的共同职业实践中被使用，以及哪些专业称号可在第5项规定的雇佣中被使用。如果普遍的符合需求的供给程度超过了10%，则可以被认为存在供给过度。自1990年12月31日起普遍的符合需求的供给程度级别第一次在联邦范围内被确定。在查明供给程度时，须考虑自1980年12月31日以来以分为特定医生组的方式进入合同医疗供给的发展。自2013年1月1日起地区规划区域的确定开始生效以确保地区范围内的供给。联邦共同委员会对第2款第3项规定的指数进行测试，且考虑到小规模计划的可能性，特别是针对第4款规定的医生群体，之后自2019年7月1日起对于符合需求的供给进行必要的调整。联邦共同委员会可以在各个医生组中依据专业领域、专科医生权限或者重点权限确定这些专业领域的医生或者具有相应专科医生权限或者重点权限的医生各自的最小或最大供给份额；最小或者最大供给份额的确定对于涉及的医生组确定的指数没有影响。在计算某个规划区域的供给程度时承担一半供给委托的合同医生按照0.5的系数被加以考虑，在第95条第9款第1句规定的合同医生那里被雇佣的医生、在医疗供给中心被雇佣的医生和在第105条第1款第2句规定的机构中被雇佣的医生应当根据他们的工作时间按份额地被加以考虑。如果在第9句中提及的医生提供了第116b条规定的门诊医疗服务，则这应当在依据第1句第2a项规定的条件计算供给程度时被加以考虑。被授权的医生和在被授权的机构中工作的医生依据第1句第2b项规定的条件被考虑。联邦共同委员会可以在执行第7句规定的委托的有期限的过渡规则的框架内，决定医生和健康保险公司的州委员会可以基于保险公司医生协会、健康保险公司州协会以及医疗互助保险公司的申请，在100%—110%的供给程度范围内规定对于各个医生组和规划区域的许可限制，以在不同的规划区域内确定均衡的供给。在查明供给程度时，第8句规定的确定最小或最大供给份额只有当相应的位置被占据时才被加以考虑。联邦共同委员会决定依据第8句确定的最小的供给份额是否在供给过度的情形也能通过授予额外的许可和就业许可加以补足。

[2]如果在下列情况下有必要的话，联邦共同委员会须调整基于第1款第4句和第5句查明的指数或者确定新的指数：

1. 由于医生组的专业类别发生了变化；

2. 因为联邦范围内某个医生组的医生数量超过了1000名；或者

3. 为了确保符合需求的供给，与此同时须特别考虑人口发展以及社会结构和发病率结构。

[3]在第1款第1句第4项规定的情形中，医生获得被限制执行共同的合同医疗事务期间的许可。该限制和第1款第1句第4项规定的服务限制在依据第103条第3款废止许可限制后终止，最迟不超过执行共同的合同

医疗事务的十年。如果限制终止，那么在查明供给程度时医生被计算在内。在第 103 条第 4 款规定的诊所继续营业的情形下选择申请人时，只有在医生执行至少五年的共同的合同医疗事务后才须考虑第 1 款第 1 句第 4 项提及的医生的共同诊疗执行经历。对于第 311 条第 2 款第 1 句规定的机构第 2 句和第 3 句准用之。

[4]主要或者完全从事心理治疗事务的医生和心理治疗师组成第 2 款意义上的医生组。针对该医生组的普遍的符合需求的供给程度须于 1999 年 1 月 1 日首次被查明。被许可的医生以及依据第 95 条第 10 款被许可的心理治疗师须被计算在内。此外主要从事心理治疗的医生须按照 0.7 的系数被考虑。在第 1 款规定的指令中须在 2015 年 12 月 31 日前确保对于主要或者完全从事心理治疗事务的医生保留普遍指数的至少 25% 的供给份额且对于第 1 句规定的只给儿童和青少年提供心理上的照料的服务提供者保留普遍指数的至少 20% 的供给份额。自 2016 年 1 月 1 日起第 5 句规定的最低供给份额继续有效，但前提是联邦共同委员会能够基于供给原因符合需求地调整该最低供给份额的数量；此外可以在最低供给份额内为主要或完全从事心理治疗事务的医生预先规定进一步的依据专业领域而区分的最低供给份额。在确定第 103 条第 1 款规定的供给过度时，第 95 条第 11 款规定的被授权的心理治疗师须被计算在内。

[5]自 2001 年 1 月 1 日起除儿童和青少年医生以外的家庭医生（第 73 条第 1a 款）组成一个第 2 款意义上的医生组；第 4 款的适用不受影响。针对该医生组的普遍的符合需求的供给程度须于 1995 年 12 月 31 日首次被查明。针对参与专科医疗供给的内科医生的指数须于 1995 年 12 月 31 日被重新查明。联邦共同委员会须在 2000 年 3 月 31 日前就新的指数做出决定。州委员会须在 2000 年 12 月 31 日首次确定第 103 条第 1 款第 1 句规定的事项。只有在不存在第 103 条第 1 款规定的许可限制的情况下，在家庭医疗和专科医疗供给领域没有重点称号的内科医生的变更才是被允许的。

[6]第 1 款第 1 句第 2a、2b、3、4、5、6 项以及第 3 款、第 3a 款对于牙医不适用。

第102条　（已废止）

第103条　许可限制

[1]医生和健康保险公司的州委员会确定是否存在供给过度；在确定是否存在供给过度时不考虑通过授权参与合同医疗供给的医生。如果出现供给过度的情形，则州委员会须依据许可条例的规定，且在考虑联邦共同委员会的指令的基础上，对许可限制做出规定。此外州委员会确定普遍的符合需求的供给程度何时超过40%。

[2]许可限制须在空间上被加以限制。许可限制可以包含保险公司医生协会的一个或者多个规划区域。许可限制须根据医生组进行规定，并适当考虑保险基金类型的特殊性。负责社会保险的最高州当局可以确定某个规划区域的农村的或者结构薄弱的而被排除在医生组和专业申请的许可限制范围外的子区域。为了确定农村地区和结构薄弱的子区域，州委员会与负责社会保险的最高州当局达成合意，建立一般标准，将其用作各个决定的基础。州委员会须遵守目前的联邦建筑、城市和空间研究所的空间观测和空间划界，或者须通过对于州计划负责的部门将类似的划界作为确定农村地区的基础。额外的医生职业地区在由保险公司医生协会、健康保险公司州协会和医疗互助保险公司根据第99条的规定达成一致意见建立的需求规划中显现出来。

[3]如果供给过度的前提条件被取消，则许可限制也相应被废止。

[3a]如果在存在许可限制的规划区域内，对于合同医生的许可因为其死亡、弃权或者许可撤销而终止，且诊所被其继任人继续经营，则许可委员会通过合同医生或者该合同医生的有权对诊所进行支配的继承人来决定是否应当执行第4款规定的针对合同医生岗位的人员接替程序。第1句也适用于放弃一半或者四分之一的许可或者撤销一半或者四分之一的许可的场合；第1句不适用于合同医生在定有期限的许可期限经过之前放弃其对于许可享有的权利的情形。如果从供给理由来看，合同医生岗位的人员接替并非必要，则许可委员会可以对申请予以拒绝；这点并不适用，只要诊所应当被属于第4款第5句第4项、第5项和第6项描述的人际圈子的继任人继续经营，或者应当被负有将诊所搬迁至规划区域的其他依据保险公司

医生协会的通知基于过于微小的医生密度而存在供给需求的地区的义务的继任人继续经营，或者只要第 101 条第 1 款第 8 句规定的最小或者最大供给份额的确定伴随着人员接替被遵循。第 3 句后半句适用于属于第 4 款第 5 句第 4 项描述的人际圈子的继任人，但前提是该继任人须在 2015 年 7 月 23 日以后首次在第 100 条第 1 款规定的州委员会确定存在供给过度的地区从事合同医疗事务。第 3 句第 2 半句适用于属于第 4 款第 5 句第 6 项描述的人际圈子的继任人，但前提是该雇佣关系或者共同经营诊所须至少已经持续三年。如果雇佣关系或者共同的诊所经营在 2015 年 3 月 5 日前被建立，则第 5 句不适用。如果州委员会做出第 1 款第 3 句规定的确定，那么如果基于供给理由合同医生岗位的人员接替并非必要，则许可委员会应当拒绝对于执行人员更替程序的申请。在第 7 款规定的情形中第 3 句后半句以及第 4—6 句准用之；当人员更替应当被拒绝时，第 4 款第 9 句适用之。许可委员会以简单多数决的方式做出决议；在投票数相同的情形下则应偏离第 96 条第 2 款第 6 句的规定而通过申请。第 96 条第 4 款不适用。预审程序（《社会法院法》第 78 条）不进行。针对许可委员会做出的通过对于执行人员接替程序申请的决议提起的申诉不具有中止正在执行的程序的效力。如果许可委员会拒绝了申请，则保险公司医生协会应当向合同医生或者合同医生的有权支配诊所的继承人支付与诊所的市场价值相当的赔偿费用。查明市场价值须合乎于第 4 款第 8 句规定的在经营诊所时具有决定性的市场价值。

[4]如果许可委员会通过了在第 3a 款规定的存在许可限制的规划区域对于执行人员接替程序的申请，则保险公司医生协会须立刻在官方公告的公报中公布合同医生岗位，并建立一份收到申请的清单。第 1 句适用于对于许可的一半的放弃或者被撤销一半的许可或者确定第 2 款第 5 句规定的额外的许可可能性的情形。收到申请的清单应当被提供给许可委员会以及合同医生或者其继承人。许可委员会须在想要成为之前的合同医生的继任人而继续经营被公布的诊所的多个申请人中，基于符合义务的衡量而选择继任人。在选择继任人时下列标准须被考虑：

1. 职业能力；

2. 许可年龄；

3. 从事医疗事务的时长；

4. 第 100 条第 1 款规定的州委员会确认存在供给短缺的地区从事合同医疗事务至少五年;

5. 申请人是否为之前的合同医生的配偶、生活伴侣或者子女;

6. 申请人是否是被之前的合同医生雇佣的医生或者是迄今参与共同经营该诊所的合同医生;

7. 申请人是否已经准备好满足在保险公司医生协会的公告中被定义的供给需求;

8. 残疾人在获得医疗供给方面的利益;

9. 在医疗供给中心补充特殊的供给提供, 这也准用于提供特殊供给的合同医生和职业共同体。

自 2006 年 1 月 1 日起须考虑对于被公布的家庭医生执业地区起重要作用的全科医生。因照顾孩子或者照顾家中需要被照顾的近亲属而导致医疗事务被中断的, 第 5 句第 3 项规定的医疗事务的时长延长相应的时间。离职的合同医生或其继承人的经济利益只在购买价格不超过诊所市场价值的范围内予以考虑。如果许可委员会在第 3a 款第 3 句第 2 半句规定的情形中, 在做出的选择决定中得出了第 3a 款第 3 句第 2 半句所描述的人际圈子的申请者没有被选中的结论, 那么当人员接替基于供给理由并非必要时, 许可委员会可以以其投票的多数决拒绝合同医生岗位的人员接替; 第 3a 款第 10 句、第 11 句、第 13 句和第 14 句准用于该情形。如果第 5 句第 7 项规定的申请人已经申明要满足特殊的供给需求, 则许可委员会可在申请者负有满足该供给需求义务的前提条件下授予许可。

[4a]如果合同医生为了在合同医疗供给中心工作而放弃对于存在许可限制的规划区域的许可, 且合同医疗供给的理由与之不冲突, 那么许可委员会必须批准雇佣; 第 4 款规定的继续经营诊所是不可能的。在检测合同医疗供给的理由是否与雇佣相冲突时须考虑通过医生对医疗供给中心的特殊供给提供的补充。即使雇佣医生的医疗供给中心的地区位于其他规划区域, 该医生仍可在其被许可的规划区域中继续工作。医生在位于存在许可限制的规划区域中的医疗供给中心工作至少五年后, 尽管存在许可限制, 其仍然可以通过申请获得在该规划区域内的许可; 这点对于基于第 5 句规定的人员更替或者自 2007 年 1 月 1 日才在医疗供给中心工作的医生不适用。即使存在许可限制, 对于医疗供给中心来说医生岗位的人员更替也是

可能的。第 95 条第 9b 款准用之。

^{4b}如果合同医生为了在合同医生处作为第 95 条第 9 款第 1 句规定的被雇佣的医生工作而放弃对于存在许可限制的规划区域的许可，且合同医疗供给的理由与之不冲突，那么许可委员会必须批准雇佣；第 4 款规定的继续经营诊所是不可能的。在检测合同医疗供给的理由是否与雇佣相冲突时，须考虑通过被雇佣的医生对医疗供给中心的特殊供给提供的补充。即使雇佣医生的合同医生位于其他的规划区域，在第 1 款规定的情形中被雇佣的医生仍可在其被许可的规划区域中继续工作。如果在由于死亡、弃权或者撤销而导致许可终止的情形中合同医疗事务应当被诊所继任人继续经营，则如果合同医疗供给的理由与之不冲突，那么该诊所也可以以由一个合同医生接管合同医生岗位且通过其诊所中一个被雇佣的医生继续经营该诊所的形式继续被经营下去。即使存在许可限制，依据第 95 条第 9 款第 1 句被雇佣的医生的岗位的人员接替也是有可能的。第 95 条第 9b 款准用之。

^{4c}如果在由于死亡、弃权或者撤销而导致许可终止的情形中，合同医疗事务应当被诊所继任人继续经营，且合同医疗供给的理由与之不冲突，那么该诊所也可以由一个医疗供给中心接管合同医生岗位且通过在该机构中的一个被雇佣的医生继续经营该诊所的形式继续被经营下去。第 3a 款、第 4 款和第 5 款准用之。第 4 款适用之，但以在其中以合同医生的身份工作的医生不享有股份和表决权的多数医疗供给中心在选择诊所继任人时相对于其余的申请者须被劣后考虑为限。该劣后的顺序不适用于在 2011 年 12 月 31 日被许可且在该时间点已经在其中工作的合同医生在其中不享有多数股份和表决权的医疗供给中心。

⁵保险公司医生协会（登记部门）为每个规划区域制作一个等候名单。为了谋求合同医生岗位且被登记在医生名册中的医生通过申请被纳入该等候名单。在选择第 4 款规定的接管合同医生诊所的申请者时，须考虑被登记在该等候名单中的时长。

⁶如果迄今为止与一个或者多个合同医生一起经营诊所的合同医生的许可终止，则第 4 款和第 5 款准用之。在选择申请者时诊所中余下的合同医生的利益应当被适当地加以考虑。

⁷在存在许可限制的规划区域中医院经营者须公布订立协助医生合同

的要约。如果与在规划区域执业的合同医生的协助医生合同未成立，医院经营者可以与迄今为止未在规划区域中执业的适当的合同医生缔结协助医生合同。该合同医生获得一个对于协助医疗事务持续时间的有限制的许可；该限制须在第 3 款规定的许可限制被废止后 10 年内被取消。

[8]第 1—7 款不适用于牙医。

第 104 条　许可限制的程序

[1]许可规章规定为了确保存在合同医疗供给短缺或者在可以预见的时间内将受到供给短缺威胁的许可地区中的职业医疗供给，在充分采取其他合适的措施后，在什么条件下、在什么范围以及持续多长时间在对此不涉及的许可地区预先规定许可限制，以及在此情形下许可委员会在多大程度上受到州委员会指令的约束以及须考虑的不利情况。

[2]许可规章规定在第 101 条规定的条件下设置合同医疗供给过度情形下的许可限制程序的详细内容。

[3]第 1 款和第 2 款不适用于牙医。

第 105 条　合同医疗供给的促进

[1]在保险公司医生联邦协会的资助下，保险公司医生协会须根据需求规划采取所有适当的、财政的和特殊的措施以确保合同医疗供给被担保、被改善或者被促进。

[1a]保险公司

医生协会须建立一个结构基金以资助为确保合同医疗供给而采取的促进措施，为了建立该结构基金，保险公司医生协会可以支配 0.1%—0.2% 的第 87a 条第 3 款第 1 句规定的达成一致的以发病率为条件的总薪酬。健康保险公司州协会和医疗互助保险公司须向结构基金缴纳相同数额的额外资金。结构基金的资金应当尤其被用于采取下列措施：

1. 对于建立新的分支机构、诊所接任或者建立双诊所的补助费；

2. 薪资和继续教育的附加费；

3. 颁发奖学金；

4. 促进第 1c 款规定的固有机构和当地提供医疗基础供给的卫生中心；

5. 促进特殊需求许可的授予；

6. 促进对于作为合同医生许可的自愿放弃，特别是放弃第 103 条第 3a 款第 1 句规定的人员接替申请以及促进第 103 条第 3a 款第 13 句规定的赔偿支付；

7. 促进预约服务处的运作。

必须确保为结构基金而准备提供的资金被完全用于促进确保合同医疗供给。保险公司医生协会每年在互联网上发布公开的有关结构基金的资金使用情况的报告。

[1b]保险公司医生协会、健康保险公司州协会和医疗互助保险公司可以共同且统一地协商一致决定除第 1a 款规定的资金以外准备提供额外的目的在于促进急救服务结构的资金。

[1c]保险公司医生协会可以经营自己的为参保人提供直接的医疗供给服务的机构，或者参与这样的机构。保险公司医生协会还可以通过彼此之间的合作以与医院的合作以及以移动或远程医疗供给提供形式来经营该机构。在第 100 条第 1 款第 1 句规定的医生和健康保险公司的州委员会确定存在医疗供给短缺的地区，保险公司医生协会负有至迟在第 100 条第 1 款第 2 句规定的期限经过后 6 个月以内经营该机构的义务。第 87—87c 条须被适用于在该机构中被给予的医疗服务的薪酬。

[1d]保险公司医生协会参与履行大学学习名额申请人允诺的与分配大学学习名额相关的义务，但以州法对此有规定为限。

[2]保险公司医生协会须致力于以经济的方式提供医生所需的医疗技术服务，以支持他们采取措施。如果这些医疗技术的提供能够满足医疗需求，则保险公司医生协会应当使从事营业的医生在机构联盟的合同医疗供给的框架内能够获得这些服务成为可能。

[3]（已废止）

[4]如果医生和健康保险公司的州委员会做出第 100 条第 1 款或者第 3 款规定的确定，则保险公司医生协会须向在该地区确定的从事合同医疗供给的服务提供者支付保障附加费。医生和健康保险公司的州委员会决定对于有权利的合同医疗的服务提供者的债权请求权以及各个有权利的合同医疗服务提供者的保障附加费的数额。主管合同医生的保险公司医生协会和向保险公司医生协会支付第 83 条或者第 87a 条规定的总合同的条件所要

求的薪酬的健康保险公司各承担第 1 句产生的应当向合同医生支付的金额的一半。医生和健康保险公司的州委员会决定有关第 2 句规定的应当支付给健康保险公司的金额分配给各个健康保险公司的具体细节。

5乡镇可以经保险公司医生协会的同意在有理由的例外情形下为了向参保人提供直接的医疗供给而经营自己的机构。有理由的特殊情形尤其包括供给不能够以其他的方式被保障。如果第 1 句规定的前提条件被满足，则许可委员会经申请必须授权该机构与被雇佣的登记在医生名册的医生一起参与到合同医疗的供给中来。第 95 条第 2 款第 7—10 句准用之。在乡镇的自己医疗机构工作的医生在做出医疗决定时不受非医生指令的约束。

第九目　经济性与结算审查

第106条　经济性审查

1健康保险公司和保险公司医生协会通过咨询和审查对合同医疗供给的经济性进行监督。健康保险公司州协会和医疗互助保险公司共同且统一地与保险公司医生协会就内容和咨询的执行、第 2 款规定的审查以及针对单个病例审查的前提条件达成合意。合同当事人可以在合同医疗供给之外委托审查部门对门诊供给中的医疗命令的服务进行审查，且由合同当事人承担相应的费用。健康保险公司将合同医疗供给之外的门诊供给中被命令的服务数据传送给审查部门；此外还必须传送治疗案例的数量和按照治疗日期对被命令的服务进行的归类。第 296 条和第 297 条准用之。

2供给的经济性通过如下方式被第 106c 条规定的审查部门审查：

1. 第 106a 条规定的医疗服务中与医生相关的测试；
2. 第 106b 条规定的被命令的服务中与医生相关的测试。

审查基于依据第 296 条第 1 款、第 2 款和第 4 款以及第 297 条第 2 款向第 106c 条规定的审查机构传送的数据被执行。如果测试部门对于被传送的数据的正确性存在怀疑，则其可从医生未被计算在内的治疗案例的抽样中得出的供审查用的数据基础上进行调查，并由被调查出的部分数据根据统计上允许的程序对医生诊所的整体情况进行推测。

3第 106c 条规定的审查部门整理第 2 款规定的审查所必要的数据和其他的书面资料，确定对于经济性的判断至关重要的真实情况，并参考第

106a条和第106b条规定的合意决定合同医生、被授权的医生或者被授权的机构是否违反了经济性要求以及应当采取哪些措施。措施也可以是规定附加要求或者缩减要求。对于医疗服务，规定附加要求或者缩减要求须自薪酬通知发布之日起的两年内做出且对于医疗命令的服务，规定附加要求或者缩减要求须自服务被命令的日历年结束之日起的两年内做出；第一编的第45条第2款准用之。有针对性的咨询通常应该先于进一步的措施进行。审查部门在对由合同医生在一年或者更短的时间内提供的、命令的或者推动的服务进行概览的基础上向合同医生就供给的经济性问题和质量问题提供咨询。

[4]如果没有在预先规定的范围内进行经济性审查或者没有执行与经济性审查相符合的生效的预先规定，那么主管的健康保险公司协会和保险公司医生协会的董事会成员应承担符合规定的执行责任。如果因为第296条和第297条规定的必要数据没有被传送，或者没有在预先规定的范围或者期限内被传送而导致没有在预先规定的范围内进行经济性审查或者没有执行与经济性审查相符合的生效的预先规定，则主管的健康保险公司或者保险公司医生协会的董事会成员应当承担责任。主管的监管机关须在听取董事会成员和委员会中各个被派遣代表的意见后组成理事会或者代表大会，向董事会成员请求赔偿由于义务违反而产生的损害，只要该理事会或者代表大会还未主动开启追索程序。

[5]第1—4款也适用于在医院中被提供的门诊医疗的和协助医生服务的经济性审查。

第106a条　医疗服务的经济性审查

[1]被提供的医疗服务的经济性可以经单个健康保险公司、多个健康保险公司一起或者保险公司医生协会提出的合理的申请而被第106c条规定的各个审查部门审查。除了对被提供的服务总量进行的结算外，审查内容也包括转院以及其他被安排的医疗服务，特别是昂贵的医疗技术服务；对于薪酬有效的界限规则对审查没有影响。

[2]对于第1款规定的经济有效性的测试的安排特别存在于以下方面：

1. 对于欠缺服务的医疗必要性的合理怀疑（欠缺迹象）；

2. 对于欠缺为了达到治疗或者诊断目的所需要的服务能力的合理怀

疑（无效果）；

3. 对于服务与公认的专业提供的标准不相符合的合理怀疑（质量缺陷），尤其是不符合与联邦共同委员会的指令中所包含的规定相关的标准；

4. 对于鉴于治疗目的由服务导致的费用的不适当性的合理怀疑；或者

5. 对于安装假牙和颌骨整形的服务与治疗计划或者费用计划不一致的合理怀疑。

[3]保险公司医生联邦协会和健康保险公司联邦最高协会在 2019 年 11 月 30 日前就第 2 款规定的前提条件的详细内容在框架建议中达成一致意见。该框架建议须在按照第 106 条第 1 款第 2 句的规定达成合意时被考虑。

[4]第 106 条第 1 款第 2 句规定的合同当事人除了第 1 款规定的审查外，还可以就依据平均值或者其他与医生相关的审查方式对医疗服务进行审查达成合意。如果医生的州委员会和健康保险公司已经做出第 100 条第 1 款或者第 3 款规定的确定，那么禁止对所涉及的医生组的医生执行依据平均值的审查。在第 106 条第 1 款第 2 句规定的合意中须确定作为区分从服务提供者的特殊的地点或者结构标志或者在特殊的治疗案例中体现出来的诊所特点的在保险公司医生协会中以及在第 1 款规定的审查和第 1 句规定的审查的框架中每个季度被审查的医生的最大人数。在执行审查前诊所特点须被审查机构作为特殊的供给需求而加以承认；这点也适用于判断出诊服务的经济性。

第 106b 条　医疗命令服务的经济性审查

[1]自 2017 年 1 月 1 日起医疗命令服务供给的经济性审查须借助于健康保险公司州协会和医疗互助保险公司共同且统一地与保险公司医生协会形成的合意。基于这些合意第 106 条第 3 款规定的附加要求因为不经济的命令方式而能够被确定。在这些合意中针对医疗命令服务的所有领域中的经济性审查的规则都必须被包含在内。第 1 句规定的合意适用于自 2017 年 1 月 1 日起被命令的服务。

[1a]在季节性流感疫苗的命令中适当超过实际被提供的疫苗的数量原则上不被视为不经济。具体细节在第 1 款第 1 句规定的合意中被规定。

²保险公司医生联邦协会和健康保险公司联邦最高协会针对第 1 款规定的审查的统一框架规定达成合意。特别须在合意中确定至少在什么范围内须执行经济性审查。也必须规定在对医生进行统计学审查时保障个人的咨询明显优先于规定附加要求；这点不适用于单个病例审查。第 1 句规定的达成合意的当事人还要确定在第 1 款规定的审查中被承认的对于药物供给的特殊命令需求。此外，第 1 款第 1 句规定的达成合意的当事人还可以就进一步的被承认的特殊命令需求达成合意。如果在 2015 年 10 月 31 日前未首次达成第 1 句规定的合意，则主管的仲裁机构将根据第 89 条做出裁决。

²ᵃ第 1 款第 2 句规定的附加要求须限于经济的费用和实际医疗命令服务费用之间的差额。任何可能的节省都不能有利于发布命令的医生而使其获得请求权。具体细节在第 2 款规定的统一的框架规定中达成合意。

³如果第 1 款第 2 句规定的合意在 2016 年 7 月 31 日前不能完全或者部分地达成，则由主管的仲裁机构依据第 89 条确定合同内容。第 84 条、第 106 条、第 296 条和第 297 条的规定以 2016 年 12 月 31 日生效的版本继续有效直到第 1 款规定的合意达成。

⁴经济性审查不会受到下列事项的影响：

1. 针对具有第 32 条第 1a 款规定的长期治疗需求的参保人的药物的命令；

2. 药物的命令，医生为了该药物加入了第 130a 条第 8 款规定的合同，健康保险公司向审查机构提供必要的信息，特别是药物特征、参与的医生和合同的持续期间；

3. 第 73 条第 2 款第 1 句第 7 项规定的供给机构或者康复机构中的医院治疗或者治疗的命令；

4. 第 73 条第 11 款第 1 句规定的药物的命令。

⁵第 130b 条第 2 款和第 130c 条第 4 款不受影响。

第 106c 条　经济性测试的审查机构和上诉委员会

¹健康保险公司州协会、医疗互助保险公司以及保险公司医生协会成立一个共同的审查机构和一个共同的上诉委员会。上诉委员会由保险公司医生协会和健康保险公司中相同数量的代表和一个独立的主席组

成。任期为两年。在票数相同的情况下主席的投票将起到决定性的作用。第 1 句规定的合同当事人应当就主席、主席的副手以及上诉委员会的席位达成合意。如果未能达成合意，则第 5 款规定的监管机关在与第 1 句规定的合同当事人协商后任命主席和主席的副手，并决定上诉委员会的席位。

²审查机构和上诉委员会各自以自己责任的方式执行任务；审查机构为上诉委员会执行日常业务提供组织上的支持。审查机构由保险公司医生协会、健康保险公司州协会或者在已经成立的工作组建立。第 1 款第 1 句规定的合同当事人就审查机构的建立、席位和领导达成合意；他们根据领导的建议在每年在 11 月 30 日之前就下一个日历年的审查机构的人员、物资和财政方面的布置达成合意。领导负责审查机构日常的行政事务并建立内部组织，从而该内部组织可以主张第十编第 78a 条规定的数据保护的特殊要求。如果未达成第 2 款和第 3 款规定的合意，则第 5 款规定的监管机关做出决定。审查机构和上诉委员会的开支由保险公司医生协会和参与的健康保险公司各承担一半。联邦卫生部经联邦参议院的同意通过法规性命令决定包括对于委员会主席的补偿在内的审查机构和上诉委员会的事务执行的细节，以及第 1 款第 1 句中提到的合同当事人派出的代表的义务细节。法规性命令也可以规定针对没有实施或者没有按照规定履行本法典规定的义务的委员会成员采取措施的前提条件和程序。

³审查机构做出的决定所涉及的医生和被医生领导的机构、健康保险公司、决定所涉及的健康保险公司州协会以及保险公司医生协会可以向上诉委员会提起上诉。该上诉具有中止的效力。《社会法院法》第 84 条第 1 款和第 85 条第 3 款适用于该程序。上诉委员会之前的程序为《社会法院法》第 78 条意义上的预审程序。针对上诉委员会确定的措施提起的申诉不具有中止的效力。在确定对于被法律或者第 92 条规定的指令排除的服务的额外花费的补偿义务的情形下如果偏离第 1 句的规定，则不可向上诉委员会提起上诉。

⁴经主管的监管机关同意，第 1 款第 1 句规定的合同当事人可以就在一个州或者一个其他的保险公司医生协会的范围以外共同建立一个审查机构和一个上诉委员会达成合意。委员会或者机构在其中拥有席位的州的负责社会保险的最高行政机关对于在多个州执行事务的审查机构和在多个州

执行事务的上诉委员会进行监督。监督须在和参与的州的主管最高行政机关协商后进行。

[5]负责社会保险的州最高行政机关对审查机构和上诉委员会进行监督。审查机构和上诉委员会每年制定一张有关被执行的咨询和审查以及被其确定的措施数量的一览表。该一览表须提交给监管机关。

第106d条　合同医疗供给中的结算审查

[1]保险公司医生协会和健康保险公司对于合同医疗供给中的结算的合法性与合理性进行审查。

[2]保险公司医生协会确定参与合同医疗供给的医生和机构的结算的客观的和计算上的正确性；与医生相关的针对结算的合理性、是否遵守第295条第4款第3句的规定的审查以及对于被扣减的物质成本的审查也属于该确定的范围。考虑到与之相关的医生的时间花费，每天被扣减的服务的范围尤其属于与医生相关的合理性审查的对象；合同医生和被雇佣的医生应当根据各个供给委托被同等对待。第2句规定的审查应当以每天最多可被扣减的服务总量的时间为基础；此外在较长的时间段中最多可被扣减的服务总量的时间可被作为基础。只要第87条第2款第1句第2半句规定的时间花费的信息被确定，那么该信息便可作为第2句规定的审查的基础。第2—4句不适用于合同医疗供给。在审查时各个被要求的分数总额独立于对于薪酬有效的界限规则被公布。以前的结算期间的结算须被包含在审查中，但以对于各个审查对象是必要的为限。保险公司医生协会应当立即通知第5款提到的健康保险公司协会以及医疗互助保险公司有关审查的执行情况及审查的结果。第2句也适用于在2014年12月31日还未完成终审的程序。

[3]健康保险公司特别针对以下方面对参与合同医疗供给的医生和机构的结算进行审查：

1. 其服务义务的存在和范围；

2. 就被规定的诊断而言，为治疗参保人而被扣减的服务的种类和范围的合理性，在牙医的服务中就被规定的诊断的结果而言；

3. 对参保人进行治疗的医生数量的合理性，在考虑到医生所属医生组的基础上。

健康保险公司应当立即通知保险公司医生协会有关审查的执行及其结果。

[4]只要存在理由，健康保险公司或者其协会可以申请保险公司医生协会根据第2款进行有针对性的审查。只要对此存在理由，保险公司医生协会可以申请健康保险公司根据第3款进行审查。在依据第3款第1句第2项或者第3项确定不合理性时，健康保险公司或者其协会可以申请对医疗服务进行经济性审查；这点准用于于保险公司医生协会依据第2款确定不合理性。如果第1句规定的申请没有被保险公司医生协会在6个月内加以处理，则健康保险公司可以将以申请为基础得出的薪酬调整的金额算入须被支付的总报酬之中。

[5]保险公司医生协会、健康保险公司州协会和医疗互助保险公司共同且统一地就第2—4款规定的审查的内容和执行达成合意。在该合意中须约定对于违反结算规定、超过第2款第3句规定的时间以及超过不存在健康保险公司服务义务范围的情形下所采取的措施，但须以服务提供者明知为限。在第2款和第4款规定的审查中所采取的措施必须在薪酬通知被公布之日起两年内被确定；第一编第45条第2款准用之。第6款规定的指令的内容是合意的组成部分。

[6]保险公司医生联邦协会和健康保险公司联邦最高协会就包括遵守依据第5款第3句约定的剥夺资格的期限和使用电子支持的规则框架的前提条件在内的对于第2款和第3款规定的审查的内容和执行进行规定的指令达成合意；该指令特别包括对于第2款第2句和第3句规定的标准的预先规定。该指令须被提交给联邦卫生部。联邦卫生部可以在两个月内否定该指令。如果没有形成指令或者联邦卫生部的否定没有在法定的期限内被除去，则联邦卫生部可以发布指令。

[7]第106条第4款准用之。

第三节　医院和其他机构的关系

第107条　医院、供给机构或者康复机构

[1]本法典中的医院是指具备如下特征的机构：

1. 提供医院治疗或者助产的服务；

2. 在固定的医生的领导下提供专业医疗服务，具有丰富的、与供给委托相适应的诊断和治疗能力，且依据被科学承认的方法进行工作；

3. 配置有随时可供使用的医疗的，护理技术、功能技术和医药技术的人员的协助，主要是通过医疗和护理的协助服务以识别和治愈患者的疾病，防止他们恶化，并减轻疾病带来的痛苦或提供助产服务；且在其中

4. 患者能够被安排住处且被提供食物。

[2]本法典中的供给机构或者康复机构是指具备如下特征的机构：

1. 为患者提供医院治疗的服务，为了：

a）消除在可以预见的将来很可能会导致疾病的健康衰减的危险或者抵抗对于健康发展的危害（预防措施）；或者

b）治愈疾病，防止疾病的恶化或者减轻疾病带来的痛苦，或者通过医院治疗以确保或者巩固由此获得的治疗结果，也为了避免、消除、减轻、平衡具有紧迫威胁性的残疾或者护理必要性，防止该具有紧迫威胁性的残疾或者护理必要性的恶化或者减轻其危害（康复），在该机构中使患者恢复积极乐观性的护理服务由该机构承担，不能由健康保险公司承担。

2. 在固定的医疗职责下并在与经过特别训练的人员的协作下为提供专业医疗服务而建立，从而依据医生的治疗计划主要通过使用包括理疗、运动治疗、言语治疗或者劳动和作业治疗在内的治疗方法，此外还可通过其他的合适的辅助，也可通过精神的和心理的治疗而改善患者的健康状况以及帮助患者发展其自我的抵抗和治愈能力。且在其中

3. 患者能够被安排住处且被提供食物。

第 108 条　被许可的医院

健康保险公司只能通过下列医院（被许可的医院）提供医院治疗：

1. 依据州法的规定被承认为高校医院的医院；

2. 被纳入州的医院规划（规划医院）的医院；或者

3. 与健康保险公司州协会和医疗互助保险公司协会签订供给合同的医院。

第 108a 条　医院协会

州医院集团是被许可的州范围内的医院经营者的联合。州医院协会隶

属于德国医院协会。医院经营者的联邦协会和州协会可以隶属于医院协会。

第109条　与医院的供给合同的缔结

[1]第108条第3项规定的供给合同是通过健康保险公司州协会和医疗互助保险公司以及医院经营者之间达成的合意而订立的；其须以书面形式订立。高校医院按照州法规定被承认后视为合同已经订立，依据《医院融资法》第8条第1款第2句规划医院被纳入医院需求计划后视为合同已经订立。供给合同对于国内所有的健康保险公司具有直接的约束力。第1句规定的合同当事人可以与主管医院规划的州当局就少于医院规划的床位数达成合意，但以医院的服务机构不发生改变为限；该合意可以被设定期限。如果医院规划没有包含医院的最终床位数或者服务机构的确定，则由第1句规定的合同当事人和主管医院规划的州当局协商后补充加以确定。

[2]不存在对于缔结第108条第3项规定的供给合同的请求权。在必须在多个合适的为了缔结供给合同而提出申请的医院之间进行选择的情形下，健康保险公司州协会和医疗互助保险公司在考虑到公共利益和医院经营者的多样性的基础上依据符合义务的衡量而共同决定哪家医院最符合高质量的、适合患者需求的、高效且经济的医院治疗的需求。

[3]当医院出现下列情形时，禁止订立第108条第3项规定的合同：

1. 医院不提供对于高效且经济的医院治疗的保证；

2. 基于联邦共同委员会依据第136c条第2款传递的标准和评价标准而制定的《医院融资法》第6条第1a款规定的具有决定性的与规划相关的质量指标，该质量不仅仅暂时地且在很显著的程度上未得到满足，最长三年连续处于《医院报酬法》第5句第3a款规定的质量缺少；或者

3. 医院对于符合需求的参保人的医院治疗不是必要的。

缔结或者拒绝订立供给合同经主管的州当局同意才有效。在1989年1月1日之前依据《帝国保险条例》缔结的合同一直有效至其基于第110条的规定被终止为止。

[4]第1款规定的供给合同缔结后，医院即被许可与参保人订立有关医院治疗的合同。被许可的医院负有在供给委托的框架内向参保人提供医院

治疗（第 39 条）的服务的义务。健康保险公司有义务在遵守本法典规定的前提下依据《医院融资法》《医院报酬法》和《联邦护理费条例》所规定的条件与医院经营者进行护理费谈判。

[5]医院对于被提供的服务的报酬的请求权和健康保险公司对于偿还已履行报酬的请求权在其发生的日历年结束后的两年后时效届满。这点也适用于发生在 2019 年 1 月 1 日前的健康保险公司对于返还被服务的报酬的请求权。第 1 句不适用发生在 2019 年 1 月 1 日前的医院对于被提供的服务的报酬的请求权。有关时效的中断、不完成、重新起算和届满的效力，《德国民法典》的规定准用之。

第 110 条　与医院的供给合同的终止

[1]各个合同当事人都享有在一年的期间内全部或者部分终止供给合同的权利，健康保险公司州协会和医疗互助保险公司只能共同终止，且须出于第 109 条第 3 款第 1 项提及的理由。如果存在第 109 条第 3 款第 1 句第 2 项规定的终止理由，则合同须被终止。只有当终止理由并非暂时的才可终止合同。对于规划医院合同的终止须有向主管的州当局提出的撤销或者变更《医院融资法》第 8 条第 1 款第 2 句规定的导致该医院被纳入州的医院规划的查明通知。如果健康保险公司州协会和医疗互助保险公司做出的终止供给合同的决议没有成立，则如果占州范围内参保人数三分之一以上的各类医疗保险公司提出要求，那么由一个独立的仲裁员做出终止合同的决定。如果健康保险公司州协会和医疗互助保险公司没有就仲裁员的人选达成合意，则由主管健康保险公司州协会的监管机关决定。对于仲裁员的决定提起的申诉不具有中止的效力。仲裁程序的费用由健康保险公司州协会和医疗互助保险公司根据州范围内的参保人的数量承担。针对仲裁员的决定提起的申诉应当以健康保险公司州协会和医疗互助保险公司为被告，而非以仲裁员为被告。

[2]第 1 款第 1 句提到的协会对于合同的终止须经主管的州当局同意才能生效。主管的州当局须对其决定说明理由。当且仅当医院对于供给是不可缺少的，且主管的州当局以书面或者电子的形式对需求的不可拒绝性进行说明，主管的州当局才可拒绝同意有关规划医院的合同的终止。如果主管的州当局在终止通知后三个月内没有提出异议，则视为已同意该终止。

州当局至迟须在之后的三个月内以书面或者电子的形式说明理由。终止的通知生效后规划医院在相应范围内不再是被许可的医院。

第110a条 质量合同

[1]健康保险公司或者健康保险公司的联合组织应当就被联邦共同委员会依据第136b条第1款第4项确定的服务或者服务范围与医院经营者订立合同，以促进高质量的住院供给（质量合同）。质量合同的目的是测试住院治疗服务的供给可进一步改善的程度，特别是通过激励以及高质量的要求来达到。质量合同须设定期限。在质量合同中不得约定不允许和其他的健康保险公司或者健康保险公司的联合组织签订质量合同。不存在对于签订质量合同的请求权。

[2]健康保险公司联邦最高协会和德国医院协会对于第1款规定的质量合同至迟至2018年7月31日，就合同的内容达成具有约束力的框架建议。该框架建议，尤其是对于质量要求的框架建议，只有在对于有说服力的质量合同的评估是必要的范围内才可被统一。如果第1句规定的合意完全或者部分未达成，则由《医院融资法》第18a条第6款规定的仲裁委员会基于合同当事人或者联邦卫生部的申请而确定框架建议的内容。

第111条 与供给机构或者康复机构的供给合同

[1]健康保险公司只有在与其存在第2款规定的供给合同关系的供给机构或者康复机构中才可以提供供给的服务（第23条第4款）或者包括后续康复治疗（第40条）在内的需要住院治疗但不需要医院治疗的对于医疗康复的服务；健康保险公司也应当在对于与其存在第111a条规定的合同关系的供给或者康复机构中，向提供护理的成员提供这些服务。

[2]健康保险公司州协会和医疗互助保险公司就执行第1款规定的服务与供给机构或者康复机构共同签订统一的对于作为健康保险公司州协会和医疗互助保险公司成员的那些保险公司有效力的供给合同，这些供给机构或者康复机构：

1. 符合第107条第2款规定的要求；且

2. 对于向成员基金会的参保人提供具有包括后续康复治疗在内的住院医疗的预防性服务或者医疗康复的服务的符合需求的、高效的且经济的供给来说是必要的。

第 109 条第 1 款第 1 句准用之。其他联邦州的健康保险公司州协会和健康保险公司可以参与依据第 1 句缔结的供给合同，但以在供给机构或者康复机构中存在对于成员基金会的参保人的治疗需求为限。

[3]对于在 1989 年 1 月 1 日前已经向健康保险公司提供住院医疗服务的供给机构或者康复机构，供给合同在 1986—1988 年被提供的服务的范围内视为已成立。如果机构没有符合第 2 款第 1 句规定的要求，且主管的健康保险公司州协会和医疗互助保险公司共同对机构的所有者以书面形式就此点进行通知，则第 1 款不适用。

[4]借助于供给合同，供给机构或者康复机构被许可为了合同的存续而向参保人提供针对预防或者康复的住院医疗服务的供给。如果第 2 款第 1 句规定的订立供给合同的前提条件不再满足，则健康保险公司州协会和医疗互助保险公司可以共同在一年内终止该供给合同。供给合同的缔结和终止的合意须经主管医院规划的州当局批准。

[5]第 1 款提及的服务的报酬由健康保险公司和被许可的供给机构或者康复机构合意确定。如果在第 1 句规定的合同当事人书面要求开始谈判后两个月内合意全部或者部分未达成，则由第 111b 条规定的州仲裁委员会经合同当事人任何一方的申请确定该合意的内容。该州仲裁委员会须受到对于合同当事人有效的法律规定的约束。

[6]只要由经批准的医院中的专科医生领导的在经济和组织上具有独立性的预防或康复机构符合第 2 款第 1 句的要求，则第 1—5 款也适用。

第 111a 条　与母亲康复机构或者相同性质的机构的供给合同

[1]健康保险公司只能在与其存在供给合同的母亲康复机构或者相同性质的机构或者适合父婴措施的机构中向母亲和父亲提供预防性的住院医疗服务（第 24 条）或者向母亲和父亲提供康复性的住院医疗服务（第 41 条）。第 111 条第 2 款、第 4 款第 1 句和第 5 款以及第 111b 条准用之。

[2]对于在 2002 年 8 月 1 日前已经向健康保险公司提供住院医疗服务的母亲康复机构或者相同性质的机构，供给合同在 2001 年被提供的服务的范围内视为已成立。如果机构不符合第 111 条第 2 款第 1 句规定的要求，且主管的健康保险公司州协会和医疗互助保险公司在 2004 年 1

月 1 日前共同对机构的所有者以书面形式就此点进行通知，则第 1 句不适用。

第 111b 条　负责健康保险公司与供给机构或者康复机构间的报酬合意的州仲裁委员会

[1]健康保险公司州协会和医疗互助保险公司共同与联邦层面代表供给机构或者康复机构利益的权威的协会一起为各个州建立一个仲裁委员会。该仲裁委员会就依据本法典分派的事务做出裁决。

[2]仲裁委员会由一个独立的主席和两个其他的独立的成员以及第 111 条第 5 款第 1 句规定的各个合同当事人的代表或者在第 111c 条第 3 款第 1 句规定的门诊康复机构情形下相同数量的代表组成；主席和独立的成员可以委任副手。主席和独立的成员由第 1 款规定的参加的协会共同委任。如果未达成合意，则由主管的州当局进行委任。

[3]仲裁委员会的成员以担任名誉职位的方式执行其职务。其不受指令的约束。每个成员享有一个投票权。裁决由成员的多数达成。如果未能形成多数，则主席的投票起到决定性作用。

[4]主管的州当局对仲裁机构进行法律监督。

[5]州政府通过法规性命令被授权决定有关仲裁委员会成员的数量、任命、任期和职务执行、垫付的现金费用的偿还和时间花费的补偿，事务执行，程序，公共服务费用的收取和数额以及开支的分担的具体细节。州政府可以通过法规性命令将授权移转给最高州当局。

第 111c 条　与康复机构的供给合同

[1]健康保险公司州协会与医疗互助保险公司共同与康复机构订立对于健康保险公司州协会与医疗互助保险公司的成员基金会有效的关于执行第 40 条第 1 款提及的医疗康复的门诊服务的统一的供给合同：

1. 对于该康复机构存在第 111 条第 2 款规定的供给合同；且

2. 该康复机构对于向其成员基金会的参保人提供具有包括后续康复在内的医疗康复门诊服务的符合需求的、高效的和经济的供给是必要的。只要对于提供家庭附近的医疗康复门诊服务是必要的，健康保险公司州协会与医疗互助保险公司也可以与符合第 1 句提到的前提条件的但与康复机构不存在第 111 条规定的供给合同的机构缔结第 1 句规定的合同。

²第 109 条第 1 款第 1 句准用之。其他联邦州的健康保险公司州协会和医疗互助保险公司可以加入依据第 1 款缔结的供给合同，但以康复机构中成员基金会的参保人存在治疗需求为限。借助于供给合同，供给机构或者康复机构被许可为了合同的存续而向参保人提供康复的门诊医疗服务的供给。如果第 1 款规定的订立供给合同的前提条件不再满足，则健康保险公司州协会和医疗互助保险公司可以共同在一年内终止该供给合同。供给合同的缔结和终止的合意须经主管医院规划的州当局批准。

³第 40 条第 1 款提及的服务的报酬由健康保险公司和被许可的康复机构的所有者合意确定。如果在第 1 句规定的合同当事人书面要求开始谈判后两个月内，合意全部或者部分未达成，则由第 111b 条规定的州仲裁委员会经合同当事人任何一方的申请确定该合意的内容。该州仲裁委员会须受到对于合同当事人有效的法律规定的约束。

⁴对于在 2012 年 1 月 1 日前提供医疗康复的门诊服务的机构，第 111c 条规定的供给合同在到那时已经在提供的服务的范围内被视为已成立。如果机构不符合第 1 款规定的要求，且主管的健康保险公司州协会和医疗互助保险公司共同在 2012 年 12 月 31 日前书面通知机构的所有者，则第 1 句不适用。

第 112 条 有关医院治疗的双方合同和框架建议

¹健康保险公司州协会和医疗互助保险公司共同与州范围内的医院协会或者医院经营者协会共同签订合同以确保医院治疗的种类和范围符合本法典的要求。

²该合同尤其应当就下列内容做出规定：

1. 医院治疗的一般条件，尤其包括：

a）参保人的入院和出院；

b）费用承担、报酬结算、报告和证明。

2. 审查包括通常能够以半住院的方式提供的服务目录在内的医院治疗的必要性和持续时间。

3. 经济性审查和质量审查的程序原则与审查原则。

4. 医院内的对于参保人的社会照顾和社会咨询。

5. 由医院治疗到康复或者护理的无缝过渡。

6. 有关第 27a 条第 1 款规定的导致妊娠的医疗措施的前提条件、种类和范围的细节内容。

该合同对于健康保险公司和州范围内的被许可的医院具有直接的约束力。

³如果直到 1989 年 12 月 31 日合同完全或者部分未成立，则由第 114 条规定的州仲裁委员会经一方合同当事人的申请确定合同的内容。

⁴第 1 款规定的合同的一方当事人可以在一年内完全或者部分终止该合同。第 1 句准用于第 3 款规定的仲裁委员会确定的规则。该合同也可以不经终止而随时被第 1 款规定的合同替换。

⁵健康保险公司联邦最高协会和德国医院协会或者医院经营者联邦协会应当共同给出针对第 1 款规定的合同内容的框架建议。

⁶在缔结第 1 款规定合同以及在给出第 5 款规定的框架建议时，供给机构和康复机构须参与其中，但以合同或者框架建议中规定了第 2 款第 5 项的规定为限。

第 113 条　医院治疗的质量审查和经济性审查

¹健康保险公司州协会、医疗互助保险公司和私人健康保险协会的州委员会可以共同与医院经营者达成合意，任命审查者对被许可的医院的医院治疗的经济性、效率和质量进行审查。如果就选择审查者的合意未达成，则由第 114 条第 1 款规定的州仲裁委员会经申请在两个月内确定。审查者是独立的，且不受指令约束。

²医院及其员工有义务经要求向测试者及其受托人提供对于其履行职责所必要的资料并进行答复。

³不管根据第 110 条终止供应合同的结果如何，在下一个可能面向未来生效的护理费协议中测试结果须被考虑。《联邦护理费条例》有关经济性审查的规定不受影响。

⁴健康保险公司相应适用第 106—106b 条、第 106d 条和 135b 条的规则，对第 117 条规定的高校门诊、第 118 条规定的精神科门诊、第 119 条规定的社会儿科中心以及第 119c 条规定的医疗治疗中心提供的供给的经济性和质量进行审查。在第 39 条第 1a 款第 5 句规定的出院管理以及第 76

条第1a款规定的符合医院要求的框架内的医疗规定的服务的经济性由第106c条规定的审查机构准用第106—106b条针对价格赔偿进行执行，但以健康保险公司与医院不存在其他约定为限。

第114条 州仲裁委员会

[1]健康保险公司州协会和医疗互助保险公司共同和州医院协会或者州范围内的医院经营者协会，为各个州分别建立一个仲裁委员会。该仲裁委员会在依据本法典分派给其的任务范围内做出裁决。

[2]州仲裁委员会由健康保险公司和被许可的医院相同数量的代表以及一个独立的主席和两个其他的独立的成员组成。健康保险公司的代表及其副手由健康保险公司州协会和医疗互助保险公司任命，被许可的医院的代表及其副手由州医院协会任命。主席和两个其他的独立的成员由参与的组织共同任命。如果未就上述人员的任命达成合意，则适用第89条第6款第3句规定的程序进行任命。只要参与的组织没有任命代表，或者在第3句规定的程序中没有提名主席或者其他独立的成员的候选人，则由主管的州当局经一个参与的组织的申请任命代表以及提名候选人；在该情形下仲裁委员会的成员的任期为1年。

[3]仲裁委员会的成员以担任名誉职位的方式履行职责。其不受指令的约束。每个成员享有一个投票权。裁决由成员的多数做出。如果未形成多数，则主席的投票起到决定性作用。

[4]主管的州当局对仲裁委员会的事务执行进行监督。

[5]州政府通过法规性命令被授权决定有关仲裁委员会成员的数量、任命、任期和职务执行、垫付的现金费用的偿还和时间花费的补偿，事务执行，程序，公共服务费用的收取和数额以及开支的分担的具体细节。

第四节 医院和合同医生的关系

第115条 健康保险公司、医院和合同医生的三方合同和框架建议

[1]健康保险公司州协会和医疗互助保险公司共同与保险公司医生协会和州医院协会或者和州范围内的医院经营者协会共同签订一个旨在通过合

同医生和被许可的医院间的紧密的合作保障参保人能获得无缝的门诊治疗和住院治疗的合同。

[2]该合同特别规定有如下内容：

1. 促进机构中的协助医生团体和治疗，在这些机构中参保人可通过多个合同医生的合作被提供门诊和住院的供给（诊所医院）；

2. 有关患者的治疗以及有关病历的转交和使用；

3. 以固定的方式可随时使用的急救服务的设计和实施方面的合作；此外也可以基于对医疗服务的统一的评价标准就有关报酬的补充规则达成合意；

4. 第115a条规定的医院中的包括对经济性的审查和预防滥用在内的住院前和住院后治疗的执行，在合同中可就偏离第115a条第2款第1句至第3句的规定达成合意；

5. 医院中门诊治疗的一般条件；

6. 对于第39条第1a款规定的出院管理的前提条件、种类和范围达成的补充的合意。

这些合同对于健康保险公司、合同医生和州范围内的被许可的医院具有直接的拘束力。

[3]如果第1款规定的合同完全或者部分未成立，则由第89a条规定的主管的跨部门仲裁委会经合同一方当事人的申请做出裁决。

[3a]（已废止）

[4]如果某规则依据第1—3款的规定直到1990年12月31日完全或者部分未形成，则其内容通过州政府的法规性命令被确定。当且仅当州政府未发布法规性命令，依据第1—3款约定而形成的规则方被允许。

[5]健康保险公司联邦最高协会、保险公司医生联邦协会和德国医院协会或者医院经营者联邦协会应当共同给出第1款规定的合同内容的框架建议。

第115a条　医院中的住院前的和住院后治疗

[1]在不违背医疗义务的情形下医院在向参保人开具医院治疗的处方时可以不提供住宿和饮食，以便：

1. 澄清全住院的医院治疗的必要性或者为全住院的医院治疗做准备

（住院前治疗）；或者

2. 确保或者巩固全住院的医院治疗后的治疗结果（住院后治疗）。

医院也可以通过对此明确被委托的营业的合同医生在医院或者医生诊所的空间内提供第 1 句规定的治疗。第 2 款第 5 句在此范围内不适用。

[2]住院前治疗被限定在住院治疗开始前的 5 天内，治疗日最长为 3 天。住院后治疗应当被限定在住院治疗结束后的 14 天内，治疗日最长为 7 天，依据《移植法》第 9 条第 2 款进行的器官移植在住院的医院治疗结束后不超过 3 个月。在医学上合理的情形经指导医生同意，14 天或 3 个月的期限可以被延长。《移植法》第 9 条第 2 款规定的器官移植时的体检也应当由医院在住院后的治疗结束后继续进行，以便在经济上配合或者支持进一步的疾病治疗或者质量保障措施。在住院前或者住院后的治疗期间内发生的医院外的必要的疾病治疗在保障委托的框架内，通过参与合同医疗供给的医生被保障。医院应当立即通知指导医生有关住院前或者住院后治疗，以及立即将有关体检及其结果通知当时参与进一步的疾病治疗的医生。第 2—6 句准用于《移植法》第 8 条第 3 款第 1 句规定的器官捐献者的后期护理。

[3]健康保险公司州协会、医疗互助保险公司和私人健康保险协会州委员会与州医院协会或者州范围内的医院经营者协会共同在与保险公司医生协会依据《医院融资法》第 18 条第 2 款协商后，就对合同当事人有效力的服务的报酬达成合意。该报酬应当被整体计算且有助于减少住院开支。健康保险公司联邦最高协会和德国医院协会或者医院经营者联邦协会在与保险基金联邦协会协商的基础上共同就该报酬给出建议。这些一直适用至第 1 句规定的合意生效。如果有关报酬的合意没有在合同当事人书面要求进行磋商后的三个月达成，则《医院融资法》第 18a 条第 1 款规定的仲裁委员会经合同一方当事人或者主管的州当局申请确定该报酬。

第 115b 条　医院中的门诊手术

[1]健康保险公司联邦最高协会、德国医院协会或者医院经营者联邦协会共同和保险公司医生联邦协会就下列事项达成合意：

1. 在门诊可被执行的手术和其他替代住院的手术的目录；
2. 对于医院和合同医生的统一的报酬。

第 1 句第 1 项规定的合意中在门诊可被执行的手术和其他通常在门诊可被执行的替代住院的手术应当分别被加以确定，且对于住院的执行是必要的一般的构成要件应当被加以确定。在合意中第 135 条第 2 款规定的质量条件以及第 92 条第 1 款第 2 句和第 136—136b 条规定的联邦共同委员会的指令和决议须被考虑。在合意中须约定，第 1 句规定的服务也可以基于医院与营业的合同医生间的合同的合作而在医院中以门诊的方式被提供。

[2]医院可以被许可进行在门诊执行目录中提到的手术和替代住院的手术。对此医院需要通知健康保险公司州协会和医疗互助保险公司、保险公司医生协会和许可委员会（第 96 条）；保险公司医生协会就合同医疗供给中的供给程度通知州医院协会。医院负有遵守第 1 款规定的合同的义务。健康保险公司直接支付服务的报酬。健康保险公司对经济性和质量进行审查；医院向健康保险公司传送第 301 条规定的数据，但以这对于健康保险公司的任务的履行是必要的为限。

[3]如果第 1 款规定的协议完全或者部分终止且直到协议期间到达之前未达成新的合意，则由第 89a 条规定的联邦层面的跨部门仲裁委员会经合同一方当事人申请做出决定。

[4]在第 1 款规定的合意中可以就有关医院和合同医生的门诊手术服务的报酬的共同预算规则进行约定。资金须从总报酬和被许可从事门诊手术的医院的预算中被筹集。

第 115c 条　医院治疗后的药物治疗的促进

[1]如果在医院治疗后有必要开具药物的处方，则医院须向继续治疗的医生通过使用有效成分标志传达建议。如果可获得具有药理上可比的活性物质或治疗上可比效果的更便宜的药物，则必须给出至少一种更便宜的治疗建议。在医疗上合理的例外情形允许在第 1 句和第 2 句规定的情形中发生偏离。

[2]如果在医院治疗后继续进行合同医疗供给中已经开始的医院中的药物治疗需要较长的时间，则医院应当在患者出院时使用在合同医疗供给的处方中合目的的且经济的药物，但以此不会在个案中给治疗造成损害或者不存在延长滞留时间的可能性为限。

第 115d 条　　与住院等值的精神病学的治疗

[1]如果存在住院精神病治疗的适应证，则有地区供给义务的精神病医院以及具有独立的、专科的被领导的精神病部门和负有地区供给义务的一般医院可以在医疗上适当的情形以及在医院的影响范围内提供与住院等值的精神病治疗而不是全住院的治疗。医院经营者应确保存在可使用的对于与住院等值的治疗所必要的医生和非医疗的专业人员与必要的机构。在适当的情形下，特别是当这有助于治疗连续性或者出于靠近居住地的原因是适当的，医院可以委托参与门诊精神供给的服务提供者或者其他有权提供与住院等值的治疗的医院执行部分的治疗。

[2]健康保险公司联邦最高协会、私人健康保险协会和德国医院协会经与保险公司医生联邦协会协商，在 2017 年 6 月 30 前就下列事项达成合意：

1. 文件要求，此外须确保与住院等值的精神病治疗的医院治疗必要性被记录；

2. 服务提供的要求；

3. 参与门诊精神病治疗的服务提供者或者其他有权提供与住院等值的治疗的医院的委托的要求。

如果第 1 句规定的合意完全或者部分未能按照规定的期限达成，则《医院融资法》第 18a 条第 6 款规定的仲裁委员会可不经合同当事人申请而在六个周内做出决定。

[3]第 2 款第 1 句规定的合同当事人经与权威的医学会磋商在 2017 年 2 月 28 日前就作为第 301 条第 2 款第 2 句规定的服务加密的基础的与住院等值的精神治疗的服务说明达成合意。

[4]健康保险公司联邦最高协会、私人健康保险协会和德国医院协会在 2021 年 12 月 31 日前向联邦卫生部提交有关医院影响范围内的包括经济效力在内的对于患者供给的与住院等值的精神治疗的效力的共同报告。对于该报告所必要的数据由健康保险公司、商业保险企业和医院以匿名的形式传递给前述机构。

第 116 条　　通过医院医生的门诊治疗

在医院、供给机构或者康复机构工作受到第 111 条第 2 款规定的供给合同约束的医生，或者依据第 119b 条第 1 款第 3 句或者第 4 句的规定在住院的护理机构工作的医生可以经其所在的机构的各个所有者的同意被许可委员会（第 96 条）授权参与参保人的合同医疗供给，但以医生已经完成继续教育为限。当且仅当参保人由于没有第 1 句提及的机构中的对此适当的医生的特殊的检查和治疗方法或者知识以致充足的医疗供给没有被保障时，许可委员会必须授权。

第116a 条　供给短缺情形下通过医院进行的门诊治疗

当被许可的医院经在规划区域中的医生的州委员会和健康保险公司确定存在第 100 条第 1 款规定的供给短缺或者第 100 条第 3 款规定的额外的当地的供给需求的情形时，经被许可的医院提出申请，许可委员会须授权被许可的医院在相应的专业领域提供医疗供给，当且仅当这对于消除供给短缺或者满足额外的当地的供给需求是必要的为限。该授权决议须在两年后被重新审核。

第116b 条　门诊的特殊专科医疗供给

[1]门诊的特殊专科医疗服务包括视疾病的情况需要的特殊资格、跨学科的合作和需要使用特殊的设备的复杂的、难以治疗的疾病的诊断和治疗。对此包括根据第 4 款和第 5 款的条件尤其是下列具有特殊病程的疾病、罕见病和病例数较少的疾病状态以及需要高度专业化服务的疾病：

1　具有特殊病程的疾病，如：

a）肿瘤疾病；

b）风湿疾病；

c）HIV/AIDS；

d）心脏机能不全（NYHA Stadium 第 3—4 阶段）；

e）多发性硬化；

f）脑癫痫（羊癫疯）；

g）小儿心脏病学框架中的复杂疾病；

h）早产情形的间接损害；或者

i）恶化情形下使得跨学科的供给是必要的截瘫。

对于字母 c—i 规定的疾病门诊的特殊专科医疗供给只针对具有特殊

病程的各种疾病的严重的发展情况。

2. 罕见病和病例数较少的疾病，如：

a）肺结核；

b）囊肿性纤维化；

c）血友病；

d）发育异常、先天性骨骼系统畸形和神经肌肉疾病；

e）严重的免疫疾病；

f）胆汁性肝硬化；

g）原发硬化性胆管炎；

h）威尔逊氏病；

i）易性癖；

j）患有先天性代谢异常的儿童的照顾；

k）马凡氏综合征；

l）肺动脉高压；

m）短肠综合征；

n）器官移植前或者移植后对于患者和活着的捐献者的照顾。

3. 高度专业化的服务，如：

a）基于 CT／MRI 的介入性疼痛治疗服务；或者

b）近距离放射治疗。

检查和治疗方法可以是门诊的特殊专科医疗供给中服务范围的对象，但以联邦共同委员会在第 137c 条规定的决议的框架内没有做出否定的决定为限。

²参与合同医疗供给的服务提供者和依据第 108 条被许可的医院有权提供第 1 款规定的由联邦共同委员会依据第 4 款和第 5 款确定其治疗范围的门诊的特殊专科医疗供给的服务，但以该服务提供者符合第 4 款和第 5 款规定的各项决定性的要求为前提，且已将此通知依据第 3 款第 1 句规定的条件被扩大而成的第 90 条第 1 款规定的医生和健康保险公司的州委员会，并附加相应的资料。只要第 4 款第 9 句和第 10 句规定的在第 1 句中被提及的服务提供者之间的合意的决议是必要的，则同样应当在第 1 句规定的通知程序的框架中提供这些合意。如果服务提供者以可被信赖的方式保证出于第 4 款第 11 句后半句所述理由无法进行提供，则前一句的规定

不适用。服务提供者有权在收到通知后两个月的期限经过后参加门诊特殊专科医疗供给，除非第 1 句规定的州委员会在该期限内通知其不符合相应的要求和前提条件。第 1 句规定的州委员会可以要求发出通知的服务提供者额外提供必要的信息和补充的观点；直到收到答复第 4 句规定的期间被中断。此后期间继续计算；被中断的期限不被计算入期间之中。第 4 句规定的享有权力的服务提供者须通知健康保险公司州协会和医疗互助保险公司、保险公司医生协会以及州医院协会其参与门诊的特殊专科医疗供给，并就权力扩展至的疾病和服务地区进行说明。如果服务提供者不再符合第 1 句和第 2 句规定的对于有权参与门诊的特殊专科医疗供给的决定性的前提条件，其须立即向第 1 句规定的州委员会通知此情况，并告知其失去权力的时间点以及通知第 7 句提及的委员会。第 1 句规定的州委员会可以要求参与门诊的特殊专科医疗供给的服务提供者在特定的场合，以及无论是在其首次参与通知后经过至少五年还是在最近一次的对于参与权的再次审查后，证明其仍然符合参与门诊的特殊专科医疗供给的前提条件。第 4 句、第 5 句和第 8 句准用之。

　　[3]为了执行第 2 款规定的任务，第 90 条第 1 款规定的医生的州委员会和健康保险公司被扩大，扩大后医院代表的数量就像第 90 条第 2 款分别规定的健康保险公司的代表和医生的代表的数量一样（扩大的州委员会）。医院的代表由州医院协会任命。参与的保险公司医生协会、健康保险公司州协会和医疗互助保险公司以及州医院协会应当就扩大的州委员会的主席和两个其他的独立的成员及其副手的人选达成合意。如果合意未达成，则由主管社会保险的州最高行政机关在与参与的保险公司医生协会、健康保险公司州协会和医疗互助保险公司以及州医院协会协商后任命。州委员会执行第 2 款规定的任务产生的费用的一半由健康保险公司协会和医疗互助保险公司承担，参与的保险公司医生协会和州医院协会各承担该费用的四分之一。扩大的州委员会以简单多数的方式做出决议；健康保险公司的代表的票数的权重为双倍。当第 2 款规定的通知程序的框架内的决定的决议偏离第 1 句的规定时，扩大的州委员会可以在其议事规则中确定成员的少数决即可通过；第 90 条第 4 款第 2 句以及第 140f 条第 3 款规定的参与咨询权不受影响。扩大的州委员会可以被授权完全或者部分地将第 2 款规定的任务委托给第三方执行，并可以做出更具体的任务决定。

[4]联邦共同委员会在 2012 年 12 月 31 日前在一个指令中规定第 1 款规定的门诊的特殊专科医疗供给的细节。联邦共同委员会依据当时的由德国医学文献和信息研究所经联邦卫生部委托公布的德语版本的国际疾病分类法或者依据其他的由其确定的特征将第 1 款第 2 句规定的疾病具体化并确定治疗范围。关于参与门诊的特殊专科医疗供给的医院，联邦共同委员会须确定不仅提供门诊的特殊专科医疗供给的服务，而且提供半住院或者全住院的服务的一般构成要件，当符合该构成要件时，门诊的特殊医疗服务提供例外地不足够且半住院的或者全住院的执行可能是必要的。联邦共同委员会对门诊的特殊专科医疗供给的物质和人员方面的要求以及其他考虑到第 137a 条第 3 款规定的结果对于质量保障的要求做出规定。在具有特殊病程的疾病的场合，门诊的特殊专科医疗供给以通过合同医生进行的转诊为前提；对此的细节由联邦共同委员会在第 1 句规定的其指令中进行规定。第 5 句不适用于在住院的地区外对参保人进行分配。对于罕见病和病例数较少的疾病状态以及高度专业化的服务由联邦共同委员会进行规定，在这些情形下门诊的特殊专科医疗的服务提供以通过主治医生进行的转诊为前提。对于第 1 款第 2 句第 1 项规定的不同时涉及罕见病或者病例数较少的疾病状态的具有特殊病程的疾病，在相应的具有特殊病程的各种疾病的案例状态中，联邦共同委员会可以向主治医生给出对决定起到辅助作用的建议。此外，联邦共同委员会可以在具有特殊病程的疾病情形下为促进第 2 款第 1 句规定的在该供给区域内参与的服务提供者之间的合作的协议而制定规则。第 9 句和第 10 句规定的协议是参与门诊的特殊专科医疗供给的前提条件，除非服务提供者因在其所在的对于门诊特殊专科医疗供给重要的覆盖区域有下列情形而不能缔结第 9 句或者第 10 句规定的协议。

1. 没有现存的合适的合作伙伴；或者

2. 该服务提供者尽管付出了巨大的努力，还是无法找到一个愿意在至少两个月的时间内与他合作的服务提供者。

联邦共同委员会至迟在第 1 款第 2 句第 1 项字母 a 或者字母 b 规定的疾病而形成的指令决议生效后两年内，对该决议有关门诊的特殊专科医疗供给的质量、需求和经济性的效力以及对该决议进行调整的必要性进行审查。联邦共同委员会须将该审查的结果向联邦卫生部进行报告。

[5]联邦共同委员会经第 91 条第 2 款第 1 句规定的独立的主席或成员、

联邦共同委员会的执行组织或者第 140f 条规定的代表患者利益和患有慢性疾病的人以及残疾人的自助利益的联邦层面的权威的组织的申请，依据第 1 款第 1 句规定的关于其他具有特殊病程的疾病、罕见病和病例数较少的疾病状态以及高度专业化的服务的条件补充第 1 款第 2 句规定的目录。此外第 4 款准用之。

　　[6]门诊的特殊专科医疗供给的服务由健康保险公司直接支付报酬；对于费用补偿服务提供者可以委托保险公司医生协会对门诊的特殊专科医疗供给的服务进行结算。对于门诊的特殊专科医疗供给的服务报酬，健康保险公司联邦最高协会、德国医院协会和保险公司医生联邦协会共同且统一地就计算系统、以欧元为单位的与诊断相关的费用项目以及根据第 4 款和第 5 款相应的指令生效后其各个有约束力的实施日期订立协议。该计算以企业管理为基础，补充考虑到非医疗的服务、物质成本以及特定的投资条件，且依据医疗服务统一的评价标准而产生。在罕见病和病例数较少的疾病状态的情形中，对于诊断和治疗的费用项目应当分开计算。合同当事人可以委托第三方进行计算。收费项目须定期被审查是否符合医学和技术的水平以及是否符合经济的服务提供的原则。如果第 2 句规定的协议完全或者部分未形成，则由第 89a 条规定的联邦一级的跨部门仲裁委员会经一方合同当事人申请决定。在第 2 句规定的协议生效前，薪酬以根据第 87 条第 5a 款规定的评价委员会确定的可结算的以各个地区的欧元费用规则规定的价格对医疗服务确定的统一的评价标准下的门诊的特殊专科医疗服务为计算基础。第 87 条第 5a 款规定的评价委员会尤其须在第 2 句规定的协议生效前且至迟在第 4 款和第 5 款规定的指令生效后六个月调整对于医疗服务的统一的评价标准，以便在考虑到第 4 款和第 5 款的规定的同时，第 1 款规定的服务被适当地评价，且只有参与门诊的特殊专科医疗供给的服务提供者能够对该服务进行结算。可以委托工作组或者健康保险的医疗服务提供者的健康保险公司对结算和经济性以及质量进行审查，但以联邦共同委员会没有在第 4 款规定的指令中对此做出其他规定为限；其所需要的对于审查必要的资料和第 2 款规定的权力数据应当应要求被提供。对于结算，第 295 条第 1b 款第 1 句准用之。有关结算程序的形式和内容以及必要的表格由第 2 句规定的合同当事人协商确定；第 7 句准用之。与发病率有关的总薪酬依据第 87a 条第 5 款第 7 句规定的评价委员会在第 87a 条第

3 款规定的服务的合意中规定的条件进行调整，该服务是门诊的特殊专科医疗供给的组成部分。调整不得对家庭医生的报酬份额产生不利影响，且不得给专科医疗的基本供给增加负担。在有关调整的合意中还必须确定必要的更正程序。

　　[7]第 1 款规定的门诊的特殊专科医疗供给包括第 73 条第 2 款第 5—8 项和第 12 项规定的服务的处方，但以该处方对于执行第 2 款规定的治疗委托是必要的为限；第 73 条第 2 款第 9 项准用之。第 92 条第 1 款第 2 句规定的指令准用之。第 87 条第 1 款第 2 句规定的有关表格和证明达成的合意以及第 75 条第 7 款规定的指令准用之，但以该合意和指令涉及第 1 句规定的对于服务的处方的规则为限。第 1 款规定的供给框架内的处方应当在表格中分别标明。第 2 款规定的服务提供者可得到第 293 条第 1 款和第 4 款第 2 句第 1 项规定的使得第 300 条和第 302 条规定的结算框架中的明确的归类成为可能的标签，且将该标签贴在表格上。第 4 款和第 5 款规定的标签的形式和分配、表格的供给以及将标签贴到表格上的细节由第 6 款第 12 句规定的协议进行规定。只要审查机构执行了对于费用补偿的审查这一条件被满足，第 113 条第 4 款准用于第 1 句规定的处方的经济性审查，但以健康保险公司与第 2 款规定的服务提供者未作其他约定为限。

　　[8]州依据第 116b 条第 2 款第 1 句制定的在 2011 年 12 月 31 日前生效的规定继续有效。第 1 句规定的对于第 1 款第 2 句第 1 项或者第 2 项规定的疾病或者第 1 款第 2 句第 3 项规定的高度专业化的服务的规定无效，联邦共同委员会对于该规定在第 4 款第 1 句规定的指令中就门诊的特殊专科医疗供给的细节进行规定，如果医院对于该疾病或者高度专业化的服务有权参与门诊的特殊专科医疗供给，却在联邦共同委员会做出的相应的指令决议生效后三年内未参与。被许可的医院基于第 1 句的规定提供的服务依据在 2011 年 12 月 31 日前有效的版本的第 116b 条第 5 款被支付报酬。

　　[9]在本法生效五年后，须就门诊的特殊专科医疗供给对于费用承担者、服务提供者以及患者供给的影响进行评估。评估的对象尤其是供给结构的状况、质量以及门诊的特殊专科医疗供给的服务的结算，在进行该结算时须考虑到其他供给地区的发展。评估的结果须在 2017 年 3 月 31 日前传送给联邦卫生部。评价和报告义务是联邦最高协会、保险公司医生联邦协会和德国医院协会共同的职责。

第117条　高校门诊

[1]高校医院的门诊、研究所和科室被授权向参保人和第 75 条第 3 款提到的人们提供门诊医疗治疗：

1. 在研究和教学必要的范围内；以及

2. 为了那些由于疾病的性质、严重性或者复杂性而需要高校门诊的检查或者治疗的人们。

在第 1 句第 2 项规定的情形中门诊的医疗治疗只能经过专科医生的转诊才能进行。健康保险公司联邦最高协会、保险公司医生联邦协会和德国医院协会就那些由于疾病的性质、严重性或者复杂性而需要高校门诊的供给的患者的群体达成协议。它们也可以对于第 1 句第 2 项规定的情形中的专科医疗的转诊需求的例外情形达成协议。如果协议完全或者部分终止且直到协议期间经过未订立新的协议，则由第 89a 条规定的联邦层面的跨部门仲裁委员会经合同一方当事人申请做出决定。如果第 3 句规定的合同成立，高校或者高校门诊可以在考虑到地区特殊性的同时与保险公司医生协会、健康保险公司州协会和医疗互助保险公司共同且统一地协商后以订立合同的方式对于与第 3 句规定的合同相偏离的内容进行规定。

[2]第 1 款准用于高校门诊授权给在研究和教学必要的范围的框架内的以及为了那些由于疾病的性质、严重性或者复杂性而需要高校门诊的检查或者治疗的人们的大学心理研究所。第 120 条第 2—4 款准用于该报酬。

[3]《心理治疗师法》第 6 条规定的教育机构的门诊被授权在联邦共同委员会依据第 92 条第 6a 款认可的治疗程序中对参保人和第 75 条第 3 款提及的人们进行门诊的心理治疗，只要该疾病治疗是由在合同医疗供给的框架内具有心理治疗专业资格的人们负责实施的。第 120 条第 2 款第 1 句和第 2 句准用于报酬，条件是应当与可比较的服务的报酬进行协调。此外第 120 条第 3 款第 2 句和第 3 句以及第 4 款第 1 句准用之。

[4]检查和治疗方法可以是第 1 款和第 2 款规定的高校门诊的服务范围的对象，但以联邦共同委员会在第 137c 条规定的决议的框架内未就医院治疗做出否定的决定为限。第 137c 条第 3 款准用之。

第118条　精神科门诊

[1]精神病院被许可委员会授权向参保人提供门诊的精神的和心理治疗

的供给。治疗针对的是由于疾病的性质、严重性或者持续时间或者由于距离合适的医生太远而被分配给这些医院进行治疗的参保人。医院经营者应确保对于门诊的精神和心理治疗必要的医生和非医疗的专业人员以及必要的设备处于随时可以被使用的状态。

²具有独立的、被专科医生领导的负有提供地区供给义务的精神科室的全科医院被授权向第 2 句规定的在合同中被协商确定的患者群体提供精神治疗和心理治疗。健康保险公司联邦最高协会与德国医院协会一起与保险公司医生联邦协会在合同中确定由于疾病的性质、严重性或者持续时间而需要第 1 句规定的通过机构实施的门诊治疗的心理疾病患者的群体。如果合同完全或者部分终止，且直到合同期间经过未订立新的协议，则由第 89a 条规定的联邦层面的跨部门仲裁委员会经合同一方当事人申请做出决定。第 1 款第 3 句适用之。第 135 条第 2 款准用于医院医生的资格。

³第 2 款准用于身心医院以及精神病院和具有独立的、被专科医生领导的负有提供地区供给义务的精神科室的全科医院。在第 2 款第 2 句规定的合同中合同当事人也就下列事项进行约定：

1. 在什么样的前提条件下，通过第 1 句规定的机构被提供的门诊的身心供给被视为是符合需求的，特别是因为该机构起到了集中供给的功能；

2. 对于高质量服务提供的特殊要求；以及

3. 能够证明合同中的规定是否被履行的程序。

第 1 句规定的机构中的门诊医疗治疗只能通过转诊获得。转诊通常应当由身心治疗或者心理治疗的专科医生或者具有同等继续教育或者额外教育程度的医生进行。

⁴第 1 款和第 2 款中提及的医院提供门诊的精神的和心理治疗的供给也须经过许可委员会授权，如果该供给通过在空间上和组织上没有联系的医院的机构被提供，当且仅当该授权对于确保符合第 1 款和第 2 款规定的条件的供给是必要的。

第 118a 条　老年医学的机构门诊

¹许可委员会可授权老年疾病专科医院、设有独立的老年疾病科的全科医院、老年疾病康复门诊和在前述机构被雇佣的医生以及医院医生向参

保人提供结构化且协调化的门诊的老年疾病的供给。当且仅当前述机构和医生对于确保第 2 款第 1 句第 1 项规定的充足的门诊老年疾病供给是必要的。只要满足该机构处在专科医生对于老年疾病的领导之下的前提条件，该授权必须被授予；对于在老年疾病康复门诊被雇佣的医生或者医院医生的授权的前提条件是该医生受过老年疾病的继续教育。

[2]健康保险公司联邦最高协会和保险公司医生联邦协会与德国医院协会进行协商后就下列事项达成协议：

1. 第 2 项规定的老年疾病患者的结构化和协调化的供给的内容和范围；

2. 由于病程的类型、严重性和复杂性而需要第 1 项规定的供给的老年疾病患者的群体；

3. 服务提供的物质和人员条件以及质量保障的其他要求；

4. 在何种情形下可直接或者经转诊获得被授权的机构或者被授权的医院医生提供的医疗服务。

如果协议完全或者部分终止且直到协议期间经过未订立新的协议，则由第 89a 条规定的联邦层面的跨部门仲裁委员会经合同一方当事人申请做出决定。

第 119 条　社会儿科中心

[1]处于固定的医生领导下且能够确保所提供社会儿科治疗有效且经济的社会儿科中心可以被许可委员会（第 96 条）授权提供儿童的门诊的社会儿科治疗。当且仅当该授权对于保障充足的社会儿科治疗是必要的，授权须被授予。

[2]社会儿科中心的治疗应针对那些由于其疾病的性质、严重性或持续时间或具有威胁性的疾病而无法由合适的医生或在合适的早期干预中心进行治疗的儿童。该中心应当与医生和早期干预中心密切合作。

第 119a 条　残疾救助机构中的门诊治疗

处于医生领导的科室管理下的残疾救助机构须被许可委员会授权向有精神残疾的参保人提供门诊医疗治疗，当且仅当通过营业医生提供的针对参保人的不具有特殊的检查和治疗方法或者机构中医生知识的充足医疗供给不能被保障。该治疗针对的是由于其残疾的性质或者严重性而被分配到这些机构接受门诊治疗的参保人。在许可通知中须规定是否且在何种情形下可以直接或者通过转诊获得机构中的医生的医疗服务。医生领导的科室应当与其他的服务提供者密切合作。

第119b条　住院护理机构中的门诊治疗

[1]尽管存在第75条第1款的规定，住院护理机构须基于相应的需求单独或者共同与对此合适的合同医疗服务提供者签订合作合同。经护理机构申请，为了确保向护理机构中有护理需求的参保人提供充足的医疗供给，保险公司医生协会须在三个月内促成第1句规定的合同。如果第1句规定的合同在护理机构的申请到达后六个月内未成立，则许可委员会须授权护理机构与被雇佣的登记在医生名册中的受过老年医学继续教育的医生一起参与对于护理机构中有护理需求的参保人的合同医疗供给；该雇佣须经许可委员会批准。如果针对有供给需求的参保人的供给应当通过一名被多个护理机构雇佣的医生提供，则被雇佣的医生须被授权参与针对护理机构中有护理需求的参保人的合同医疗供给。参保人在护理机构中自由选择医生的权利不受影响。在护理机构工作的医生在其做出医疗决定的过程中不受非医务人员指令的约束。该医生应当与其他服务提供者紧密合作。住院的护理机构为了在第1句规定的合同的框架内与合同医疗服务提供者合作而须任命一名负责的护理专业人员。

[2]第82条第1款和第87条第1款规定的合同的当事人经与联邦一级的护理机构经营者以及联邦一级的护理专业协会协商，尤其为了改善供给的质量可就针对住院的护理机构中有护理需求的参保人的合作化和协调化的医疗和护理供给的需求达成协议。

[2a]第2款规定的合同当事人须在2019年6月30日前首次与联邦层面的护理机构经营者协会就住院的护理机构与第1款第1句规定的合适的合同医疗的服务提供者之间的合作框架内的电子数据交换的信息技术和通信技术的具有约束力的需求达成协议。经对于利益代表具有权威性的联邦一级协会的要求在协议中也可考虑与门诊护理机构、医院、药房以及药物和辅助器具提供者的电子数据交换的技术要求。一旦第291a条规定的远程信息基础设施服务可适用于老年护理的领域，则其也须在协议中被考虑。

[2b]远程医疗服务，尤其是视频咨询时间应当在住院的护理机构和第 1 款第 1 句规定的合适的医疗服务提供者之间的合作的框架中被使用。

[3]医疗服务的评价委员会对第 87 条第 2a 款规定的报酬规则对包括对于健康保险公司的财政影响在内的合同医疗供给领域的供给实现的影响进行评估，并于 2017 年 12 月 31 日前向联邦政府报告结果。对于执行评估所必要的数据从保险公司医生协会、健康保险公司和护理保险公司获取，并分别通过保险公司医生联邦协会和健康保险公司联邦最高协会传递给第 1 句规定的评价委员会；第 87 条第 3f 款准用之。保险公司牙医联邦协会和健康保险公司联邦最高协会基于其达成的协议对第 1 款规定的合作合同对于针对住院的护理机构中的参保人的合同牙科医疗供给的影响进行评估。它们每隔三年向联邦政府报告相应结果，首次报告应在 2019 年 6 月 30 日前。

第 119c 条　医疗治疗中心

[1]许可委员会可以授权在固定的医生的领导下具备专业性且能够提供有效率的且经济的治疗担保的针对具有精神残疾或者严重多发性残疾的成年人的医疗治疗中心向具有精神残疾或者严重多发性残疾的成年人提供门诊的治疗。当且仅当其对于保障针对具有精神残疾或者严重多发性残疾的成年人的充足的供给是必要的，该授权须被授予。

[2]通过医疗治疗中心的治疗针对的是那些由于其疾病的性质、严重性或者复杂性而被分配在机构中进行门诊治疗的成年人。医疗治疗中心同时应当与其他的从事治疗的医生、参与救助的机构和工作者以及公共卫生服务部门密切合作。

第 120 条　门诊的医院服务的报酬

[1]在医院中被提供的被授权的医院医生的门诊的医疗服务、依据第 119b 条第 1 款第 4 句被授权的医生提供的住院护理机构中的门诊医疗服务、在被授权的机构中被提供的门诊医疗服务和在第 27b 条第 3 款第 4 项或者第 76 条第 1a 款要求的框架内被提供的服务，根据适用于合同医生的原则从合同医疗总报酬中支付报酬。与服务相关的一般的执业费用、使用医疗设备产生的费用以及其他物质成本均包含在收费之中，但以在统一的评价标准中没有其他相偏离的规定为限。被授权的医院医生有权获得的报酬由医院经

营者和保险公司医生协会结算，并在扣除相应份额的管理费用以及第 2 句规定的医院产生的费用后支付给有权获得该报酬的医院医生。依据第 119b条第 1 款第 4 句被授权的医生提供的服务的报酬由住院的护理机构和保险公司医生协会结算。在第 76 条第 1a 款要求的框架内被提供的服务的报酬由医院经营者依据地区欧元费用规则的条件与保险公司医生协会结算。

[1a]作为对第 1 款规定的报酬的补充，健康保险公司州协会和医疗互助保险公司共同且统一地为医院的儿童和青少年医疗的科室、儿童外科和儿童骨科以及特别是儿科和儿童放射科中被提供的门诊服务与医院经营者就病例或者与机构相关总价达成协议，如果该协议对于通过转院获得的儿童和青少年的治疗获得适当的报酬是必要的。该总价由健康保险公司直接支付。第 295 条第 1b 款第 1 句准用之。有关结算资料和必要的表格的形式与内容的细节由第 301 条第 3 款规定的协议进行调整。只要在一年内首次就这些服务的总价达成第 1 句规定的合意，则《医院报酬法》第 6 条第 3款规定的该年度收入总额须一次性地减少第 1 句规定的协商的总价的数额。各自减少的数额须在第 1 句规定的报酬的协议中被确定。在就《医院报酬法》第 10 条规定的州基础病例值达成协议时，须考虑各个年度一次性协议达成的门诊的总价支出减少的数额。

[2]高校门诊、精神病院门诊、社会儿科中心和医疗治疗中心的服务由健康保险公司直接支付报酬。该报酬由健康保险公司州协会和医疗互助保险公司共同且统一地与高校或者高校医院、医院或者州范围内代表它们的协会达成协议；各个高校门诊的服务的报酬的数额也适用于州范围内的其他健康保险公司，如果这些健康保险公司的参保人通过这些高校诊所被治疗。其须在经济管理方面保障高校门诊、精神病院门诊、社会儿科中心和医疗治疗中心的服务能力。在支付高校门诊服务的报酬时，须在 2017 年7 月 1 日前首次考虑第 3 款第 4 句规定的原则，且其后在根据第 3 款第 4句规定的原则进行的调整生效之后的每六个月内对其加以考虑。在达成第2 句规定的高校门诊的报酬协议时须考虑第 1a 款第 1 句规定的协议。

[3]高校门诊、精神病院门诊、社会儿科中心和医疗治疗中心和其他被授权的由医生领导的机构的服务的报酬可以被共同计算。第 295 条第 1b款第 1 句准用之。对于高校门诊、精神病院门诊、社会儿科中心和医疗治疗中心的有关结算资料和必要的表格的形式与内容的细节由第 301 条第 3

款规定的合同当事人协商确定，对于其他被授权的由医生领导的机构的有关结算资料和必要的表格的形式与内容的细节由第 83 条第 1 句规定的合同当事人协商确定。第 301 条第 3 款规定的合同当事人在 2016 年 1 月 23 日前就适当地反映高校门诊特殊性，特别是在报酬结构和绩效文件方面的特殊性的联邦统一的基本原则达成协议。

[3a]在第 76 条第 1a 款要求的框架内被提供的服务的报酬以地区的欧元费用规则的固定价格进行支付而给为专科医疗供给领域建立的以发病率为条件的总报酬的份额增加负担，除非第 87a 条第 2 款第 1 句规定的合同当事人就第 87a 条第 2 款第 3 句或者第 87a 条第 3 款第 5 句和第 6 句规定的服务报酬达成协议。保险公司医生协会经与州医院协会、健康保险公司州协会和医疗互助保险公司磋商后，在考虑到第 87 条第 1 款第 2 句的规则的前提下于 2016 年 1 月 23 日前共同且统一地确定有关结算资料和必要的表格的形式与内容的细节；第 115 条第 3 款准用之。第 112 条第 1 款提到的合同当事人与健康保险公司就总报酬和咨询时间需求的结算在第 76 条第 1a 款的要求框架中达成协议；第 112 条第 5 款准用之。

[4]如果第 1a 款第 1 句或者第 2 款第 2 句规定的协议完全或者部分没有成立或者第 2 款第 4 句规定的原则完全或者部分未进行考虑，则《医院融资法》第 18a 条第 1 款规定的仲裁委员会经合同一方当事人的申请对报酬进行确定；在第 1a 款第 1 句规定的协议的情形中仲裁委员会须确认该协议对于治疗转诊的儿童和青少年适当地支付报酬是否必要。如果第 3 款第 4 句规定的协议完全或者部分未成立，则由《医院融资法》第 18a 条第 6 款规定的仲裁委员会经合同一方当事人的请求，在没有私人健康保险协会的代表的情形下于 6 周内确定。如果第 3a 款第 4 条规定的协议完全或者部分未成立，则由第 114 条规定的仲裁委员会经合同一方当事人申请在 6 周内确定其内容。

[5]公务员法中有关主管当局的机构、人员和材料要求的报酬缴纳的规定或者合同中有关进一步的除包括费用报销也包括损益相抵在内的使用补偿费用的约定，以及其他医生的花费均不受到第 1—4 款的影响。

[6](已废止)

第 121 条　协助医疗的服务

[1]第 115 条第 1 款规定的合同当事人与健康保险公司和被许可的医院

共同致力于向参保人提供有效率且经济的协助医疗治疗。医院应当给予相同专业的协助医生共同治疗其患者的机会（协助医生团体）。

[2]本法典规定的协助医生并非被医院雇佣的有权使用为此准备的服务、设备和材料而对其在医院中的患者（协助患者）进行全住院或者半住院的治疗而不从医院获得对此的报酬的合同医生。

[3]协助医疗服务的报酬从合同医疗的总报酬中进行支付。该报酬须考虑协助医疗事务的特性。此外还包括下列事项的与服务相符的报酬：

1. 对于协助患者的医疗急救服务；和

2. 由协助医生安排的在治疗其协助患者时与协助医生在相同专业领域执行事务的医院的下级医生的服务。

[4]评价委员会须在第87条规定的于2007年4月1日生效的决议中以针对医疗服务的统一的评价标准在考虑到第3款第2句和第3句的规定的同时制定对于协助医疗服务进行适当评价的规则。

[5]带有协助病床的医院为了向协助医疗的服务支付报酬，可以偏离第2—4款的报酬规则而与协助医生订立酬金合同。

[6]联邦共同委员会依据第136条和第136b条公布的针对医院中的质量保障的指令和决议适用于协助医生，直到类似的对于合同医疗或者跨部门的质量保障的规则生效为止。为了协助医疗服务的住院质量保障而收集的质量数据须在评价第136c条第1款和第2款规定的与规划相关的质量指标以及在确定《医院报酬法》第5条第3a款规定的与质量相关的医院的报酬时被考虑。在医院与协助医生之间的关系中该考虑的结果须在其之间以合同的方式达成合意。

第121a条　执行人工授精的批准

[1]健康保险公司只能通过以下人员或机构采取导致妊娠（第27a条第1款）的措施：

1. 合同医生；

2. 被许可的医疗供给中心；

3. 被授权的医生；

4. 被授权的医生领导的机构；或者

5. 被许可的医院。

主管的行政机关已经授予其第 2 款规定的执行这些措施的许可。第 1句适用于人工授精，当且仅当该人工授精依据存在怀有三个或者更多的胚胎的妊娠增加的风险的刺激程序被执行。

²当符合下列条件时，第 1 款第 1 句中提及的医生和机构可被授予许可：

1. 他们具有对于执行导致妊娠（第 27a 条第 1 款）的措施所必要的诊断和治疗可能性且依据被科学所认可的方法进行工作；以及

2. 他们提供对于与需求相符的、高效且经济的导致妊娠（第 27a 条第 1 款）的措施的执行的保障。

³不存在对于许可的请求权。如果有必要在多个申请取得许可的合适的医生或者机构之间做出选择，则主管的行政机关应当在考虑到公共利益和与义务相符合的申请者的多样性的基础上决定哪些医生或者机构最适合于执行导致妊娠（第 27a 条第 1 款）的措施。

⁴负责授予许可的行政机关决定符合州法的主管部门，州政府则缺乏该种类型的决定权；该行政机关可以进一步转移授权。

第 122 条　诊所医院中的治疗

健康保险公司联邦最高协会和为了维护诊所医院的利益而工作的合同医生建立的中央组织在一份框架合同中就下列事项达成合意：

1. 在第 115 条第 2 款第 1 句第 1 项规定的诊所医院中门诊的或者住院的可执行的代替住院治疗的目录；

2. 保障治疗质量、供给过程和治疗效果的措施。

第 115 条第 2 款第 1 句第 1 项规定的诊所医院负有遵守第 1 句规定的合同的义务。

第 123 条　　（已废止）

第五节　与药物服务提供者的关系

第 124 条　许可

¹作为服务被提供的药物，特别是理疗、言语治疗、职能治疗或者营

养治疗的服务，只能由符合下列条件的被许可的服务提供者提供：

1. 受过对于服务提供所必要的职业教育以及具有能够有权使用相应的职业称号的许可或者与之相当的学历；

2. 配备保障符合目的且经济的服务提供的医疗设备；且

3. 承认第 125 条第 1 款和第 125a 条规定的对于药物供给的有效的合同。

[2]健康保险公司州协会和医疗互助保险公司共同且统一地在某个州协会或者医疗互助保险公司处成立一个做出的许可决定对所有的健康保险公司有效的工作组。工作组有权为了执行任务而发出、更改或者撤销行政行为。变更或者撤销的可能性也适用于健康保险公司州协会或者医疗互助保险公司做出的行政行为。工作组还可以扩展到多个联邦州。费用由健康保险公司州协会和医疗互助保险公司依据 KM6 统计数字得出的参保人比例进行分担。工作组可以为了审查第 1 款规定的要求收集、加工和使用服务提供者那里的必要的数据。工作组须向健康保险公司联邦最高协会传递对于许可具有决定性的数据，健康保险公司联邦最高协会定期向健康保险公司通报被许可的服务提供者。健康保险公司联邦最高协会就数据传递的细节进行规定。工作组须在 2019 年 8 月 31 日前成立。到该时刻为止第 124 条第 5 款以在 2019 年 5 月 10 日前生效的版本被适用。

[3]第 2 款规定的工作组有权在考虑到以合同方式达成合意的空间的、客观的和人员的前提条件的基础上对于被许可的服务提供者进行审查。服务提供者须对此保证在通常的营业时间可以进入其诊所。工作组须避免多次的诊所审查。

[4]在 2008 年 6 月 30 日存在的由医疗互助保险公司协会授予的许可，继续视为依据第 2 款对医疗互助保险公司授予的许可。第 2 款第 3 句准用之。

[5]医院、康复机构和与其相类似的机构可以通过符合第 1 款第 1 项规定的的前提条件的人员出售第 1 款中提到的药物，如果这些机构具备第 1 款第 2 项意义上的医疗设备。这不需要经过许可。依据第 125 条第 1 款缔结的合同准用于第 1 句提及的机构而不需要对这些合同进行承认。第 125b 条准用之。

[6]在第 125 条第 1 款规定的各个联邦范围内有效的合同生效之前获得

许可的服务提供者，须自合同生效后或者自仲裁委员会做出裁决后六个月内向工作组承认该合同。许可在此期间内继续有效。在第 125 条第 1 款规定的各个联邦范围内有效的合同生效前第 125 条第 2 款规定的有效的协议须以 2019 年 5 月 10 日前有效的版本被承认。第 1 款和第 2 款准用于第 125a 条规定的有关具有被扩展的供给责任的药物供给的协议的承认。在第 125a 条规定的协议生效前或者在仲裁委员会做出裁决前对于协议的承认并非第 1 款第 3 项规定的许可条件。健康保险公司联邦最高协会对于统一适用 2019 年 5 月 10 日前生效的版本中的第 124 条第 4 款规定的许可条件的建议继续有效至第 125 条第 1 款规定的合同生效或者至仲裁委员会做出裁决。

第 125 条　合同

[1]健康保险公司联邦最高协会为每个药物领域与代表药物提供者利益的联邦层面的权威中央组织订立对于健康保险公司具有约束力的有关各种药物的供给细节的合同。主管各个药物领域的权威的中央组织须共同签订合同。该合同自 2020 年 7 月 1 日起生效。第 92 条第 1 款第 2 句第 6 项规定的联邦共同委员会的指令须被考虑。健康保险公司联邦最高协会须公布合同以及各个有效的价目表。

[2]在第 1 款规定的合同中尤其须就下列事项进行规定：

1. 单个服务项目的价格以及对其进行结算的统一规则；

2. 服务提供者参与进修的义务；

3. 针对服务提供者的对于理疗的特殊措施的必要的继续教育；

4. 包括由执行个别措施和执行包括必要的文件在内的预加工和后期加工组成的一般保险费用期间在内的针对各个药物的个别措施的内容；

5. 保障治疗质量、供给程序和治疗效果的措施；

6. 服务提供者与开具处方的合同医生的合作的内容与范围；

7. 服务提供者提供的有关药物处方的必要信息；

8. 服务提供的经济性措施和对其经济性进行审查的措施；

9. 考虑到实际被支付薪酬的劳动者的报酬结构，为了证明实际被支付的劳动报酬，同业工伤事故保险协会经健康保险公司联邦最高协会的请求，须为了卫生服务和福利护理向健康保险公司联邦最高协会送交有关在本法典第七编第 165 条的框架内做出的报告的数据，该报告尤其应当包括劳动者的人数、劳动者的工作时间以及被提供的报酬；以及

10. 人员的、空间的和客观的用于保障第 124 条第 1 款第 2 项意义上的与目的相符的和经济的服务提供的前提条件，在此特别考虑到空间的前提条件而就基准值达成合意。

³合同当事人须注意被商定的价格使得与服务相适应的且经济的供给成为可能。他们以经济地运营诊所为基础而对单个的服务项目的价格达成协议时，尤其须考虑下列情况：

1. 人工成本的发展；

2. 对于服务提供的物质成本的发展；以及

3. 经营药房的平均的营运成本。

第 71 条不适用。

⁴第 1 款规定的合同当事人应当就设置一个无障碍的诊所给出共同的建议。

⁵如果第 1 款规定的合同在 2020 年 7 月 1 日前或者在合同当事人商定的合同期限经过后完全或者部分不成立，或者合同当事人在该期限经过前不能就单个的服务项目的价格或者对于该价格的调整达成合意，则由第 6 款规定的仲裁委员会在三个月内确定合同的内容或价格。如果仲裁委员会在三个月后才做出裁决，则除了确定价格外，还应决定付款金额，通过该付款金额，服务提供者因仲裁委员会迟延做出裁决而产生的报酬损失得到补偿。

⁶健康保险公司联邦最高协会和代表药物提供者利益的联邦层面的权威中央组织在 2019 年 11 月 15 日前成立一个共同的仲裁委员会。该仲裁委员会由健康保险公司和药物提供者以相同数量的代表以及一个独立的主席和两个其他的独立的成员组成。在药物提供者方面为各个服务区域分别指定仲裁委员会。成员的任期为四年。每个成员配备两名副手。合同当事人应当就独立的主席和两个其他的独立的成员以及他们的副手达成协议。如果协议不成立，则准用第 89 条第 6 款第 3 句。基于重要的理由解雇独立的成员时准用第 89 条第 7 款第 3 句。仲裁委员会的开支由合同双方当事人各承担一半；合同当事人选任的代表的费用由合同当事人自己承担。第 129 条第 9 款和第 10 款第 1 句准用之。联邦卫生部可以经联邦参议院

许可通过法规性命令对成员的数量和任命、对于现金支出和时间花费损失的补偿、程序和费用的分担进行规定。依据本条对监管机关做出的决定提起的申诉不具有中止的效力。对于仲裁机构的裁决和监管机关的决定提起的申诉不进行预审程序。

[7]健康保险公司州协会和医疗互助保险公司可以与服务提供者、服务提供者的协会或者其他联合组织签订有关具有疗养特性的药物供给的详细信息的合同。第2款和第3款准用之。

[8]健康保险公司或者其协会可以与在各个药物地区代表药物提供者利益的主管的州层面的权威中央组织就进一步发展对于参保人的药物供给的质量和结构达成协议，但以第1款规定的合同与其不冲突为限。

[9]第1款第1句规定的合同当事人鉴于考虑到在第92条第1款第2句第6项规定的指令的基础上执行理疗的特殊措施的要求的履行，就有关集中的和联邦统一的审查和继续教育承担者、继续教育的场所以及专业教师的清单签订合同。

第125a条　具有被扩展的供给责任的药物供给

[1]健康保险公司联邦最高协会为了各个药物地区与代表药物提供者的联邦层面的权威中央组织订立对于健康保险公司有约束力的有关具有被扩展的供给责任的药物供给的合同。主管各个药物地区的权威中央组织须共同签订该合同。这些合同须在2020年11月15日前被订立。合同的对象是供给形式，在该供给形式中药物提供者基于合同医生确认的对于药物治疗的诊断和适应症，能够自己确定治疗的选择和期间以及治疗单位的频率。该治疗的选择只能在第92条第1款第2句第6项规定的联邦共同委员会的指令中对于各个诊断组预先规定的具有处方能力的药物的框架内进行。此外，只有在合同当事人依据第2款第2项达成协议的范围内才能偏离该指令。在缔结协议前须给保险公司医生联邦协会以发表意见的机会。与此相偏离，须依据第2款第1—7项的规则与保险公司医生联邦协会达成合意。

[2]在第1款规定的合同中尤其应对下列事项进行规定：

1. 从医疗治疗的观点来看适合于具有被扩展的供给责任的药物供给的第92条第1款第2句第6项规定的联邦共同委员会的指令中的所有适

应症；

2. 药物提供者在进行服务提供时偏离第 92 条第 1 款第 2 句第 6 项规定的联邦共同委员会的指令的预先规定的可能性；

3. 结算的统一规则，但以该规则偏离第 125 条第 1 款规定的合同为限；

4. 通过服务提供者确定单个治疗单位的期限的可能性以及对于由此产生的价格结构的规则；

5. 通过药物提供者给出的对于供给建构的标准值，健康保险公司联邦最高协会须每个季度在第 84 条第 7 款结合第 84 条第 5 款的框架内对该标准值进行公开；

6. 避免每个参保人的治疗单位的数量过度扩张的非基于医疗的措施，这些措施也可以预先规定报酬折扣，只要治疗单位的平均数量明显被超出；以及

7. 通过药物提供者使得医生获取有关已经进行的治疗的信息的预先规定以及重新联系医生的必要性的预先规定。

[3]如果第 1 款规定的合同在 2020 年 11 月 15 日前完全或者部分不成立，则由第 125 条第 6 款规定的仲裁委员会在三个月内确定该合同的内容。

[4]健康保险公司联邦最高协会须公开第 1 款规定的合同并将其传递给联邦共同委员会。

[5]健康保险公司联邦最高协会还须基于第 84 条第 7 款结合第 84 条第 5 款规定的须被传递的信息建立并公开对于被扩展的供给责任的供给形式相应的快报以及第 2 款规定的针对供给建构的达成协议的标准值。

[6]在考虑到依据第 84 条第 7 款结合第 84 条第 5 款被收集的数据和依据第 5 款被公开的数据的同时，第 1 款规定的合同当事人应当在第 1 款规定的合同订立后的第一个四年内尤其对与供给形式相关的对于药物领域的供给实现、批量开发的影响，对于健康保险公司的财政方面的影响以及对于治疗质量和结果质量的影响进行评估。评估必须由合同双方当事人委托的独立的第三方进行。联邦卫生部须每年对该结果进行报道。

第 125b 条　联邦范围内有效的价格

[1]2019 年 5 月 10 日前有效的版本中第 125 条第 2 款规定的合同只继续

有效至第 125 条第 1 款规定的各个药物领域的合同生效之时或者至仲裁委员会做出以自 2019 年 7 月 1 日起依据第 2 款确立的价格生效为条件的裁决为止，而不受协议约定的期限的影响。不需要终止该合同。

[2]自 2019 年 7 月 1 日起被协商确定的针对联邦范围内的地区内的各个服务项目的各自的最高价格适用于各个联邦州和各个保险种类。健康保险公司联邦最高协会须与代表药物提供者利益的联邦层面的权威中央组织就联邦范围内有效的价格达成一致意见。第 71 条不适用。健康保险公司联邦最高协会须在 2019 年 6 月 30 日前公布依据本款确定的价格。如果第 4 句中提及的期限届满还未对价格进行公开，则联邦卫生部可以确定该价格；联邦卫生部可以对此要求健康保险公司联邦最高协会传递到此刻为止商定的价格或者已经缔结的报酬协议。该价格至少有效至 2020 年 6 月 30 日。不需要分别终止合同。

[3]2019 年 5 月 10 日前生效的版本中第 125 条第 1 款规定的框架建议仅有效至第 125 条第 1 款规定的各个合同生效或者仲裁委员会做出裁决为止而不受约定的期限的影响。不需要终止该框架建议。

第六节　与辅助器具提供者之间的关系

第 126 条　通过合同当事人的供给

[1]只能依据第 127 条第 1 款和第 3 款规定的合同向参保人提供辅助器具。健康保险公司的合同当事人只有在能够对充足的、与目的相符且功能合适的药物进行生产、销售和调整时，才能成为服务提供者。健康保险公司联邦最高协会对于第 2 句规定的包括对于服务提供者的继续教育在内的要求的适用给出建议。

[1a]健康保险公司确保第 1 款第 2 句规定的前提条件被满足。服务提供者通过出示由合适的、独立的机构（资格预审机构）出具的证书来证明其符合了第 1 款第 2 句规定的前提条件；第 127 条第 3 款规定的合同情形在个别情况下也可由健康保险公司对证明进行确认。如果服务提供者符合了第 1 款第 2 句规定的前提条件，则其对于第 2 句第 2 半句规定的证书的授予或者健康保险公司的确认享有请求权。资格预审机构须在其认证工作

的框架内对第 1 款第 2 句规定的前提条件进行审查，且健康保险公司在对证明进行确认时须遵守第 1 款第 3 句规定的建议。证书的有效期最长为五年。如果授予证书的机构或者第 2 款第 6 句规定的机构由于 DIN EN ISO/IEC 17065（2013 年 1 月公布）意义上的监督事务而确定服务提供者不满足或者不再满足第 1 款第 2 句规定的前提条件，则被授予的证书须被限制、吊销或者撤回，但以服务提供者在合适的期限内未使得条件得以满足为限。授予证书的机构可以收集、加工和使用对于证明符合第 1 款第 2 句规定的要求所必要的来自服务提供者的数据。授予证书的机构须相应地向健康保险公司联邦最高协会告知包括识别各个服务提供者所必要的信息在内的有关被开具以及被拒绝、限制、吊销和撤回的证书的预先规定。健康保险公司联邦最高协会被授权对被告知的数据进行加工，并将其传递给第 2 款第 1 句规定的国家的认证机构。

²只有遵守第 1a 款第 4 句至第 8 句的规定，且被欧洲议会和理事会有关自 2008 年 7 月 9 日起就与产品的营销和撤销联邦参议院的（欧洲经济共同体）第 339/93 [《欧盟公报（立法）》2018 年 8 月 13 日第 218 期，第 30 页] 条例的各个有效的版本相关的认证和市场监督的规定的第 765/2008 号欧共体条例意义上的经国家委任机构委任的认证机构才可作为第 DIN EN ISO/IEC 17065 号指令（2013 年 1 月版）规定的产品、程序和服务服务的资格预审机构。认证的有效期最长为五年。在期限经过后、资格预审机构营运终止或者资格预审机构弃权的情形下，认证终止。该终止和弃权须立即通知国家认证机构。先前的资格预审机构有义务向由其授予证书的服务提供者通知有关认证终止的情况。服务提供者必须立即与其他的资格预审机构就继续进行资格预审程序达成协议，先前的资格预审机构须向其以电子形式提交已经提交给它的申请材料。联邦卫生部在本法的适用范围内执行对于国家认证机构的专家监督。自 2010 年 7 月 1 日起执行第 1a 款规定的任务的资格预审机构须至迟于 2017 年 7 月 31 日提出第 1 句规定认证，且至迟于 2019 年 4 月 30 日前提供有关成功获得认证的证明。国家认证机构对资格预审机构遵守和履行第 DIN EN ISO/IEC 17065 号指令和第 1a 款第 4—8 句的规定的要求和义务的情况进行监督。如果资格预审机构不满足或者不再满足认证的要求或者明显违反了其义务，则国家认证机构须限制、吊销或者撤回该认证；第 5 款和第 6 款准用之。为了审查资

格预审机构是否履行了其义务，第 2 款第 1 句规定的国家的认证机构可以利用健康保险公司或者健康保险公司联邦最高协会、专业组织和监管机关的信息。

³对于不在合同医疗的供给中被提供的非医疗的透析服务，本部分的规则准用之。

第 127 条　合同

¹健康保险公司、健康保险公司的州协会或者工作组通过合同谈判的方式与服务提供者或者服务提供者的协会或者其他服务提供者的联合组织就辅助器具、辅助器具的再次使用、辅助器具的质量和额外的被提供的服务、对于服务提供者的继续教育、价格和结算订立合同。此外，健康保险公司、健康保险公司的州协会或者工作组须使得每个服务提供者或者服务提供者的协会或者其他服务提供者的联合组织能够参与合同谈判。在第 1 句规定的合同中须确保无须额外费用的辅助器具数量充足、辅助器具的质量、对于参保人的必要的咨询和其他第 33 条第 1 款第 5 句意义上的额外的服务，并且须在参保人住所附近向其提供。合同至少须以第 139 条第 2 款规定的辅助器具目录中确定的供给和产品质量的要求为基础。有关订立特定的辅助器具供给合同的意图须以适当的方式向公众公开。经其他服务提供者询问后须立即将订立的合同的内容对其进行通知。如果在合同订立后通过对辅助器具目录进行更改而改变第 139 条第 2 款规定的对于供给和产品的质量要求，则存在关系的根本变化而使得合同当事人有调整合同或者终止合同的权利。2019 年 5 月 10 日前有效的版本中第 1 款规定的合同于 2019 年 11 月 30 日到期后失效。

²服务提供者可以以相同的条件作为合同当事人加入合同，但以其无权基于现存的合同向参保人提供供给为限。在此情形下须相应地使第 1 款第 1 句规定的合同谈判成为可能。服务提供者的协会或者其他联合组织也可加入与服务提供者的协会或者其他联合组织缔结的合同。第 1 句和第 2 句准用于在 2007 年 4 月 1 日前订立的继续有效的合同。第 126 条第 1a 款和第 2 款不受影响。

³只要第 1 款规定的健康保险公司与服务提供者未就必要的辅助器具订立合同或者不能够以对健康保险公司来说合理的方式通过合同当事人向

参保人提供供给，则健康保险公司在个别情形与单个服务提供者达成协议；第 1 款第 3 句和第 4 句准用之。健康保险公司也可以事先以假名的形式在其他服务提供者那里获得报价。在第 33 条第 1 款第 5 句和第 6 款第 3 句规定的情形中第 1 句准用之。

[4]对于已设定固定金额的辅助器具，可以在第 1 款和第 3 款规定的合同中约定价格，最高不得超过固定金额。

[5]服务提供者须在参保人使用服务前向其就哪些辅助器具和第 33 条第 1 款第 1—5 句规定的额外的服务对于具体的供给情形在个别情形下是适当的且必要的给出咨询。服务提供者须以书面形式或者电子形式记录第 1 句规定的咨询，且须经参保人签名确认。细节内容由第 127 条规定的合同进行规定。在第 33 条第 1 款第 6 句规定的情形中，在参保人选择辅助器具或者额外的服务前须向其通知须由其承担的额外费用。第 2 句准用之。

[6]健康保险公司须向其参保人告知有关有权获得供给的合同当事人和合同的主要内容。如果参保人已经选择了某个服务提供者或者健康保险公司放弃对被申请的辅助器具供给进行批准，则健康保险公司偏离第 1 句的规定经其参保人的要求对其进行通知。其也可以向合同医生提供适当的信息。健康保险公司须在因特网上将第 1 句规定的合同的主要内容向其他健康保险公司的参保人进行公开。

[7]健康保险公司依据本法对服务提供者遵守合同义务和法定义务的情况进行监督。为了保障辅助器具供给的质量，健康保险公司进行异常性审查和抽样审查。服务提供者有义务经要求向健康保险公司提供对于第 1 句规定的审查所必要的与机构相关的信息和咨询答复，并提交经参保人签署的有关执行第 5 款第 1 句规定的咨询的证明文件。只要对于第 1 句规定的审查来说是必要的，且参保人已经以书面的形式赞同先前的信息，则健康保险公司也可以要求服务提供者提供有关单个参保人的供给进程的与个人相关的文件。服务提供者在此范围内负有传输数据的义务。健康保险公司以合同的方式确保服务提供者违反本法规定的约定的或者法定的义务时会受到适当的惩罚。严重违反义务的行为须通知第 126 条第 1a 款第 2 句规定的证书授予机构。

[8]健康保险公司联邦最高协会在 2017 年 6 月 30 日前发布确保辅助器具供给质量的框架建议，在该框架建议中尤其就各个产品领域的抽样审查

的范围、使得更为广泛的监督方法成为可能以及何时可被认定为存在异常性进行规定。

[9]健康保险公司联邦最高协会和代表服务提供者利益的联邦层面的权威中央组织在 2017 年 12 月 31 日前共同发布对于简化和统一辅助器具供给的执行和结算的框架建议。如果在依据 1 句确定的期限经过前未达成合意，则由第 1 句规定的框架建议当事人共同任命的一名独立的仲裁员确定框架建议的内容。如果框架建议的当事人未就仲裁员的任命达成合意，则由主管健康保险公司联邦最高协会的监管机关确定该仲裁员的人选。仲裁程序的费用由健康保险公司联邦最高协会和代表服务提供者利益的联邦层面的权威中央组织各承担一半。在建议中也可就第 302 条第 2 款第 1 句和第 3 款提及的内容进行规定。第 139 条第 2 款不受影响。第 1 句规定的建议以第 1 款和第 3 款规定的合同为基础。

脚注

(+++ 第 127 条第 4 款的适用参见第 24e 条+++)

第 128 条　服务提供者与合同医生之间被禁止的合作

[1]通过合同医生的仓库向参保人发放辅助器具是被禁止的，但以其不涉及在紧急情况下为了供给而被需要的辅助器具为限。第 1 句准用于医院或者其他医疗机构中辅助器具的发放。

[2]服务提供者禁止为了报酬或者获得其他经济利益而使合同医生以及医院和其他医疗机构中的医生参与辅助器具供给的执行，或者给予他们与辅助器具的处方相关的这些利益。对额外的在辅助器具供给的框架中由合同医生提供的私人医疗服务支付报酬也是被禁止的。无偿的或者低价地转让器具和材料与执行培训措施、提供空间和人员或者分担对此的费用以及在被合同医生通过开药方或者分配行为显著影响的服务提供者的企业中工作而获得的收入也是第 1 句意义上的被禁止的利益。

[3]健康保险公司以合同的方式确保对违反第 1 款和第 2 款规定的禁令进行适当的惩罚。对于严重和屡次违规的情形须预先规定服务提供者在最长两年的期间内被禁止向参保人提供供给。

[4]除了执行在合同医疗的框架内负担的任务外，合同医生只能基于与健康保险公司以合同的方式达成的合意参与辅助器具供给的执行。第 1 款和第 3 款不受影响。健康保险公司须将第 1 句规定的参与通知主管各个合同医生的医生协会。

[4a]如果供给的经济性和质量不会因此受到限制，健康保险公司可以与合同医生签订第 4 款规定的合同。第 126 条第 1 款第 2 句和第 3 句以及第 1a 款也准用于合同医生。在合同中明确规定了合同医生额外提供的服务和其对此应当获得的报酬。额外的服务报酬须由健康保险公司直接向合同医生支付。禁止服务提供者参与由合同医生提供的服务的报酬的结算。

[4b]基于第 4 款规定的合同参与辅助器具供给执行的合同医生须将其开具的处方发送给各个主管的健康保险公司，以获得其批准。健康保险公司须将处方连同批准一起传递给参保人。此外健康保险公司须以适当的方式向参保人提供有关不同的供给方式的咨询。

[5]如果健康保险公司在执行合同医生的处方时意识到异常性的存在，该处方指出将参保人分配给特定的服务提供者的可能性或者被禁止的合作的其他形式，则第 4 款第 3 句准用之。这些情形也须通知主管的保险公司医生协会。如果有迹象表明健康保险公司要求或者接收了被禁止的利益或者对第 5a 款规定的参保人造成了被禁止的影响，则同样适用之。

[5a]要求或者接收被禁止的利益或者使用私人医疗的供给代替参保人有权获得的法定健康保险的供给而影响参保人的合同医生违反了其合同医疗的义务。

[5b]第 2 款、第 3 款、第 5 款和第 5a 款准用于药物的供给。

[6]如果法律没有其他规定，则在第 31 条和第 116b 条第 7 款第 1—3 句规定的服务的提供过程中，第 1—3 款不仅准用于制药企业主、药房、制药批发商和其他卫生服务提供者，而且准用于合同医生、医院中的医生和医院经营者。对此被法律许可的健康保险公司与服务提供者订立的针对第 31 条和第 116b 条第 7 款规定的服务处方有关开发经济储备和改善供给质量的财政激励的协议不受影响。第 1 句和第 2 句也适用于第 37 条第 7 款规定的服务提供者提供的慢性的和难以治愈的伤口的服务。

第七节　药房和制药企业主的关系

第129条　关于药物供给、法规授权的框架合同

[1]药房依据第2款规定的框架合同在向参保人销售处方药时负有下列义务：

1. 在开具处方的医生符合下列情形时，销售廉价的药物：

a）仅开具了药物的有效成分名称；

b）没有排除用有效成分相同的药物替代该药物。

2. 销售廉价的进口药物，该药物对于参保人发放的标准价格，在考虑到第130a条第1款、第1a款、第2款、第3a款和第3b款规定的折扣的基础上至少比参考药物的价格低15%或者至少15欧元；在第2款规定的框架合同中可以就开发额外的经济储备的规则达成协议。

3. 销售经济性的单项数量药物。和

4. 在药物包装上注明药物销售价格。

在销售第1句第1项规定的药物时，药房须销售与被开具处方的药物在效力强度和包装尺寸相同、被许可于相同的适用领域且具有相同或者可互换剂型的药物；对此具有第31条第4款中提及的法规性命令规定的相同的包装尺寸标记的包装尺寸被视为是相同的。此外通过具有相同有效成分的药物的替换须被执行，对于该药物存在第130a条第8款规定的对健康保险公司有效的协议，但以第5款规定的合同中未进行其他约定为限。如果对于该具有相同有效成分的药物存在第130条第8a款规定的对健康保险公司有效力的协议，且只要第5款规定的合同中未进行其他约定则通过具有相同有效成分的药物的替换，对于被用于在药房中被生产的肠胃外制剂的成品药也须被执行。如果不存在第130a条第8款规定的相应的协议，则药房须依据框架合同的条件通过廉价的药物进行替换。如果第2句规定的前提条件被满足，则参保人可偏离第3款和第5款的规定获得其他一种药物来补偿费用。第13条第2款第2句和第12句不适用。第3句和第5句准用于销售进口药物及其参考药物；此外，第130a条第8款规定的协议规定的药物的销售优先于第1句第2项规定的药物的销售。

[1a]联邦共同委员会在考虑到药物治疗的可比性的同时，在第92条第1款第2句第6项规定的指令中立即对剂型的可互换性给出指引。联邦共同委员会于2014年9月30日前首次在第92条第1款第2句第6项规定的指令中确定偏离第1款第1句第1项字母b的规定而被排除的通过具有相同活性成分的药物进行替代的药物；此外，须特别考虑具有狭窄的治疗范围的药物。细节由联邦共同委员会在其程序规则中进行规定。

[2]健康保险公司联邦最高协会和为了代表经济利益而建立的药剂师的权威中央组织在一个共同的框架合同中对细节进行规定。

[3]当药房满足下列条件时，第2款规定的框架合同对其也有法律效力：

1. 属于中央组织的成员协会，且该协会的章程规定由中央组织缔结的此类合同对属于该协会的药房具有法律效力；或者

2. 加入了该框架合同。

[4]在第2款规定的框架合同中须规定当药房违反了第1款、第2款或者第5款规定的其负有的义务时，州层面的合同当事人可以采取哪些措施。在该框架合同中须于2016年1月1日前首次规定，在何种情形下对于通过健康保险公司对结算的申诉，特别是在形式欠缺的情形下，重新评估完全或者部分停止；如果规则未在期限内产生，则由第8款规定的仲裁委员会做出裁决。对于严重或者多次违规，须规定药房在最长两年的期限内禁止向参保人提供供给。

[5]健康保险公司或者其协会可以和代表经济利益的联邦一级的药剂师的权威组织订立补充的合同。第3款准用之。在第1句规定的合同中可以偏离第2款规定的框架合同约定药房须用具有相同活性成分的药物进行替代，以便健康保险公司对于每件药物只需支付协议的平均金额的费用。2017年5月12日前有效的版本中第3句规定的合同于2017年8月31日起无效。

[5a]在销售非处方药的情形中，在依据第300条进行结算时适用对于参保人而言与制药企业的销售价格一样的标准的药物销售价格，并加上2003年12月31日生效的《药物价格条例》第2条和第3条规定的附加费。

[5b]药房可以参与合同约定的供给形式；该要约须公开发布。在第1句规定的合同中还应当约定通过药房向参保人提供有质量保障的咨询的措

施。在特殊供给的情形中，也可以在第 1 句规定的合同中偏离本法的规定就对于参与特殊供给的参保人的药物供给的质量和结构的细节进行约定。

⁵ᶜ由代表经济利益而建立的药剂师的权威中央组织和健康保险公司联邦最高协会基于《药物法》达成协议的价格适用于由成品药生产的制剂。第 1 句规定的合同当事人须为了在肿瘤学中由成品药生产的肠胃外制剂，就第 1 句规定的价格重新达成协议。如果第 1 句或者第 2 句规定的协议完全或者部分不成立，则由第 8 款规定的仲裁委员会做出裁决。第 2 句规定的协议须在 2017 年 8 月 31 日前达成。协议或裁决在新的协议生效之前一直有效。如果对于肠胃外制剂中的成品药不存在有效的有关第 1 句规定的计算出的购买价格的协议，则药房计算其实际商定的购买价格，但最多只能达到根据《药物法》中的价格规定或者根据第 1 句有效的药房购买价格各自扣除第 130a 条第 1 款规定的折扣后的价格。通过使用部分成品药形成的成本优势须被考虑。健康保险公司联邦最高协会和健康保险公司可以要求药房提供有关供货来源和加工数量以及实际商定的购买价格的证明，并可以要求制药企业主提供有关顾客、销售数量和肠胃外制剂中的成品药的商定的价格。只要药房在肿瘤学中由成品药生产的肠胃外制剂的生产中委托一家企业，该企业依据第 21 条第 2 款第 1b 项字母 a 的规定作为《药物法》的第一替代，则健康保险公司联邦最高协会和医疗互助保险公司也可以要求药房出示有关企业的实际购买价格的证明。第 8 句规定的请求权还包括与成品药和总销售额相关的折扣。有关知情权的申诉不具有中止的效力；不进行预审程序。健康保险公司可委托其州协会进行审查。

⁶为了代表经济利益而建立的药剂师的权威中央组织有义务执行第 1 款第 4 句和第 1a 款规定的在 92 条第 1 款第 2 句第 6 项规定的指令的框架内建立药理学的治疗的和价格的透明度的任务，以及第 35 条第 1 款和第 2 款规定的确定固定金额的任务，或者将为了履行第 35 条第 1 款第 2 句和第 5 款规定的任务所必要的数据传递给联邦共同委员会以及健康保险公司联邦最高协会和仅要求提供必要的咨询的任务。第 2 款规定的框架合同对细节进行调整。

⁷如果第 2 款规定的框架合同在联邦卫生部确定的期限内完全或者部分不成立，则由第 8 款规定的仲裁委员会确定协议的内容。

⁸健康保险公司联邦最高协会和为了代表经济利益而建立的药剂师的

权威中央组织建立一个共同的仲裁委员会。该仲裁委员会由健康保险公司和药剂师的相同数量的代表以及由一个独立的主席和两个其他的独立的成员组成。合同当事人应当就主席和两个其他的独立成员及其副手的人选达成合意。如果未达成合意，则准用第89条第6款第3句的规定。

[9]仲裁委员会为自己制定一个议事规则。仲裁委员会的成员以担任名誉职位的方式执行职务。其不受指令的约束。每个成员享有一个投票权。裁决以成员的多数决做出。如果未形成多数决，则主席的投票具有决定性的作用。针对仲裁委员会的确定提起的申诉不具有中止执行的效力。

[10]联邦卫生部对仲裁委员会的管理进行监督。可以通过经联邦参议院同意而制定的法规性命令对有关成员的数量和任命、现金费用的偿还和成员的时间花费的补偿、程序、参加会议的权利以及有关费用的分担的细节进行规定。

第129a条 医院药房

健康保险公司或者其协会与被许可的医院的经营者就有关通过医院药房向参保人销售的处方药的细节，特别是针对参保人的标准价格，达成协议。依据第300条第3款制定的规则是第1句规定的协议的一部分。如果存在第1句规定的协议，医院药房只能在由健康保险公司承担费用的情况下销售处方药。第129条第5c款第8句和第12句的规则准用于第1句规定的协议。

第130条 折扣

[1]对于凭处方销售的成品药以及对于《药物价格条例》第5条第3款规定的不属于《药物价格条例》第5条第6款规定的制剂，健康保险公司从药房那里获得每件药物1.77欧的折扣，对于其他的药物获得对于参保人的标准的药物销售价格的5%的折扣。

[1a]（已废止）

[2]如果第35条规定的对于药物的固定金额被确定，则折扣基于该固定金额。如果第1款规定的标准的药物销售价格低于固定金额，则折扣基于较低的销售价格。

[3]给予折扣的前提条件是，药剂师的账单在到达健康保险公司十天内

被清偿。第 129 条中规定的框架合同对细节进行规定。

第 130a 条　制药企业主的折扣

[1]健康保险公司从药房那里获得对于由其负担费用的药物的相当于制药企业主销售价格的 7% 的折扣，而不包括增值税在内。对于第 3b 款第 1 句规定的药物，第 1 句规定的折扣为 6%。制药企业主有义务向药房补偿该折扣。只要第 5 款规定的制药批发商被确定，则制药企业主就有义务向该制药批发商补偿折扣。折扣须在请求生效后的十天内向药房和制药批发商进行补偿。第 1 句适用于药房销售价格基于《药物法》的价格规定或者基于第 129 条第 5a 款被确定的成品药以及依据第 129a 条被销售的药物。健康保险公司以制药企业主在向消费者基于《药物法》规定的销售价格获得第 1 句规定的肠胃外制剂中的成品药以及依据第 129a 条被销售的药物。如果成品药只有部分被配制，则只收取对于该数量单位的折扣。

[1a]自 2010 年 8 月 1 日至 2013 年 12 月 31 日包括肠胃外制剂中的成品药在内的处方药的折扣偏离第 1 款的规定为 16%。第 1 句不适用于第 3b 款第 1 句规定的药物。第 1 句规定的折扣和第 1 款规定的折扣的差额应相应减少第 8 款规定的已于 2010 年 7 月 30 日以合同方式达成协议的折扣。制药企业主的不包含增值税的销售价格的降价相对于 2009 年 8 月 1 日制定的自 2010 年 8 月 1 日开始实施的价格水平降低了第 1 句规定的折扣，最高为第 1 句规定的折扣和第 1 款规定的折扣的差额；第 130a 条第 3b 款第 2 句第 2 半句准用之。第 4 句适用于在 2009 年 8 月 1 日后引进市场的药物，但条件是适用市场引入的价格水平。如果制药企业主对于在 2010 年由法定健康保险支付费用的被销售且低于第 1 句规定的被提高的折扣的药物，基于自 2010 年 8 月 1 日的降价未支付折扣，尽管降价超过了 2009 年 8 月 1 日生效的制药企业主的销售价格至少 10%，则对于在 2011 年被销售的药物偏离第 1 句的规定而适用 20.5% 的折扣。如果制药企业主最迟在应当支付 2010 年 12 月被销售的药物折扣的日期完全清偿了第 6 句规定的未被支付的折扣，则不适用。被提高的 20.5% 的折扣可以通过相对于 2009 年 8 月 1 日有效的制药企业的销售价格的重新降价而被减少；第 4 句准用之。

[2]健康保险公司为了第 20i 条第 1 款规定的疫苗注射对于由其支付费

用的疫苗从药房获得制药企业主的不包含增值税在内的销售价格的折扣，借助于该折扣与第 2 句规定的较低的平均价格的差额在各个单位数量上被补偿。各个单位数量的平均价格根据销售具有相同活性成分疫苗的欧盟的四个成员国或者其他《欧洲经济区协定》的缔约国中实际有效的制药企业主的销售价格，同时结合最新公布的国民收入，依据销售额和购买力平价加权得出。第 1 款第 3—5 句、第 6 款和第 7 款以及第 131 条第 4 款准用之。制药企业确定第 1 句规定的折扣的数额和第 2 句规定的平均价格并向健康保险公司联邦最高协会传递有关结算说明的质询。如果第 1 句规定的折扣没有被确定，则准用第 1 款第 1 句。健康保险公司联邦最高协会对细节进行规定。在基于《药物法》的价格规定不存在统一的药房销售价格的疫苗的价格协议中最高可被商定的价格为相应的药房销售价格减去第 1 句规定的折扣。

³第 1 款、第 1a 款和第 2 款不适用于基于第 35 条的规定存在的被确定固定金额的药物。

³ᵃ如果制药企业的不包括增值税在内的销售价格相对于 2009 年 8 月 1 日的价格水平上升，则健康保险公司自 2010 年 8 月 1 日至 2022 年 12 月 31 日对于由其支付费用的被销售的药物获得与价格升高金额相当的折扣；这不适用于基于第 35 条的规定被确定固定金额的药物。为了计算第 1 句规定的折扣，2009 年 8 月 1 日的价格水平自 2018 年起的每个 7 月 1 日被提升由联邦统计局确定的德国消费者价格指数相较于上一年度变化所得出的数额。第 1 句适用于在 2010 年 8 月 1 日后被引入市场的药物，但条件是适用市场引入的价格水平。在引入新药物时，如果制药企业已经在市场上投放了具有相同有效成分和可比较的药剂形式，则折扣须在包装的各个数量单位的价格的基础上被计算，该包装考虑到效力应与新药物的包装尺寸最接近。第 4 句准用于制药企业主发布信息的变化或者通过一名其他的制药企业主进行的共同销售。对于依据第 129 条第 1 款第 1 句第 2 项销售的进口药，考虑到基于该规定对于参考药物的折扣，偏离第 1 句的规定而适用一个结算数额，该结算数额的最大值依据第 129 条第 1 款第 1 句第 2 项的规定低于参考药物的包括增值税在内的药物销售价格。除了第 1—5 句规定的折扣外，还收取第 1 款、第 1a 款和第 3b 款规定的折扣。根据第 1 款和第 3b 款规定的价格提升而被给予的折扣数额导致第 1—6 句规定的

折扣相应地降低。第 1 款、第 5—7 款和第 9 款准用于第 1—6 句规定的折扣的结算。第 4 款不适用。健康保险公司联邦最高协会自 2017 年 5 月 13 日起经与为了代表经济利益而建立的联邦层面的制药企业主的权威中央组织协商后，对细节做出规定。第 1 句规定的折扣准用于依据第 129a 条被销售的药物；第 1 款第 7 句准用之。

　　[3b]自 2006 年 4 月 1 日起，对于无专利权的具有相同有效成分的药物，健康保险公司获得不包含增值税在内的制药企业主的销售价格的 10% 的折扣；对于廉价的进口药物，第 3a 款第 6 句准用之。自 2007 年 1 月 1 日起实施的制药企业主的不包含增值税在内的销售价格的下降导致第 1 句规定的折扣下降与该下降的数额相同的数额；如果价格在接下来的 36 个月内上升，则第 1 句规定的折扣自该价格上升生效时起在与健康保险公司结算时提升该价格上升的数额。第 1 句和第 2 句不适用于制药企业主的不包含增值税在内的其销售价格比各有效的以该价格为基础的固定金额低至少 30% 的药物，第 3a 款第 8—11 句准用之。第 2 句不适用于第 1 句规定的其销售价格在价格下降的前 36 个月的期间内被提升的药物；在 2006 年 12 月 1 日前的价格上升无须被考虑。对于价格在 2006 年 12 月 1 日至 2007 年 4 月 1 日期间首次被提升并在随后被下调的药物，制药企业主可以通过自 2007 年 4 月 1 日起被实施的制药企业主的不包含增值税在内的销售价格的至少 10% 的价格下降来偿付第 1 句规定的折扣，只要制药企业主对于自新的被实施的价格下降起进一步给予第 1 句规定的销售价格 2% 的折扣。

　　[4]联邦卫生部可以在依据 1988 年 12 月 21 日公布的欧盟理事会有关为了人类的需求并将药物纳入国家的健康保险系统而规范药物的价格确定措施的透明度的第 89/105/EWG 号指令第 4 条规定的条件，对第 1 款、第 1a 款和第 3a 款规定的折扣的必要性进行审查后通过经联邦参议院同意的法规性命令废除或者降低折扣，当且仅当该折扣依据包括其对于法定健康保险的影响在内的整体经济形势不再合理。联邦卫生部对制药企业主按照第 1 句中提及的指令的第 4 条提出的申请做出决定，但第 1 款、第 1a 款和第 3a 款规定的折扣除外。例外情形和特殊理由须在申请中充分说明。第 34 条第 6 款第 3—5 句和第 7 句准用之。联邦卫生部可以委托专家对制药企业发布的信息进行审查。此外还须确保对企业和商业秘密的保护。第

137g 条第 1 款第 7—9 句和第 13 句准用之，但条件是实际产生的费用可以基于总的费用率被计算。联邦卫生部可以将第 2—7 句规定的任务委托给一个联邦上级当局。

⁵制药企业主有权对于第 1 款、第 1a 款、第 2 款、第 3a 款和第 3b 款规定的折扣的偿还而向受益的健康保险公司提出适当的请求。

⁶为了证明折扣，药房将销售药物的药物特征及其销售日期基于第 300 条第 1 款规定的向健康保险公司传递的信息，以机器可识别的方式传递给制药企业主，或者在第 5 款规定的协议的场合传递给制药批发商。制药企业主有义务将对于确定折扣的必要的信息传递给代表经济利益的药剂师的权威组织以及健康保险公司联邦最高协会，以便它们履行其法定的以机器可读的方式传递数据的任务。为了代表经济利益而建立的药剂师的权威中央组织、制药批发商和制药企业可以在一个共同的框架合同中对细节进行规定。

⁷药房可以在第 1 款第 4 句规定的期限经过后与制药批发商结算折扣。制药批发商也可以以整体结算的形式与制药企业就第 1 句规定的被结算的折扣进行结算。

⁸健康保险公司或者其协会可以和制药企业就其承担费用的被销售的药物达成协议。此外，尤其可以就与数量相关的降价等级、平衡额外收入的每年的销售总额或者根据可测量的治疗结果进行的补偿达成协议。第 1 句规定的有关无专利权的药物的合同须被订立，以便制药企业在发送《反不正当竞争法》第 134 条第 1 款规定的信息后最早六个月，且在给予附加费后最早三个月开始履行担保交付能力的义务。其要约应当被考虑的投标人对于《反不正当竞争法》第 134 条第 1 款规定的信息，须同时被告知有关计划的要约的承诺。制药企业主向健康保险公司补偿第 1 句规定的折扣。第 1 句规定的协议不会影响第 3a 款和第 3b 款规定的折扣；第 1 款、第 1a 款和第 2 款规定的折扣可以被替换，只要就此明确达成协议。健康保险公司或者其协会可以使服务提供者或者第三人参与第 1 句规定的合同的订立，或者委托他们订立这些合同。第 1 句规定的折扣的协议应当在两年的期限内达成。此外，必须考虑到投标人的多样性。第 1 句不适用于第 20i 条规定的用于接种的疫苗。

⁸ᵃ健康保险公司州协会合医疗互助保险公司向其参保人提供在药房中

被生产的在肿瘤学中由成品药生产的肠胃外制剂的供给，以便患者可以直接使用该供给，且可以统一且共同地与制药企业主就对于各个被使用的成品药的折扣达成协议。第 8 款第 2—9 句准用之。在第 1 句规定的协议中须考虑向参保人提供的与需求相适应的供给的保障。

[9]制药企业主也可以批准第 4 款第 2 句规定的对于药物提出的申请，依据欧洲议会和理事会 1999 年 12 月 16 日发布的第 141/2000 号欧共体条例，该药物被用于治疗罕见病。如果申请提出者证明通过第 1 款、第 1a 款和第 3a 款规定的折扣不再为其支出，尤其是为用于药物研发的支出提供资金支持，则该申请须被批准。

第 130b 条　健康保险公司州协会和制药企业就药物的补偿金额、法规授权达成的协议

[1]健康保险公司联邦最高协会和制药企业经与私人健康保险协会磋商后，基于联邦共同委员会有关第 35a 条第 3 款规定的对所有健康保险公司有效的效用评估的决议，就依据该决议没有被归入固定价格组的药物的补偿达成协议。此外，须有一名健康保险公司的代表参与到协商中；健康保险公司联邦最高协会在其章程中对细节进行规定。对于第 129a 条规定的药物，可以与制药企业就最高的补偿金额达成协议。第 130a 条第 8 款第 6 句准用之。协议也应当包含对处方的适当性、质量和经济性的要求。制药企业应当向健康保险公司联邦最高协会传递有关在其他欧洲国家的药物的实际销售价格的信息。包括咨询文件和备忘录在内，为了达成补偿金额的协议而进行的磋商及其准备均是保密的。

[1a]在第 1 款规定的协议中尤其也可以就与数量相关的方面达成合意，例如与数量相关的等级划分或者每年的总数额。第 1 款规定的协议也可以在重视药物在供给中的价值的同时考虑药物的总销量。这可能需要限制与包装相关的补偿金额或者考虑与数量相关的方面。健康保险公司联邦最高协会在其章程中就有关这些协议进行的细节进行规定，特别是有关健康保险公司并考虑到其协作义务。

[2]第 1 款规定的协议应当规定，如果医生在开具处方的个别情形遵守对于药方达成协议的要求，审查机构应当承认药物处方具有在第 106—106c 条规定的经济性审查中须被考虑的诊所特殊性。这些要求须被纳入

第 73 条第 9 款第 1 句规定的对于药物处方开具的项目中。在第 82 条第 1款规定的合同中就细节进行约定。

³对于依据第 35a 条第 3 款规定的联邦共同委员会的决议没有额外效用且未被归入固定价格组的药物，应当就第 1 款规定的补偿金额达成协议，该补偿金额不会导致比依据第 35a 条第 1 款第 7 句确定的合目的的比较疗法更高的年度治疗费用。如果依据第 35a 条第 1 款第 7 句，对于合目的的比较疗法存在多个替代方案，则补偿金额不应比最经济的替代方案导致更多的年度治疗费用。第 2 款不适用。只要没有其他约定，则健康保险公司联邦最高协会为了确定第 35 条第 3 款规定的固定价格，可以偏离第 7 款的规定例外地终止协议。对于未被证明具有第 35a 条第 1 款第 5 句规定的额外效用的药物，补偿金额须被协议确定，该补偿金额在适当的范围内导致比依据第 35a 条第 1 款第 7 句确定的合目的的比较疗法更少的年度治疗费用。如果依据第 35a 条第 1 款第 7 句对于合目的的比较疗法的多个替代方案被确定，则导致在适当的范围内的相比于最经济的替代方案较低的年度治疗费用的补偿金额须被协议确定。

³ª根据第 1 款达成协议的补偿金额适用于包括对于第 2 款规定的诊所特殊性的承认的协议在内的对于所有具有相同新活性成分的自 2011 年 1月 1 日被投入市场的药物。该补偿金额自具有活性成分的药物首次投入市场后的第 13 个月开始生效。如果在批准了新的治疗地区后基于效用评估就一个新的补偿金额达成协议，则该补偿金额自批准该新的治疗地区后的第 13 个月开始生效。对于其他具有相同活性成分的药物达成协议的补偿金额的效力，考虑到供给并不恰当或者出现不合理的困难的情形，法定健康保险最高协会与制药企业偏离第 1 句的规定尤其就一个单独的补偿金额达成协议。由此商定的补偿金额同样自具有活性成分的药物首次投入市场后的第 13 个月开始生效，条件是补偿金额与至其达成协议为止实际上被支付的销售价格之间的差额被补偿。尤其对于第 4 句规定的对病例进行划界的细节须在第 9 款规定的协议中被规定。

⁴如果第 1 款或者第 3 款规定的协议没有在第 35a 条第 3 款或者第 35b条第 3 款规定的决议公布后六个月内成立，则第 5 款规定的仲裁委员会在三个月内确定合同内容。仲裁委员会在自由地对个别情形的所有情况进行评估且考虑到各个治疗地区的特殊性的同时做出裁决。在仲裁裁决中被确

定的补偿金额自第 35a 条第 1 款第 3 句提及的时刻后的第 13 个月开始生效，条件是由仲裁委员会确定的补偿金额与实际被支付的销售价格之间的差额须在确定时被补偿。仲裁委员会在做出裁决前给予私人健康保险协会发表意见的机会。针对仲裁委员会的裁决提起的申诉不具有导致执行中止的效力。不进行预审程序。第 1 款第 7 句准用之。

[5]健康保险公司联邦最高协会和为了代表经济利益而建立的联邦一级的制药企业主的权威中央组织建立一个共同的仲裁委员会。该仲裁委员会由一个独立主席和两个其他的独立成员以及第 1 款规定的合同当事人的各两个代表组成。联邦卫生部可以参与到仲裁委员会的咨询和决策中来。第 1 句规定的协会应当就主席和两个其他的独立成员及其副手的人选达成协议。如果协议未能达成，则准用第 89 条第 6 款第 3 句。

[6]仲裁委员会为其自身制定一个议事规则。独立成员经与第 5 款第 1 句规定的协会协商后，就议事规则做出决定。该议事规则须得到联邦卫生部的许可。此外第 129 条第 9 款和第 10 款准用之。在第 129 第 10 款第 2 句规定的法规性命令中，可就有关成员的数量和任命、对于金钱费用的补偿和对于成员的时间花费的补偿、程序、联邦卫生部参与会议的权利以及有关费用分担的细节进行规定。

[7]第 1 款或者第 3 款规定的协议或者第 4 款规定的仲裁裁决可以由合同的一方当事人最早于一年后终止。该协议或者仲裁裁决在新的协议生效前继续有效。在对于第 35a 条第 3 款规定的对于药物的效用评估或者第 35b 条第 3 款规定的对于药物的成本效用评估以及在符合第 35 条第 1 款规定的对于建立固定价格组的前提条件时，协议可以在一年的期限届满前被终止。

[7a]对于依据第 35a 条第 3 款做出的决议，不在任何治疗地区被证明具有额外效用，且在 2017 年 5 月 13 日前达成了第 3 款规定的补偿金额或者依据第 4 款确定了补偿金额的药物，协议或者仲裁裁决可由任何一方合同当事人于 2017 年 8 月 13 日前终止，即使该药物不在本法典的效力范围内流通。在第 1 句规定的终止的情形中，须立即协商确定新的补偿金额。如果第 35a 条第 1 款第 5 句规定的额外效用没有被证明，则第 1 句不适用。

[8]每个合同当事人均可以依据第 4 款规定的仲裁协议，向联邦共同委员会申请成本效用评估。仲裁裁决的效力不因此受到影响。补偿金额须基

于有关第 35b 条第 3 款规定的有关成本效用评估的决议而重新达成协议。第 1—7 款准用之。

[9]第 5 款第 1 句规定的协会就第 1 款规定的对于协议的标准订立一个框架合同。就这些协会尤其要确定除了第 35a 条规定的决议和第 1 款的规定外为了就第 1 款规定的补偿金额达成协议还须考虑的标准。对于被第 35a 条第 3 款规定的联邦共同委员会确定了额外效用的药物，须对可比较的药物的年度治疗费用以及在其他欧洲国家的实际销售价格，依据各销售额进行加权且须考虑购买力平价。在第 1 句规定的协议中也须就第 3 款第 5 句和第 6 句规定的折扣的适当性标准达成合意。在第 1 句规定的协议中还须就对于第 217f 条第 7 款规定的对数据进行评价和将评价结果传递给制药企业主，以及对于由此产生的费用分担的内容、形式和程序的细节达成合意。如果框架合同没有成立，则经第 1 句规定的一方合同当事人申请由仲裁委员会的独立成员与协会磋商后确定框架合同。如果框架合同未在联邦卫生部设定的期限内成立，则第 6 句准用之。针对仲裁委员会的裁决提起的申诉不具有中止的效力。不进行预审程序。第 1 款第 7 句准用之。

[10]联邦共同委员会、健康保险公司联邦最高协会、卫生事业质量与经济性研究所和私人健康保险协会就由商业保险企业偿还的第 35a 条规定的效用评价的费用和第 35b 条规定的成本效用评价的费用以及第 4 款规定的确定补偿金额的费用订立一份协议。

第 130c 条　健康保险公司与制药企业主的合同

[1]健康保险公司或者其协会可以偏离第 130b 条规定的协议或者仲裁裁决与制药企业主就药物的补偿以及对于其参保人的药物的供给达成协议。此外尤其可以就与数量相关的降价幅度、每年经额外收入补偿的销售总额或者基于可测量的治疗结果的补偿达成协议。通过第 1 句规定的协议可以补充、完全或者部分地替代第 130b 条规定的协议；此外可就补偿金额的额外折扣达成协议。《药物法》第 78 条第 3a 款不受影响。第 35a 条和第 35b 条规定的评价的结果、第 92 条规定的指令、第 84 条规定的协议和第 73 条第 8 款第 1 句规定的信息须被考虑。第 130a 条第 8 款准用之。

[2]健康保险公司通知其参保人和参与合同医疗供给的医生达成有关协议的供给内容的全面信息。

³健康保险公司或者其协会可以与医生、保险公司医生协会或者医生的协会根据第 84 条第 1 款第 5 句共同制定有关优先开具第 1 款第 1 句规定的药物处方的规则。

⁴在第 3 款第 1 句规定的协议框架中的药物处方须被审查委员会承认具有在第 106—106c 条规定的经济性审查时须被考虑的诊所特殊性，但以被达成协议且被商定的对于保障供给的适当性、质量和经济性的前提条件被遵守为限。

⁵有关第 3 款规定的规则的信息须被包含在第 73 条第 9 款第 1 句规定的药物处方开具的项目中。相关细节须在第 82 条第 1 款规定的合同中达成协议。

第 131 条　与制药企业主的框架合同

¹健康保险公司联邦最高协会和为了代表经济利益而建立的制药企业主的联邦层面的权威中央组织可以就法定健康保险中的药物供给订立一个合同。

²该合同可以包括下列内容：

1. 确定适合治疗的且经济的包装尺寸和包装布置；

2. 便于记录和评价包括数据交换在内的药物价格数据、药物消费数据和药物供给数据的措施，特别是为了确定价格对比清单（第 92 条第 2 款）和确定固定价格的措施。

³第 129 条第 3 款准用于制药企业主。

⁴制药企业主有义务向联邦共同委员会以及健康保险公司联邦最高协会传递对于在第 92 条第 1 款第 2 句第 6 项规定的指令的框架内确定药理学治疗和价格的透明度以及对于确定第 35 条第 1 款和第 2 款规定的固定价格，或者对于履行第 35a 条第 1 款第 2 句和第 5 款规定的任务以及对于执行第 129 条第 1a 款规定的任务所必要的数据且经要求提供必要的咨询。对于依据第 92 条第 1 款第 2 句第 6 项规定的指令可以由法定健康保险出资的被开具处方的成品药、绷带和产品的结算，制药企业主和其他生产者以电子数据传输且机器可处理的方式通过数据载体向第 129 条第 2 款提及的协会以及保险公司医生联邦协会和联邦共同委员会传递对于第 300 条规定的结算必要的包括第 130a 条规定的折扣在内的价格和产品信息；此外

第 129 条第 5a 款规定的对于参保人的标准的药物销售价格以及对于第 31 条第 1 款第 2 句和第 1a 款第 1 句、第 4 句规定的产品的供给能力的特征，须由法定健康保险公司支付费用而加以公布。有关第 2 句中所提及的信息传递的细节由第 129 条第 2 款规定的协会达成协议。其可以直接要求制药企业主在适当的期限内传递第 2 句规定的信息。其可以自己更正错误的信息并要求赔偿由于迟延传递或者必要的更正而产生的费用。依据第 2 句被传递的信息，或者在第 5 句规定的更正的情形中被更正的信息具有约束力。药房对于健康保险公司的结算和由制药企业主对第 130a 条第 1 款、第 1a 款、第 2 款、第 3a 款和第 3b 款规定的向药房进行的折扣的补偿，基于第 2 句规定的信息而进行。更正有错误的信息和赔偿请求的强制执行可以委托给第三方。为了确保第 4 句规定的索赔请求权，可以发布暂时的命令而无须陈述和证明《民事诉讼法》第 935 条和第 940 条规定的前提条件。这同样适用于《社会法院法》第 86b 条第 2 款第 1 句和第 2 句规定的暂时的命令。

[5]制药企业有义务在药物的外包装上以对于药房来说可以用机器读取的统一形式标出第 300 条第 1 款第 1 项规定的药物特征。健康保险公司联邦最高协会和为了代表经济利益而建立的联邦一级的制药企业主的权威中央组织在合同中对细节进行规定。

第八节　与其他服务提供者的关系

第 132 条　家政助理供给

[1]健康保险公司与适当的自然人、机构或者企业就家政助理的服务的内容、范围、报酬以及质量和经济性的审查订立合同。在未达成合意的情形下由合同当事人指定的一名独立的仲裁员确定合同内容。如果合同当事人未就仲裁员的人选达成合意，则由主管缔结合同的健康保险公司的监管机关确定。仲裁程序的费用由合同当事人平均承担。健康保险公司为了提供家政助理服务也可以偏离第 1 句的规定而雇佣合适的自然人。

[2]健康保险公司须注意服务以经济且廉价的方式被提供。在选择服务提供者时须考虑其多样性，尤其是免费的福利护理的重要性。

第 132a 条 家庭疾病护理供给

[1]健康保险公司联邦最高协会和代表护理服务机构利益联邦层面的权威中央组织须在考虑到第 92 条第 1 款第 2 句第 6 项规定的指令的基础上就统一的地区范围内的家庭疾病护理供给给出共同的框架建议；对于被归入公法规定的教堂或者宗教组织或者其他非营利的经营者的护理服务机构，也可以由教堂或者宗教组织或者机构所属的福利协会与框架建议的其他当事人共同给出框架建议。在订立协议前须给保险公司医生联邦协会和德国医院协会发表意见的机会。这些意见须被纳入框架建议的当事人的决定程序中。在框架建议中尤其须就下列事项进行规定：

1. 包括第 37 条第 7 款规定的供给资格在内的服务提供者的资格；

2. 质量保障和继续教育的措施；

3. 服务提供者与开具处方的合同医生和医院合作的内容与范围；

4. 包括服务提供的审查在内的服务提供的经济性的基本原则；

5. 包括对于报酬磋商的透明度规定在内的为了证明事实上被支付的协定薪酬或者劳动报酬及其结构的基本原则，以及 2019 年 6 月 30 日前首次通过包括本法典第十一编规定的门诊护理在内的附加费用支付的较长的通勤时间的报酬的基本原则，特别是在农村地区；

6. 审查健康保险公司的服务义务的程序以及结算程序的基本原则，包括为了此目的而被传输的数据。

为了考虑家庭疾病护理框架内的重症监护供给的特殊性，还须在框架建议中规定有关基于对于此服务的特别高的需求或者基于对其生命机能的威胁而需要不间断的护理力量的对于参保人的治疗护理的供给。在第 4 款第 6 句规定的框架建议中也可以对依据第 302 条第 2 款第 1 句和第 3 款在指令中被规定的内容进行规定；在该情形适用第 302 条第 4 款。框架建议的内容须以第 4 款规定的合同为基础。

[2]如果第 1 句规定的框架建议完全或者部分未达成，则框架建议的当事人可以召集第 3 款规定的仲裁委员会。仲裁委员会也可由联邦卫生部召集。其在三个月内确定有关的框架建议内容。

[3]健康保险公司联邦最高协会和为了代表护理服务机构利益而建立的联邦一级的权威中央组织于 2017 年 7 月 1 日前首次建立一个共同的仲裁

委员会。该仲裁委员会由健康保险公司和护理服务机构以相同数量的代表以及一个独立主席和两个其他的独立成员组成。任期为四年。框架建议的当事人须就主席和两个其他的独立成员及其副手的人选达成协议。如果协议未达成，则准用第 89 条第 6 款第 3 句。联邦卫生部可以通过法规性命令经联邦参议院许可就有关成员的数量和任命、现金费用的偿还和成员的时间花费的补偿、程序以及费用的分担进行规定。第 129 条第 9 款和第 10 款第 1 句准用之。

[4]健康保险公司与服务提供者就家庭疾病护理的供给的细节、价格及其结算和服务提供者提供继续教育的义务订立合同。如果继续教育没有被证明，则报酬折扣须被规定。服务提供者须被设定一个期限，在该期限内该服务提供者可以补充提供继续教育。如果服务提供者在该期限内没有提供继续教育，则该合同须被终止。健康保险公司须注意服务以经济且廉价的方式被提供。只能与保证提供与服务相符合且经济的供给的服务提供者订立合同。在劳资合同所约定的报酬以下的薪酬的支付以及依据教会的劳动法规定的相应的报酬不被视为不经济而被否定；只要第 71 条没有规定。服务提供者有义务遵守第 6 句的规定而随时向雇员支付相应的报酬，并经合同一方当事人的要求证明该报酬的支付。在不能达成协议的情形下由合同当事人指定的一名独立的仲裁员在三个月内确定合同内容。如果合同当事人就仲裁员的人选不能达成协议，则由主管订立合同的健康保险公司的监管机关在一个月内依据现有的对于确定仲裁员必要的信息确定仲裁员。仲裁程序的费用由合同当事人平均承担。在选择服务提供者时须考虑其多样性，尤其是免费的福利护理的重要性。服务提供者有义务参加第 275b 条规定的质量和结算审查；本法典第十一编第 114 条第 2 款不受影响。如果服务提供者向至少两名居住在由服务提供者或者第三方组织的住房单元的参保人提供服务，则服务提供者须通知健康保险公司提供第 1 款第 5 句意义上的治疗护理的服务。健康保险公司为了提供家庭疾病护理可以偏离第 1 句的规定而雇佣合适的自然人。

第 132b 条　社会治疗供给

[1]健康保险公司或者健康保险公司州协会可以在考虑到第 37a 条第 2 款规定的指令的同时与适当的自然人或者机构订立有关社会治疗供给的合

同，但以此对于与需求相适应的供给来说是必要的为限。

²在未达成合意的场合由合同当事人指定的一名独立的仲裁员确定合同内容。如果合同当事人未就仲裁员的人选达成合意，则由主管订立合同的健康保险公司的监管机关在一个月内依据现有的对于确定仲裁员必要的信息确定仲裁员。仲裁程序的费用由合同当事人平均承担。

第132c条　社会医疗的愈后护理措施供给

¹健康保险公司或者健康保险公司州协会可以和适当的自然人或者机构订立有关提供社会医疗的愈后护理措施的合同，但以此对于与需求相适应的供给来说是必要的为限。

²健康保险公司联邦最高协会在建议中确定对于社会医疗的愈后护理的服务提供者的要求。

第132d条　特种门诊姑息治疗

¹健康保险公司联邦最高协会与联邦层面的临终关怀工作和姑息治疗的权威中央组织在考虑到第37b条第3款规定的指令的同时于2019年9月30日前首次订立有关执行第37b条规定的服务的统一的框架合同。在各个框架合同中须考虑儿童的特殊利益。在框架合同中须规定服务提供、质量保障措施和报酬的实质要素的物的和人事的要求。须给德国医院协会、联邦一级的护理机构协会以及健康保险医生联邦协会发表意见的机会。框架合同须以适当的形式被公开。符合框架合同确定的前提条件的自然人或者机构依据第1句或者第2句规定的框架合同的条件，并遵守《公平交易法》的规定享有对于单独或者共同与健康保险公司订立使其有权提供供给的合同的请求权。在第6句规定的合同中供给的细节被确定。此外须适当考虑地域的特殊性。

²在不能达成协议的情形中，由各个合同当事人指定的一名独立的仲裁员确定第1款规定的合同的内容。如果合同当事人不能就仲裁员的人选达成合意，则在第1款第1句或者第2句规定的情形中由联邦保险局确定，在第1款第6句规定的合同的情形中，由主管订立合同的健康保险公司的监管机关确定。仲裁程序的费用由合同当事人平均承担。对于仲裁员的确定提出的异议和提起的申诉不具有中止的效力。

[3]健康保险公司也可以基于第 73b 条或者第 140a 条订立包括门诊姑息治疗和特种门诊姑息治疗的合同。第 1 款规定的框架合同和第 37b 条第 3 款和第 92 条第 7 款第 1 句第 5 项规定的指令中的质量要求准用之。

第 132e 条　预防性疫苗接种供给

[1]健康保险公司或者其协会与保险公司医生协会、包括企业医生在内的合适的医生、其团体、具有合适的医务人员的机构或者依据《感染保护法》的规定负责执行预防性疫苗接种的州当局订立有关第 20i 条规定的执行预防性疫苗接种的合同。此外其须确保，尤其是参与合同医疗供给的医生以及未参与合同医疗供给的职业病学的专科医生和具有"企业医疗"额外称号的医生有权实施预防性疫苗接种而由健康保险公司支付费用。在与依据《感染保护法》的规定负责执行预防性疫苗接种的州当局订立的合同中尤其须就下列规则进行规定：

1. 通过公共卫生服务促进预防性疫苗接种的规则；

2. 简化执行《感染保护法》第 20 条第 5 款第 1 句和第 2 句规定的保护性疫苗注射的实施的规则，特别是通过全面的疫苗供给，但以健康保险公司负有承担《感染保护法》第 20 条第 5 款第 3 句规定的费用的义务为限；

3. 简化《感染保护法》第 69 条第 1 款第 3 句规定的费用补偿的规则，但以健康保险公司有义务承担《感染保护法》第 20 条第 5 款第 3 句和第 4 句规定的费用的义务，且各州暂时以公共资金承担费用，特别是通过总款项补偿或者依据参保人数量按份额补偿（征收程序）为限；和

4. 通过健康保险公司承担为来自欧盟成员国的 18 周岁以下的自然人购置疫苗而积累的公共卫生服务费用的规则，这些自然人的法定健康保险的参保人资格直到执行预防性疫苗接种的时刻还未被确定且其没有被私人健康保险保障。

如果第 1 句规定的合同当事人没有在第 20i 条第 1 款第 3 句规定的决议被做出或者在《感染保护法》第 20 条第 4 款第 1 句规定的法规性命令发布或者变更后三个月的期限内达成合意，则由合同当事人指定的一名独立的仲裁员确定各个合同的内容。如果合同当事人未就仲裁员的人选达成合意，则由主管订立合同的健康保险公司或者订立合同的协会的监管机关

确定仲裁员。仲裁程序的费用由合同当事人平均承担。如果第 1 句规定的合同终止或者第 20i 条第 3 款第 3 句规定的框架协议以 2019 年 5 月 10 日前有效的版本终止，则其指定临时有效直到新的合同成立或者仲裁员做出裁决为止。

[2]保险公司医生联邦协会在一个日历年的 1 月 15 日前向保尔·埃尔利希研究所报告基于合同医生计划的预定的季节性流感疫苗的需求。保尔·埃尔利希研究所在考虑到通过与《药物法》第 29 条第 1d 款规定的于一个日历年的 3 月 15 日前被传送的季节性流感疫苗的许可持有者的数据相比较，并在考虑到10%的额外准备金的同时而对按照第 1 句的规定被传送的需求进行审查。第 2 句规定的审查经与罗伯特·科赫研究所磋商后进行。保尔·埃尔利希研究所须立即将审查的结果传送给保险公司医生联邦协会和季节性流感疫苗的许可持有者。

第 132f 条　通过企业医生的供给

健康保险公司或者其协会可以在补充合同医疗供给时考虑到第 25 条第 4 款第 2 句规定的指令而与合适的职业医疗的专科医生或者具有"企业医疗"额外称号的医生或者其团体就执行第 25 条第 1 款规定的健康检查、企业的健康促进的措施、预防性建议、医疗供给服务的建议和药物供给订立合同，但以此在补充劳动医疗供给中被提供为限。

第 132g 条　生命最后阶段的健康供给计划

[1]本法典第十一编第 43 条意义上的被许可的护理机构和残疾人融入帮助机构可以在其机构中向参保人提供生命最后阶段的健康供给计划。参保人应当就生命最后阶段的医疗护理的供给和照顾被提供咨询，并且其须被阐明临终关怀的帮助和供给。在病例研讨的框架内应当依据参保人的个人需求特别对于生命最后阶段和临终程序的医疗过程进行探讨，还应当讨论可能的紧急情况并描述合适的姑息医疗的、姑息护理的和心理社会供给的措施。在供给需求和护理需求发生实质变化的情形也可进行多次病例研讨。

[2]在病例研讨中须有参保人的主治医生或者第 95 条第 1 款第 1 句规定的合同医疗供给的其他服务提供者参与。应参保人的要求，亲属和其他受

托人应参与其中。对于可能出现的紧急情况须做好将参保人移转至抢救机构或者转院的准备。其他地区的照顾和供给提供也应当被包括进来以确保其能根据个人的生命最后阶段的供给计划全面提供医疗的、护理的、临终关怀的和心理治疗的陪伴。第 1 款第 1 句规定的机构可以独自提供咨询或者与其他的地区的咨询机构合作提供咨询。

[3]健康保险公司联邦最高协会与第 1 款第 1 句中提及的联邦一级的机构的经营者于 2016 年 12 月 31 日前，首次就第 1 款和第 2 款规定的供给计划的内容和要求的细节达成协议。保险公司医生联邦协会、德国医院协会、代表临终关怀服务机构和住院的临终关怀机构利益的权威中央组织、联邦一级护理行业的协会、代表有护理需要的人和残疾人利益和自助的权威组织、健康保险公司联邦最高协会的医疗服务机构、商业保险被登记的协会、社会帮助的跨地区承担者的联邦工作组以及乡镇的最高协会须被给予发表意见的机会。第 132d 条第 1 款第 3—5 句准用之。

[4]参保人的健康保险公司承担依据第 3 款规定的协议由第 1 款第 1 句规定的机构提供的服务的必要费用。费用由服务单位承担，这些服务单位须考虑所需要的合格的雇员数量和被执行的咨询的数量。可偿还的费用和费用承担的数额的细节须在第 3 款规定的协议中被规定。健康保险公司联邦最高协会为其成员规定补偿程序。第 1 款和第 2 款规定的医疗服务的报酬在考虑到第 3 款规定的协议的基础上从合同医疗的总报酬中进行支付。只要医疗服务在第 132d 条第 1 款规定的合同的框架内被提供，则其报酬须在这些合同中达成协议。

[5]健康保险公司联邦最高协会每三年向联邦卫生部报告有关生命最后阶段的供给计划和第 3 款规定的协议的执行情况。为此其须确定由其成员传输的有关被补偿的服务的统计信息。

第 132h 条　与短期护理机构的供给合同

健康保险公司或者健康保险公司州协会可以与合适的机构订立有关提供第 39c 条规定的短期护理的合同，但以此对于与需求相适应的供给是必要的为限。

第 133 条　患者运输服务的供给

[1]只要使用抢救服务和其他患者运输的服务的报酬没有通过州法的或

者乡镇法的规定被确定，则健康保险公司或者其州协会须与对此合适的机构或者企业在考虑到第 71 条第 1—3 款规定的基础上订立有关服务的报酬的合同。如果第 1 句规定的协议未成立且州法规定了此种情形下报酬的确定，则在此情形下确定报酬时也须遵守第 71 条第 1—3 款的规定。此外其还须考虑保障全面的抢救服务的供给和卫生事业中的一致行动的建议。达成协议的价格是最高价格。价格协议需尽可能提高廉价供给的可能性。

[2]如果使用抢救服务的服务报酬通过州法或者乡镇法的规定被确定，则在下列情形中，健康保险公司可以将其向参保人承担固定金额的费用的服务义务限制为可比较的以经济的方式被提供的服务的数额：

1. 在确定报酬前健康保险公司或者其协会没有被给予讨论的机会；

2. 在计算报酬时须考虑机构的超过确保抢救服务给付的公共任务范围所导致的投资成本和储备金保留成本；或者

3. 就法律规定的保障义务而言服务提供是不经济的。

[3]第 1 款也适用于《乘客运输法》框架内的抢救服务和其他患者运输的服务。

[4]第 127 条第 9 款准用之。

第 134 条　（已废止）

第 134a 条　助产的供给

[1]健康保险公司联邦最高协会与为了代表经济利益而建立的权威的助产士的职业协会和由助产士领导的联邦一级机构的协会订立对健康保险公司有约束力的有关助产的供给、包括在由助产士领导的机构中的门诊分娩时的运营成本总额在内的可结算的服务、在这些机构中的质量保障的要求、包括助产士参与质量保障措施的义务在内的助产质量的要求以及有关报酬的数额和通过健康保险公司进行的报酬结算的细节的合同。合同当事人还须考虑参保人对于包括第 24f 条第 2 句规定的参保人的自由选择权在内的助产的需求及其质量、缴费数额稳定原则以及以自由职业的方式从事工作的助产士有权获得的经济利益。在考虑第 2 句规定的以自由职业的方式从事工作的助产士的经济利益时，须尤其注意涉及职业执行的费用上涨。

¹ᵃ第 1 款第 1 句规定的有关助产质量要求的协议须在 2014 年 12 月 31 日前达成。该协议应当包含结构质量、程序质量和结果质量的最低要求，以及确定适当的便于管理的程序以证明符合了这些质量要求。

¹ᵇ如果证明自己提供助产服务且符合第 1a 款规定的质量要求的助产士由于较低的出生率在订立关于第 1 款规定的报酬数额的协议时，其经济利益未被充分考虑，则自 2015 年 7 月 1 日起依据第 3 句规定的协议的条件因其助产而获得保障附加费。经助产士的要求在一个结算期结束后由健康保险公司联邦最高协会支付保障附加费。在第 1 款第 1 句规定的为了确定报酬数额而达成的协议中，须于 2015 年 7 月 1 日前就第 1 句规定的提出请求的前提条件和程序的更为详细的细节做出规定。尤其须就独立于被照料的分娩的数量、独立于没有先前损害的提供助产的助产士的责任保险的月份数量和独立于应缴纳的保险费的保障附加费的数额，由助产士提供的证明的要求以及支付形式做出规定。此外，助产士还须保证其在较低出生率的情形下具有在一年内更换责任保险形式的可能性。助产士须在第 2 句规定的其申请的框架内传输第 3—5 款规定的必要的信息。为了执行第 2 句规定的任务，健康保险公司须向健康保险公司联邦最高协会传输第 301a 条第 1 款第 1 句第 2—6 项规定的与服务提供有关而不涉及参保人的必要数据。

¹ᶜ合同当事人须在 2014 年 9 月 30 日前在第 1 款第 1 句规定的合同中额外就对于第 1 款第 3 句规定的被执行的薪酬调整商定一个对于在家分娩的助产服务、在由助产士领导的机构中的医院外分娩以及由以自由职业方式工作的助产士进行的一对一的照顾而不用轮班的分娩的结算项目的附加费，该附加费由健康保险公司向于 2014 年 7 月 1 日至 2015 年 6 月 30 日提供助产服务的助产士支付。

²第 1 款规定的合同对于以自由职业方式工作的助产士具有法律效力，当这些助产士：

1. 属于第 1 款第 1 句规定的联邦或者州一级的协会，并且该协会的章程规定第 1 款规定的协会订立的合同对于属于该协会的助产士具有法律效力；或者

2. 加入依据第 1 款被订立的合同。

不受第 1 款规定的合同的效力拘束的助产士不被许可作为服务提供

者。有关证明具有第 1 句第 1 项规定的协会的成员资格以及第 1 句第 2 项规定的加入合同的形式和程序的细节由健康保险公司联邦最高协会规定。

²ᵃ健康保险公司联邦最高协会开具一份列举了所有第 2 款规定的被许可以自由职业方式提供服务的助产士的合同当事人清单。该清单包含了下列信息：

1. 具有某个职业协会的成员资格和该职业协会的名称；或者

2. 第 2 款第 2 项规定的合同的加入及其撤销；以及

3. 工作的中断和终止；

4. 助产士的姓名；

5. 助产士的住址或者机构的通信地址；

6. 助产士的电话号码；

7. 助产士的电子邮箱地址（如果有的话）；

8. 工作的性质；

9. 第 293 条规定的代码。

助产士有义务将第 2 句规定的数据以及有关其所属的职业协会的变动立即传送给健康保险公司联邦最高协会。不是职业协会成员的助产士须将数据以及变动直接传送给健康保险公司联邦最高协会。合同当事人在第 1 款规定的合同中就合同当事人的清单和数据传送的更为详细的细节进行约定。其可以在第 1 款规定的合同中约定超过第 2 句规定的信息的其他信息，但以此对于健康保险公司联邦最高协会执行任务是必要的为限。

²ᵇ健康保险公司联邦最高协会通告被许可提供服务的助产士的名单。健康保险公司联邦最高协会在其网页上提供了一个电子程序，借助于该电子程序第 2a 款第 2 句第 4 项和第 6—8 项规定的信息，以及必要时其他被自由申报的信息可被检索。

²ᶜ健康保险公司联邦最高协会被授权为了执行规章规定的任务而对第 2 款规定的数据进行加工。其被授权且有义务向健康保险公司传送第 2a 款规定的数据。

³如果第 1 款规定的合同完全或者部分未成立或者在第 1a 款第 1 句、第 1b 款第 3 句和第 1c 款规定的期限经过后还未成立，则由第 4 款规定的仲裁委员会确定合同的内容。先前的合同在仲裁委员会做出裁决前暂时继续有效。

[4]健康保险公司联邦最高协会和为了代表经济利益而建立的权威的助产士职业协会以及由助产士领导的联邦一级机构的协会建立一个共同的仲裁委员会。该仲裁委员会由健康保险公司和助产士的相同数量的代表以及一个独立主席和两个其他的独立成员组成。任期为四年。合同当事人应就主席和两个其他的独立成员及其副手的人选达成合意。如果合同当事人未就独立成员或者其副手的人选达成合意，则由管理独立主席、其他独立成员和副手所在机关的人决定该空缺职务的人选；该情形下的任期为一年。此外第 129 条第 9 款和第 10 款准用之。

[5]只有当助产士故意或者重大过失造成损害，健康保险公司和护理基金会才针对以自由职业方式工作的助产士享有本法典第十编第 116 条第 1 款规定的因为助产中的错误行为而产生的该损害的赔偿请求权。在连带责任的情形中，健康保险公司和护理基金会在第 1 句规定的受益的助产士的原因力和过错份额的范围内，对其他的连带责任人不享有依据本法典第十编第 116 条第 1 款已移转的赔偿请求权。

[6]分娩护理人也被视为本规定意义上的助产士。

第九节　服务提供的质量保障

第 135 条　检查方法和治疗方法的评估

[1]如果联邦共同委员会经第 91 条第 2 款第 1 句规定的一个独立成员、一个保险公司医生联邦协会、一个保险公司医生协会或者健康保险公司联邦最高协会的申请，在第 92 条第 1 款第 2 句第 5 项规定的指令中就下列事项给出建议，则新的检查方法和治疗方法应当在合同医生的和合同牙医的供给中被提供，并且由健康保险公司支付费用：

1. 承认新方法的诊断和治疗的益处及其医疗的必要性和经济性——相对于由健康保险公司支付费用的已经被提供的方法而言——根据各个治疗方向的科学知识现状；

2. 医生的必要的资格、有关仪器的要求以及质量保障措施的要求，以保障合适地使用新方法；和

3. 对于医生的治疗的必要的记录。

　　联邦共同委员会审查由健康保险公司提供的合同医生的和合同牙医的服务是否符合第 1 句第 1 项规定的标准。如果审查结果表明不符合该标准，则该服务不再作为合同医生的或者合同牙医的服务，并以健康保险公司支付费用的方式被提供。有关接收第 1 句规定的申请的决定须最迟于收到申请后的三个月做出。后续的方法评估程序通常最晚须在三年内完成，除非在个别程序紧凑的情形下延长程序期间是必要的。如果联邦共同委员会在评估检查方法和质量方法的程序中，自对于做出决议必要的科学知识的评价被提供后六个月还未做出决定，则第 1 句规定的有权提出申请的人员或者机构以及联邦卫生部可以要求联邦共同委员会在另外的六个月期间内做出决议。如果在该期间内决议未被做出，则合同医生的或者合同牙医的供给中的检查和治疗方法可以以健康保险公司支付费用的方式被提供。

　　[2]对于由于执行的要求或者程序的新颖性的要求而需要特殊的知识和经验（专业知识证明）、特殊的医疗设备或者其他对于供给质量的要求，联邦范本合同的当事人可以统一就该服务的执行和结算的相应的前提条件达成协议。只要对于须被设置为资格前提条件的必要的知识和经验，在州法的关于医疗的职业执行的规定，尤其那些关于专科医生的法律规定中须在联邦范围内以相同内容的方式，并鉴于第 1 句规定的质量前提条件被引入等值的资格要求，则这些知识和经验是必要且充分的前提条件。如果首次提供医疗服务取决于资格，则合同当事人可以为在继续教育期间未获得相应资格的医生，以过渡的方式引入须符合有关专科医生的法律规定的知识和经验水平的资格。第 1 句规定的合同当事人可以偏离第 2 句的规定约定保障服务提供的质量和经济性的规则，依据该规则提供确定的医疗和技术服务被保留给专科医生并构成其专业领域的核心。依据第 140g 条规定的法规性命令被承认的组织须在第 1 句规定的协议被订立前纳入合同当事人的磋商之中；这些组织任命具有专门知识的人。第 140f 条第 5 款准用之。第 1 句规定的合同当事人就程序的细节达成协议。第 87 条第 6 款第 10 句准用于本款规定的协议。

　　[3]至[6]（已废止）

第 135a 条　服务提供者的质量保障的义务

　　[1]服务提供者有义务保障并进一步发展其提供的服务的质量。服务必

须符合当前的科学知识水平并具有专业上必要的质量。

[2]合同医生、医疗供给中心、被许可的医院、供给服务或者康复措施的提供者和存在第 111a 条规定的供给合同的机构，依据第 136—136b 条和第 137 条负有下列义务：

1. 参与尤其是以改善结果质量为目的的跨机构的质量保障措施；和

2. 在机构内部引入和进一步发展包括医院中的执行以患者为导向的投诉管理在内的质量管理。

[3]来自第 2 款并结合第 136a 条第 3 款规定的机构内部的和跨机构的风险管理系统和错误报告系统不得用于有关法律事件的交涉中而损害报告者的利益。只要这些系统将导致最高可能被判处五年以上有期徒刑以及在个案中特别严重的犯罪行为，且以其他方式查明事实情况或者被告的住所是没有希望的或者实际上是困难的，则以上规定不适用。

第 135b 条　通过保险公司医生协会促进质量

[1]保险公司医生协会须执行促进合同医疗供给质量的措施。保险公司医生协会须记录并每年公开该质量保障措施的目标和结果。

[2]保险公司医生协会在个案中通过抽样的方式对包括协助医疗服务在内的在合同医疗供给中被提供的服务进行审查；在例外情形也可以全面调查。联邦共同委员会在第 92 条第 1 款第 2 句第 13 项规定的指令中制定合同医疗供给中质量评定的标准以及依据第 299 条第 1 款和第 2 款制定第 1 句规定的质量审查的选择、范围和程序的规定；此外还须考虑第 137a 条第 3 款规定的结果。

[3]第 1 款和第 2 款也适用于在医院中被提供的门诊医疗服务。

[4]为了促进合同医疗供给的质量，保险公司医生协会可以与各个健康保险公司或者与主管其行政区的健康保险公司州协会或者医疗互助保险公司的协会在不违反第 87a 条的规定的前提下订立总合同的协议，在该协议中对于特定服务的统一被结构化且以电子形式记录的特殊的服务特征、结构特征和质量特征进行确定，在符合这些特征时，参与各个合同的医生获得报酬的附加费。在第 1 句规定的合同中，须就第 87a 条第 2 款第 1 句规定的对于参与各个合同的健康保险公司和被合同包含的未参与合同的各个专科医生组的医生提供的服务给予折扣的款项达成协议，通过该折扣，第

1 句规定的对于参与的健康保险公司的额外服务被补偿。

第135c条　通过德国医院协会促进质量

[1]德国医院协会在其任务的框架内促进医院中供给的质量。其须在其对医院与领导的医生订立的合同的咨询帮助和起草帮助中，经与联邦医生协会协商后给出建议，该建议确保使得服务数量、服务整体或者对此的测量尤其适合于对于各个服务的财务刺激的目标协议得以订立。该建议应当被确保尤其独立于医疗决定。

[2]第136b条第1款第1句第3项规定的医院的质量报告中须包含一项声明，该声明在不损害第三方权利的前提下给出医院在与领导的医生签订的合同中是否遵守第1款第2句规定的建议。如果医院没有遵守该建议，则其须在不损害第三方权利的前提下给出这些目标协议涉及的服务或者服务领域的信息。

第136条　联邦共同委员会对于质量保障的指令

[1]联邦共同委员会通过第92条第1款第2句第13项规定的指令，为原则上统一面向所有患者的合同医疗供给和被许可的医院尤其就下列事项加以确定：

1. 在考虑到第137a条第3款规定的结果以及对于机构内部的质量管理的基础上的第135a条第2款、第115b条第1款第3句和第116b条第4款第4句规定的质量保障的约束性措施，和

2. 被执行的诊断和治疗服务的与适应证相关的必要性和质量的标准，此外还须确定对于结构质量、程序质量和结果质量的最低要求。

如果必要，则联邦共同委员会发布必要的执行规定。此外其可以对为了执行跨机构的质量保障措施所必要的结构的融资做出规定。

[2]第1款规定的指令须以跨部门的方式发布，除非服务提供的质量只能通过特定部门的规则被适当保障。第136a条第4款和第136b条不受影响。

[3]私人健康保险协会、联邦医生协会以及护理职业的行业组织须参与第92条第1款第2句第13项规定的指令；心理治疗师协会和联邦牙医协会须参加，但以各指令涉及心理治疗师或者牙医的职业实践为限。

第 136a 条　联邦共同委员会对于被选择的领域中的质量保障的指令

[1]联邦共同委员会在第 136 条第 1 款规定的指令中规定供给中的确保卫生的适当措施，并确定其用于评定跨机构的医院质量保障的卫生措施质量指标。首次确定须在 2016 年 12 月 31 日前完成。联邦共同委员会在做出规定时须考虑院内感染、抗生素对病原体的抵抗力和抗生素需求的掌握、评价和反馈的既定程序，以及《感染保护法》第 23 条第 1 款和第 2 款规定的罗伯特·科赫研究所设立的委员会的建议。在引入第 1 句规定的指标后，适当的且对于公开来说合适的结果须在第 136b 条第 1 款第 1 句第 3 项规定的质量报告中被介绍。联邦共同委员会应当立即在质量报告中加入对其来说已经可使用的有关医院中卫生措施水平的信息，并提出第 136b 条第 6 款规定的对于改善有关卫生措施信息的额外要求。

[2]联邦共同委员会在第 136 条第 1 款规定的指令中确定保障心理供给和身心供给质量的适当的措施。此外须特别确定治疗所需配备的治疗人员的最低要求来约束住院机构，以及在心理供给和身心供给中针对跨机构和跨部门的结构质量、程序质量和结果质量的评定指标。第 2 句规定的人员配备的最低要求应当尽可能基于证据加以确定，并有助于开展符合指导方针的治疗。联邦共同委员会对第 2 句规定的人员配备最低要求必要的例外构成要件和过渡规则做出规定。有关的医疗的专业协会须被给予发表意见的机会。这些意见须被联邦共同委员会包含在其决定中。在根据第 1 句和第 2 句为儿童和青少年心理供给确定措施时须特别考虑因年龄而产生的对儿童和青少年供给的特殊要求。联邦共同委员会须于 2019 年 9 月 30 日前首次通过第 2 句规定的有约束力的最低要求和指标，该最低要求和指标有效至 2020 年 1 月 1 日。有关改变对于治疗人员的配备的信息和在引入第 2 句规定的指标后适当的且适合公开的结果的信息须在第 136b 条第 1 款第 1 句第 3 项规定的质量报告中被描述。

[3]联邦共同委员会在其有关第 136 条第 1 款第 1 句第 1 项规定的机构内部的质量管理的基本要求的指令中确定改善患者安全的基本措施，并特别确定针对风险管理系统和错误申报系统的最低标准。有关医院中风险管理系统和错误申报系统变更的信息须包含在第 136b 条第 1 款第 1 句第 3 项规定的质量报告中。作为《医院融资法》第 17b 条第 1a 款第 4 项规定

的报酬附加费的协议的基础，联邦共同委员会须确定对于跨机构的错误申报系统的要求，该要求在很大程度上适当地使人觉得风险和错误来源可以被识别和评估，并且有助于避免非预期结果的发生。

[4]联邦共同委员会还必须决定修复填充物和假牙的质量标准。德国牙科技师协会须参与确定假牙的质量标准；其发表的意见须被包含在决定中。牙医对于修复填充物和安装假牙的供给提供两年的担保。在此期间牙医须免费进行相同和部分重复填充，以及包括牙冠在内的假牙的更新和修复。保险公司医生联邦协会和健康保险公司联邦最高协会确定例外情形。《民法典》第 195 条不受影响。保险公司牙医协会、健康保险公司州协会和医疗互助保险公司之间以及牙医和健康保险公司之间的单个或集体合同中可以约定更长的担保期限。健康保险公司可以为此提供报酬附加费；参保人在假牙安装时自己的份额不受影响。同意给予患者更长的担保期限的牙医可以使其患者知道这一点。

第 136b 条　联邦共同委员会对于医院中质量保障的决议

[1]联邦共同委员会原则上统一对所有的患者做出有关下列事项的决议：

1. 每五年提供一次有关专业医生、心理治疗师和儿童与青少年心理治疗师履行继续教育义务的证明；

2. 可规划的服务的目录，该服务的治疗效果取决于被提供的服务的数量，以及每个医生或者医院所在位置或者每个医生和每个医院所在位置和符合例外构成要件情形下各个服务的最低数量；

3. 每年须公布的被许可的医院的结构化的质量报告的内容、范围和数据格式；

4. 四个服务或者服务领域，在这些服务或者服务领域中第 110a 条规定的对遵守特殊的质量要求提供激励的合同应当被审查；

5. 适用于取决于质量的报酬的服务目录或者服务领域目录，以及质量目标和质量指标，该报酬包括附加费和折扣价款在内。

第 136 条第 1 款第 2 句准用之。私人健康保险协会、联邦医生协会以及护理职业的行业组织须参加第 1—5 项规定的决议；联邦心理治疗师协会也须参加第 1—3 项规定的决议。

[2]第 1 款第 1 句规定的决议对于被许可的医院具有直接拘束力。其对

于第 112 条第 1 款规定的合同享有优先权，但以这些合同没有包含针对质量保障的补充规定为限。第 112 条第 1 款规定的质量保障的合同在第 1 款规定的决议和第 136 条第 1 款规定的指令生效前继续有效。州的医院规划的框架中的补充的质量要求是被许可的。

[3]联邦共同委员会在第 1 款第 1 句第 2 项规定的确定最低数量时，应当规定例外构成要件和过渡规则以避免不合理的困难，尤其是当被证明的高质量低于被确定的最低数量时。联邦共同委员会在其程序规则中特别须对第 1 款第 1 句第 2 项规定的可规划的服务的选择以及确定最低数量的数额的细节进行规定。联邦共同委员会应当尽快评估特别是新确定的最低数量的影响，并根据结果调整该确定的数量。

[4]如果经预计不能够达到第 1 款第 1 句第 2 项规定的在可规划的服务场合必要的最低数量，则相应的服务不能进行。仍提供服务的医院不享有报酬请求权。为了获得服务提供的许可，医院经营者须每年向健康保险公司州协会和医疗互助保险公司说明，在下一个日历年中必要的最低数量基于合理的定量期望可被预期达到。如果医院在上一个日历年内达到了医院的每名医生或者所在地区或者医院的每名医生和所在地区的标准的最低数量，则通常存在合理的、定量期望。联邦共同委员会在第 1 款第 1 句第 2 项规定的决议中对于预测说明的细节进行规定。如果对医院经营者的预测存在合理的、显著的怀疑，则健康保险公司州协会和医疗互助保险公司可以对此提出反驳。社会法院可以对第 6 句规定的决定采取法律程序。不进行预审程序。

[5]负责医院规划的州当局可以从第 1 款第 1 句第 2 项规定的目录中确定通过适用第 4 款第 1 句和第 2 句可能会损害对于居民的全面覆盖的供给的保障的服务。州当局经医院申请决定对这些服务不适用第 4 款第 1 句和第 2 句。

[6]在第 1 款第 1 句第 3 项规定的报告中，须特别考虑到第 136 条第 1 款和第 136a 条规定的要求以及第 1 款第 1 句第 1 项和第 2 项规定的在执行情况的基础上对质量保障的状况做出描述。该报告还须显示医院服务的种类和数量以及须包含经常与主要诊断相联系的辅助诊断的信息。患者调查的结果须被包含在质量报告中，但以该患者调查由联邦共同委员会发起为限。该报告须以对于描绘所有标准来说适当的被标准化的数据格式被创

建。在报告的特别部分中须以条理清晰的形式和通俗易懂的语言总结与患者相关的信息。该信息尤其是指与患者安全相关的信息，特别是和风险管理和错误管理实施相关的信息、与药物治疗安全的措施相关的信息、与遵守卫生标准相关的信息以及与各个医院的专业科室中的人员配备的措施相关的信息。

[7]除了在决议中被确定的接收者范围外，联邦共同委员会、健康保险公司州协会和医疗互助保险公司还应当在互联网上公布第 1 款第 1 句第 3 项规定的质量报告。为了提高住院供给的透明度和质量，保险公司医生协会以及健康保险公司及其协会还可以向合同医生和参保人基于质量报告，提供有关医院的质量特征的可比较的信息并给出建议。医院须将质量报告以可以被轻松找到的方式公布于其网页上。

[8]联邦共同委员会须在试验期结束后委托第 137a 条规定的研究所对依据第 1 款第 1 句第 4 项被选择的四个服务或者服务领域的供给质量的发展情况进行审查。审查的对象也包括在有或者没有第 110a 条规定的合同的情形下与医院供给质量的比较。

[9]联邦共同委员会须于 2017 年 12 月 31 日前确定第 1 款第 1 句第 5 项规定的适合于与质量相关的报酬的服务或者服务领域。排除对于遵守或者不遵守第 136 条第 1 款第 1 句第 2 项规定的最低要求的质量附加费和质量折扣。联邦共同委员会对于使得健康保险公司和医院能够基于做出的确定，就特别优质的服务的质量附加费和不足的服务的质量折扣达成协议。为此其特别须每年公布对于异常优质的和不足的质量的评价标准，尽可能规定需将医院的现实的被确定的质量指标的数据传输给第 137a 条规定的研究所，并确保对数据的评价。须及时向健康保险公司和医院提供评价结果；可通过互联网平台完成。健康保险公司应依据第 5 句规定定期提供哪些医院获得了哪些服务、服务领域的质量附加费以及质量折扣等信息；获得这些信息的通道须向负责医院规划的州当局开放。

第136c 条 联邦共同委员会对于质量保障和医院规划的决议

[1]联邦共同委员会对于结构质量、程序质量和结果质量的质量指标做出决议，该质量指标适合作为医院规划的以价值为导向的决定的基础，并依据《医院融资法》第 6 条第 1a 款成为医院规划的组成部分。联邦共同

委员会将这些与规划相关的质量指标的决议作为建议传送给负责医院规划的州当局；第 91 条第 6 款不受影响。

[2]联邦共同委员会定期向负责医院规划的州当局以及健康保险公司州协会和医疗互助保险公司制定符合第 1 款第 1 句规定的被决议做出的与规划相关的质量指标，以及评价医院的质量结果的标准相符合的与机构相关的跨机构的质量保障的评价结果。这些标准须在考虑到是否存在《医院融资法》第 8 条第 1a 款第 1 句和第 1b 款和本法第 109 条第 3 款第 1 句第 2 项意义上的显著的质量不足的基础上，使得医院的质量结果的评价成为可能。对此联邦共同委员会须确保医院每个季度向第 137a 条规定的符合与规划相关的质量指标的机构发送跨机构的质量保障的数据。其应当将包括对于这些指标的结构化的对话在内的评价程序缩短六个月的时间。

[3]联邦共同委员会在 2016 年 12 月 31 日前首次确定全国统一的对于《医院融资法》第 17b 条第 1a 款第 6 项并结合《医院报酬法》第 5 条第 2 款规定的保障附加费的协议的规定。联邦共同委员会须尤其就下列事项做出规定：

1. 对于审查通过一个其他的合适的提供该服务类型的医院是否能够在不产生附加费的情况下被提供的可实现性（分钟值）；

2. 何时存在较小的供给需求的问题；和

3. 居民供给的必要维持对于哪些服务须被保障的问题。

在做出决议时，须考虑第 1 款第 1 句规定的与规划相关的质量指标。联邦共同委员会在该决议中也就《医院报酬法》第 5 条第 2 款第 5 句规定的主管的州当局对遵守规定的审查做出规定。相关的医疗专业协会须被给予发表意见的机会。该意见须在做出决议时被考虑。

[4]联邦共同委员会在 2017 年 12 月 31 前做出决定，在医院中采用包括不参与应急供给的层级在内的应急结构的分层系统。在此须以不同的方式为应急供给的每个层级确定特别是专业科室的种类和数量的最低规定、被保留的专业人员的数量和资格的最低规定，以及提供应急服务的时间范围的最低规定。在做出规定时，联邦共同委员会须考虑第 1 款第 1 句规定的与规划相关的质量指标，但以这些质量指标对于应急供给非常重要为限。相关的医疗专业协会须被给予发表意见的机会。该意见在做出决议时须被考虑。联邦共同委员会在做出决议前进行结果评估，并考虑其评估得出的

结果。

[5]联邦共同委员会在 2019 年 12 月 31 日前对《医院报酬法》第 2 条第 2 款第 2 句第 4 项规定的中心和重点的特殊任务做出具体化规定。该特殊的任务尤其可以从下列事项中产生：

a）跨地区和跨医院的任务执行；

b）医院的特殊建议的必要性，特别是在罕见病的治疗中心中；或者

c）由于异常的技术和人员条件将供给集中在各个地点的必要性。

必须确保这不涉及通过《医院报酬法》或者本法规定的报酬而已经被资助的任务。《医院融资法》第 17b 条第 1 款第 10 句的规定不受影响。在履行特殊任务所必要的范围内须确定要被履行的质量要求，特别是对于专业科室的种类和数量的质量要求、须被遵守的最低案例数或者与其他机构的合作。相关的医疗专业协会须被给予发表意见的机会。该意见须在做出决议时被考虑。

[6]第 94 条准用于第 1—5 款规定的决议。

第136d 条　联邦共同委员会对于质量保障的评估和进一步发展

联邦共同委员会须确定卫生事业中质量保障的水平，以指出由此产生的进一步发展的需求，对被引入的质量保障措施的效力进行评价，并对卫生事业中根据统一的原则制定的跨部门和跨职业组的质量保障（包括其实施）起草建议。联邦共同委员会定期完成有关质量保障水平的报告。

第137 条　联邦共同委员会的质量要求的强制执行和检查

[1]为了促进质量联邦共同委员会须确定一个不遵守第 136 条和第 136c 条规定的质量要求后果的分层级系统。除了在质量改善方面的建议和支持的措施外，联邦共同委员会还被授予依据违反基本的质量要求的种类和严重性执行适当的强制执行措施的权力。这些措施尤其可以是：

1. 报酬折扣；

2. 在不满足第 136 条第 1 款第 1 句第 2 项规定的最低要求的服务的情形下排除报酬请求权；

3. 向第三方提供有关违法的信息；

4. 与机构相关的不遵守质量要求的信息的公布。

设计和适用这些措施须符合比例。联邦共同委员会原则上应在第 92 条第 1 款第 2 句第 13 项规定的指令中对第 1—4 款规定的有关负有执行措施义务的机构做出规定。第 5 句中的规定须由联邦共同委员会在各个规定了质量要求的指令和决议中被具体化。在多次或者特别严重的违法的场合其可以偏离依据第 1 句被规定的分层级的程序。

[2]联邦共同委员会在其有关跨机构的质量保障措施的指令中确定医院的应当被记录的记录的记录率为 100%。其须在超过该记录率的场合规定《医院报酬法》第 8 条第 4 款或者《联邦护理条例》第 8 条第 4 款规定的报酬折扣，除非医院证明该超过并不是医院过错造成的。

[3]联邦共同委员会在一份指令中对第 275a 条规定的健康保险的医疗服务的检查的细节进行规定，该检查须通过线索梳理，或者作为样本审查对于使质量保障数据合法化是必要的。其特别规定哪些机构被委托负责该检查，哪些线索即使未被登记也能够证明检查的正当性、检查的种类、范围和检查的程序以及结果的处理和其后果。联邦共同委员会须在此种情况下规定第 1 款第 5 句规定的主管质量要求执行的机构以与机构相关的方式被及时通知审查结果。其规定在哪些健康保险的医疗服务的情形下，该审查结果由于明显违反质量要求而应当立即被传输给第三人，尤其是立即被传输给各个州的主管机关。第 1 句和第 2 句规定的联邦共同委员会的规定应当支持以尽可能低的花费执行第 275a 条规定的检查。

第 137a 条　卫生事业中的质量保障和透明度研究所

[1]第 91 条规定的联邦共同委员会建立一个专业上独立的、科学的卫生事业中的质量保障和透明度研究所。为此其设立了一个基金会，由该基金会作为该研究所的发起人。

[2]经联邦卫生部批准基金会的理事会任命研究所的领导。联邦卫生部向基金会的理事会派出一个成员。

[3]研究所受联邦共同委员会委托进行工作而采取质量保障的措施，并对卫生事业中的供给质量进行描述。其尤其就下列事项被委托：

1. 为了测量和描述供给质量，尽可能发展包括补充的患者调查的模块在内的跨部门间协调的被调整风险的指标和工具；

2. 考虑数据经济性需求的同时发展对于跨部门的质量保障必要的

文档；

3. 参与执行跨部门的质量保障的执行，并在必要的时候使第 3 句规定的其他的机构加入进来；

4. 以适当的方式和对于公众来说易于理解的形式公开质量保障措施的结果；

5. 在医院的质量报告中被公开的合适的数据的基础上就住院治疗相关领域的质量制定针对具体机构的风险调整比较综述；

6. 为了进一步发展被选择的服务的质量保障而额外地在适当的社会数据的基础上对门诊的和住院的供给的质量进行描述，该社会数据是由健康保险公司依据第 299 条第 1a 款基于联邦共同委员会的指令和决议传送给研究所的；以及

7. 改进在门诊的和住院的供给中流行的评价证书和质量印章的标准，并借助于这些标准以易于公众理解的形式告知这些证书和质量印章的效力。

在其他机构参与第 136 条第 1 款第 1 句第 1 项规定的其有义务承担的质量保障的措施的执行的情形，该其他的机构须在联邦共同委员会关于跨机构的质量保障的指令的基础上向第 1 款规定的研究所传送对于执行第 2 句规定的任务必要的数据。

[4]组成联邦共同委员会的研究所、联邦共同委员会的独立成员、联邦卫生部和代表患者利益和慢性病患者和残疾人的自助利益的联邦一级的权威组织可以向联邦共同委员会申请委托研究所。联邦卫生部可以直接委托研究所对于第 3 款规定的对于联邦共同委员会的任务进行检查和并给出行动建议。研究所可以拒绝联邦卫生部的委托，除非联邦卫生部承担对于委托的执行的资助。研究所也可以在未受委托的情形下从事第 3 款规定的任务；研究所的领导须立即将此告知基金会的理事会。研究所每年最多可以将预算资金的10%用于第 4 句规定的事务。第 4 句规定的工作的结果须在公布前被提交给联邦共同委员会和联邦卫生部。

[5]研究所必须确保在相关的国际公认的科学标准的基础上完成第 3 款规定的任务。对此须在基金会章程中规定一个由独立专家组成的科学顾问委员会，该科学顾问委员会就基本问题向研究所提供咨询。科学顾问委员会的成员经研究所领导的建议，由基金会的理事会任命。科学顾问委员会

可以向研究所给出对于第 4 款第 4 句规定的任务执行的建议。

[6]为了完成第 3 款规定的任务，研究所可以与联邦共同委员会达成合意，尤其可将研究和开发委托授予外部专家；就此第 299 条适用于与人员相关的数据传输领域。

[7]在发展第 3 款规定的内容时下列组织或人员须参加：

1. 保险公司医生联邦协会；

2. 德国医院协会；

3. 健康保险公司联邦最高协会；

4. 私人健康保险协会；

5. 联邦医生协会、联邦牙医协会和联邦心理治疗师协会；

6. 疾病护理职业的行业组织；

7. 科学医疗专业协会；

8. 德国网络供给研究会；

9. 代表患者利益和慢性病患者和残疾人的自助利益的联邦一级的权威组织；

10. 为了患者利益的联邦政府的受托人；

11. 由州卫生部长会议任命的两名代表；以及

12. 联邦卫生部业务领域的联邦上层当局，但以涉及其任务范围为限。

[8]第 139c 条准用于研究所的融资。

[9]为了确保研究所的独立性，基金会理事会须注意避免研究所的工作人员以及所有其他参与第 3 款规定的任务执行的人员和机构的利益冲突。

[10]经第三方要求，联邦共同委员会可以为了科学研究和进一步发展质量保障的目的委托研究所或者一个其他的参与跨机构的质量保障的机构对于在第 136 条第 1 款第 1 句第 1 项规定的其有义务执行的质量保障措施的执行过程中收集的数据进行评估。任何自然人或者法人均可以对此向联邦共同委员会或者依据第 1 句被委托的机构提出申请，以利用和传送评估结果。如果申请人同意承担申请时所产生的费用，则研究所或者其他根据第 1 条被委托的机构在审查合法权益后向申请人发送匿名的评估结果。联邦共同委员会考虑到数据保护法的规定和数据安全的要求，在程序规则中对于依据第 136 条第 1 款第 1 句第 1 项被收集的数据的评估和评估结果的传

送规定一个透明的程序以及第 3 句规定的费用承担的程序的细节。为了改善数据保护和数据的安全性，联邦共同委员会须定期令独立的专家对对于执行第 1 款和第 3 款规定的任务必要的数据保护纲领进行审查和评价；审查的结果须被公开。

[11]联邦共同委员会经申请为了具体的以质量为导向的医院规划或者其进一步发展的目的，委托研究所将在采取第 136 条第 1 款第 1 句第 1 项规定的其有义务实施的质量保障的措施的过程中收集的数据（如果必要的话还包括与机构相关的以及与参保人相关的数据）以假名的形式传送给负责医院规划的州当局或者由它们指定的机构。州当局须表明其在处理和使用数据方面具有合法利益，并确保只因申请中提及的具体目的的处理和使用数据。州当局或者被其指定的机构禁止将数据传送给第三人。在申请中应详细规定特定日期，须在该日期前存储好传送的数据。第 10 款第 3—5 句准用之。

第 137b 条　联邦共同委员会对于第 137a 条规定的研究所的委托

[1]联邦共同委员会依据第 137a 条第 3 款委托第 137a 条规定的研究所发展和执行质量保障以及改善门诊和住院供给的质量的透明度。就在与个人相关的数据被处理的范围内第 299 条适用之。

[2]第 137a 条规定的研究所将第 137a 条第 3 款第 1 句、第 2 句和第 4 款第 2 句规定的委托的工作结果作为建议传送给联邦共同委员会。联邦共同委员会须在其任务分配的框架内考虑这些建议。

第 137c 条　医院中检查方法和治疗方法的评估

[1]第 91 条规定的联邦共同委员会经健康保险公司联邦最高协会、德国医院协会或者一个医院经营者联邦协会的申请，对由法定的健康保险公司承担费用的被适用于医院治疗或者应当被适用于医院治疗的检查方法和治疗方法进行审查，以确定在考虑到被普遍承认的医疗知识水平的基础上，该检查方法和治疗方法是否对于向参保人提供充分的、符合目的的且经济的供给是必要的。如果审查显示该方法的益处未得到充分证明，且没有提供必要的替代治疗的潜力，尤其是因为它有害或者无效，则联邦共同委员会将发布一份相应的指令，依据该指令，该方法在医院治疗的框架中不再

被准许由健康保险公司负担费用而被提供。如果审查显示该方法仍未得到充分证明，但是该方法提供了必要的替代治疗的潜力，则联邦共同委员会制定第 137e 条规定的用于测试的指令。如果审查借助于通过测试获得的知识显示该方法不符合第 1 句规定的标准，则联邦共同委员会在测试结束后发布一项指令，依据该指令，该方法在医院治疗的框架中不再由健康保险公司支付费用而被提供。接受第 1 句规定的申请的决议通常至迟须在三年内做出，除非由于个别程序紧张而必须适用更长的程序。

[2]如果联邦卫生部的异议（第 94 条第 1 款第 2 句）没有在为其设定的期限内被消除，则联邦共同委员会可以发布指令。自第 1 款第 2 句或者第 4 句规定的指令生效之日起，在医院治疗的框架内被排除的方法不再由健康保险公司承担费用被提供；临床研究的进行不会受到第 1 款第 4 句规定的排除的影响。

[3]联邦共同委员会尚未按照第 1 款得出结论的检查和治疗方法应当在医院治疗的框架中被适用，如果该检查和治疗方法提供了一个必要的替代治疗且其适用遵守医疗技术的规定，那么其尤其在医疗上是适当且必要的。这既适用于未提交第 1 款第 1 句规定的申请的方法，也适用于尚未完成第 1 款规定的评估的方法。

第 137d 条　门诊或者住院供给或者康复的质量保障

[1]对于与之存在第 111 条和第 111a 条规定的合同的住院康复机构和对于与之存在第 111c 条第 1 款规定的有关提供医疗康复的门诊服务的门诊康复机构，健康保险公司联邦最高协会基于本法典第九编第 37 条第 1 款规定的建议与代表门诊和住院的康复机构和母亲康复机构或者相同类型的联邦层面的机构利益的权威中央组织，就第 135a 条第 2 款第 1 项规定的质量保障的措施达成协议。跨机构的质量保障措施评价的费用由健康保险公司按照其占用机构或者专业科室的情况按份额承担。机构内部的质量管理和住院康复机构认证的义务取决于本法典第九编第 37 条的规定。

[2]对于与之存在第 111 条规定的供给合同的住院的供给机构和对于与之存在第 111a 条规定的供给合同的机构，健康保险公司联邦最高协会与代表住院的供给机构和母亲康复机构或者相同类型的联邦一级的机构利益的权威中央组织就第 135a 条第 2 款第 1 项规定的质量保障措施和第 135a

条第 2 款第 2 项规定的对于机构内部的质量管理的要求达成协议。此外本法典第九编第 37 条第 1 款规定的共同建议须被考虑并纳入其基本特征。第 1 款第 3 句规定的费用承担义务准用之。

[3]对于提供第 23 条第 2 款规定的门诊的供给服务的服务提供者，健康保险公司联邦最高协会与保险公司医生联邦协会和执行门诊供给服务的服务提供者的联邦权威协会，就对于第 135a 条第 2 款第 2 项规定的机构内部的质量管理的基本要求达成协议。

[4]合同当事人须通过适当的措施确保对于门诊的和住院的供给和康复的质量保障的要求符合统一的原则，且跨部门和跨职业组的供给的必要性被适当考虑。在达成第 1 款和第 2 款规定的协议时须给予联邦医生协会、联邦心理治疗师协会和德国医院协会发表意见的机会。

第 137e 条　检查方法和治疗方法的测试

[1]如果联邦共同委员会在对第 135 条或者第 137c 条规定的检查方法和治疗方法进行审查后得出的结论是，这是一种提供了必要的替代治疗的潜力但益处尚未被充分证明的方法，则联邦共同委员会可以中止其评估程序而制定一个测试的指令，以获得对于该方法的益处的评估所必要的知识。根据该指令，在受限的期限内，检查方法或者治疗方法由健康保险公司负担费用在疾病治疗或者早期识别的框架下提供。

[2]联邦共同委员会在第 1 款第 1 句规定的指令中就在测试中被包含的适应证和物质的、人员的和对于测试框架中的服务提供质量的其他要求进行规定。此外其还须确定对于执行科学监测和测试评估的要求。对于未参与测试的医院，联邦共同委员会可以依据第 136—136b 条对服务提供的质量要求进行规定。

[3]参与合同医疗供给的服务提供者和依据第 108 条被许可的医院可以在必要的范围内参与检查方法或者治疗方法的测试，如果其向第 5 款规定的科学研究所证明其符合了第 2 款规定的要求。

[4]由第 3 款规定的服务提供者在测试的框架内提供和规定的服务直接由健康保险公司支付报酬。在全住院或者半住院的医疗服务的情形下其依据《医院融资法》第 17b 条或者第 17d 条或者《联邦护理费条例》被支付报酬。如果对于《医院融资法》第 17 条第 1a 款规定的总护理费还无

法被合理支付报酬的检查方法和治疗方法，且《医院报酬法》第 6 条第 2 款第 1 句或者《联邦护理费条例》第 6 条第 4 款第 1 句规定的涉及总测试期间的协议没有在第 5 款规定的委托被授予后的三个月内成立，则由《医院报酬法》第 13 条或者《联邦护理费条例》第 13 条规定的仲裁委员会确定其内容。对于能够在门诊中被适用的方法，第 115 条第 1 款第 1 句规定的合同当事人协商确定门诊服务提供的报酬的数额。如果第 4 句规定的协议在三个月内依据第 5 款规定的委托授予没有成立，则由主管的跨部门的仲裁委员会依据第 89a 条确定其内容；协议的内容可以由主管的跨部门仲裁委员会偏离第 89a 条第 3 款第 1 句的规定而在六周内确定。对于该合同内容的确定提起的申诉不具有中止的效力。

　　[5]为了对测试进行科学监测和评估，联邦共同委员会可委托一个独立的科学研究所。作为被测试的方法的提供者对由健康保险公司负担费用的供给享有经济利益的参与测试的医疗产品生产者或者企业，也可以自己支付费用独自委托一家独立的科学研究所对测试进行科学监测和评估，如果其在第 1 款规定的指令生效后的联邦共同委员会确定的不超过两个月的期限内将该意图通知联邦共同委员会。参与测试的服务提供者有义务记录下对于科学监测和评估所必要的数据，并将其提供给被委托的研究所。只要对此参保人的个人数据是必要的，则应当事先征得其同意。参与测试的服务提供者从被委托的研究所那里获得对于与执行测试相关的额外花费的适当补偿。

　　[6]联邦共同委员会依据第 5 款第 1 句的规定委托的对测试进行监测和评估的研究所产生的费用由联邦共同委员会承担。

　　[7]新的检查方法和治疗方法的技术性适用在很大程度上基于其引入的医疗产品的生产者和以其他方式作为新方法的提供者而对由健康保险公司负担费用的供给享有经济利益的企业，可以不依赖于第 135 条或者第 137c 条规定的协商程序而申请联邦共同委员会制定一个有关对第 1 款规定的新方法进行测试的指令。申请人必须提供有说服力的文件，以证明该方法具有足够的测试潜力。联邦共同委员会基于申请人为了对其申请说明理由而提交的文件，在申请提出后三个月内做出决定。如果联邦共同委员会决定进行测试，则其须结合测试并基于其所获得的结果立即对是否发布第 135 条或者第 137c 条规定的指令做出决定。在缺少必要知识的情形下，

暂停评价程序的可能性不受影响。关于测试的科学监测和评估的费用承担取决于第 5 款第 2 句或者第 6 款的规定。如果联邦共同委员会因为认为该方法的益处已经被充分证明而拒绝执行测试，则第 4 句准用之。

[8]对于由健康保险公司支付费用的检查方法或者治疗方法的前提条件、测试的程序以及可能性，联邦共同委员会建议医疗产品生产者和其他第 7 款第 1 句意义上的企业自己支付费用而委托一个独立的科学研究所（而不是联邦共同委员会）对测试进行科学监测和评估。包括对咨询产生的费用进行补偿的细节在内的规则须在程序规则中被规定。

第 137f 条　针对慢性病的结构化的治疗计划

[1]第 91 条规定的联邦共同委员会在指令中依据第 2 句规定的条件确定适当的慢性病，对于该慢性病应当制定改善慢性病患者的医疗供给的治疗过程和质量的结构化的治疗计划。在选择慢性疾病时尤其须考虑下列标准：

1. 受该疾病影响的参保人人数；
2. 供给质量改善的可能性；
3. 询证指令的可使用性；
4. 跨部门的治疗需求；
5. 病程受参保人的自我主动性的影响性；
6. 更高的治疗费用。

联邦共同委员会在 2016 年 12 月 31 日前确定其他在第 321 条第 1 句中未被提及的适当的慢性病并发布第 2 款规定的尤其针对背痛和抑郁症治疗的相应的指令。

[2]第 91 条规定的联邦共同委员会发布关于涉及第 1 款规定的治疗计划的要求的指令。尤其须对下列事项的要求进行规定：

1. 依据医疗科学的实际水平并考虑到询证指令基础上的治疗或者依据当时的最佳可用证据以及考虑到当时的供给部门基础上的治疗；
2. 根据第 137a 条第 3 款规定的结果基础上的被执行的质量保障措施；
3. 参保人被登记入计划的前提条件；
4. 服务提供者和参保人的培训；

5. 包括对于执行计划必要的个人相关的数据及其保存期限在内的资料；

6. 计划中的供给效果的评估。

只要这些要求涉及医疗治疗的内容，则其不会限制对于履行医疗治疗委托在个案中必要的医疗治疗空间。健康保险公司联邦最高协会须参与其自身提供的医疗服务。为了代表门诊和住院的供给机构与康复机构利益和自助利益而被建立的以及对于联邦一级的服务提供者来说权威的中央组织，只要其利益被涉及，则联邦保险局和各个有关的科学专业协会须被给予发表意见的机会；这些意见须在决策时被考虑。第 91 条规定的联邦共同委员会须定期审查其指令。

[3]对于参保人来说参加第 1 款规定的计划是自愿的。报名的前提条件是依据全面的信息由健康保险公司授予的对于参与计划，对于由健康保险公司、第 4 款规定的专家和参与的服务提供者对第 2 款规定的联邦共同委员会的指令中被确定的数据进行收集、加工和使用，以及对于向健康保险公司传输这些数据的书面同意。该同意可被撤销。

[4]健康保险公司或者其协会须依据第 2 款规定的联邦共同委员会的指令安排一个由联邦保险局与健康保险公司或者其协会磋商后并由它们支付费用而被雇佣的专家，基于为公众所承认的须被公开的科学标准，对于为了第 1 款规定的相同疾病而被许可的第 1 款规定的计划进行外部评估。健康保险公司或者其协会在联邦共同委员会发布第 2 款规定的指令后，还须为了该计划为每个完整的日历年制定质量报告，并于下一年的 12 月 1 日前提交给联邦保险局。

[5]健康保险公司的协会和健康保险公司联邦最高协会对其成员建立和执行第 1 款规定的计划提供支持；这还包括这样的事实，即第 2 句中提到的委托也可以由这些协会授予，只要这旨在实现联邦或州的特定要求。健康保险公司可以将其执行第 1 款规定的与被许可的服务提供者以合同方式达成协议的计划的任务委托给第三人。本法典第十编第 80 条不受影响。

[6]只要在有关执行第 1 款规定的结构化的治疗计划的合同中规定建立一个工作组，则该工作组在执行其任务时可以偏离本法典第十编第 80 条第 5 款第 2 项的规定，令受托人对整个数据库进行处理。委托人在授予委托前须及时以书面形式通知主管委托人的数据保护受托人有关本法典第十

编第 80 条第 3 款第 1 句第 1—4 项中提及的信息。本法典第十编第 80 条第 6 款第 4 句不受影响。主管委托人和受托人的监管机关在监控第 1 句规定的合同时须密切合作。

[7]健康保险公司或者其州协会可以与被许可的参与执行第 1 款规定的结构化治疗计划的医院订立有关门诊医疗治疗的合同，只要该合同中对于门诊的服务提供的要求对此有规定。第 135 条规定的要求作为最低的前提条件准用于对于医院的门诊服务提供的物质和人员要求。

[8]联邦联合委员会在首次起草有关第 2 款规定的要求的指令以及在每次定期审查第 2 款第 6 句规定的其指令时，都要审查是否采用了适当的数字医疗应用。为了代表联邦层面的数字医疗应用的提供者的利益而建立的权威的中央组织须被给予发表意见的机会；这些意见须被纳入决定中。如果数字医疗应用迄今为止尚未被联邦共同委员会纳入第 2 款规定的对于要求的指令之中，则健康保险公司或者其州协会也可以在计划中规定引入数字医疗应用。

脚注

根据德国联邦宪法法院 2005 年 7 月 18 日做出的第 2 BvF 2/01 号判决（《联邦法律公报》2005 年第 1 卷，第 2888 页）的裁判要旨，第 137 条与《基本法》相符。

第 137g 条　结构化的治疗计划的许可

[1]联邦保险局经一个或者多个健康保险公司或者一个健康保险公司的协会的申请须向第 137f 条第 1 款规定的计划授予许可，如果该计划和为了执行该计划而缔结的合同符合第 137f 条规定的联邦共同委员会的指令和第 266 条第 7 款规定的法规性命令中提及的要求。此外还可以向科学专家请教。许可可以附带一些命令和条件。许可须在三个月内被授予。如果许可由于可归责于健康保险公司的原因而未能在该期限内被授予，则第 4 句规定的期限视为已被遵守。许可在第 137f 条规定的联邦共同委员会的指令和第 266 条第 7 款规定的法规性命令中提及的要求中被满足，且第 1 句规定的合同被缔结之日起生效，最早在申请提出之日生效，然而不能早

于这些指令和条例规定的生效日期。包括答复发布的成本费用在内的费用被收取。成本费用按照实际产生的人工和物质花费被结算。除了人工成本外产生的管理支出也应当算入实际产生的成本费用的数额之中。如果对于联邦保险局因第 137f 条第 1 款规定的计划的许可而产生了未被第 7 句规定的费用覆盖的必要的维持成本，则这些维持成本由健康基金支付。有关第 8 句和第 9 句规定的成本结算的细节和在风险结构补偿中考量第 10 句规定的成本的细节由联邦卫生部在第 266 条第 7 款规定的法规性命令中规定，而无须经联邦参议院的批准。在第 266 条第 7 款规定的法规性命令中可以规定依据第 8 句和第 9 句实际产生的费用须基于总的费用率被结算。对于联邦保险局的费用答复提起的申诉不具有中止的效力。

²计划和为了执行计划而缔结的合同须不迟延地，至迟在一年内被调整以适应第 137f 条规定的联邦共同委员会的指令中的变化和第 266 条第 7 款规定的法规性命令中提及的要求。第 1 句准用于在第 137f 条规定的联邦共同委员会的指令，以及在第 266 条第 7 款规定的法规性命令中被提及的要求的变化生效时许可申请已经被提出的计划。健康保险公司须立即向联邦保险局递交被调整的合同并向其告知计划的调整。

³如果计划和为了执行该计划而被缔结的合同不再满足法律规定的要求，则对于计划的许可将一直生效至法律关系发生变化的时刻。许可须一直有效至评估期开始之时，对于该评估期，第 137f 条第 4 款第 1 句规定的评估不按照第 137f 条规定的联邦共同委员会的指令的要求而被执行。许可的效力在第 137f 条第 4 款第 2 句规定的质量报告没有被按时提交的日历年的年初被撤销。

　　脚注

　　根据德国联邦宪法法院 2005 年 7 月 18 日做出的第 2 BvF 2/01 号判决（《联邦法律公报》2005 年第 1 卷，第 2888 页）的裁判要旨，第 137g 条与《基本法》相符。

第 137h 条　用高风险等级的医疗产品评估新的检查方法和治疗方法

¹如果关于新的检查和治疗方法首次被提出《医院报酬法》第 6 条第

2 款第 3 句规定的询问, 这些方法的技术使用主要以高风险等级的医疗产品的使用为基础, 则提出询问的医院须立即向联邦共同委员会传输有关此方法以及医疗产品使用的科学知识的水平的信息。第 1 句规定的质询和发送文件是与在医院中应当运用该方法被适用的那些高风险等级的医疗产品的制造商协商后进行的。如果该方法显示出新的理论科学计划, 则通常会在收到信息后的两周内在互联网上以公报的方式向计划提供新的检查方法和治疗方法的医院, 以及各个相关的医疗产品生产者一个月期间的向其提供第 1 句意义上的其他信息的机会。联邦共同委员会将在三个月内基于被传输的信息对下列事项进行一个评估:

1. 是否可以认为使用医疗产品的方法的益处是被充分证明的;

2. 是否虽然使用医疗产品的方法的益处尚未得到充分证明, 但是使用医疗产品的方法提供了必要的替代治疗的潜力; 或者

3. 是否使用医疗产品的方法无法提供必要的替代治疗的潜力, 特别是因为它被视为有害或无效。

[2]第 1 款第 1 句规定的高风险等级的医疗产品是指那些可以被归入第 9 款结合 1993 年 6 月 14 日颁布的联邦参议院有关医疗产品的最后通过 2007/47/EG 号指令 [《欧盟公报 (立法)》2007 年 9 月 21 日第 247 期, 第 21 页] 第 2 款被修改的欧盟委员会第 93/42/EWG 号指令 [《欧盟公报 (立法)》1993 年 7 月 12 日第 169 期, 第 1 页] 的附录 IX 规定的 IIb 或者 III 风险或者被归入活性的可植入的医疗产品, 且这些医疗产品的使用显示出入侵性的特征。如果一种方法的操作原理或应用领域与已经在住院治疗中引入的其他系统途径明显不同, 则该方法显示出第 1 款第 3 句意义上的新的理论科学计划。联邦卫生部经与联邦教育与研究部协商后于 2015 年 12 月 31 日前首次通过法规性命令规定确定第 1 款和第 2 款中提及的前提条件的具体标准, 而无须经联邦参议院批准。

[3]对于第 1 款第 4 句第 1 项规定的方法, 审查是否应对第 136 至 136b 条规定的服务提供的质量要求进行调整。当具有《医院融资法》第 17 条第 1a 款规定的统一的护理费率的方法尚不能被适当地支付报酬, 并且《医院报酬法》第 6 条第 2 款第 1 句和《联邦护理费条例》第 6 条第 2 款第 1 句规定的协议不能在第 1 款第 4 句规定的决议做出后三个月内成立时, 仲裁委员会依据《医院报酬法》第 13 条或者《联邦护理费条例》第

13 条确定该协议的内容。已达成协议的或者通过仲裁委员会确定的报酬，适用于自提出《医院报酬法》第 6 条第 2 款第 3 句或者《联邦护理费条例》第 6 条第 2 款第 2 句规定的询问时起已经被接收进入医院的治疗病例。对于在第 3 句规定的时刻和对达成协议的或者通过仲裁委员会确定的报酬进行结算的时刻产生的报酬请求权的情况，《医院报酬法》第 11 条或者《联邦护理费条例》第 11 条规定的合同当事人查清达成协议的或者被仲裁委员会确定的报酬和治疗病例已经被支付的报酬的差额；对于该被查清的差额，《医院报酬法》第 15 条第 3 款或者《联邦护理费条例》第 15 条第 2 款准用之。

[4]对于第 1 款第 4 句第 2 项规定的方法，联邦共同委员会应在第 1 款第 4 句规定的决议做出后的六个月内确定第 137e 条规定的测试的指令。当具有《医院融资法》第 17 条第 1a 款规定的统一的护理费率的方法尚不能适当地支付报酬，并且《医院报酬法》第 6 条第 2 款第 1 句和《联邦护理费条例》第 6 条第 2 款第 1 句规定的协议不能在第 1 款第 4 句规定的决议做出后三个月内成立时，仲裁委员会依据《医院报酬法》第 13 条或者《联邦护理费条例》第 13 条确定该协议的内容。已达成协议的或者通过仲裁委员会确定的报酬，适用于自提出《医院报酬法》第 6 条第 2 款第 3 句或者《联邦护理费条例》第 6 条第 2 款第 2 句规定的询问时起已经被接收进入医院的治疗病例。对于在第 3 句规定的时刻和对达成协议的或者通过仲裁委员会确定的报酬进行结算的时刻产生的报酬请求权的情况，《医院报酬法》第 11 条或者《联邦护理费条例》第 11 条规定的合同当事人查清达成协议的或者被仲裁委员会确定的报酬和治疗病例已经被支付的报酬的差额；对于该被查清的差额，《医院报酬法》第 15 条第 3 款或者《联邦护理费条例》第 15 条第 2 款准用之。想通过使用由健康保险公司负担费用的医疗产品提供来提供方法的医院，有义务参与第 137e 条规定的测试。考虑到供给现实，第 137e 条第 2 款规定的测试的要求必须确保测试和服务提供的实际可执行性。测试通常须在两年内完成，除非在程序紧张的个案情形须适用一个更长的测试期。联邦共同委员会在测试结束后的三个月内确定第 137c 条规定的指令。

[5]对于第 1 款第 4 句第 3 项规定的方法，《医院报酬法》第 6 条第 2 款第 1 句或者《联邦护理费条例》第 6 条第 2 款第 1 句规定的协议被排除；

联邦共同委员会立即确定第 137c 条第 1 款第 2 句规定的指令。

[6]联邦共同委员会在第 1 款规定的程序的准备阶段在考虑到具体方法的基础上向医院和医疗产品的生产者就程序的前提条件和要求给出建议。联邦共同委员会可以在建议的框架中审查一种方法是否符合第 1 款规定的程序，特别是它是否显示出新的理论科学计划，并对此做出决定。在做出这样的决定前，其须在互联网上以公报的方式给予其他相关医院以及各个相关的医疗产品生产者发表意见的机会。这些意见须被纳入决定中。第 94 条第 2 款第 1 句准用于该决定。

[7]对于依据本规定产生的争议提起的申诉不具有中止的效力。不进行预审程序。

第137i 条 医院中护理敏感区域中的护理人员最低要求；法规授权

[1]健康保险公司联邦最高协会和德国医院协会在 2019 年 8 月 31 日前经与商业保险协会协商，对《护理人员最低要求规定》第 6 条中确定的护理人员最低要求进行审查，并经与商业保险协会协商后就《护理人员最低要求规定》中确定的医院中护理敏感区域的进一步发展以及所属的护理人员最低要求达成自 2020 年 1 月 1 日生效的协议。此外：

1. 其经与商业保险协会磋商后于 2019 年 8 月 31 日前为神经病学和心脏外科的护理敏感区域，就对于所有根据第 108 条被许可的医院均有效的护理人员最低要求达成自 2020 年 1 月 1 日起生效的协议；

2. 其经与商业保险协会磋商后，在每年的 1 月 1 日前，首次在 2020 年 1 月 1 日前确定医院中的其他护理敏感区域，对于这些区域健康保险公司联邦最高协会和德国医院协会于每年的 8 月 31 日前经与商业保险协会磋商后，就对于针对所有根据第 108 条被许可的医院均有效的护理人员最低要求达成自下一年开始生效的且首次于 2020 年 8 月 31 日前达成自 2021 年 1 月 1 日开始生效的协议。

对于医院中的每个护理敏感区域，第 1 句和第 2 句规定的护理人员最低要求根据各自的护理费用按严重程度进行区分，这些费用是根据医院薪酬体系研究所制定的护理费用风险调整目录确定的。医院薪酬体系研究所必须更新护理费用风险调整目录，以在每年实现进一步发展和区分医院中护理敏感区域的护理人员最低要求的目的。为了查清护理人员最低要求，

所有的女性患者和男性患者须以同样的方式被考虑。第 136a 第 2 款第 2
句规定的最低人员配备的要求不受影响。在护理敏感的地区必须考虑相关
的重症监护室，在合理的情况下还要考虑在护理敏感的医院区域之外的重
症监护室，以及夜间工作的人员。第 1 句规定的合同当事人必须约定适当
的措施，以避免人员从其他医院区域转移。他们确定必要的例外构成要件
和过渡规则以及对其的证明的要求。在不遵守护理人员最低要求的情形
下，第 1 句规定的合同当事人确定对于《医院报酬法》第 11 条规定的合
同当事人有效的尤其是第 5 款规定的制裁的数额和具体安排。为了对确定
护理敏感区域和查清护理人员最低要求提供支持，如有必要，他们可以委
托技术上独立的科学机构或专家。在对护理敏感的地区草拟和确定护理人
员最低要求时，德国护理委员会（经登记机构，简称"DPR"）、主管医
院人事的工会和雇主协会的代表、在《患者参与条例》第 2 条第 1 款中
被提及的组织以及科学医疗专业协会的工作组（经登记机构）须有资格
参加，通过此方式他们能够以适当的方式参与进来并参加协商，同时考虑
到他们的意见并将其纳入决策过程。如果到 2019 年 1 月 31 日，有关第 10
条规定的制裁协议仍未达成，则由《医院融资法》第 18a 条第 6 款规定
的仲裁委员会在六周内做出未决决定而无须第 1 句规定的一方合同当事人
提出申请。

[2]在执行第 1 款的要求时，联邦卫生部与第 1 款第 1 句规定的合同当
事人进行持续的专业交流，并应让联邦政府的代表患者利益的受托人和护
理的全权代表参与第 4 句规定的程序步骤。联邦卫生部为了支持第 1 款第
1 句规定的合同当事人，可以委托第 137a 条规定的研究所出具专家意见；
第 137a 条第 4 款第 3 句准用之。联邦卫生部有权参与第 1 款第 1 句规定
的合同当事人的会议，并获得其专业文件。第 1 款第 1 句规定的合同当事
人有义务持续向联邦卫生部，特别是在执行第 1 款规定的要求存在风险的
情况下，以及经联邦卫生部要求立即提供有关处理状态的答复，并为排除
协议障碍提供可能的解决方案。

[3]联邦卫生部可以委托第三方进行数据收集或评估，或获取专家鉴定
意见，费用由第 1 款第 1 句规定的合同当事人承担。联邦卫生部尤其可以
委托医院报酬体系研究所和第 137a 条规定的研究所进行评估或出具专家
鉴定意见。如果研究所被委托建构医院中的报酬体系，则该机构的必要费

用应从《医院融资法》第 17b 条第 5 款第 1 句第 1 项规定的附加费中支付。对于根据《护理人员最低要求条例》和本规定被分配给医院报酬体系研究所的任务，医院报酬体系研究所视为被《医院融资法》第 17b 条第 2 款第 1 句规定的合同当事人所委托。研究所为执行这些任务的必要费用，须由《医院融资法》第 17b 条第 5 款第 1 句第 1 项的规定的附加费用支付，必要时须相应增加。对于第 137a 条规定的研究所的花费第 137a 条第 4 款第 3 句准用之。

[3a]医院报酬体系研究所至迟于 2019 年 1 月 31 日制订出一个查询和传输数据的计划，这作为数据基础对于确定护理敏感区域和第 1 款意义上的所属的护理人员最低要求是必要的。在创建数据基础不需要所有医院的数据的情况下，第 1 句规定的计划中的医院报酬体系研究所也确定医院的选择和由其传输的数据。根据《医院报酬法》第 21 条，医院尚未传送的确定护理人员最低要求所需的数据最迟须在 2019 年 5 月 31 日之前通过机器可读取的数据载体被传送到医院的报酬体系研究所。《医院融资法》第 17b 条第 2 款第 1 句规定的合同当事人就用于支付所选医院传送第 2 句规定的数据所产生的费用的总额达成协议。总费用取决于被传输的数据记录的数量和质量而被支付。第 4 句规定的总费用由《医院融资法》第 17b 条第 5 款第 1 句第 1 项规定的被相应提高的附加费支付。研究所以使得一个与科室和班次相关的以及一个依据第 1 款第 3 句规定的护理费用相应被区分的护理人员最低要求的确定成为可能的形式对数据进行整理，并使得该数据可被用于确定第 1 款意义上的护理敏感区域和所属的护理人员最低要求，以执行第 1 款规定的任务。

[4]自 2019 年起，医院须通过认证审计师、审计师事务所、宣誓了的审核员或者审核员事务所向第 1 款第 1 句规定的合同当事人、《医院报酬法》第 11 条规定的合同当事人和各个负责医院规划的机关说明遵守第 1 款或者第 3 款规定的护理人员最低要求的履行程度，对此须依据职业名称证明进行分类并考虑到避免人员转移效应的目标。为了达到该目的，第 1 款第 1 句规定的合同当事人于 2018 年 6 月 30 日前就证明的具体安排达成对于《医院融资法》第 11 条规定的合同当事人有效的协议。医院于每年的 6 月 30 日传输对于过去的一个日历年的证明，首次于 2020 年 6 月 30 日传输对于 2019 年的证明。根据职业名称被区分的遵守第 1 款或第 3 款

规定的要求的履行程度须在第 136b 第 1 款第 1 句第 3 项规定的医院的质量报告中被描述。如果有关包括依据第 1 款第 8 句须被采取的避免人员转移效应的措施在内的第 2 句规定的证明的具体安排的协议未成立，则《医院融资法》第 18a 条第 6 款规定的仲裁委员会在六周内做出未决决定，而无须第 1 句规定的一方合同当事人提出申请。医院应每个季度一次额外向《医院报酬法》第 11 条规定的各个合同当事人和医院报酬体系研究所通知班次的数量，在这些班次中《护理人员最低要求条例》第 6 条规定的或者第 1 款规定的合同当事人达成的协议中约定的护理人员最低要求未被遵守。通知必须在下个季度开始后的两周内发出，并按月份和班次类型细分。医院报酬体系研究所每季度一次向第 1 款第 1 句规定的合同当事人和各个主管的州当局传输第 6 句规定的信息的汇编。

^{4a}医院报酬体系研究所于每年的 2 月 15 日之前，首次于 2019 年 2 月 15 日在其网站上于各个医院的名称和机构标志下对于各个医院，并在可能的情况下对于每个医院的位置分别公布下列信息：

1. 医院提供的有关医院中护理敏感区域的信息，这些信息是医院基于《护理人员最低要求条例》第 5 条第 3 款和第 4 款的规定或者第 1 款规定的合同当事人的协议被传输的；

2. 各个有效的护理人员最低要求；和

3. 根据护理花费的风险调整目录被查明的医院中的护理敏感区域的护理花费。

医院的位置依据健康保险公司联邦最高协会和德国医院协会依据《医院融资法》第 2a 条第 1 款达成的自 2017 年 8 月 29 日生效的公布于德国医院协会的网页上的有关确定医院及其门诊的位置的协议确定。

^{4b}对于未履行、未完全履行或者未及时履行《护理人员最低要求条例》第 5 条第 3 款和第 4 款规定的或者在第 1 款规定的合同当事人达成的协议中约定的通知义务的医院，《医院报酬法》第 11 条规定的合同当事人须就一个报酬折扣达成协议。此外，《医院报酬法》第 11 条规定的合同当事人为依据第 3a 款第 2 句由医院报酬体系研究所为了提供数据而挑选的且未履行、未完全履行或者未及时履行第 3a 款第 3 句规定的传输数据义务的医院就报酬折扣达成协议。医院报酬体系研究所应当向《医院报酬法》第 11 条规定的合同当事人告知医院违反第 1 句和第 2 句中被提

及的义务的情况。

^{4c}针对查明医院中的护理敏感区域的措施、针对确定医院中护理敏感区域的护理人员最低要求的措施以及对于医院传输第 3a 款第 2 句和第 3 句规定的数据的义务的理由提出的异议和提起的申诉不具有中止的效力。

⁵如果医院不遵守依据第 1 款或者在《护理人员最低要求条例》中确定的具有约束力的护理人员最低要求，不符合依据第 1 款第 9 句或者在《护理人员最低要求条例》中确定的例外构成要件或者不满足依据第 1 款第 9 句或者在《护理人员最低要求条例》中确定的过渡规则的前提条件，则《医院报酬法》第 11 条规定的合同当事人须自 2019 年 4 月 1 日起按照第 1 款第 10 句的规定就以报酬折扣的形式或者减少案例数的形式的制裁达成协议。被达成协议的减少病例的数量必须至少达到补偿未超过相应护理人员最低要求的必要程度。被达成协议的报酬折扣应与不遵守相应护理人员下限的程度成比例。第 1 句中提及的制裁可以通过就医院为了获得额外的护理人员而采取的措施达成协议的方式被补充。在合理的例外情形下，《医院报酬法》第 11 条规定的合同当事人可以就中止已经被约定的制裁达成协议。

⁶第 1 款第 1 句规定的合同当事人须于 2022 年 12 月 31 日前通过德国联邦卫生部向德国联邦议会提交一份有关医院中护理敏感区域中确定的护理人员最低要求的影响的科学评价报告。

第137j 条　护理人员比例、法规授权

¹为了改善医院的护理人员安排并确保护理的质量，医院报酬体系研究所须每年（首次于 2020 年 5 月 31 日）查明依据第 108 条被许可的医院的护理人员比例，该护理人员比例反映了床位引导科室中直接的患者供给中的全职雇员的数量与医院的护理费用的比值。应为医院的每个位置查明护理人员比例。医院的地址依据健康保险公司联邦最高协会和德国医院协会根据《医院融资法》第 2a 条第 1 款达成的自 2017 年 8 月 29 日生效的有关确定医院及其门诊的地址的于德国医院协会的网页上被公布的协议。第 1 句中提及的全职雇员的数量须以向《医院报酬法》第 21 条第 2 款第 1 项字母 e 规定的研究所传送的数据为基础，但在床位引导的科室中的直接的患者供给中的低于第 136a 条第 2 款第 2 句规定的人员安排的最低要

求的全职雇员除外。为了查清护理费用，研究所于 2020 年 5 月 31 日前制定一份护理费用的风险调整目录，借助于该目录，《医院融资法》第 17b 条第 1 款规定的报酬可以记录下每日平均的护理服务。该研究所每年更新目录并在其网页上发布。为了查明护理费用，研究所以该目录为基础，从依据《医院报酬法》第 21 条第 2 款向其传送的有关医院的各个地址的数据中确定评估比例的总数。研究所向联邦卫生部和《医院报酬法》第 9 条规定的合同当事人传输第 1 句规定的用于比较的各个医院的护理人员比例的汇编。《医院报酬法》第 9 条规定的合同当事人将该汇编转交给《医院报酬法》第 11 条规定的相关合同当事人和各个主管的州当局。

[2]联邦卫生部被授权，基于第 1 款规定的医院薪酬体系研究所查明的医院的护理人员比例通过法规性命令经联邦参议院许可确定护理人员和护理费用之间的必要比例的下限，对于该下限被推定对患者无损害的护理供给仍然被保障。在医院的护理人员比例未超过第 1 句规定的法规性命令中被确定的下限的情形，健康保险公司联邦最高协会和德国医院协会经与商业保险协会协商后就第 2a 款规定的制裁的数额和具体安排达成对《医院报酬法》第 11 条规定的合同当事人有约束力的协议。如果有关第 2 句规定的制裁的协议未在 2019 年 6 月 30 日前成立，则《医院报酬法》第 18a 条第 6 款规定的仲裁委员会无须经第 2 句规定的一方合同当事人申请在六周内做出未决决定。第 1 句规定的法规性命令就下列细节进行规定：

1. 确定医院的护理人员比例不得低于的下限；

2. 公布医院的护理人员比例。

联邦卫生部在三年内审查调整下限的必要性。在第 1 句规定的法规性命令中也可以规定依据第 2 句由《医院报酬法》第 11 条规定的合同当事人达成协议的制裁被暂时停止执行。

[2a]如果医院的护理人员比例低于第 2 款第 1 句规定的法规性命令中被确定的下限，则《医院报酬法》第 11 条规定的合同当事人须根据第 2 款第 2 句规定的协议，首次以报酬折扣或减少病例数量的形式达成对 2020 年预算年度的制裁。减少病例数量必须在至少对于弥补护理人员比例的不足所必要的程度上达成协议。报酬折扣的数额应在与未超过下限的程度相适应的比例上确定。第 1 句中被提及的制裁可以通过医院为了获得额外的护理人员所采取的措施补充。在合理的例外情形下，《医院报酬法》第 11

条规定的合同当事人可以约定暂时停止执行已经达成协议的制裁。

[3]对于第1款规定的任务，医院报酬体系研究所视为被《医院融资法》第17b条第2款第1句规定的合同当事人所委托。研究所为完成这些任务所需的必要费用应由《医院融资法》第17b条第5款第1句第1项规定的附加费中支付，必要时须相应增加。

第138条　新的药物

参加合同医疗的医生仅可在联邦共同委员会事先承认药物治疗益处并已在第92条第1款第2句第6项规定的指令中提出了确保服务提供质量的建议后，方可开具新的药物。

第139条　辅助器具目录、辅助器具的质量保障

[1]健康保险公司联邦最高协会制定一个在体系上被结构化的辅助器具目录。服务义务所包含的辅助器具须被列举在该目录中。医疗辅助器具目录须在《联邦公报》上公布。

[2]只要对于保障充分的、合目的的且经济的供给是必要的，则与适应证或者应用相关的针对辅助器具的特殊质量要求须在辅助器具目录中被确定。第1句规定的特殊质量要求也可以被确定以使得辅助器具具有较长的使用期限或者在适当的场合辅助器具能够被再次应用于其他的参保人。在辅助器具目录中也须规定为了准备辅助器具而须额外提供的服务的要求。

[3]经生产者申请，辅助器具被纳入辅助器具目录中。健康保险公司联邦最高协会对是否纳入辅助器具目录做出决定；其可以让医疗服务机构审查是否符合第4款规定的前提条件。如果健康保险公司联邦最高协会在审查申请时认为联邦共同委员会有必要对于使用辅助器具是否是新的检查方法或治疗方法的不可分割的部分做出澄清，则其将在参考被提交给它的资料以及对于其评估的说理的基础上征求联邦共同委员会的意见。联邦共同委员会须在六个月内给出答复。如果联邦联合委员会得出结论，认为辅助器具是新的检查方法或治疗方法不可分割的一部分，则如果在健康保险公司联邦最高协会通知生产者答复的结果后，生产者未在一个月内撤销将辅助器具列入辅助器具目录的申请，那么第135条第1款第1句规定的评估该方法的程序将立即启动。

[4]如果生产者已经证明功能适当性和安全性、符合第 2 款规定的质量要求以及如果必要已经证明医疗的益处，并且配备对于符合规定且安全的使用来说必要的信息的德文，则该辅助器具须被登记入辅助器具目录。如果制造者仅对于特定的适应证提供了第 1 句规定的证明，则被登记入辅助器具目录的辅助器具须被限于这些适应证。如果制造者更改了辅助器具目录中列出的辅助器具，则其须立即通知健康保险公司联邦最高协会。即使辅助器具不再生产，该通知义务依旧存在。

[5]对于《医疗产品法》第 3 条第 1 项意义上的医疗产品，通过 CE 标志的功能适当性和安全性的证明视为被提供。健康保险公司联邦最高协会借助于符合性声明查明 CE 标志的形式上的合法性，并且只要合法性被证实，对授予给参加符合性评估的被提名的机构的证书进行认证。出于正当理由，可以进行额外审查并可以对此要求提供必要的证明。第 3 句规定的审查也可以在医疗产品被列入医疗产品目录后基于抽样的方式被实施。如果在第 2—4 句规定的审查中有迹象表明《医疗产品法》的规定未被遵守，则应将此情况告知主管当局，但不影响其他后果。

[6]如果制造者提交的申请文件不完整，则必须给予其不超过六个月的合理期限以提交缺失的文件。如果在截止日期之后有关对于申请所必要的文件没有完整提交，则该申请须被拒绝。否则，健康保险公司联邦最高协会将在完整文件提交后的三个月内做出决定。在个别情形中，根据第 3 款第 3 句要求的联邦共同委员会的答复到达之前，第 3 句规定的期限将被中断。有关该决定的答复须被做出。如果第 4 款第 1 句规定的要求不再被满足，则必须撤回列入。

[7]健康保险公司联邦最高协会须于 2017 年 12 月 31 日前颁布一个程序规则，在该程序规则中健康保险公司联邦最高协会依据第 3—6 款、第 8 款和第 9 款规定的条件对将辅助器具登记入辅助器具目录、废止和辅助器具目录的更新的细节以及对于向联邦共同委员会征求答复的程序的细节进行规定。此外，其可以规定，只要适当的研究所的审查证书被提交或者有关的规范或者标准被遵守以适当的方式被证明，则可被视为符合了特定的要求。在程序规则中其尤其须规定辅助器具目录定期更新的期限。相关的联邦一级的生产者和服务提供者的权威的中央组织在决议做出前须被给予在适当的期限内发表意见的机会；这些意见须被纳入决定中。该程序规则

须经联邦卫生部批准。第 4 句和第 5 句准用于程序规则的修改。只要在第 8 款规定的法规性命令中有所规定，则健康保险公司联邦最高协会可收取费用以支付第 1 句规定的管理支出。

[8]联邦卫生部可以通过法规性命令而无须联邦参议院的批准决定向生产者收取将辅助器具列入辅助器具目录所需的费用。其在考虑到管理费用和该事项对费用债务人的重要性的基础上确定费用的数额。在该法规性命令中可以规定，实际产生的费用基于总费用率被结算。

[9]辅助器具目录须定期被更新。健康保险公司联邦最高协会须于 2018 年 12 月 31 日前系统地审查自 2015 年 6 月 30 日以来尚未进行过根本更新的所有产品组，并在必要的范围内对其进行更新。其于每年 3 月 1 日通过联邦卫生部向德国联邦议会卫生委员会提交报告，说明报告期内进行的更新以及已开始但尚未完成的更新。该更新包括系统和第 2 款规定的要求的进一步发展和变更、列入新的辅助器具以及删除辅助器具。

[10]为了实现第 9 款第 1 句、第 2 句和第 4 句规定的目的，健康保险公司联邦最高协会可以要求生产者在程序规则中被确定的适当的期限内提供对于审查其被列入辅助器具目录的产品是否符合第 4 款第 1 句规定的要求所必要的资料。如果制造者未及时提供所需资料，则将产品列入辅助器具目录失去效力，因此必须立即从辅助器具目录中删除该产品。如果审查结果显示第 4 款第 1 句规定的要求不满足或者不再被满足，则列入须被撤销或者撤回。在撤销或者撤回通知产生存续力后，该产品须立即从辅助器具目录中删除。对于该审查，无论辅助器具是否生产，第 1—3 句准用之，但须符合该删除也可在以后进行这一条件。

[11]在对系统和第 2 款规定的要求的进一步发展和变更前，须给予联邦一级相关的生产者和服务提供者的权威的中央组织在获得对此必要的信息的基础上在适当的期限内发表意见的机会；该意见须在决策时被考虑。健康保险公司联邦最高协会也可以向医疗专业协会以及科学技术专家征求意见。

第 139a 条　卫生事业中的质量和经济性研究所

[1]第 91 条规定的联邦共同委员会建立一个专业上独立的、有法律行为能力的、科学的卫生事业中的质量和经济性研究所并担任其管理者。为此

也可以设立一个私法上的基金会。

[2]研究所的领导班子的任命须经与联邦卫生部协商后进行。如果一个私法上的基金会被设立，则在基金会的理事会上进行协商，联邦卫生部向该理事会派遣一名代表。

[3]研究所针对对于法定健康保险框架中被提供的服务的质量和经济性的基本意义的问题，尤其在下列领域从事研究：

1. 对选定疾病的诊断和治疗程序的当前医疗知识水平的研究、描述和评估；

2. 考虑到年龄、性别和生活状况的特点，就法定健康保险框架内被提供的服务的质量和经济性问题安排科学的编写、专家鉴定和意见表达；

3. 评估流行病学上最重要的疾病的循证指令；

4. 提供有关疾病管理计划的建议；

5. 对药物的效用和成本进行评估；

6. 提供所有公民都能理解的有关卫生供给中的质量和效率的以及具有重大流行病学意义的疾病的诊断和治疗的一般信息；

7. 参加循证医学领域合作与进一步发展的国际项目。

[4]研究所必须确保根据国际公认的循证医学标准评估医疗效用，并根据对此权威的国际公认标准进行经济方面的评估，尤其是对于卫生经济的评估。其须定期对包括决策基础在内的工作程序和工作结果进行公开报道。

[5]研究所须在所有评估程序的重要阶段给予医学、药学、卫生经济学的专家和实践专家，药物生产者以及为了代表患者利益和慢性病患者的自助利益和残疾人利益而建立的权威中央组织以及联邦政府委托的代表患者利益的受托人以发表意见的机会。这些意见须在决策时被考虑。

[6]为了确保研究所的专业独立性，雇员须在被雇佣前披露包括捐赠的种类和数额在内的与利益团体、委托机构，特别是制药行业和医疗产品行业的所有关系。

第139b 条　任务执行

[1]第 91 条规定的联邦共同委员会委托研究所完成第 139a 条第 3 款规定的工作。组成联邦共同委员会的机构、联邦卫生部和为了代表患者利益

和慢性病患者的自助利益和残疾人利益而建立的权威中央组织以及联邦政府委托的代表患者利益的受托人可以向联邦共同委员会申请委托研究所执行相应任务。

²联邦卫生部可以直接向研究所申请处理第 139a 条第 3 款规定的任务。研究所可以认为联邦卫生部的申请无理由支持而拒绝该申请，除非联邦卫生部承担处理任务的费用。

³为了完成第 139a 条第 3 款第 1—5 项规定的任务，研究所须将科研任务分配给外部的专家。这些外部专家须披露包括捐赠的种类和数额在内的与利益团体、委托机构，特别是制药行业和医疗产品行业的所有关系。

⁴研究所将第 1 款和第 2 款规定的被委托的任务的工作结果作为建议，传送给第 91 条规定的联邦共同委员会。联邦共同委员会须在其任务分配的框架内考虑这些建议。

⁵参保人或者其他有利害关系的个人可以向研究所建议，对医疗的程序和技术采取第 139a 条第 3 款第 1 项和第 2 项规定的评估。研究所应选择和处理对患者的供给特别重要的建议。

第 139c 条　资金支持

第 139a 条第 1 款规定的机构的资金的一半来自对各个被扣减的医院病例收取的附加费，另一半来自对第 85 条和第 87a 条规定的门诊的合同医生的和合同牙科医生的供给的报酬，并额外增加一个相应的百分比。在住院区域被收取的附加费须在医院的账单上单独列出；这些附加费不计入《医院报酬法》或者《联邦护理费条例》规定的总金额或者收益补偿。各种医院病例的附加费、保险公司医生协会和保险公司牙医协会的份额以及将这些资金转交给一个被指定的部门的细节均由联邦共同委员会加以确定。

第 139d 条　疾病治疗的服务和措施的测试

如果联邦共同委员会在其有关并非药物且不低于第 135 条或者第 137c 条规定的评估的服务或者措施的咨询中得出的结论是，该服务或者措施提供了一个必要的替代治疗的潜力，但其效用尚未被充分证明，则联邦共同委员会可以在个别情形中中止其评估程序并根据对此在其预算中被注入的资金委托一项对于服务或者措施的审查的科学检查或者参与其中。细节由联邦共同委员会在其程序规则中规定。

第十节　健康保险公司的自身机构

第140条　自身机构

[1]健康保险公司可以继续经营于1989年1月1日已经存在的为参保人提供供给的自身机构。自身机构可以在类型、范围和财务安排方面在考虑到合同医疗领域的州医院规划和许可限制的基础上被调整，以适应供给需求；其可以成为第95条第1款规定的医疗供给中心的建立者。

[2]当且仅当健康保险公司不能以其他方式确保在卫生供给和康复过程中其任务的执行的情形下，才可以设立新的自身机构。如果健康保险公司或者其协会应当履行第72a条第1款规定的保障任务，则它们也可以设立自身机构。

第十一节　与社会服务提供者的其他关系

第140a条　特殊供给

[1]健康保险公司可以与第3款中提到的社会服务提供者就参保人的特殊供给签订合同。它支持贯穿多个社会服务部门的或多学科的跨学科护理（综合护理）以及合同医疗服务提供者或其联合体加入的特殊门诊医疗供应合同。根据2015年7月22日生效的版本的第73a、73c和140a条签订的合同仍然有效。如果对参保人的服务依照这些合同被落实，第75条第1款规定的保险合同就会受到限制。第4句不适用于合同医疗机构在门诊时间以外的服务。

[2]合同中可以包含与本章、《医院融资法》《医院报酬法》的规定以及这些规定涉及的法律不一致的约定。这些合同中也可以包含与第三章规定的服务不一致的约定，只要其包括了第11条第6款和第20i、25、26、27b、37a、37b条规定的服务以及医疗服务涵盖的新型的检查和治

疗方法。第 1 句和第 2 句在此种情况下有效，即作为法定健康保险的服务，当联邦共同委员会根据第 91 条、第 92 条第 1 款第 2 句第 5 项或第 137c 条第 1 款的决议框架尚未对其有效性做出相反的决定，并且在合同中做出的相反的规定，特别是旨在提高服务的效率和经济性的规定，其意思与协商达成的特别服务的本质相符时。特别服务的经济性必须最迟在基于此签订的合同生效后十年能够得到证明；第四编第 88 条第 2 款也相应适用。对于合同履行的质量标准，联邦共同委员会与在联邦范本合同中对合同医疗服务提供服务做出的要求，均应作为相应的最低标准。合同可能还包括仅涉及服务组织的协议。诊断附加报酬协议不能成为合同的一部分。

³健康保险公司可以按照第 1 款第 2 句的规定与下列主体订立合同，包括：

1. 依照本章规定有权为参保人提供供给的服务提供者及其团体；

2. 通过依照第四章被授权的服务提供者，为参保人提供特定服务的机构经营者；

3. 第十一编第 92b 条中的护理基金会以及许可设立的护理机构；

4. 第 115 条第 2 款第 1 句第 1 项中的诊所；

5. 制药企业；

6. 《医疗产品法》所指的医疗产品制造商；

7. 对参与特殊供给的成员提供支持的保险公司医生协会。

依照第 1 款签订的特殊供给合同当事人可以基于各自的许可状况就特殊服务的履行按照以下方式达成一致，服务提供的范围可以超出各自作为服务提供者的许可、授权及职权的范围。

⁴参保人以书面或者电子方式向其健康保险公司表明其自愿参与特殊供给。参保人可以在提交参与申请后两周内，以书面、电子或是在健康保险公司以备忘录的方式将其无理由撤销。只需在截止日期之前，将撤销通知及时发送给健康保险公司即可。撤销期限的起点为健康保险公司已将有关撤销权的通知以书面或电子方式告知参保人时，但最早在参保人做出参与声明时。健康保险公司在参与声明中规定了参保人参与履行的详细情况，特别是关于参与声明的时间拘束力、受合同约束的服务提供者的义务以及参保人违反义务的后果。健康保险公司的章程必须载

有提交参与声明的规则。这些规则应根据第 217f 条第 4a 款的指令制定。

[5]通过合同当事人依照第 1 款的规定收集、处理和使用履行第 1 款中合同所需的个人数据，只有在参保人同意和事先提供信息后方可进行。

[6]对于依照第 87a 条第 3 款第 2 句变更治疗要求的情形，第 73b 条也相应适用；如果参与合同的参保人无法预先登记，可以协商确定对治疗要求的变更，且该变更具有溯及力。依据第 1 款签订的合同，当健康保险公司预期的变更数额小于合同变更产生的费用，健康保险公司可以放弃对第 1 款中的合同做出的变更。在依据第 87a 条第 5 款第 7 句的规定中，评估委员会还规定了预期变更数额的最大值，以调整和确定治疗要求的专用基金的附加价格。低于此数额，可以放弃合同变更的基础效力，依照第 73b 条第 7 款第 1 句的规定，对缔约各方的预期变更额进行统一费率确定和计算，并计入有关健康保险基金的附加价格。

第 140b—140d 条　　（已废止）

第十二节　与欧盟各国服务提供者的关系

第 140e 条　与欧盟各国服务提供者签订的合同

为向参保人提供服务，健康保险公司可依照第三章及其相关的法律的规定与第 13 条第 4 款第 2 句中的服务提供者签订合同，这些服务提供者可位于欧盟其他成员国，《欧洲经济区协定》的缔约国或瑞士。

第十三节　患者的参与，为患者利益的联邦政府代表

第 140f 条　为患者利益的代表的参与

[1]与保护患者利益和慢性病及残疾人自助相关的重要组织应按照规定参与服务相关的事务。

²在第 91 条规定的联邦共同委员会和第 20e 条第 1 款规定的全国预防会议中，联邦一级的与患者的权益保护和慢性病及残疾人自助相关的重要组织被赋予咨询权；这些组织为此任命一些专家。该咨询权也包括决议制定时的出席权。专家人数最多与健康保险基金联邦最高协会向该组织派入的成员人数相等。专家由第 140g 条提及的或经法律认可的组织共同提名。就联邦联合委员会根据第 56 条第 1 款、第 92 条第 1 款第 2 句、第 116b 条第 4 款、第 135b 条第 2 款第 2 句、第 136—136b 条、第 136d 条、第 137a 条、第 137b 条、第 137c 条和第 137f 条做出的裁决，应授予各组织提交申请的权利。联邦共同委员会应在下一次各委员会的会议上就第 5 句中各组织的申请进行审议。如果对申请无法做出决定，则应在会议上确定进一步审议和决定的程序。关于建立工作组和由小组委员会任命专家的决定只能与被提名人员达成一致。此外他们还需统一进行投票。

³在州一级与保护患者利益以及慢性病患者及残疾人自助有关的组织有权在以下组织享有咨询权：

1. 依照第 90 条规定的州委员会和依照第 116b 条第 3 款规定的扩展州委员会。

2. 依据第 90a 条规定的州共同委员会。

3. 依照第 96 条规定的许可委员会和第 97 条规定的上诉委员会有关下列事项的决定：

a）根据第 101 条第 1 款第 1 句第 5 项的规定，例外的指定额外合同医生岗位；

b）根据许可条例第 19 条第 4 款的规定，对签约医生许可的期限；

c）医生和机构的授权。

4. 依照第 96 条规定的许可委员会做出有关下列事项的决定：

a）第 103 条第 3a 款规定的人员接替程序的执行；

b）第 103 条第 4 款第 9 句规定的人员接替的否决。

这些组织为此任命专家。该咨询权也包括决议制定时的出席权。专家人数最多与健康保险公司向该组织派入的成员人数相等。专家由第 140g 条提及的或经法律认可的组织共同提名。

⁴在更改、修订或废除规定于第 21 条第 2 款、第 112 条第 5 款、第 115 条第 5 款、第 126 条第 1 款第 3 句、第 127 条第 8 款和第 9 款、第

132a 条、第 132c 条第 2 款、第 132d 条第 2 款、第 133 条第 4 款和第 217f 条第 4a 款的健康保险公司联邦最高协会和第 139 条中的辅助器具目录的框架协议、建议和指令，以及在根据第 36 条第 1 款确定固定价格组和根据第 36 条第 2 款确定固定价格的过程中，由第 140g 条规定的或根据法律获得认可的组织充当顾问。咨询权还包括决议制定时的出席权。如果未遵循他们的书面要求，则必须以书面形式做出说明。

[5]专家根据会议的天数，按照《联邦差旅费法》或州的差旅费报销规定获得差旅费，根据第四编第 41 条第 2 款的规定报销收入损失，以及以每月参考金额（第四编第 18 条）的五十分之一计算时间消耗的总金额。报销的权利应向其担任顾问的委员会主张。

[6]根据第 140g 条产生的法规性命令中规定的或经该法规性命令认可的组织以及专家，在行使第 2 款规定的咨询权时，联邦共同委员会将采取适当的措施在组织和内容上给予其支持。为此，联邦共同委员会可以设立患者参与部门。支持特别体现在组织进一步的教育和培训、准备会议文件、联邦一级提名程序的协调指导以及第 2 款第 4 句中提及的申请权的行使中。根据第 137a 条第 4 款和第 7 款，第 139a 条第 5 款和第 139b 条第 1 款的规定，联邦联合委员会的支持权也适用于行使申请权、参与权和发表评论的权利。对于专家参加协调和表决会议以及按照第 3 条的规定接受进一步的教育和培训，也有第 5 款规定的获得差旅费、津贴和收入损失报销的权利。

[7]根据第 140g 条产生的法规性命令中规定的或经该法规性命令认可的组织以及专家，在行使第 3 款规定的咨询权时，各州委员会将依照第 90 条对其予以支持。支持应特别包括根据第 5 段为每年最多举行六次协调和表决会议、进一步教育和培训专家而产生的相应的旅费、津贴和收入损失予以报销，以及根据第 3 款第 4 句执行提名程序。

[8]根据第 140g 条产生的法规性命令中规定的或经该法规性命令认可的组织每新提名一位专家，将获得 120 欧元的奖励，以报销他们协调参与权产生的费用。报销的权利应向专家所在的相应机构主张。且须由公认组织组成的协调委员会主张。

第140g 条　法规授权

经联邦联合委员会同意，联邦卫生部有权通过一项法规性命令，确定那些对保护患者利益和为慢性病及残疾人提供自助服务至关重要的联邦一级组织的认可条件的细节，尤其要规范组织形式和资金公开的要求以及患者参与的程序。

第140h条 为患者利益的联邦政府代表的任期、职责和职权

[1]联邦政府为患者的利益委任一名代表。代表有权支配完成其任务所必需的人员和物资配备。除被解雇的情况外，任期至联邦议院改选而结束。

[2]代表的任务是确保患者的顾虑被考虑到，尤其是在他们获得来自医疗服务系统的服务提供商，成本承担者和当局的全面和独立建议和客观信息的权利以及参与确保医疗供给问题的权利方面。在执行这些任务时，他们致力于关照男性和女性的不同的生活条件和需求，并且在医疗供给以及研究中考虑到性别方面。代表应以通俗易懂的语言、适当的形式全面汇编患者的权利，并将其提供给民众。

[3]为了执行第2款中的任务，联邦政府会在所有法律、法规性命令起草和其他重要事项计划阶段加入代表团队，只要它们处理或关注的是患者权利和保护方面的问题。联邦范围内的所有联邦当局和其他公共机构都应当支持代表完成任务。

第五章　医疗保健发展评估专家委员会

第 141 条　（已废止）

第 142 条　专家委员会

[1]联邦卫生部任命专家委员会以评估医疗保健系统的发展情况。为支持专家委员会的工作，联邦卫生部设立了一个办事处。

[2]专家委员会的任务是，编制有关医疗保健发展及其医学和经济影响的专家评估意见。作为专家评估意见的一部分，专家委员会在考虑到财务框架和现有利润储备的情况下，制定了减少供应赤字和现有的过量供应的优先事项，并指出了进一步发展医疗保健系统的可能性及路径；评估报告中可以包括其他社会保障部门的发展情况。联邦卫生部可以更详细地确定专家评估的对象，并委托专家委员会编制特殊的专家评估意见。

[3]专家委员会每两年编制一份评估意见，并于每年 4 月 15 日将其提交给联邦卫生部。联邦卫生部立即将该评估意见提交给联邦立法机构。

第六章　健康保险公司

第一节　健康保险公司的类型

第一目　地方的健康保险公司

第143条　地方健康保险公司的管辖区域

[1]每个划定的区域都设有地方健康保险公司。

[2]州政府可以通过法规性命令来规范区域划分。州政府可以将授权移交给州法律规定的主管机关。

[3]相关州可以通过州际条约来承认其辖区覆盖多个州。

第144条　自愿合并

[1]如果新的健康保险公司的辖区在合并后超出了一个州的范围，则地方健康保险公司也可以根据其理事会的决定进行合并。该决定需要获得在合并前主管的监管机关的批准。

[2]参与合并的健康保险公司应在批准申请中附上章程、关于任命协会成员的建议、新健康保险公司的组织架构、人员构成和财务结构的草案，包括其办事处的数量和分布以及与第三方的法律关系协议。

[3]监管机关批准章程和协议，任命协会成员，并确定合并的生效日期。

[4]至此，先前的健康保险公司解散。由新的健康保险公司承担合并前的健康保险公司的权利和义务。

第145条　州内机构合并

[1]州政府可以依照地方健康保险公司或州组织的申请，在对相关健康

保险公司及其州组织举行听证会后，通过法规性命令合并州内几个或所有地方健康保险公司，如果：

1. 通过合并，相关健康保险公司的服务能力可以提高；或

2. 某个地方健康保险公司的需求率比联邦或州一级所有地方健康保险公司的平均需求率高出 5% 以上。第 313 条第 10 款第 a 项适用。

²州政府可以依照州组织的申请，在对相关健康保险公司及其州组织举行听证会后，通过法规性命令合并州内几个或所有地方健康保险公司，如果：

1. 满足了第 1 款的条件；且

2. 在提交申请后的十二个月内未进行自愿合并。如果在地方医疗保险公司合并后管辖区域超出了一个州的范围，则第 143 条第 3 款相应适用。

³需求率是上一个财政年度服务支出与会员的会费收入总额之比。支出应减去第三方偿还的服务支出、额外和测试服务支出以及无法定权利的服务支出、根据第 266 条获得的风险结构补偿以及根据第 269 条从风险共担金中获得的补偿金。支出还包括根据第 266 条和第 269 条应承担的补偿费用。

第 146 条　依申请的州内合并的程序

¹如果地方健康保险公司根据第 145 条合并，则它们应向监管机关提交章程、任命协会成员的建议以及关于与第三方重新组织法律关系的协议。

²监管机关批准章程和协议，任命协会成员，并确定合并的生效日期。

³至此，先前的健康保险公司解散。由新的健康保险公司承担合并前的健康保险公司的权利和义务。

⁴如果参与的健康保险公司在监管机关规定的期限内未履行第 1 款规定的义务，则监管机关应制定章程，任命机关成员，规范与第三方的法律关系的重组并确定协会的生效日期。第 3 款适用。

第 146a 条　解散

如果长期无法保证其服务能力，则地方健康保险公司将由监管机关解

散。监管机关确定解散生效的时间点，且至少应提前八周通知解散事宜。第155条（第4款第9句除外）和第164条第2—5款相应适用。

第二目 企业健康保险公司

第147条 设立

[1]雇主可以为一个或多个企业设立一个企业健康保险公司，当：

1. 这些企业定期雇佣了至少1000个参与强制保险的雇员；并且

2. 其提供服务的能力长期得以确保。

[2]对于企业健康保险公司，如果其章程中没有任何有关第173条第2款第1句第4项的规定的条款，雇主可以自费任命经营业务必需的人员。不得任命可能在企业或服务企业的员工部门工作的人员。如果在1995年12月31日之后成立了企业健康保险公司，根据第148条第3款提交的批准申请附上的组织章程中必须确定，用人单位是否愿意自费任命人员。如果雇主通过向健康保险公司的董事会做出不可撤销的声明，拒绝承担经营业务所必需的人员开支，企业健康保险公司应在收到声明的下一个日历年的1月1日之前，在征得同意的情况下，接管以前负责企业健康保险公司业务的人员。企业健康保险公司承担因接管人员的公私雇用关系而产生的权利和义务；《民法典》第613a条相应地适用。自收到第4条下的声明之日起，对企业健康保险公司进行新的任命。如果企业健康保险公司在其章程中预先规定了有关第173条第2款第1句第4项规定的条款，自章程该规定生效之日起，第4—6句相应适用。

[2a]第2款第1句规定的企业健康保险公司，如果雇主自费任命经营其业务所必需人员的全部开支，将根据270条第1款第1句c项将获得的85%的拨款转发给雇主。如果雇主仅负担经营企业健康保险公司业务所必需人员的部分开支，则企业健康保险公司转发给雇主的金额将相应减少。转发的金额将单独安排。根据第1句和第2句要转发的金额以雇主实际承担的开支为限。

[3]如果在2004年1月1日，企业健康保险公司的章程中包含了有关173条第2款第1句第4项的规定的条款，且雇主承担了经营其业务所必

需的人员开支，只要企业健康保险公司同意，就应在 2004 年 12 月 31 日之前，接管负责企业健康保险公司业务的人员。第 2 款第 5 句相应适用。自 2004 年 1 月 1 日起，企业健康保险公司进行重新任命。

[4]第 1 款不适用于被批准为服务提供者或主要目的是保护服务提供者的经济利益的企业，只要他们已经根据此编与健康保险公司或其协会签订了合同。对于主要不是基于与企业健康保险公司及其协会签订的合同而提供服务的服务提供者，第 1 句不适用。

第 148 条　设立程序

[1]企业健康保险公司的设立需要获得负责设立的监管机关的批准。仅当不符合第 147 条第 1 款中指定的条件之一，或者健康保险公司成立时少于 1000 名成员时，监管机关才可以拒绝批准。

[2]设立需得到企业多数员工的同意。由监管机关或由其委托的机构主持表决。保密投票。

[3]雇主必须在申请书中附上章程。监管机关批准公司章程，并确定设立生效的时间。

第 149 条　向其他企业的扩展

如果企业健康保险公司的章程中不包含有关第 173 条第 2 款第 1 句第 4 项的任何规定，应雇主的申请，其可以扩展到同一雇主的其他企业。第 148 条相应适用。

第 150 条　自愿合并

[1]经其董事会决定，多个企业健康保险公司可以合并成为一个企业健康保险公司协会。决定需要获得合并前的主管监管机关的批准。

[2]第 144 条第 2—4 款相应适用。如果企业健康保险公司的章程中包含有关第 173 条第 2 款第 1 句第 4 项规定的条款，则相应适用第 145 条和第 146 条的规定；第 168a 条第 2 款适用于一个或多个联邦企业健康保险公司与其他企业健康保险公司的合并。

第 151 条　企业退出

[1]如果同一雇主的多家公司拥有一个共同的企业健康保险公司，则将

一家公司转让给另一名雇主时，每个涉及的雇主都可以申请被转让的公司退出共同的企业健康保险公司。

[2]如果不同雇主的多家公司拥有一个共同的企业健康保险公司，则每个参与的雇主都可以申请退出其共同的企业健康保险公司。对于章程中含有第173条第2款第1句第4项的规定的多个雇主的企业健康保险公司，第1句不适用。

[3]是否批准企业退出企业健康保险公司协会的申请由监管机关决定。退出生效的时间点也由其决定。

第152条 解散

如果董事会有表决权的成员以四分之三以上多数同意，企业健康保险公司可以依照雇主的申请解散。是否批准申请以及解散生效的时间点均由监管机关决定。如果企业健康保险公司的公司章程包含第173条第2款第1句第4项的规定，则第1句和第2句不适用。对于在1995年12月31日以后合并的有多个雇主的企业健康保险公司，第1句规定的申请须由所有参与雇主提出。

第153条 关闭

企业健康保险公司将会被监管机关关闭，如果：

1. 设立该健康保险公司的企业倒闭，且章程中未包含第173条第2款第1句第4项的规定；

2. 该企业健康保险公司本身不允许设立；或

3. 无法长期保障其服务能力。

监管机关决定关闭生效的时间点，且至少应提前八周送达该关闭决定。

第154条 （已废止）

第155条 业务清算与责任承担

[1]已解散或关闭的企业健康保险公司的董事会负责清算。在完成清算之前，只要符合清算的目的要求，企业健康保险公司将继续存在。如果董

事会在解散或关闭后辞职，则监管机关应在听取健康保险公司联邦最高协会和州协会的意见后确定管理委员会。第四编的第 35a 条第 7 款相应适用。

[2]董事会公开宣布解散或关闭。如果公告中含有相应提示，债权人的索赔未在公告后 6 个月内提出的，债务人可以拒绝。应特别要求已知的债权人就这些后果提出登记申请。第 2 句和第 3 句不适用于保险索赔以及基于国际或超国家法律的索赔。在关闭的决定送达后，董事会应立即向每位成员提供一份表格，其中载有根据第 175 条第 1 款第 1 句声明所要求的信息和所选健康保险公司提供服务所需的信息，以及提供可选择的健康保险公司的竞争性中立描述，并指出填写后的表格可以退还董事会并转送选定的健康保险公司。董事会还必须提请各个成员团体注意根据第 175 条第 3a 款行使选举权的特殊期限，以及不及时行使选举权的后果。管理委员会还必须向其负有通知义务的机构告知关闭事宜，以及当表决权未及时行使时，将行使表决权和成员注册的期限通知各机构。

[3]如果在处理完业务后仍有剩余资产，则将其转移到州协会。资产将转移到健康保险公司联邦最高协会，如果不存在州协会或企业健康保险公司不属于任何州协会，则资产将分配给其他企业健康保险公司。

[4]如果已解散或已关闭的企业健康保险公司的资产不足以对债权人清偿，雇主必须履行义务。如果涉及多个雇主，则其将承担连带责任。如果所有雇主的资产不足以清偿债权人的债权，则其他的企业健康保险公司必须履行义务。如果被关闭的企业健康保险公司的公司章程含有第 173 条第 2 款第 1 句第 4 项的规定，则第 1—3 句不适用；在此种情形下，其他企业健康保险公司必须履行义务。只能由健康保险公司联邦最高协会要求履行第 3 句和第 4 句所述的义务，由其执行各个企业健康保险公司的债务分配，并要求从企业健康保险公司中清偿必需的费用。如果企业健康保险公司不能履行这些义务，则健康保险公司联邦最高协会应当向所有其他健康保险公司索赔未支付的金额，但农业健康保险公司除外。反对执行数额与违反其执行的行动没有任何中止效力。如果第 173 条第 2 款第 1 句第 4 项的规定的法规生效时企业健康保险公司的义务超过其资产，则雇主必须在法规条款生效后的六个月内补偿差额。第 164 条第 2—4 款相应适用，但第 164 条第 3 款第 3 句仅适用于不能通过普通解约通知终止雇佣关系的

雇员。

⁵为了履行：

1. 2008 年 1 月 1 日产生的债务；

2. 其他关闭费用，如果解散或关闭在 2008 年 1 月 1 日之后的十年内进行，并且在解散或关闭时尚未清偿第 1 项规定的当日的债务；

3. 服务提供者的索赔和保险索赔；

4. 第 171 条第 1 款第 3 句中提到的 2049 年 12 月 31 日前的义务；以及

5. 基于国际法和超国家法的索赔。

如果企业健康保险公司在 2007 年 4 月 1 日之后与第 171a 条中所述的另一家健康保险公司合并，并且新的健康保险公司属于另一种基金会类型，则新的健康保险公司也应对已解散或被关闭的企业健康保险公司承担责任。在 2007 年 4 月 1 日之后，已解散或被关闭的企业健康保险公司与第 171a 条所述的另一健康保险公司合并，并且新的健康保险公司属于另一种基金会类型，第 1 款所述的责任不因此受到影响。健康保险公司联邦最高协会确定 2008 年 1 月 1 日每个企业健康保险公司的债务，并在企业健康保险公司解散或关闭时将其分摊给各个企业健康保险公司。第 4 款第 5—7 句相应适用。

第156条　公共管理部门的企业健康保险公司

第 147—155 条第 4 款准用于联邦、州、乡镇联合体或乡镇行政机构的运作。雇主由行政部门替代。

第三目　行业健康保险公司

第157条　设立

¹对于其成员在手工业行业目录上登记的手工艺品企业，一个或多个手工艺品行业可以为其设立行业健康保险公司。

²行业健康保险公司允许设立，当：

1. 手工艺品行业协会成员的手工艺品企业中至少有 1000 名参保人定期受雇；

2. 其服务能力长期得到保障。

³对于必须根据此卷与健康保险公司或其协会签订合同，且被认可为服务提供者的手工艺品企业，第1款不适用。

第158条　设立的程序

¹行会健康保险公司的设立需经主管设立的监管机关的批准。仅当不存在第157条中规定的条件之一或健康保险公司在设立时成员少于1000名时，才可以拒绝批准。

²设立需要得到行会会议和手工艺品企业多数员工的同意。

³第148条第2款第2句和第3句以及第3款适用于该程序。雇主由手工艺品行业协会代替。

第159条　向其他手工艺品行业的扩张

¹如果单独或与其他手工艺品行业设立了行业健康保险公司的手工艺品行业（所有者行业），与未建立行业健康保险公司的另一个手工艺品行业合并，当该行业企业中的多数雇员同意时，其他在手工业工会企业义务参保的雇员都属于此行业健康保险公司；第157条第2款第2项准用之。如果所有者行业在地区上或者实务上扩张其负责范围，则第1句准用之。第158条准用之。

²如果因为手工业行业法规的更改导致所有者行业的行业成员的范围发生了变化，则主管的监管机关须对行业健康保险公司的成员范围做出相应调整。如果该调整涉及的所有者行业的行业成员的雇员人数超过1000人，则第157条与第158条准用之。

³如果在调整后行业健康保险公司涉及多个监管机关的管辖区，则由调整前的主管的监管机关做出第2款规定的决定。

第160条　行业健康保险公司的合并

¹行业健康保险公司可以根据其监事会的决议相互合并。该决议须经合并前的主管的监管机关的批准。第144条第2—4款准用于该程序。

²如果行业健康保险公司的所有者行业相互合并，则这些行业健康保险公司也随之被合并。

³第 145 条和第 146 条准用于州政府实施的行业健康保险公司的合并。

第 161 条　手工业行业的退出

手工业行业可以申请从一个共同的行业健康保险公司中退出。监管机关对该退出申请做出决定。其确定退出生效的时间点。第 1—3 句不适用于章程中包含第 173 条第 2 款第 1 句第 4 项规定的规则的行业健康保险公司。

第 162 条　解散

行业健康保险公司可以根据行会成员大会的委托在听证熟练工委员会后解散，共同行业健康保险公司可以根据所有行会成员大会的委托在听证熟练工委员会解散，如果理事会中有投票权的成员以四分之三多数票而同意。由监管机关决定解散并确定解散生效的时间点。如果行业健康保险公司的章程包含第 173 条第 2 款第 1 句第 4 项所述的规定，则第 1—3 句不适用。

第 163 条　关闭

行业健康保险公司由监管机关关闭，如果：

1. 由其设立的手工业行会解散，对于共同行业健康保险公司而言，则为所有参与的手工业行会解散；

2. 其本不应该被设立；或

3. 从长远来看，其服务能力无法得到保证。

监管机关确定关闭生效的时间点，且在该时间点与关闭通知之间必须至少有八周。如果行业健康保险公司的章程包含第 173 条第 2 款第 1 句第 4 项的规定，则第 1 句第 1 项不适用。

第 164 条　资产分配、业务清算、义务责任、雇员服务条例

¹第 154 条和第 155 条第 1—3 款准用于行业健康保险公司的解散和关闭。如果已解散或已关闭的行业健康保险公司的资产不足以偿还债权人，则手工业行会必须履行义务。如果涉及多个手工业协会，则它们将承担连带责任。如果手工业行会的资产不足以偿还债权人，则其他行业

健康保险公司必须履行其义务。如果已关闭的行业健康保险公司的章程包含第 173 条第 2 款第 1 句第 4 项所述的规定，则第 2—4 句不适用；在这种情况下，其他行业健康保险公司必须履行其义务。第 155 条第 4 款第 5—7 句和第 5 款准用于第 4 句和第 5 句规定的责任。第 155 条第 4 款第 8 句准用于第 173 条第 2 款第 1 句第 4 项所述章程中规定的生效时点时的责任。

[2]在行业健康保险公司的解散或关闭之日所存在的供给受领人及其遗属的供给要求不受影响。

[3]如果雇员的职位与雇员的能力并没有显著不相称的话，则符合服务条例的雇员有义务在行业健康保险公司州协会或其他行会型健康保险公司中担任被证明符合服务条例的职位。如果这将导致较低的工资或养老金供给，则必须进行补偿。在考虑到其他雇员的技能和以前职位的前提下，应向其提供行业健康保险公司州协会或其他行业健康保险公司的职位。每个行业健康保险公司有义务根据其参保人数所占所有行业健康保险公司参保人人数的比例，提供第 1 句所述符合服务条例的职位及第 3 句所述的职位；证明和职位提供必须以适当的方式向雇员做出。

[4]没有根据第 3 款得到安置的雇员的合同关系终止于解散或关闭之日。提前解除合同的权利在此不受影响。

[5]第 1 款及第 155 条第 5 款准用于第 2—4 款所述的义务责任。

第四目　（已废止）

第 165 条　（已废止）

第五目　农业健康保险公司

第 166 条　农业健康保险公司

作为农业健康保险机构的针对农林园艺的社会保险根据《农民健康保险第二法》来执行；在健康保险方面，其被称为农业健康保险公司。

第六目　德国"矿工—铁路工人—海员"养老保险

第167条　德国养老保险"矿工—铁路—海员"

德国养老保险"矿工—铁路—海员"执行本法典所述的健康保险。

第七目　医疗互助保险公司

第168条　医疗互助保险公司

[1]医疗互助保险公司是于1992年12月31日存在的健康保险公司。在这些健康保险公司中，参保人能够通过选举权的行使获得至1995年12月31日的成员资格。

[2]对于符合纳入标准的成员范围的限制是不被允许的。

[3]一个医疗互助保险公司的管辖区可以通过章程规定扩展至一个或多个州地区或者联邦地区。该章程规定需要扩展前主管监管机关的批准许可。

第168a条　医疗互助保险公司协会

[1]医疗互助保险公司可以根据其理事会的决议合并。此决议需要合并前主管监管机关的批准许可。对于该程序准用144条第2—4款。

[2]联邦卫生部可以根据医疗互助保险公司的申请通过经联邦参议院同意的法规性命令，在对相关的医疗互助保险公司举行听证后，将各个医疗互助保险公司合并起来。对于通过联邦卫生部的法规性命令合并的医疗互助保险公司，准用第145条及第146条。

第169条　–

第170条　关闭

如果医疗互助保险公司长期无法保证稳定的服务能力，将会被监管机关关闭。监管机关规定了关闭（医疗互助保险公司）生效的时间点，此时间点与关闭决定的送达之间必须至少间隔八周。

第171条　分立、业务清算及责任义务

对于（医疗互助保险公司的）关闭附条件地准用第 154 条、第 155 条第 1—3 款以及第 164 条第 3—5 款，该条件即第 164 条第 3 款第 3 句仅适用于此种企业雇员，该类企业雇员的劳动关系不能通过正式的解约而被终止。当被关闭的医疗互助保险公司不足以清偿债权人时，准用第 155 条第 4 款第 4—7 句及第 5 款。

第八目　跨健康保险公司类型规定

第171a条　关于健康保险公司的跨健康保险公司类型的合并

[1]在该节中第一至三目及第七目所述的健康保险公司自身能够根据它们理事会的决议与在这些目中所述的其他类型的健康保险公司合并起来，该决议需要合并前主管监管机关的批准许可。第 144 条第 2—4 款应附条件准用，该条件即，在批准申请时还必须声明要保持何种形式的从属关系。如果新的健康保险公司随后成为协会的成员，并且属于在申请授权之日参加协会中具有最少人数的健康保险公司，那么在面对监管机关时协会可以根据该条第 2 句拒绝新的健康保险公司的成员资格，当基于由该协会的监管机关所实行的审查而一致确定：以上将损害其（健康保险公司）财务基础。

[2]新的健康保险公司必须在合并生效后的五年期间内履行付款义务，以上付款义务基于关闭健康保险公司后的责任或者根据第 265a 条向协会提供的财务资助，以上付款对于参与协会的健康保险公司在没有协会的情况下也应当支付。第 155 条第 5 款准用之。关于新的健康保险公司支付义务计算的标准化数值应根据其所在协会批准申请之日在参与协会的健康保险公司中所占比例被运用。新的健康保险公司必须向有关协会告知查明支付请求额所需要的信息。如果新的健康保险公司为企业或医疗互助保险公司，则在关闭该健康保险公司时应准用第 164 条第 2—5 款。

第171b条　健康保险公司的破产

[1]自 2010 年 1 月 1 日开始，《破产法》第 12 条第 1 款第 2 号不适用于

健康保险公司。自该时间点起，对于健康保险公司的破产法规定依照以下段落的条件适用。

[2]当一个健康保险公司缺乏偿付能力或者其预计不能到期履行存在的付款义务（即将破产），或发生了超额负债的情况，则该健康保险公司的理事会必须将此情况立即告知主管监管机关，并附上说明性文件。在确定超额负债时，对于健康保险公司根据第171d条第1款对健康保险公司联邦最高协会所负债务不应被纳入考虑。

[3]关于健康保险公司财产破产程序的启动申请仅能由监管机关提出。同时因长期不再安全的服务能力而存在关闭的前提条件时，监管机关应主动关闭健康保险公司，而非根据第1句的申请。如果监管机关在收到第2款第1句所述通知后的三个月内未能遵守第1款的申请，只要导致该通知的破产原因仍然存在，则应排除随后提交的破产申请。当监管机关已提出了启动破产程序的申请，则准用第155条第2款第5—7句。

[4]监管机关应当立即将根据第2款第1句的通知及根据第3款第1句的申请告知健康保险公司联邦最高协会。健康保险公司联邦最高协会此时应立即通知相同类型的健康保险公司或其所属的州协会。在任命破产管理人之前，破产法院应当听取监管机关的意见。监管机关必须分别送交启动（破产程序的）决定。监管机关及健康保险公司联邦最高协会可以随时要求提供有关程序进度的信息。

[5]自破产程序启动之日或因缺乏破产资产而拒绝破产程序的决定生效之日起，健康保险公司将被附条件关闭，该条件即健康保险公司的业务清算在破产程序启动的情况下根据《破产法》的规定已经进行。

[6]健康保险公司的资产包括运营资金、准备金及管理资产。与第260条第2款第3句的规定不同，只要健康保险公司的缴费请求被归入作为专项资金的健康基金，则其不应被考虑。

[7]根据《德国部分退休法》第8a条的规定，最迟应在2015年1月1日之前完全履行截至2009年12月31日所产生的部分退休协议中的贷方余额。

第171c条　根据《破产法》第12条第2款的责任免除

自2009年1月1日起，各州不再依据《破产法》第12条第2款对健康保险公司雇员对于养老金及破产金的请求权承担责任。

第171d条　破产情况中的责任

[1]如果针对健康保险公司的财产而启动的破产程序或者（健康保险公司的）的启动因缺乏资产而在法律效力上被拒绝（破产情况），那么健康保险公司联邦最高协会对于截至2009年12月31日所产生的该健康保险公司的养老金和部分退休义务以及由于贷款而产生的义务承担责任，以上养老金及部分退休义务对于向公共机构承担职业养老金的义务而被接受，只要这些义务的履行因破产程序而被妨碍或变为不可能。如果破产保险机构根据《企业养老金法》必须履行对健康保险公司的无法过期失效的养老金义务，则排除针对其他健康保险公司或其所属协会的追索权。健康保险公司联邦最高协会向其他类型的健康保险公司以及直到2049年12月31日按比例向部分健康保险公司索取其责任所需的必要费用，以上部分健康保险公司出自于第171a条中的协会，当隶属于保险公司的健康保险公司已参与到该协会之中。如果第3句所述的健康保险公司无法履行第1句中的义务，则健康保险公司将向所有其他健康保险公司索取未支付的金额。第155条第4款及第164条第2—4款准用之。

[1a]第1款第1句规定的部分退休义务不适用于2015年1月1日之后的破产案件。

[2]联邦卫生部通过经联邦参议院同意的法规性命令规定了根据第1款第3句和第4句、第5款第1句和第2句以及根据第155条第4款第5句和第6句、第5款第1句第3项和第5项的金额追索的细节。此外，未在章程中包含的第173条第2款第1句第4号规定的企业及行业健康保险公司，其应当按照应支付金额的20%参与到资金供给之中。法规性命令也可规定有关第1款第3句和第4句执行的哪些信息健康保险公司应向健康保险公司联邦最高协会提供，包括提供这些信息的时间点。

[3]在2010年1月1日前破产程序未被批准的健康保险公司破产案件中，根据《企业养老金法》第4部分的破产保护仅涵盖于2009年12月31日后产生的对养老金承诺的请求权及期待。《企业养老金法》的第7—15条不适用于基于州法律而成为巴登—符腾堡州或萨克森州健康保险公司市政供应协会义务参保成员的健康保险公司。巴登—符腾堡州的大众疾病保险地方

管理处则是该规定的例外。如果成员资格终止，则准用第 1 句。

[4]如果健康保险公司联邦最高协会必须基于第 1 款提供服务，则将雇员的请求权转让给它；第 9 条第 2—3a 款（除去《企业养老金法》第 3 款第 1 句后半句）准用于健康保险公司联邦最高协会。健康保险公司联邦最高协会根据第 1 款第 3 句和第 4 句为了健康保险公司的利益，根据第 1 句在破产程序中行使请求权。

[5]在破产案件中，该保险公司类型的其他健康保险公司对第 155 条第 5 款第 1 句第 3 项和第 5 项所述的请求权及要求承担责任。如果根据第 1 句的义务超过了每年各个保险公司类型的健康保险公司自健康基金所收取的拨款总额的 1%，那么其他的健康保险公司也应为此承担责任。第 155 条第 4 款第 5—7 句准用之。只要健康保险公司根据第 1 句或第 2 句必须提供服务，则将参保人及服务提供者的请求权转让给它们。第 4 款第 2 句准用之。

[6]如果健康保险公司的债权人根据此条文或根据第 155 条第 4 款或第 5 款向健康保险公司联邦最高协会行使请求权，则健康保险公司联邦最高协会可以根据第 271 条第 2 款使用健康基金的流动性储备中不超过 7.5 亿欧元的无息贷款来偿还负债。贷款的细节问题由健康保险公司联邦最高协会与联邦保险局进行约定。每年 12 月 31 日尚未结清的贷款金额应在次年 2 月 28 日之前偿还。如果月末记录的因关闭事件而产生的贷款数额超过了 5000 万欧元，则该贷款数额必须在下一个月末之前偿还。基于此款目而产生的健康基金的贷款用途需求应当在总体上不超过第 1 句所述的总额。第 271 条第 3 款准用之。

第 171e 条　用于养老金义务的人寿保险储蓄准备金

[1]健康保险公司必须对于解除根据《企业养老金法》第 1 条第 1 款第 3 句所规定的直接保证责任养老金做出承诺以及对于它最少自 2010 年 1 月 1 日起最晚至 2049 年 12 月 31 日的年度补助提供义务建立等值的人寿保险储蓄准备金，此准备金将用于对这些义务的预期现值的当天全额支付。对于资产账户的负债方，应该建立数值等于现存的人寿保险储蓄准备金的资本准备金。第 1 句不适用，只要健康保险公司向其主管部门提供保险精算报告，并说明对于其所负有关养老金期待及请求权的义务及其所负援助义务存在人寿保险储蓄准备金，该准备金满足第 1 句及根据第 3 款的

法规性命令中所述的前提条件。证明材料须随着计算基础的重大变化每五年更新一次。该人寿保险储蓄准备金应当仅合目的地适用。

[2]只要健康保险公司在 2009 年 12 月 31 日之前已成为公共福利组织的成员，那么逾期的养老金服务就在第 1 款所规定的义务范围中被相应地考虑在内。如果在 2009 年 12 月 31 日之前已为负有监管义务的公司在《保险监管法》第 1 款第 1 项和第 5 项的意义上建立了人寿保险储蓄准备金，那么在符合第 1 款第 1 句中的养老金承诺的情况下，应按照比例考虑这一准备金。只要健康保险公司遵守了联邦的《保障金储备法》及相应的州法律，那么还必须考虑根据这些法律规定所建立的资本资金。

[2a]对于用于养老准备金的人寿保险储蓄准备金的投资，附条件适用第四编第 4 部分第 4 章第 4 节的条文，该条件即该项投资在被动的、指数导向管理范围中以欧元计价的股票中也被许可。在做出投资决策时，股票比例不得超过人寿保险储蓄准备金的 20%。股价变动能够暂时导致股票在人寿保险储备准备金中占比提高。根据《社会保险会计条例》第 12 条，第 1—3 句准用于用于养老准备金的人寿保险储蓄准备金。

[3]联邦卫生部通过经联邦参议院同意的法规性命令规定了以下内容的细节：

1. 导致人寿保险储蓄准备金建立的养老金义务的界限；

2. 用于查明养老金义务现值的一般保险精算要求；

3. 建立人寿保险储蓄准备金的必要分配数额及有关分配数额的审查与调整；

4. 分配人寿保险储蓄准备金的支付程序；

5. 以各自的职业养老金执行路径所进行的人寿保险储蓄准备金的作价计入。

经联邦参议院同意，联邦卫生部可将根据第 1 句规定的授权转让于联邦保险局。在此种情形中，第 271 条第 6 条准用于联邦保险局的支出。

[4](已废止)

[5](已废止)

第 171f 条　健康保险公司协会的破产能力

第 171b—171e 条准用于健康保险公司协会。

第172条　健康保险公司关闭及破产的规避

[1]在设立、合并、开启（第173条第2款第1句第4号）、解散或关闭健康保险公司前，必须听取所涉及的健康保险公司所属协会的意见。当一个健康保险公司将其驻地迁移至另一个协会的所在区域，第1句应准用。

[2]健康保险公司应当基于要求立即向健康保险公司联邦最高协会及其所属的州协会提交文件并告知情况，该文件及情况对于评价其持久的服务能力是必要的，或者应基于请求允许以上协会到自己的场所审查以上文件。如果健康保险公司联邦最高协会确定，在健康保险公司最后一个季度的财务报表中，其支出超出收入的比例超过了健康基金在需要评估的报告期中平均每月拨付金额的0.5%，那么健康保险公司联邦最高协会应当向主管监管机关报告此情况。此外，健康保险公司联邦最高协会还应当将健康保险公司在截至每个日历年12月31日前经证实的生产资料、准备金和用于采购以及更新管理资产的资金情况告知监管机关。考虑到第2句及第3句所述财务数据，如果有迹象表明健康保险公司的经济服务能力存在持续性危险，则监管机关应当立即要求健康保险公司的理事会提供第1句所述的文件及信息。如果健康保险公司联邦最高协会基于根据第1句所查明的信息认为健康保险公司的持续性服务能力处于危险之中，那么它应当向健康保险公司提供有关确保其持续性服务能力的适当措施的建议，并向健康保险公司的监管机关告知有关健康保险公司的财务状况及已提出的建议措施。如果健康保险公司未能履行第1句及第4句所述的义务，则此情况也应当告知健康保险公司的监管机关。

[3]如果监管机关经与健康保险公司联邦最高协会协商后确定，一家健康保险公司仅能通过与另一家健康保险公司的合并以确保持续性的服务能力或者避免支付不能的发生或过度负债，那么该健康保险公司可以向监管机关提交关于与另一家健康保险公司合并的议案。如果在监管机关所设定的期限内无法形成关于该服务能力处于危险之中的健康保险公司的自愿合并的决议，那么监管机关的决定将替代该决议。

第172a条　对健康保险公司合并的集中控制

[1]对于健康保险公司的自由合并，应依照第2款的条件准用《反不正

当竞争法》第 1 部分第 7 节中关于集中控制的条文，同时准用《反不正当竞争法》第 48 条、第 49 条、50c 条第 2 款、第 54—80 条、第 81 条第 2 款及第 3 款第 3 项、第 4—10 款以及第 83—86a 条中关于集中控制的条文。

[2]如果适用关于集中控制的条文，那么只有在联邦卡特尔局根据《反不正当竞争法》第 40 条解除了合并或者合并被视为已解除的情况下，才可以进行第 144 条第 3 款中的批准。如果一个已参与合并的健康保险公司的理事会已根据第 171 条第 2 款第 1 句发出了通知，那么期限应当根据《反不正当竞争法》第 40 条第 2 款第 2 句被定为六周。在禁止之前必须根据第四编第 90 条与主管监管机关协商。除符合《反不正当竞争法》第 42 条第 4 款第 2 句的最高州当局之外，还包括符合第四编第 90 条的主管监管机关。《反不正当竞争法》中的第 41 条第 3 款及第 4 款在此不适用。

第二节　成员的选择权

第一目　（已废止）

第 173 条　一般选择权

[1]义务参保人（第 5 条）及自由参保人（第 9 条）是他们所选择的健康保险公司的成员，只要在接下来的条文、《农民健康保险第二法》及《艺术工作者社会保险费》中没有不同规定。

[2]义务参保人及自由参保人能够选择：

1. 就业或居住地的当地健康保险公司；

2. 任何根据章程管辖区扩展至就业或居住地的医疗互助保险公司；

3. 企业或行业健康保险公司，当它们受雇于某家公司，而该企业或行业健康保险公司为了该公司而存在；

4. 企业或行业健康保险公司，当该企业或行业健康保险公司已对此做出预先规定；

4a. 德国矿工、铁路职工、海员养老保险；

5. 在义务参保或自由参保之前最终确定成员资格或根据第 10 条缔结

保险关系的健康保险公司；

6. 其配偶或生活伴侣参保的健康保险公司。

如果章程包含第 4 项的规则，则该规则适用于存在企业或行业协会企业及根据章程对这些企业或行业协会企业具有管辖权的州地区；只要章程规定已在 2007 年 3 月 31 日在其他地区生效，则不受影响；该章程应当不将选择权限制于特定人群或使其具有条件。一项根据第 1 句第 4 项的章程规定不能被撤销。如果有健康保险公司根据第 1 句第 4 项的章程规定参与到企业健康保险公司或行业健康保险公司的协会中，则该章程规定也适用于已合并的健康保险公司。当健康保险公司的章程在 2003 年 9 月 26 日不包含第 1 句第 4 项规定之时，第 1 句第 4 项及第 4 句不适用于为私人健康或人寿保险公司而设立的企业健康保险公司或由该类健康保险公司合并而产生的健康保险公司会。

²ᵃ已在《联邦法律公报》第三节第 822—824 条中发布的整理版《关于进一步发展矿工保险的法规性命令》第 2 条第 1 款［最近依照 1983 年 12 月 22 日的法典第 22 条第 1 款而修改（《联邦法律公报》第 1 卷，第 1532 页）］不适用于在 2007 年 3 月 31 日之后成为德国矿工、铁路职工、海员养老保险的受保成员的人。

³此外大学生能够在高校所在地选择当地的健康保险公司或任一当地医疗互助保险公司。

⁴此外，根据第 4 条第 1 款第 5—8 项有义务参加保险的青年、参与工作生活服务的参与者、残疾人以及根据第 5 条第 1 款第 11、12 项或根据第 9 条参加保险的退休者甚至根据第 9 条第 1 款第 4 句受保的残疾人能够选择其父母一方参保的健康保险公司。

⁵参保的退休者能够另外选择企业或行业健康保险公司，当他们受雇于企业或健康保险公司时。

⁶对于第 10 条中的参保人适用成员选择权。

⁷如果一个缺乏符合第 2 款第 1 句第 4 项的章程规定的企业或行业健康保险公司参与了第 171a 条中的合并，且该合并所产生的健康保险公司从属于一个企业或行会型健康保险公司协会，则新的健康保险公司对于享有对企业或行会型健康保险公司的选择权的义务参保人及自由参保人也是可选择的，当其章程在合并之前包含第 2 款第 1 句第 4 项的规定时。

第 174 条　特别选择权

[1](已废止)

[2]对于受雇于或在退休前受雇于一个企业或行业健康保险公司的义务参保人或自由参保人，准用第 173 条第 2 款第 1 句第 3 项。

[3]受雇于或在退休前受雇于一个企业或行业健康保险公司协会的义务参保人或自由参保人能够选择位于其住所地或工作地的企业或行业健康保险公司。

[4](已废止)

[5]与第 173 条不同的是，符合第 5 条第 1 款第 13 句的义务参保人可成为其最后参保的健康保险公司或健康保险公司法律继承方的成员，否则可成为其根据第 173 条第 1 款所选择的健康保险公司的成员；第 173 条准用之。

第 175 条　选择权的行使

[1]选择权的行使必须向被选择的健康保险公司进行表示。该健康保险公司不能否认成员资格或通过错误或不完全的建议阻碍或复杂化第 1 句中的表示。15 岁以后能够行使选择权。

[2]被选择的健康保险公司必须根据选择权的行使毫无迟延地开具成员资格证明。如果在义务参保或自由参保之前的最后 18 个月内具有另外一家健康保险公司的成员资格，成员资格证明仅能在第 4 款第 3 句中的终止确认书被提交的情况下开具。在义务参保时，为了提交给负责注册的机构，必须毫无迟延地开具成员资格证明。

[2a]如果监管机关有证据表明，一家健康保险公司违背第 1 款第 2 句规定非法拒绝一个成员加入或阻碍或复杂化一个第 1 款第 1 句中表示的发出，那么其有义务毫无迟延地调查以上迹象，并将涉嫌的侵权行为告知健康保险公司并避免将来的侵权行为。尤其是所提及的健康保险公司的建议是违法的，该建议会导致第 1 款第 1 句的表示被完全忽略或该表示仅能在复杂化的条件下发出。健康保险公司根据第 1 句的义务应当与每起侵权案件最高罚款 5 万欧元的威吓相结合。针对监管机关的措施所提起的申诉根据第 1 句及第 3 句不具有中止效力。出于故意或过失未阻止健康保险公司

违背第 1 款第 2 句规定违法拒绝或阻碍或复杂化第 1 款第 1 句中表示的发出的理事会成员，应当与健康保险公司负连带债务责任，以赔偿由此产生的损害。如果理事会尚未主动发起追索程序，则主管监管机关必须在对理事会成员进行听证之后促使理事会召集理事会成员。

³ 义务参保人必须毫无迟延地向有注册义务的机构提交成员资格证明。如果未在义务参保后的最近两周内提交成员资格证明，则有注册义务的机构须自义务参保开始起在其最近一次参保的健康保险公司为义务参保人注册。如果在义务参保之前不存在保险关系，则有注册义务的机构须自义务参保开始起在一个根据第 173 条可选择的健康保险公司为其注册以及毫无迟延地将所选择的健康保险公司告知义务参保人。对于未提交第 1 句中成员资格证明以及没有根据第 2 句完成注册的情况，由健康保险公司联邦最高协会确认责任归属的规则。

³ᵃ 在健康保险公司关闭或破产的情况下，有注册义务的机构须最晚在送达关闭通知或提交破产申请（第 171b 条第 3 款第 1 句）后六周内向义务参保人提交成员资格证明。如果未及时提交成员资格证明，则准用第 3 款第 2 句，条件即注册必须通过有注册义务的机构在关闭生效之后的两周之内生效地完成。在提出破产申请的情况下，必须在当月的第一天完成注册，以上最迟在破产程序开启或申请因资产不足而被拒绝时完成。如果一家健康保险公司没有被关闭，则该健康保险公司的成员资格仍存续。被选择的健康保险公司须毫无迟延地向被关闭或破产的健康保险公司送交成员资格证明。在无负有注册义务的机构存在的情况下，成员须在第 1 句提及的时间点后的三个月内向被关闭的健康保险公司提交成员资格证明。

⁴ 义务参保人及自由参保人选择的健康保险公司必须至少持续 18 个月。成员资格可以在成员做出终止表示的当月之后的第二个日历月末终止。健康保险公司须毫无迟延地最迟在收到终止申请的两周内向成员发出终止确认函。如果成员在终止期限内通过成员资格证明或另一种保险证明自己是另一健康保险公司的成员，则终止生效。如果健康保险公司根据第 242 条第 1 款的规定首次征收额外会费或提高额外会费，则与第 1 句不同，成员资格的终止可在首次征收额外会费或提高额外会费的当月月底终止。健康保险公司须最迟在第 5 句所提及的时间点前一个月通过一封单独信函向它的成员指明根据第 5 句中的终止权、根据第 242a 条的平均额外

缴费额以及根据第 242 条第 5 款的联邦健康保险公司联邦最高协会对健康保险额外会费的概述。如果新的额外会费或被提高的额外会费超出了平均额外会费，则应当告知成员有选择更优惠的健康保险的可能。如果健康保险公司迟延向某一成员履行第 6 条中的提示义务，则应视为在首次征收额外会费或增加额外会费的月份完成了一个终止的表示；这并不包括截至第 5 条提及时间点被行使的解约权。如果自由参保人的终止因满足第 10 条所述的保险条件而成就，则第 1 句及第 4 句不适用，如果终止因未建立健康保险公司的成员资格而成就，则第 1 句不适用。如果要以另一种相同类型的健康保险公司证明其成员资格，健康保险公司可以在其章程中规定不适用第 1 条所述的期限。

[4a]（已废止）

[5]对于可以通过企业或行业健康保险公司的设立或扩张或者通过企业变更而成为企业或行业健康保险公司成员的义务参保人，如果他们在设立、扩张或企业变更后的两周内进行选择，则第 4 款不适用。

[6]健康保险公司联邦最高协会根据本条规定确定用于注册及成员资格证明的统一程序及表格。

第二目　（已废止）

第 176 条　（已废止）

第 177 条　（已废止）

第 178 至 185 条　（已废止）

第三节　成员资格及宪法

第一目　成员资格

第 186 条　义务参保人成员资格的开始

[1]义务参保的雇员的成员资格自建立雇佣关系之日起开始。

[2]非永久性雇佣员工的成员资格（第 179 条第 2 款）被主管健康保险公司初次确认为自非永久性雇佣开始之日起开始，除非资格确认在雇佣开始之日后的一个月内完成，否则员工的参保义务自确认之日起开始。如果非永久性雇佣员工暂时从事工作的时间并不超过三周，则其成员资格存续。

[2a]根据第二编规定的第二期失业救济金及第三编规定的失业救济或生活津贴受益人的成员资格应自其领取补助金之日起开始。

[3]根据《艺术工作者社会保险法》的参保人的成员资格开始于艺术工作者社会保险公司确认之日。如果根据《艺术工作者社会保险法》规定的参保义务通过非永久性雇佣（第 179 条第 2 款）而被中断，则成员资格开始于非永久性雇佣结束的次日。如果保险合同根据《艺术工作者社会保险法》第 9 条被终止，则成员资格开始于合同终止后的次月，最迟在确认参保义务后两个月开始。

[4]能够在青年福利机构从事工作的人员的成员资格始于活动开始之日。

[5]参与共同生活服务的义务参保人的成员资格始于活动开始之日。

[6]义务参保残疾人的成员资格始于在被承认的残疾人工场、疗养机构、休养院或相同类型的机构工作之日。

[7]义务参保的大学生的成员资格始于学期开始之日，最早在高校报到或注册之日开始。

[8]义务参保的实习生的成员资格始于职业实习活动开始之日。无劳动报酬的受到职业培训的劳动者的成员资格始于工作开始之日。

[9]义务参保退休者的成员资格始于提交养老金申请之日。

[10]如果义务参保人在某个健康保险公司的成员资格被终止（第 175 条），则与第 1—9 款不同，其在新选择的健康保险公司的成员资格始于终止生效之日。

[11]根据第 5 条第 1 款第 13 项，义务参保人的成员资格始于在国内生病时没有获得其他保障权利的第一天。非欧盟成员国国民、非《欧洲经济区协定》缔约国国民或非瑞士国民的成员资格始于其居住许可或居留许可生效的第一天。对于在 2007 年 4 月 1 日没有在生病时获得其他保障权利的人员，其成员资格于当天开始。

第 187 条　新设立的健康保险公司的成员资格的开始

如果主管义务参保人的健康保险公司为新设立的机构，则成员资格开始于健康保险公司的设立生效之日。

第 188 条　自由参保成员资格的开始

[1]自由参保人的成员资格开始于其加入健康保险公司之日。

[2]第 9 条第 1 款第 1 项及第 2 项中提及的自由参保人的成员资格在其解除参保义务之日或在结束第 10 条中的保险之日后开始。第 9 条第 1 款第 1 句第 3 项及第 5 项中提及的自由参保人的成员资格开始于雇佣开始之日。第 9 条第 1 款第 1 句第 8 项提及的自由参保人的成员资格在离职之日后开始。

[3]参保必须书面表示。

[4]对于其参保义务或家庭保险结束之人，除非该成员在提示退出可能性后的两周内表示退出，否则其保险在退出义务参保后或在家庭保险结束后的第二天作为自由成员继续存在。仅当成员证明自己具有在生病时获得其他保障的权利时，退出才会生效。如果满足其他家庭保险条件或根据第 19 条第 2 款要求获得服务的请求权存在，则第 1 句不适用于参保义务结束之日，只要此后证明具有在生病时获得其他保障的权利。如果健康保险公司用尽所有调查手段仍无法确定该成员的住所或惯常居所，则第 1 句不适用。对于其参保义务因季节性工作而结束的季节性雇员，如果这些人在参保义务结束后的 3 个月内对先前的健康保险公司做出参加自由保险的表示并说明其在德意志联邦共和国境内的住所或惯常居所，则其保险根据第 1 句继续存在。根据第 5 句的季节性雇员是指暂时来到德意志联邦共和国从事长达 8 个月具有义务保险的工作的雇员，目的是满足雇主季节性的、逐年增长的劳动力需求。雇主必须根据第 5 句并依照第四编第 28a 条的通知程序分别标记季节性雇员。在雇主将开始雇佣的情况通知健康保险公司后，健康保险公司必须毫无迟延地根据第 5 条通知季节性雇员参保权及其根据第 5 条的提供证据的义务。

[5]健康保险公司联邦最高协会根据第 4 款第 4 句及第 191 条第 4 项详细规定了健康保险公司的调查义务。符合第 1 句的规定必须获得联邦卫生

部的批准方能生效。

第 189 条　养老金申请者的成员资格

[1]作为成员的人为已申请法定退休保险的养老金以及满足第 5 条第 1 款第 11—12 项及第 2 款但并未满足领取养老金条件的人。第 1 句不适用于根据其他条文义务参保或根据第 6 条第 1 款自由参保的人。

[2]成员资格开始于退休申请提交之日。成员资格结束于成员死亡之日或撤回申请之日或申请被拒绝且不可撤销之日。

第 190 条　义务参保人成员资格的结束

[1]义务参保人的成员资格结束于成员死亡之日。

[2]义务参保雇员的成员资格结束于其获得劳动报酬的雇佣关系结束之日。

[3](已废止)

[4]当非永久性员工成员不仅暂时放弃其非永久性工作的职业活动，而且在其最近的非永久性工作后的三周内停止工作，则其成员资格结束。

[5]根据《艺术工作者社会保险法》的参保人的成员资格结束于其参保义务因艺术工作者社会保险公司的确认而结束之日；第 192 条第 1 款第 2 项及第 3 项不受影响。

[6]能在青年福利机构工作的人的成员资格结束于活动结束之日。

[7]共同生活服务的参与者的成员资格结束于活动结束之日，在过渡津贴继续支付的情况结束于过渡津贴支付完毕日。

[8]义务参保残疾人的成员资格结束于在被承认的残疾人工场、疗养机构、休养院或相同类型的机构工作结束之日。

[9]义务参保大学生的成员资格结束于其最后一次报名或返回注册的学期结束后的一个月后。

[10]义务参保实习生的成员资格结束于职业实习活动结束之日。无劳动报酬的受到职业培训的劳动者的成员资格结束于工作结束之日。

[11]义务参保退休者的成员资格结束于：

1. 在其针对养老金的请求被取消或者关于养老金的取消或撤销变为不可撤销的月末，最早在最后一次支付养老金的月末；

2. 在补发经过期间养老金的情况下，做出不可撤销决定的当月月末。

[11a]在 2019 年 5 月 10 日生效的内容中所提及的第 9 条第 1 款第 1 句第 6 项中的已行使参保权的人员及其在 2002 年 3 月 31 日后根据第 5 条第 1 款第 11 项变为义务参保的家庭成员的成员资格结束于根据第 5 条第 1 款第 11 项参保义务的发生，以上人员针对养老金的请求已经在非满足第 5 句第 1 款第 11 项中自 1993 年 1 月 1 日生效的内容中的保险日期及为截至 2002 年 3 月 31 日根据《农民健康保险第二法》第 10 条或第 7 条被保险的日期存在。

[12]根据《社会法典》第二编中失业金Ⅱ及第三编中失业金或生活扶助津贴的领取人的成员资格结束于其领取补助金的最后一天。

[13]第 5 条第 1 款第 13 项所提及的人员的成员资格结束于：

1. 在生病时得到其他保障的权利被建立；或

2. 住所或惯常居所迁移至其他国家。

第 1 句第 1 项不适用于《社会法典》第三编、第四编及第十二编第 7 章中的补助金受领人。

第 191 条　自由参保人成员资格的结束

自由参保人的成员资格结束于：

1. 成员的死亡；

2. 义务参保成员资格的开始；

3. 终止（第 175 条第 4 款）的生效，章程能够规定的更早时间点，当成员满足第 10 条中保险的条件；或

4. 在至少六个月的期限内，从该期间开始之日起追溯生效，在这段时间内，针对成员资格的保险费未付清，成员及其参保的家庭成员未领取补助金，健康保险公司尽管用尽了所有调查手段，但仍无法确定在《社会法典》适用范围中该成员的住所或惯常居所。

第 192 条　义务参保人的成员资格的继续存在

[1]义务参保人的成员资格继续保有，只要：

1. 他们正处于法律所规定的劳动纠纷中；

2. 针对医疗津贴或生育津贴的请求权存在或者某一种补助金或根据

法定条文的教育津贴或父母津贴已被领取或者请求父母假或者已领取护理津贴；

3. 已经或者能够从私人健康保险公司、联邦援助机构、特别的公法上承担联邦级别的疾病事件费用的机构、联邦范围的免费医疗机构、部队医疗机构或公法上承担州级别的疾病事件费用的机构处获得针对劳动收入损失的补助金，以及获得根据《移植法》第 8 条及第 8a 条所完成的器官组织捐赠，或者在《输血法》第 9 条的意涵下为了分离血液干细胞或其他血液成分的而进行的服务，只要州法律已经对这些情形做出规定；

4. 康复机构在医疗康复补助的情况下支付了工伤津贴、战争受害者疾病津贴或过渡津贴；或

5. 根据《社会法典》第三编的短期工作津贴被领取。

[2]在怀孕期间，如果雇佣关系被雇主依法解除或成员在劳动收入取消的情况下休假，义务参保人的成员资格仍然保有，除非存在符合其他条文的成员资格。

第 193 条　兵役或民役期间成员资格的继续存在

[1]对于根据《工作岗位保护法》第 1 条第 2 款继续获得报酬的义务参保雇员，其雇佣关系视为未因《义务兵役法》第 4 条第 1 款及第 6b 条第 1 款而中断。以上亦适用于在兵役关系中根据《作战与康复法》第 6 条的特殊兵役关系者，如果他们在保险关系中遭遇了作战事件。

[2]对于不属于第 1 款情况的义务参保人及自由参保人，《义务兵役法》第 4 条第 1 款及第 6 条第 1 款中的兵役不影响其在健康保险公司已存在的成员资格。义务参保人的成员资格视为继续存在，如果参保义务在兵役开始之前结束或在成员资格的最后一天及兵役开始之日之间存在周六、周日或法定节假日。第 1 款第 2 句准用。

[3]第 1 款及第 2 款准用于民役。

[4]第 1 款及第 2 款适用于根据《军人法》第 4 节提供服务或演习的人员。服务及演习不视为第 5 条第 1 款第 1 项及第 6 条第 1 款第 3 项意涵下的活动。

[5]根据《作战与康复法》第 6 条的特殊兵役关系期间，不适用第 5 条第 1 款第 1 项及第 6 条第 1 款第 3 项。

第二目　章程及机构

第 194 条　健康保险公司的章程

[1]章程必须包含以下特别规定：

1. 健康保险公司的姓名及所在地；
2. 健康保险公司的辖区及其成员范围；
3. 服务的种类及范围，只要它们未被法律规定；
4. 根据第 242 条的额外保险费的确定；
5. 机构成员的数量；
6. 机构的权利及义务；
7. 理事会的决议方式；
8. 机构成员赔偿金的计算；
9. 年度企业管理及会计审计、年度结算的验收；
10. 上诉机构的组成及所在地；以及
11. 公告方式。

[1a]章程能够包含以下规定，根据此规定健康保险公司能够介绍其成员与私人健康保险公司签订额外保险合同。该合同的对象可以是补充法定健康保险保障的所有服务，尤其是用于支出补偿的补充费率、医院的择医治疗、医院的单人或双人床补贴以及国外健康保险。

[2]章程不应当包含违背法定健康保险任务的规定。它应当仅涉及本编许可的服务项目。

第 195 条　章程的批准

[1]章程应当得到监管机关的批准。

[2]如果事后产生了不应被批准的章程，则监管机关可以命令健康保险公司在一个确定的期限内进行必要的修改。如果健康保险公司在该期限内未遵守命令，监管机关可以替代健康保险公司进行必要的修改。针对第 1 句及第 2 句中监管机关措施的申诉不具有中止效力。

[3]第 2 款准用，当章程因事后状况需要修改之时。

第196条 对章程的审查

[1]有效的章程可以于正常办公时间内在健康保险公司的办公场所被查阅。

[2]每位成员免费获得关于义务参保及自由参保成员资格的开始与结束、参保权及由健康保险公司提供服务及缴费的通知单。

第197条 理事会

[1]理事会须特别：

1. 对章程及其他自治法做出决议；

1a. 监督董事会；

1b. 做出所有对健康保险公司具有根本意义的决定；

2. 确定预算计划；

3. 根据年度财务报表就董事会减负事宜做出决议；

4. 在董事会及其成员前代表健康保险公司；

5. 就地产的购置、出让及抵押及关于建筑物的建造做出决议；以及

6. 就健康保险公司的结算或与其他健康保险公司的自由合并做出决议。

[2]理事会能够审查及审查所有业务及行政记录。

[3]理事会应当成立专门委员会以履行其职责。

第197a条 打击卫生事业不当行为办公室

[1]健康保险公司（如有其所属州协会）及健康保险公司联邦最高协会共同设立一些组织单位，必须对显示与各自的健康保险公司或各自协会的目的有关的违法或违背目的的资金利用的案件及事实进行调查。它们行使第十编第67c条第3款中的控制权。

[2]任何人均可就第1款所述事项向健康保险公司及第1款所提及的其他组织询问。如果第1款中的组织根据个人资料或整体情况来看是可信的，应当继续跟进。

[3]健康保险公司应与第1款所述的其他组织相互合作，并与保险公司医生协会及保险公司医生联邦协会共同工作，以完成第1款中的任务。健

康保险公司联邦最高协会根据 1 款第 1 句组织与其他机构的定期经验交流，其中根据第 81a 条第 1 款第 1 句的机构代表、专业人士及国家检察官以适当形式参与。监管机关应告知经验交流的结果。

3a第 1 款中的组织可以将其为履行第 1 款中任务而收集或对其传递或传输的个人数据彼此间进行传送，或传送给第 81a 条中的组织，只要这些对于确定及打击受领人的卫生事业不当行为是必要的。受领人仅能为了其被传输的目的而处理和使用这些数据。

3b第 1 款中的组织可以将个人数据传送给下列机构，只要这在有关机构的职权范围内对于预防或侦查卫生事业不当行为是必需的：

1. 负责决定医疗保健提供者是否加入法定健康保险的机构；

2. 负责提供法定健康保险服务的机构；

3. 负责结算法定健康保险服务的机构；

4. 医疗服务者；及

5. 负责决定是否授予、撤回、撤销或命令中止执业执照、临时或部分专业授权或执业资格或者专业程序的当局或专业机构。

根据第 1 句所传送的数据只能由各自的受领者仅为了被传送的目的进行处理。医疗服务者可将其为履行任务而收集或被传送的个人数据传送给第 1 款中的机构，只要这些对于第 1 款中机构确认及打击卫生事业不当行为是必要的。根据第 3 句所传送的数据仅可由第 1 款中的机构为了其被传送的目的进行处理。

4健康保险公司及第 1 款所提及的其他组织应当毫无迟延地通知国家检察官，如果经审查后发现可能存在对法定健康保险意义较大的犯罪行为的初步怀疑。

5健康保险公司及第 1 款所提及的其他组织的董事会应当每两年向理事会报告第 1 款中组织的工作及成果。该报告应当传送给主管监管机关及健康保险公司联邦最高协会。报告还应概括提及在报告所述期间内违反义务或滥用服务的服务提供者及参保人的数量、经证实的事件数量、义务违反的性质及严重程度、所对此采取的措施以及所防止的和已发生的损害；重复发生的事件以及其他适当事件应当作为匿名案例加以说明。

6健康保险公司联邦最高协会于 2017 年 1 月 1 日之前对以下事宜做出更详细的规定：

1. 在第 1 款第 1 句中所述各机构成员中设立的统一组织；

2. 第 1 款第 2 句中控制权的行使；

3. 对第 2 款中信息的审查；

4. 第 3 款中的共同工作；

5. 第 4 款中的通知；及

6. 第 5 款中的报告。

第 1 句中的规定应当提交给联邦卫生部。健康保险公司联邦最高协会对第 5 款中由其成员传送的报告进行汇总，将结果与保险公司医生联邦协会进行比照，并将自己的报告公布于互联网。

第 197b 条　通过第三方完成任务

健康保险公司可以让工作组或经过其同意的第三方完成其任务，如果工作组或第三方执行任务更加经济，且符合相关人员的明确利益，同时参保人的权利亦不受侵害。对于参保人的基本供给任务不得被委托。第十编的第 88 条第 3 款及第 4 款以及第 89 条、第 90—92 条、第 97 条准用之。

第四节　登记

第 198 条　义务参保雇员的雇主的登记义务

雇主须根据第四编第 28a—28c 条在主管健康保险公司为义务参保雇员登记。

第 199 条　非永久性工作的登记义务

[1]非永久性雇员须将其非永久性工作职业活动的开始与结束在 179 条第 1 款中的主管健康保险公司处毫无迟延地登记。雇主须向非永久性雇员提示其登记义务。

[2]定期雇佣非永久性雇员的主要雇主企业应当履行本编中所规定的雇主义务。哪些机构被视为主要雇主企业由州法律进行规定。

第 200 条　其他义务参保人员的登记义务

[1]以下人员须根据第四编第 28a 条第 1—3 款进行登记：

　　1. 能够在青年援助机构工作或在残疾人工场、盲人作坊、疗养机构、休养院或相同类型的机构工作的人员以及这些机构的承担者；

　　2. 参加共同工作生活服务的人员及主管康复机构的承担者；

　　3. 领取提前养老金及有义务支付提前养老金的人员。

　　第五编第 28a 条第 5 款及第 28b—28c 条准用之。

　　[2]国内及国家承认的高校须为被保险的大学生、培训机构须为义务参保实习生及无劳动报酬的职业培训雇员在主管健康保险公司处进行登记。联邦卫生部通过经联邦参议院同意的法规性命令规定登记的内容、形式及期限以及登记程序的细节。

第 201 条　养老金申请者及养老金领取者的登记义务

　　[1]法定养老保险金的申请者须随申请书一并向主管健康保险公司提交一份报告。养老保险机构须毫无迟延地将报告转交给主管健康保险公司。

　　[2]如果义务参保退休者或遗属选择了另一家健康保险公司，被选择的健康保险公司须毫无迟延地通知之前的健康保险公司及主管养老保险机构。

　　[3]如果义务参保退休者或遗属从事了一项义务参保的工作，而此工作由其他健康保险公司主管，则主管该义务参保雇佣关系的健康保险公司须将此通知于之前主管的健康保险公司及主管养老保险机构。如果义务参保雇佣关系结束，第 1 句准用。

　　[4]养老保险机构须毫无迟延地向主管健康保险公司通知以下事宜：

　　1. 法定养老保险金的开始及数额，首次支付养老金的月份；

　　1a. （已废止）

　　2. 养老金申请撤回的日期；

　　3. 在养老金申请被撤销的情况下，对养老金申请做出有约束力的决定之日；

　　4. 养老金的结束、取消及其他不支付的情况；以及

　　5. 自养老金中支付保险费的开始与结束。

　　[5]如果法定保险养老金的领取者为义务参保人，则健康保险公司须将此毫无迟延地通知于养老保险机构。如果参保义务基于第 4 款第 4 项之外的原因而结束，第 1 句准用。

[6]登记应当通过机器可读介质或数据传输来进行。

健康保险公司联邦最高协会与德国养老保险团体在与联邦保险局的协商下就程序细节进行协商。

第 202 条　领取补助金时的登记义务

[1]支付机构须在首次发放养老金、结束补助受领人的成员资格及在第5条第1款第11b项的事件中查明补助受领人的主管健康保险公司，并在养老金的开始、提高、变更及结束时、在第5条第1款第11b的事件中毫无迟延地通知申请提交的日期。对于在1989年1月1日存在的补助受领人，必须在6个月内完成对健康保险公司的调查。补助受领人须向支付机构说明其健康保险公司，并说明健康保险公司的更换及义务参保工作的获得。健康保险公司须向养老金的支付机构及养老金的领取人毫无迟延地通知补助受领人的缴费义务（只要义务缴费的数额超过了第237条第1款第1项及第2项中的缴费计算限度）及缴费范围。

[2]支付机构须基于经系统测试的程序通过安全且加密的数据传输或机械辅助方式向主管健康保险公司报告。健康保险公司须在内容审查后对所有无误信息以电子方式接收、处理并使用。所有健康保险公司对于支付机构的反馈通过数据传输在每个工作日完成。健康保险公司联邦最高协会根据由联邦劳动及社会事务部门与联邦卫生部所一致同意而批准的原则来确定数据记录的结构、必要的密码和信息；德国雇主协会联邦合并会的意见须被听取。

[3]支付机构必须以电子方式向健康保险公司联邦最高协会申请支付机构以执行本法典所规定的注册程序。支付机构的编号及分配支付机构编号所需的所有信息存储于健康保险公司联邦最高协会的单独电子文件中。社会保险机构及其协会和工作组、艺术工作者社会保险公司、执行《打击违法工作法》第2条或《社会法典》第十编第66条中任务的海关当局可以处理、使用并传输支付机构编号，只要这些对于本法典中的法定任务是必要的。其他机关、法院或第三方可以处理、使用或传出支付机构编号，只要这些对于第3句中提及机构的法定任务的履行是必要的。程序细节及支付机构编号的结构根据第2款第4句的原则进行规定。

第 203 条 领取教育津贴或父母津贴时的登记义务

教育津贴或父母津贴的支付机构须毫无迟延地向主管健康保险公司通知教育津贴或父母津贴支付的开始与结束。

第 203a 条 领取失业津贴、失业津贴 II 或生活扶助津贴时的登记义务

劳动办事处或在第二编第 6a 条事件中经许可的市政机构根据第四编第 28a—28c 条为第五条第 1 款第 2 项及第 2a 项中的参保人进行登记。

第 204 条 服兵役或民役时的登记义务

[1]义务参保的雇员和失业者在被征召入伍时，雇主须为前者、劳动办事处须为后者向主管健康保险公司通告兵役的开始时间、基本兵役的结束时间及《军人法》第 4 节中的演习信息。《兵役法》第 4 条第 1 款第 6 项中的兵役结束由联邦国防部门或其所规定的机构进行登记。其他参保人须根据第 1 句自行登记。

[2]第 1 款准用于民役。其中联邦国防部门的地位由联邦民役局代替。

第 205 条 特别义务参保人的登记义务

领取法定养老保险金或与养老金类似的补助金的义务参保人，应当毫无迟延地向其健康保险公司登记以下事宜：

1. 养老金的开始及额度；
2. 养老金的开始时间、额度、变更即支付机构；
3. 工作收入的开始、额度及变更。

第 206 条 参保人的答复及通知义务

[1]只要参保人或被视为参保人的人员未履行第四编第 280 条的答复义务，则其须向健康保险公司：

1. 按照要求毫无迟延地提供有关确定保险义务及缴费义务及为执行委托给健康保险公司的任务所需的一切信息；
2. 毫无迟延地通知对确定保险关系及缴费义务具有重大意义且未由

第三方登记的变更情况。

上述人员须按照要求毫无迟延地在健康保险公司的办公场所提供事实与关系变更的来源文件资料。

²如果因违反第 1 款所述义务而使健康保险公司支出额外费用，则该费用可向义务参保人请求赔偿。

第七章　健康保险公司协会

第207条　州协会的组建与合并

[1]在每个州，地方健康保险公司组建一个地方健康保险公司协会，企业健康保险公司组建一个企业健康保险公司协会，行业健康保险公司组建一个行业健康保险公司协会，健康保险公司州协会为公法法人。

除联邦服务企业的企业健康保险公司外，健康保险公司属于其所在的州协会。其他健康保险公司能够加入州协会。如果于1989年1月1日在一个州中存在多个州协会，且该州负责社会保险的最高行政机关在1989年12月31日之前未使其许可失效，则这些州协会继续存在。州中负责社会保险的最高行政机关能够根据第1句以一年为期限在日历年年底撤销其许可。如果最高行政机关使许可失效或撤销许可，则其对必要的组织变更的实施进行规范。

[2a]如果州协会的所有成员自己进行合并或州协会的所有成员通过州政府合并为一个健康保险公司，则该健康保险公司行使并承担州协会的权利及义务。

[3]如果负责社会保险的最高行政机关没有使相关州的健康保险公司的许可在1989年12月31日之前失效，则跨州的州协会继续存在。每个州负责社会保险的最高行政机关能够以一年为期限在日历年年底撤销其许可。如果许可失效或被撤销，则参与州应协商对必要的组织变更的实施进行规范。

[4]如果在一个州中只存在一个相同类型的健康保险公司，则该健康保险公司同时承担州协会的任务。其具有州协会的法律地位。

[4a]如果在一个州中不存在某保险种类的州协会，则另一个此保险种类的州协会可在成员州负责社会保险的最高行政机关的许可下承担该州州协

会的任务。如果在州协会被取消后的三个月内成员州未达成合意，则该保险种类的联邦协会承担该任务。

⁵在负责社会保险的最高行政机关的许可下，相同保险种类的州协会能够自行合并为一个协会。当州协会位于不同的州时，以上条款同样适用。

第 208 条　监督、预算及会计、资产、统计

¹州协会接受其所在州的负责社会保险的最高行政机关的监管。

²第四编第 87—89 条适用于监管。第四编第 67—70 条第 1 款及第 5 款、第 72—77 条第 1 款、第 78 条、第 79 条第 1 款及第 2 款适用于预算和会计，包括统计数据，第四编第 80 条及第 85 条适用于资产。第 263 条准用于管理资产。

第 209 条　州协会的理事会

¹对于健康保险公司的州协会而言，理事会将作为自治机构根据章程中的详细规定被组建。理事会成员不得超过 30 人。如果可能，所有的成员保险公司都应当派代表参与理事会。

²理事会成员的各一半分别由参保人及雇主代表组成。

参保人选举参保人代表，雇主选举雇主代表。第四编第 44 条第 4 款准用之。

³理事会的成员由该级别成员保险公司的理事会选出。

⁴第 197 条准用于理事会。第四编第 33 条第 3 款、第 37 条第 1 款、第 40 条、第 41 条、第 42 条第 1—3 款，第 51 条第 1 款第 1 句第 3 项、第 58 条、第 59 条、第 62 条、第 63 条第 1 款、第 3 款、第 4 款、第 64 条第 3 款及第 66 条第 1 款准用之。

第 209a 条　州协会的董事会

在地方、企业及行会健康保险公司中应组建一个董事会。其成员不超过 3 人。第四编第 35a 条第 1—3 款及第 5—7 款准用之。

第 210 条　州协会的章程

¹每个州议会都必须通过其理事会制定章程。章程需要负责社会保险

的州最高行政机关批准。章程必须包含有关以下内容的规定：

1. 协会的名称、辖区和所在地；

2. 理事会成员及其代表的人数及选举；

3. 机构人员的补偿费；

4. 理事会的公开性；

5. 成员保险公司的权利及义务；

6. 资金的筹集及管理；

7. 运营及会计的年度审核；

8. 公告方式。

第四编第 34 条第 2 款准用之。

[2]此外，章程必须包含以下规定，即由健康保险公司联邦最高协会所缔结的合同及第 92 条和第 282 条所述的指令对州协会及其成员保险公司具有约束力。

第 211 条　州协会的任务

[1]州协会必须履行法律所赋了的任务。

[2]州协会支持成员保险公司履行其义务及行使其利益，尤其是通过：

1. 建议及授课；

2. 收集和处理用于协会目的的统计资料；

3. 缔结及修改合同，尤其是与其他社会保险机构之间的合同，只要该机构得到了成员保险公司的授权；

4. 代为履行成员保险公司对于其他社会保险机构、机关及法院的代表权；

5. 裁决成员保险公司之间的管辖权冲突；

6. 参与并促进成员保险公司雇员的职业培训、进修及继续教育；

7. 工作会议；

8. 与成员保险公司制定和协商关于数据自动处理、数据保护和数据保护的程序和方案，以及数据中心的运作。

[3]州协会应当在立法及行政的问题上支持主管机关；第四编第 30 条第 3 款准用之。

[4]资助州协会所需的资金由其成员保险公司以及住所位于该州协会辖

区内的成员中同保险种类的健康保险公司筹集。根据第 207 条第 1 款第 3 句，健康保险公司的成员法律关系不受影响。资金筹集的细节根据第 1 句由州协会进行约定。如果该约定根据第 3 句直到每年的 11 月依然无法达成，则约定的内容由缔约双方指定的仲裁员确定。

第 211a 条　州一级的决定

健康保险公司的州协会及医疗互助保险公司应当就其根据本法所共同做出的决定达成一致。如果未能达成一致，则由每个类型的保险公司各派出一名代表做出决议，该代表的投票将根据其保险种类的 KM6 统计数据与全州参保人的数量进行加权。该加权应当根据每年 1 月 1 日前根据 KM6 数据所计算出的参保人数量的变动进行调整。

第 212 条　联邦协会、德国矿工、铁路职工、海员养老保险、医疗互助保险公司协会

[1]根据在 2008 年 12 月 31 日前生效版本的第 212 条第 1 款而存在的联邦协会根据法律在 2009 年 1 月 1 日前转变为民法上的公司。公司股东为 2008 年 12 月 31 日所存在的各自联邦协会的成员。以上公司应当在 2012 年 12 月 31 日之前与在 2008 年 12 月 31 日之前存在的联邦协会从事无限期工作的雇员建立新的雇佣关系。裁员是不被允许的。在 2012 年 12 月 31 日之后，股东可以自由决定公司是否继续存在及公司的关系结构。除非下列规定中另有规定，否则适用《德国民法典》中关于民法以上公司的规定。根据第 1 句的规定，上述公司能够加入相应保险种类的健康保险公司。

[2]（已废止）

[3]德国矿工、铁路职工、海员养老保险承担矿工健康保险州协会的任务。

[4]第 1 款所述的公司为根据在 2008 年 12 月 31 日前生效版本的第 212 条所存在的联邦协会的法定继承人。公司的目的为履行其根据第 214 条所产生的或其他合同约定的任务。在公司合同缔结之前，实现公司目的所需的义务及权利视为已约定。《企业组织法》适用。

[5]医疗互助保险公司可以合并组成协会。该协会应当在章程中规定其目的及任务。章程须经批准，在协会登记簿上申请登记并经监管机关的同

意。医疗互助保险公司应当为所有州一级的不能共同统一缔结的合同分别任命一名有缔约权的全权代表。医疗互助保险公司可以就州一级的共同代表达成一致。对于共同统一缔结的州一级的合同，医疗互助保险公司必须就一位拥有缔约权的全权代表的选任达成一致。在第 5 句及第 6 句所述的情况下，医疗互助保险公司可以任命医疗互助保险公司协会作为全权代表。只要没有其他规定，医疗互助保险公司须就其他措施及决定任命一名共同代表。如果医疗互助保险公司不能在第 6 句及第 8 句所述情况下就一名共同代表达成一致，则由监管机关确定代表。只要行政行为之采取对于任务的履行是必要的，那么在全权授权情况下医疗互助保险公司协会就此享有权限。

[6]第 5 款第 6、8 及 9 句准用于其他保险种类的健康保险公司。如果在一个州中存在一个州协会，则与第 1 句不同，该州协会视为该保险种类的全权代表。当州协会的任务根据第 207 条由一家健康保险公司或另一家州协会承担时，第 2 句准用。如果在一个州中存在多个州协会，则它们被视为各自主管范围内的全权代表。

第 213 条　法定继承、资产转让、劳动关系

[1]在 2008 年 12 月 31 日之前存在的归联邦协会所有的资产转化为民法上公司的共同资产。《德国民法典》第 613a 条准用于劳动关系。依据服务合同及劳动合同产生的请求权包括要求供给的请求权由股东无限期承担责任。如果医疗互助保险公司解散或医疗互助保险公司协会的成员退出，则协会成员对依据服务合同及劳动合同产生的请求权包括要求供给的请求权无限期承担责任。适用《服务条例》的在 2008 年 12 月 31 日之前存在的联邦协会中工作的雇员，在保持其法律地位及各自《服务条例》继续适用的同时由公司雇佣。第 164 条第 2 款及第 3 款准用之。适用《服务条例》的雇员，享有在其选择的州协会工作的权利；此前，州协会必须根据 2008 年 12 月 31 日之前生效版本的第 212 条成为联邦协会成员，并按照《服务条例》雇佣雇员。如果州协会或健康保险公司雇佣了符合《服务条例》的雇员或其他雇员，以上雇员在 2008 年 12 月 31 日之前存在的联邦协会或在第 1 句所述的民法上的公司中失去了工作岗位，则州协会或健康保险公司对于其他州协会或相应保险种类的健康保险公司享有一项补

偿请求权。股东对于补偿及供给请求无期限负责。第6—9句亦适用于医疗互助保险公司协会的雇员。

[2]2008年12月31日前在联邦协会中存在的雇员代表会承担自2009年1月1日起根据《企业组织法》过渡性地享有企业工会的权利及义务并承担其任务。只要新的企业工会被选出且选举结果公示，则过渡角色结束；它最迟存续至2010年5月31日。

[3]截至2008年12月31日联邦协会中分别存在的服务协议在民事合伙中视为企业协议，但最长不超过24个月，只要它们没有被其他的规定所代替。

[4]《联邦人事代表法》的规定准用于2008年12月31日前在联邦协会领域正式启用的参与程序。以上规定亦适用于仲裁委员会及行政法院的诉讼仲裁程序。在第1句及第2句所述情况下，《企业组织法》所规定的雇员代表在以上程序中取代人事代表的地位。

[5]在州协会合并的情况下，作为合并州协会法定继承者的公司继续经营。

[6]健康保险公司联邦最高协会应当为根据2008年12月31日前生效版本的第212条第1款所存在的联邦协会以及医疗互助保险公司协会的雇员提供工作岗位，只要这对于健康保险公司联邦最高协会按规定履行任务是必要的。以上规定无须提前公告。

第214条　任务

公司具有根据法律继承或法律规定来履行义务的任务。公司股东可以在公司合同中约定更多任务，以支持法定健康保险的实施。

第215条　（已废止）

第216条　（已废止）

第217条　（已废止）

第217a条　健康保险公司联邦最高协会的设立

[1]健康保险公司组建健康保险公司联邦最高协会。

²健康保险公司联邦最高协会为公法法人。

第 217b 条　机构

¹健康保险公司联邦最高协会作为一个自治机构组建一个理事会。理事会成员必须隶属于其成员健康保险公司的理事会、名誉董事会或代表大会。第四编的第 33 条第 3 款、第 40、41 及 42 条第 1—3 款、第 58、58、59 及 62 条第 1—4 款及第 6 款、第 63 条第 1、3、4 款、第 64 条第 1 至 3 款及第 66 条第 1 款及第 197 条准用之。

¹ᵃ理事会可以审查和审核所有业务及行政记录。理事会可以随时要求董事会提供有关法人事务的报告。报告必须及时且原则上以书面形式提交。根据第 1 句及第 2 句的权利也可以由理事会的四分之一表决行使。

¹ᵇ理事会必须对其决议明确说明理由。其必须记录其会议。理事会可以要求口头记录。表决原则上不是秘密的。秘密表决仅在特殊情况下进行。应在章程中根据第 217e 条第 1 款所确定的与责任相关的表决情况中进行记名表决。

¹ᶜ如果理事会成员通过未建立劳动关系的服务合同或通过与理事会的雇佣合同，承诺在理事会的职责之外从事更高级别的活动，则合同的有效性取决于理事会的批准。如果健康保险公司联邦最高协会在理事会未批准合同的情况下基于服务合同或雇佣合同授予理事会成员报酬，理事会成员必须返还该报酬，除非理事会事后追认该合同的有效性。理事会成员向健康保险公司联邦最高协会提出交付通过所从事活动所得收益的请求不受影响。但是，该请求权不能与返还请求权相抵。

¹ᵈ理事会个人成员的年度薪酬水平，包括附加福利，应当在每年 3 月 1 日的概述中发布，自 2017 年 3 月 1 日起由健康保险公司联邦最高协会在《联邦法律公报》中首次公布，同时在健康保险公司联邦最高协会的通知中公布。

¹ᵉ如果某些事实排除了理事会成员对主席或副主席的行政工作的信任，则理事会可以罢免其主席或副主席，尤其是当主席或副主席违反其作为理事会代表的职责或违反其对理事会的信息义务时。罢免需要简单多数票决。在罢免的同时，理事会必须同时选举主席或副主席的继任人。被罢免的主席或副主席的任期因罢免而结束。

[2]健康保险公司联邦最高协会应组建一个董事会。董事会成员不得超过三人。董事会及其成员中的董事会主席和副主席由理事会选举产生。董事会负责管理健康保险公司联邦最高协会并在法庭内外代表健康保险公司联邦最高协会，只要法律或者其他适用于协会的法律规定没有另行规定。董事会成员应全职开展工作。第四编第 35a 条第 1—3 款、第 6—7 款准用之。监管机关在结合第四编第 35a 条第 6a 款及第 6 句做出决定之前，可以要求健康保险公司联邦最高协会向其提供独立的针对董事会服务合同的法律及经济评估。在董事会成员任期内，薪酬不得提高。在董事会成员新一届的任期开始时，比最后根据第四编第 35a 条第 6a 款第 1 句批准的上一任期或上一届董事会成员的薪酬更高的薪酬只能根据消费者价格指数的发展通过基本薪酬的附加费来协定。监管机关可以在董事会成员新的任期开始之时规定更低的薪酬。第四编第 35a 条第 6 款第 3 句规定的经济利益应当计入董事会成员的薪酬中或划入健康保险公司联邦最高协会。健康保险公司联邦最高协会对于董事会成员未来保险的约定仅在明确的缴款承诺的基础上才被允许。

[2a]董事会应当采取适当措施以建立并确保符合规定的行政组织。尤其应在行政组织中建立包括内部控制制度和独立内部审计的内部控制程序。内部审计发现违反法律规定或者其他重要规定的，应当定期向董事会和监管机关报告。如果发现违规行为与董事会成员的行为有关，还必须向理事会报告。

[3]健康保险公司联邦最高协会应召开成员人会。成员大会选举理事会。每个健康保险公司应各自从其理事会、其名誉董事会或其代表大会产生一名参保人和雇主的代表出席成员大会。其理事会不超过雇主代表一半的医疗互助保险公司各自从其理事会中产生两名参保人代表。第四编第 64 条第 1 款及第 3 款准用之。

第 217c 条 理事会及成员大会主席的选举

[1]理事会最多由 52 名成员组成。一般地方健康保险公司、医疗互助保险公司、企业健康保险公司、行会健康保险公司的参保人代表及雇主代表以及德国矿工、铁路职工、海员养老保险、农业健康保险公司的共同参保人及雇主代表被选举为理事会成员。与第 2 句不同，对于理事会不超过雇

主代表一半的医疗互助保险公司，只有参保人代表能被选举。每一成员都应选举出一名代表。第四编第 43 条第 2 款准用之。席位分配由截至当年 1 月 1 日的联邦范围内保险种类的参保人数决定，在该日历年中，成员大会选举新一任期的理事会。

²每一保险类型的健康保险公司中被选举的理事会成员必须分别属于参保人组和雇主组的一半。与第 1 句不同，其理事会由雇主代表组成的医疗互助保险公司选举出的雇主代表的人数应基于截至日历年 1 月 1 日该医疗互助保险公司的参保人数占联邦范围内所有医疗互助保险公司的参保人数的比重的一半来确定，理事会在其中被选出。对于理事会的投票，应在必要的程度上对投票进行加权，以确保理事会的参保人代表与雇主代表的票数相等。在每种保险种类的健康保险公司中，席位的分配和投票的权重必须使每种保险种类的健康保险公司的参保人所占的百分比尽可能最大。席位分配和表决权的规则应在不迟于理事会任期结束前六个月的章程中规定。章程可以规定，在任期内的票数分配应根据参保人人数的变化进行调整。

³理事会的选举是根据候选人名单进行的。每种保险种类都应创建一份候选人名单，其中至少包含根据章程分配的席位数量的申请人。以上同样适用于根据第 1 款从德国矿工、铁路职工、海员养老保险和农业健康保险公司合并选举出的成员。如果某个保险种类不能就候选人名单达成一致，则每家该类型的健康保险公司均任命一名申请人作为参保人代表、一名申请人作为雇主代表；医疗互助保险公司的理事会成员人数不得超过雇主代表的一半。且各自最多任命三名参保人代表。成员大会的主席使用已提交的个人提案，与申请人一起草拟保险种类相关的提案清单。这同样适用于拟选出代表的提案名单的拟订。提案清单应当为参保人代表、雇主代表以及其候补代表分别拟定，参保人代表和雇主代表及其候补代表应分别进行选举，并按照保险种类分别选举。参保人代表在股东大会上从理事会的提案中选举参保人代表及其候补代表。成员大会中的雇主代表应从理事会的提案清单中选出雇主代表及其候补代表。在根据第 8 条进行单独投票的情况下，成员保险公司的授权代表在一轮投票中的票数与根据章程规定的席位一样多。

⁴应选出在提案清单上获得按照第 4 款（最大数目）加权的最高票数

的申请人。拥有最多票数的申请人与每个保险种类根据章程被分配的席位一样多。以上亦适用于候补代表的选举。

⁵成员大会选举理事会成员时，必须对联邦最高协会的成员保险公司的票数进行加权。以上权重基于每年 1 月 1 日在联邦范围内的参保人数。权重根据每年至 2 月 1 日的参保人数的发展进行调整。以上细节由章程规定。

⁶成员大会从其成员中选举出主席一名、副主席一名。成员大会主席的选举应以成员保险公司的三分之二多数票通过。成员保险公司只能统一进行投票。联邦卫生部邀请联邦最高协会的成员参加第一届成员组成大会，并在第一次会议上领导大会主席的选举。《社会保险选举条例》第 76 条有条件地准用于成员大会的第一次会议，即联邦卫生部的代表应履行选举委员会的职责。主席召集以下成员大会的会议。他领导理事会的选举并确定选举结果。以上细节由章程规定。

⁷成员大会主席邀请被选出的理事会参加其组成大会并领导理事会主席的选举。《社会保险选举条例》第 75、76 条有条件地准用于理事会的第一次会议，即成员大会主席应履行选举委员会的职责。

⁸理事会及成员大会主席的在成立阶段及各自任期结束后的选举程序细节均可由联邦卫生部通过法规性命令进行规定，且无须联邦参议院的同意。

第 217d 条　监督、预算和会计、财产、统计

¹健康保险公司联邦最高协会受联邦卫生部的监督，在执行第 217f 条第 3 款的情况下由联邦劳动及社会事务部监督。联邦卫生部应与联邦劳动及社会事务部达成合意，监督健康保险公司联邦最高协会根据第 219a 条的联络机构职能。

²健康保险公司联邦最高协会的活动费用应按照预算计划由成员保险公司按照《章程》规定缴纳，只要该费用未被其他收入所涵盖。第四编第 67—70 条第 1 款及第 5 款、第 72—77 条第 1 款及第 1a 款以及第 78 及 79 条第 1 款及第 2 款连同第 3a 款准用于预算及会计，第四编第 80—83 条及第 85 条以及第 22 条第 1 款第 2 句准用于第 305b 条所述的资金利用。关于第四编第 1a 款所述的年度账目，上一财政年度的年度账目必须在下

一年的 10 月 1 日之前被制定出来，并提交给监管机关。生产资料应当不超过根据健康保险公司联邦最高协会预算计划中一个半月的支出。储备金是被允许的，只要其适当且旨在达成法定任务。只要资产对于储备金形成是不必要的，则将其用于减少成员保险公司资金的出资或偿还成员保险公司资金。

[3]为了执行针对健康保险公司联邦最高协会的监管命令，监管机关可以根据第 271 条的规定，对健康保险公司处以 1000 万欧元的罚款。

第 217e 条　章程

[1]理事会必须制定章程。章程需要获得主管监管机关的批准。联邦最高协会的总部设在柏林。章程可以规定其他机构所在地。联络处（第 219a 条）设在波恩；章程可以基于特定任务的考量确定其他机构所在地。章程必须包含有关以下内容的规定：

1. 成员过早退出时对理事会和董事会的选举，以及理事会的补选；
2. 理事会成员的薪酬；
3. 资金的筹集和管理；
4. 理事会决议的证明；
5. 理事会会议的公开；
6. 成员保险公司代表出席成员大会，成员大会主席选举及其职责的细节；
7. 成员保险公司的权利和义务；
8. 运营和会计年度审核；
9. 公告类型。

第四编第 34 条第 2 款准用之。

[2]健康保险公司联邦最高协会所缔结的合同和其他决定适用于联邦最高协会的成员协会、健康保险公司州协会和参保人。

第 217f 条　健康保险公司联邦最高协会的任务

[1]自 2008 年 7 月 1 日起，健康保险公司联邦最高协会必须履行法律赋予的任务。

[2]健康保险公司联邦最高协会支持健康保险公司及其州协会履行其任

务和追求其利益，特别是通过制定和协调数据定义（格式、结构和内容）和流程优化（流程网络），用于法定健康保险和雇主之间的电子数据交换。健康保险监督员协会的任务是确保国际和政府间组织和机构保护健康保险公司的利益。

[3]健康保险公司联邦最高协会就基础性的专业及法律问题做出有关缴费、注册程序及统一收取缴费的决定（第四编第 23、76 条）。健康保险公司联邦最高协会根据第四编第 28f 条第 4 款就委任职位的任命及分配提出建议。

[4]健康保险公司联邦最高协会就健康保险公司的质量及盈利能力竞争的组织问题做出决定，尤其是发布有关建立和实施绩效与质量数据的目标导向基准的框架指令。

[4a]健康保险公司联邦最高协会在指令中确定第 73b 条第 3 款第 8 句及和第 140a 条第 4 款第 6 句及第 7 句所述规则的一般要求。该指令需要联邦卫生部的批准。

[4b]在 2018 年 1 月 31 日之前，健康保险公司联邦最高协会在指令中确定措施，以保护参保人的社会数据免受未经授权的访问，以上措施将在健康保险公司与参保人联系时被运用。以上措施必须适宜，且使用分级程序确保与潜在风险相关的社会数据的保护，并与现有技术保持一致。尤其是对于社会数据的电子传输，该指令必须规定安全识别和安全数据传输的措施；这里应考虑到根据第一编第 36a 条第 2 款第 5 句所述的安全电子身份证明的现有程序。该指令必须规定健康保险公司实施措施的概念和独立专家认证的要求。它必须由联邦数据保护和信息自由专员与联邦信息技术安全局协调制定，并且需要获得联邦卫生部的批准。

[5]2008 年 12 月 31 日前所存在的联邦协会以及德国矿工、铁路职工、海员养老保险、医疗互助保险公司协会及海员健康保险公司在 2008 年 6 月 30 日之前制定的协议、规定及决定继续适用，直至健康保险公司联邦最高协会其任务范围内制定新的协议，规定或决定，或者由仲裁委员会重新确定合同内容。

[6]健康保险公司联邦最高协会在健康保险公司关闭或破产的情况下做出关于参保人的成员资格过渡的必要决定，以确保参保人享有服务并计算其服务。

[7]健康保险公司联邦最高协会为了根据第 130b 条执行其法定任务，可以根据第 268 条第 2 款第 14 句并结合第 1 句第 1—7 项在匿名及不提及健康保险公司的情况下处理和使用数据。

[8]健康保险公司联邦最高协会与联邦保险局协商，根据《社会保险会计条例》第 3 条制定标准健康保险公司指令，以确保健康保险公司的付款交易及簿记。

第 217g 条　健康保险公司联邦最高协会在特殊情况下的监管手段

[1]如果事后出现不应该批准章程的情况，或者由于事后的法律或事实情况导致章程的非法而需要更改章程，则监管机关可以下令在一定时期内由健康保险公司联邦最高协会在最后期限内进行必要的更改。如果健康保险公司联邦最高协会在截止日期之前未遵守该命令，则监管机关可以自行进行必要的更改。

[2]如果理事会的决定对于执行章程规定或监管规定是必要的，则监管机关可以命令其在一定期限内做出该决定。如果必要决定在一定期限内没有被做出，则监管机关可以代替理事会做出决定。

[3]如果健康保险公司联邦最高协会理事会的决议违反了法律或其他适用于健康保险公司联邦最高协会的法律规定，则监管机关可以命令其在一定期限内撤销该决议。在命令到达之后，该决议不应当被执行。监管机关可以要求撤销根据该决议而采取的措施。如果健康保险公司在期限内没有遵循该命令，则监管机关可以废止该决议。

[4]如果根据第 1 款或第 2 款的决议基于法律规定在一定期限内被做出，则不必下达规定时限的命令。对于监管机关根据第 1—3 款做出的命令和采取的措施提出的申诉，不具有中止效力。

第 217h 条　健康保险公司联邦最高协会特殊事务派出人员

[1]只要危及健康保险公司联邦最高协会符合规定的管理，则监管机关可以派出人员到健康保险公司联邦最高协会，委托该人员执行健康保险公司联邦最高协会的任务，并授予其必要的权力。如果发生以下情况，则尤其容易危及符合规定的管理：

1. 董事会成员采取不符合其自身管理规定或章程规定或法律规定的

内部或外部措施；

2. 董事会成员采取严重损害内部管理组织及组织彼此间共同工作的行动；

3. 监管命令的执行无法得到保证；或

4. 有充分迹象表明，机构人员或前机构人员的义务违反已对法人造成损害。

在以上情况下，监管机关可以派出人员向董事会或理事会提供建议和支持，监督监管指令的执行情况，或审查机构成员或前机构成员的赔偿要求。监管机关应确定派出人员在多大程度上可以在内部关系中代替机构行事。对外关系中的机构权力不受影响。以上派遣通过针对健康保险公司联邦最高协会的行政行为来完成。

[2]根据第 1 款所派出的人员在其职责范围内有权要求机构人员及健康保险公司联邦最高协会的雇员提供信息并提交文件。派出人员可以以顾问身份参加所有机构及健康保险公司联邦最高协会的其他委员会的会议，进入健康保险公司联邦最高协会的营业场所并进行研究以完成其任务。机构及机构人员必须支持派出人员履行其职责。派出人员有义务将其活动过程中获得的任何信息提供给监管机关。

[3]健康保险公司联邦最高协会向根据第 1 款被派出的人员提供报酬及合理费用。报酬水平由监管机关针对健康保险公司联邦最高协会的行政行为确定。健康保险公司联邦最高协会还承担因派遣而产生的其他费用。

[4]对人员的派遣须下达一项命令，监管机关根据该命令指示健康保险公司联邦最高协会在一定期限内采取必要措施以确保其管理符合规定。对第 1 句所述的命令或对该人员派遣提出的申诉，不具有中止效力。

第 217i 条　机构预防、任命被委托人

[1]只要健康保险公司联邦最高协会的理事会及董事会的选举未进行或只要健康保险公司联邦最高协会的理事会及董事会拒绝开展其业务，则监管机关可以自行开展业务或任命一个被委托人并全部或部分地将健康保险公司联邦最高协会的一个或多个机构的权力委托于他。如果理事会或董事会威胁到法人的运作，特别是不再根据法律或章程管理法人，解散健康保险公司联邦最高协会，或打算或做出危害资产的决定时，以上规定亦

适用。

[2]根据第 1 款对被委托人的任命通过针对健康保险公司联邦最高协会的行政行为来完成。被委托人所被授予的机构的权力及权利在内部关系和对外关系中均受委托的范围及期限的限制。健康保险公司联邦最高协会向根据第 1 款被派出的人员提供报酬及合理费用。报酬水平由监管机关针对健康保险公司联邦最高协会的行政行为确定。健康保险公司联邦最高协会还承担因派遣而产生的其他费用。如果董事会的权力已被委托于被委托人，则董事会的薪酬必须相应降低。

[3]监管机关的业务开展或对被委托人的任命须下达一项命令，监管机关根据该命令指示健康保险公司联邦最高协会在一定期限内采取必要措施以确保符合规定的管理。对第 1 句所述的命令或对被委托人的任命或对监管机关执行健康保险公司联邦最高协会任务所提出的申诉，不具有中止效力。

第 217j 条　联邦卫生部的报告义务

只要不与值得保护的第三方利益发生冲突，则联邦卫生部每年 3 月 1 日且首次为 2018 年 3 月 1 日向德国联邦议会健康委员会提交关于根据第 217g 条第 1—3 款、第 217h 条第 1—4 款第 1 句及第 217i 条第 1—3 款第 1 句所采取的监管措施、根据第四编第 89 条第 1 款第 2 句并结合第 217d 条第 2 句第 2 款所发出的承诺通知以及关于监管程序进度的报告。

第 218 条　地区保险公司协会

[1]地方、企业及行会健康保险公司可以通过其理事会的合意决议合并为一个保险公司协会，如果它们的所在地位于同一保险局的辖区。

[2]在该州负责社会保险的最高行政当局的批准下，一个保险公司协会可以扩展至多个保险局辖区。

第 219 条　有关健康保险公司联邦最高协会机构及其工作组的特殊规定

[1]健康保险公司及其协会尤其可以与保险公司医生协会和其他服务提供者协会以及公共卫生服务机构组成工作组，以促进健康、预防、照顾慢

性病人和康复，以执行第十编第 94 条第 1a 条第 1 句所述的任务。

[2]在健康保险公司联邦最高协会董事会做出有关设立、接管或大幅扩展第四编第 85 条第 1 句意义上的机构以及直接或间接参与以上机构的决定之前，健康保险公司联邦最高协会董事会在适当数据的基础上向理事会报告有关拟议活动的机会和风险的全面信息。第 1 句中董事会的决定需要理事会的批准。

[3]健康保险公司联邦最高协会董事会应当编制健康保险公司联邦最高协会所投资机构的年度报告，以向健康保险公司联邦最高协会理事会提供信息。各机构的投资报告应至少包含以下信息：

1. 机构的标的、持股关系、机构组成和机构在其他机构的持股情况；

2. 对机构的投资与健康保险公司联邦最高协会法定任务之间的持续关联；

3. 机构的主要业务范围、机构的盈利能力、健康保险公司联邦最高协会向机构的注资和从机构的资本提取、注资和资本提取对健康保险公司联邦最高协会预算管理及健康保险公司联邦最高协会向该机构提供担保的影响；

4. 在每个财政年度中授予机构、理事会、咨询委员会或类似机构的每个成员的薪酬总额，以及在财政年度中以署名方式授予这些机构的每个成员的薪酬。

最近一个财政年度的报告必须最迟在第二年的 10 月 1 日之前提交给健康保险公司联邦最高协会和监管机关。

[4]对于根据第十编第 94 条第 1a 款并结合第 1 款对健康保险公司联邦最高协会所投资的工作组的监管，准用第四编第 89 条。

[5]第 2 款及第 3 款准用于根据第十编第 94 条第 1a 款并结合第 1 款所述的健康保险公司联邦最高协会所投资的工作组。

第 219a 条　德国健康保险国外联络处

[1]健康保险公司联邦最高协会承担德国健康保险国外联络处的任务。它还履行通过跨国家或国家间以及通过国内法所委托的任务。特别是包括：

1. 与国外联络处的协商；

2. 与国内外机构进行成本核算；

3. 适用保险法的定义；

4. 协调行政援助并在跨境案件中执行数据交换；

5. 说明，咨询信息；

6. 根据第 219d 条执行国家联络处的任务。

对于居住在德国并通常在欧洲联盟几个成员国就业的人员，在确定所适用的保险法时，要与专业社会供给机构工作组或农业、林业和园艺社会保险工作组协商，只要以上工作组为专业社会供给机构或农业、林业和园艺社会保险的成员，或者如果适用德国法律，则该成员资格将被授予。协会章程可以规定执行任务的细节，并在协会职权范围内，将其他任务委托给协会。

[2]健康保险公司联邦最高协会是符合 2007 年 12 月 31 日之前生效版本的第 219a 条的德国健康保险国外联络处的法定继承人。《德国民法典》第 613a 条准用之。2008 年的预算计划作为最高协会预算的一部分继续生效。

[3]理事会必须为履行第 1 款所述任务而任命一名总经理及副总经理。总经理应就第 1 款所述的所有事项管理最高协会，并在这些事项中以法律和法外方式代表最高协会，除非法律或其他相关法律另有规定。第四编第 35a 条第 6 款第 1 句准用于服务合同的缔结。总经理执行事务的原则细节由章程确定。

[4]理事会必须针对联络处的职责领域细分联邦最高协会的总预算计划。预算管理必须根据职责领域来分别完成。

[5]联络处所需的资金通过由章程确定的计算标准而进行的征税（第 217e 条第 1 款第 3 号）及联络处的其他收入来筹集。章程必须包含关于为实现联络处目的专门用于完成任务的可用资金的特别规定。

第 219b 条　社会供给机构与德国健康保险国外联络处之间的自动化流程中的数据交换

健康保险公司及其他社会供给机构与健康保险公司联邦最高协会的数据交换应通过自动化方式进行，只要为此目的提供结构化文件即可，该文件由欧洲联盟委员会设立的社会供给体系协调行政委员会确定。在执行第

219a 条所述任务的自动化程序中，第 1 句所述机构之间的进一步数据交换是根据通用程序原则进行的，这些程序由健康保险公司联邦最高协会、德国养老保险协会和德国法定事故保险协会共同确定。

第 219c 条　（已废止）

第 219d 条　国家联络处

[1]自 2013 年 10 月 25 日起，健康保险公司联邦最高协会及德国健康保险国外联络处承担 2011 年 3 月 9 日根据欧洲议会和理事会 2011/24/EU 号指令有关跨境医疗患者权利行使情况［《欧盟公报（立法）》2011 年 4 月 4 日第 88 期，第 45 页］的任务。特别是，它提供关于以下内容的信息：

1. 国家健康服务提供者、适用的质量和安全规定、患者的权利，包括行使这些权利的手段，以及残疾人进入医院的可能性；

2. 参保人在其他成员国享受跨境服务的权利和请求；

3. 可在跨境交通中识别的处方的最低要求；以及

4. 其他成员国亦设有联络点。

在第 2 句第 2 号的信息中须明确区分参保人在执行 2011/24/EU 指令时根据第 13 条第 4 款及第 5 款可以行使的权利及参保人根据 2004 年 4 月 29 日欧洲议会及理事会发布的关于协调社会供给体系的第 883/2004 号条例［《欧盟公报（立法）》2011 年 4 月 4 日第 88 期，第 45 页］所享有的权利。德国医院协会、联邦健康保险医师协会以及私人健康保险提供者为国家联络点提供执行任务所需的信息。在履行其任务所必需的范围内，国家联络点只有在征得参保人的书面同意和事先提供信息之后，才可以处理和使用参保人的个人数据。

[2]健康保险公司联邦最高协会、德国健康保险国外联络处及第 1 款第 3 句所述的组织根据第 1 款第 2 句在合同中协商确定国家联络处提供信息的细节问题。

[3]第 1 款第 3 句中提到的组织应承担为国家联络处的任务提供资助所需的费用。健康保险公司联邦最高协会及德国健康保险联络处在第 2 款所述合同中协商确定有关融资尤其是每年所需资金数额的细节问题。如果没

有其他约定，则各组织承担执行任务所需的资金的比例如下：私人健康保险 5%、德国医院协会 20%、联邦健康保险医师协会 20% 以及保险公司牙医联邦协会 10%。

[4]第 1 款第 2 句中提到的信息必须易于获取，并在必要时以电子形式和无障碍格式被提供。

[5]国家联络处应与其他成员国的国家联络处及欧盟委员会就跨境医疗问题进行合作。

脚注

通过第 1 条第 73 项对第 219d 条的修正用于 2011 年 3 月 9 日欧洲议会和理事会关于在跨境医疗中行使患者权利的第 2011/24/EU 号指令第 4 条第 2 款第 a 项和第 5 条第 b 项第 2 句［《欧盟公报（立法）》2011 年 4 月 4 日第 88 期，第 45 页］以及欧盟委员会 2012 年 12 月 20 日的第 2012/52／EU 号执行指令第 4 条的转化，同时采取了旨在促进认可另一成员国签发的医疗处方的措施［《欧盟公报（立法）》2012 年 12 月 22 日第 356 期，第 68 页］。

第八章　融资

第一节　保险费

第一目　资金筹集

第 220 条　原则

[1]健康保险资金应通过保险费及其他收入筹集；额外保险费根据第 252 条视为保险费。贷款是不被允许的。在个别情况下，监管机关可以根据第 140 条的规定，从信贷机构批准贷款，以为自有设施的土地购置提供资金，并根据第 140 条的规定，为自有设施建造、扩建或改建建筑物。

[2]联邦保险局组建的评估机构在每年 10 月 15 日前评估每年及下一年的：

1. 健康保险公司成员的预期应缴费收入额；
2. 健康基金的预期年收入额；
3. 健康保险公司的预期年度支出金额；
4. 预期的参保人数和健康保险公司成员。

第二年的评估结果根据第 242a 条作为第二年平均额外保险费、根据第 266 条和第 270 条健康基金的拨款以及根据第 270a 条进行收入平衡的基础。在估算预期的年收入金额时，不考虑第 271 条第 1a 款所述的保险费。

[3]第 67—69 条、第 70 条第 5 款、第 72 条第 1 款及第 2 款第 1 句第一半句、第 73—77 条第 1a 款第 1—6 句以及第 79 条第 1 款及第 2 款并结合

第四编第 3a 款且基于第四编第 78 条而发布的法规性命令适用于预算和会计，包括联邦保险局管理健康基金时的统计数据。第四编第 80 条和 85 条准用于资产。由联邦保险局根据联邦卫生部和联邦财政部的同意而设立的审查机构，可以任命审计员或注册会计师来审查健康基金的年度账目。联邦卫生部与联邦财政部可合意解雇作为健康基金管理人的联邦保险局主席。

[4](已废止)

第 221 条　联邦分摊支出

[1]联邦政府每年分期支付 145 亿欧元，并在银行的第一个工作日按月向健康基金转入款项，以一次性补偿健康保险公司的非保险事务性支出。

[2]健康基金将从根据第 1 款获得的联邦补偿金中转移给农业健康保险公司其所被分摊的联邦补偿金份额。第 1 句中的转账金额是根据该健康保险公司的参保人数与所有健康保险公司的参保人数之比得出的；上一年 7 月 1 日的比例是决定性的。

[3]根据第 2 款第 1 句的转账金额应在以下情况中减少：

1. 从 2016—2019 年，根据第 92a 条第 3 款及第 4 款农业健康保险公司所被分摊的创新基金资金份额；以及

2. 根据《医院融资法》第 12—14 条的标准，2016 年起农业健康保险公司所被分摊的结构基金资金份额。

第 2 款第 2 句准用之。符合第 1 句第 1 号的份额被分配给创新基金，符合第 1 句第 2 号的份额被分配给结构基金。第 92a 条第 3 款及第 4 款所述在该财政年度未被使用的用于创新基金的资金，应根据上一日历年健康基金业务及账目的当前结果按比例退还给农业健康保险公司。根据《医院融资法》第 12 条和第 12a 条的规定，属于结构基金的资金份额应归属于符合第 1 条第 2 句所述的农业健康保险公司，该份额根据上一日历年中健康基金的业务和账目的当前结果确定，并由农业健康保险公司结算。只要份额是不确定的，联邦保险局就可以设定临时金额。联邦保险局确定用于确定金额和农业健康保险公司结算的细节事宜。

第 221a 条 （已废止）

第 221b 条 （已废止）

第 222 条 （已废止）

第 223 条 缴费义务、义务缴费收入、缴费上限

[1]除非本编另有规定，否则成员的保险费按日支付。

[2]保险费应根据成员的义务缴费收入计算。应按照每周 7 天、每月 30 天、每年 360 天进行计算。

[3]根据第 6 条第 7 款，每日的义务缴费收入应不超过年度工作限额的三百六十分之一（缴费计算上限）。

除非本编另有规定，否则超过该数额的收入应不予考虑。

第 224 条 免除领取医疗津贴、生育津贴或父母津贴的缴费义务

[1]成员在享受医疗津贴或生育津贴或者父母津贴的期间无须缴纳保险费。免缴保险费仅适用于第 1 句中提及的服务。第 240 条第 4 款第 1 句不适用于领取医疗津贴或生育津贴的期间。

[2]免缴保险费不排除或减轻损害赔偿请求权。

第 225 条 特定养老金申请者保险费的免除

如果养老金申请者满足以下条件，则其在领取养老金之前免缴保险费：

1. 如果其作为根据第 5 条第 1 款第 11 项或第 12 项已开始领取养老金的义务参保的退休者所遗留下的配偶或生活伴侣申请遗属抚恤金；

2. 如果其作为孤儿满足了第 5 条第 1 款第 11b 项的前提条件，并在 18 周岁之前申请了这里所提到的津贴；或

3. 如果其不存在根据第 5 条第 1 款第 11—12 项或根据本编第 10 条或者根据第二编关于农村健康保险的参保义务。

如果养老金申请者已收到工作收入或战争受害者疾病津贴，则第 1 句

不适用。第 226 条第 2 款准用之。

第二目 成员义务缴费收入

第 226 条 义务参保雇员的义务缴费收入

[1]义务参保雇员的保险费计算以下列内容为基础：

1. 义务参保雇员的工资收入；

2. 法定养老金的养老金支付额；

3. 与养老金相当的收入支付额（供给金）；

4. 除法定养老保险养老金或供给金之外的劳动收入。

提前退休津贴等同于工资。对于根据《职业培训法》作为职业培训合同范围内在企业外机构接受培训的人员，其培训报酬等同于工资。

[2]只有在根据第 1 款第 1 句第 3 项及第 4 项的义务缴费收入共计超过第四编第 18 条规定的每月缴费额的二十分之一的情况下，才应支付根据第 1 款第 1 句第 3 项及第 4 项计算的保险费。

[3]章程的规定适用于根据第 192 条第 2 款有成员资格的孕妇。

[4]对于每月工资低于过渡区域的上限但高于低收入工作者的雇员（第四编第 20 条第 2 款），第七编第 163 条第 10 款中的义务缴费收入数额准用。

第 227 条 有参保义务但未在法定健康保险中参保的归侨的义务缴费收入

第 240 条准用于第 5 条第 1 款第 13 项的义务参保人。

第 228 条 养老金作为义务缴费收入

[1]一般养老保险养老金以及矿工养老保险金，包括高等保险保险费的增加款项，视为法定养老保险养老金。如果同类养老金是从国外领取的，第 1 句亦适用。

[2]在计算保险费时，还必须考虑到根据第 1 款补发的养老金，但前提是这些养老金在养老金领取者根据本编有权享有服务的期限之内。补发金额被视为补发当月收取的保险费。与第十编第 48 条第 1 款第 2 句规定不

同，缴费通知对过去不生效力，只要补发养老金根据第 1 句及第 2 句在保险费计算时被纳入考量。

第 229 条　供给金作为义务缴费收入

[1]同类收入（供给金）视为养老金，只要其是因就业能力受限或者为了养老或遗属抚恤而获得的：

1. 根据公务员法的规定或原则源于公法上服务关系或有权要求获得供给的劳动关系的供给金，不包括：

a）仅作为过渡方式所提供的供给金，

b）事故导致的服务或损害供给服务，

c）在发生事故时为支付费用的 20% 的费用，以及

d）在提高事故供给金时与普通供给金支付费用的差额，至少为提高事故供给金支付费用的 20%；

2. 议员、议会国务秘书和部长的供给金；

3. 为特定职业人士所设立的保险及供给机构的养老金；

4. 根据《农业养老金法》规定的养老金和土地征收养老金，但过渡性补贴除外；

5. 包括公共服务的额外供给及钢铁矿工额外供给的企业养老供给养老金，但《所得税法》第 92 条意义上的源于养老金资产的服务及源于参保人在劳动关系结束后作为唯一参保人非从雇主处获得的支持保险费的服务不予考虑。

如果此类服务是从国外或国家间或超国家机构获得的，则第 1 句亦适用。如果非定期返还的服务代替供给金或者如果此类服务在保险事件发生前已被约定或允诺，则该服务的十二分之一视为每月的支付额，但最长为120 个月。

[2]第 228 条第 2 款准用于供给金的补缴。

第 230 条　义务参保雇员收入类型的优先次序

如果工资未达到保险费计算上限，则依次考虑成员的供给金支付额以及工作收入，以达到保险费计算上限。法定养老保险的养老金支付额应与保险费计算上限之下的其他收入类型分开考虑。

第 231 条　保险费的退还

[1]源自供给金或劳动收入的保险费应通过健康保险公司依申请退还给成员，只要涉及该款项的供给金及劳动收入连同包含一次性支付的工资的工资收入超过了第 6 条第 7 款所述的按比例分配的年度工资上限。

[2]主管健康保险公司依申请向成员退还其所承担的源自法定健康保险养老金的部分，只要涉及该部分的养老金与其他根据保险费计算出的成员收入总和超过了保险费计算上限。健康保险公司章程可以规定实施退还的细节事宜。如果成员依申请已被退还其所承担的第 1 句所述的保险费部分，则法定养老保险机构也应被退还其所承担的保险费部分。

[3]如果成员的保险费由第 240 条第 4a 款第 6 句确定，在支付保险费的日历年到期后的三年内证明其每日的义务缴费收入低于每月保险费计算上限的三十分之一，则该成员应被退还已缴纳的保险费部分，该部分超过了成员根据事实获得的第 240 条所述的义务缴费收入。

第 232 条　非永久性雇员的义务缴费收入

[1]对于非永久性雇员，其义务缴费收入以一个日历月内所获得的工资为依据且不超过第 6 条第 7 款所述的年度工资上限十二分之一，而无须考虑雇佣时间。本编第 226 条及第 228—231 条以及第四编第 23a 条适用。

[2]如果在一个日历月内从事多份非永久性工作，且工作收入总共超过了第 1 款所提及的每月计算上限，则在计算保险费时应仅按比例考虑单独的工资，只要总额未超过每月计算上限。根据成员或雇主的申请，健康保险公司应根据评估的工资来分配保险费。

[3]根据事务的性质或受雇佣合同的事先限制而时间少于一周的工作为非永久性工作。

第 232a 条　失业救济金、生活补助津贴或短期工作津贴领取者的义务缴费收入

[1]以下视为义务缴费收入：

1. 就根据第三编领取失业救济金或生活补助津贴的人员而言，根据第 226 条第 1 款第 1 句第 1 项以救济金为基础的每周工资七分之一的

80%，只要其未超过第 6 条第 7 款所述年度工资上限的三百六十分之一；非低工作收入雇佣关系中的义务缴费工资的 80% 须被扣除；

2. 对于领取失业救济金 II 的人员，为每月参考金额的 0.2155 倍，与第 223 条第 1 款不同，应在至少有一天成员资格的每个日历月缴费。

对于根据第三编领取部分失业救济金或部分补助津贴的人员，第 1 句第 1 项后半句不适用。从第二个月初至限制期的第 12 周或从因领取度假津贴而产生的暂停期的第 12 个月起，救济金视为已被领取。

[1a]第 1 款第 1 句第 2 项所述因素在 2008 年审查与计算有关的失业救济金 II 领取者的结构关系。如有变更，则必须重新确定自 2018 年 1 月 1 日起根据第 1 款第 1 句第 2 项规定的因素。联邦卫生部、联邦劳动和社会事务部与联邦财政部合意确定后续纠正程序的细节。

[2]只要第三编所述的短期工作津贴被提供，则第 226 条第 1 款第 1 句第 1 号所述的义务缴费收入为第三编第 106 条计划收入与实际收入差额的 80%。

[3]第 226 条准用之。

第 232b 条　护理津贴领取者的义务缴费收入

[1]对于根据第十二编第 44a 条第 3 款领取护理津贴的人员，在失业期间所丧失的持续工资的 80% 视为义务缴费收入。

[2]对于根据第 192 条第 1 款第 2 项仍保留成员资格的人员，第 226 条第 1 款第 2—4 项及第 2 款以及第 228 至 231 条准用。第 226 条第 1 款第 1 句第 2—4 项的收入应不高于在缴费义务范围内在领取护理津贴前最后一次缴费的数额。第 2 句准用于自由参保成员。

第 233 条　海员的义务缴费收入

[1]对于海员，根据法定事故保险法规定计算出缴纳额的标准数额视为义务缴费收入。

[2]第 226 条第 1 款第 1 句第 2—4 项及第 2 款以及第 228—231 条准用之。

第 234 条　艺术工作者和新闻工作者的义务缴费收入

[1]对于根据《艺术工作者社会保险法》义务参保的成员，其保险费为

预计年收入（《艺术工作者社会保险法》第 12 条）的三百六十分之一，但至少为《社会法典》第四编第 18 条所规定的每月参考值的一百八十分之一。在成员领取父母津贴或教育津贴或者因为收入原因无法领取教育津贴期间，如果成员每月的平均收入超过 325 欧元，则根据其申请，以此期间的第 1 句所述的预期工作收入分摊至每个日历日的额度为依据。在领取病假津贴或育儿津贴或者支付第 251 条第 1 款所述保险费期间，不以工作收入为依据。工作收入还包括利用和使用受版权保护的作品或服务而获得的报酬。

[2]第 226 条第 1 款第 1 句第 2—4 项和第 2 款以及第 228—231 条准用之。

第 235 条 机构中康复人员、青年人及残疾人的义务缴费收入

[1]对于根据第 5 条第 1 款第 6 项参与共同生活服务的义务参保人，以过渡津贴计算为基础的固定收入的 80% 视作义务缴费收入。义务缴费收入中应扣除因工作能力降低而产生的养老金补贴以及通过以参保义务为基础的工作而获得的收入。对于根据第三编领取部分过渡津贴的人员不适用第 2 句。如果对过渡津贴、工伤津贴或战争受害者疾病津贴进行调整，则应提高相同百分比的收入。对于未获得过渡津贴的参与人以及第 5 条第 1 款第 5 项所述的义务参保人，数额为第四编第 18 条的每月参考值的 20% 的工作收入视作义务缴费收入。

[2]对于根据第 192 条第 1 款第 3 号仍保留其成员资格的人员，根据标准工资的 80% 计算主管康复机构按照第 251 条第 1 款需承担的款项，上述标准工资是计算过渡津贴、工伤津贴和健康保障津贴的基础。第 1 款第 4 句适用。对于根据第七编第 45 条第 4 款和第 45 条第 1 款领取工伤津贴的人员，不同于第 1 句的规定，免交保费期间当前工资的 80% 或作为保险服务基础的劳动收入被视为义务缴费收入。

[3]对于根据第 5 条第 1 款第 7 和第 8 项义务参保的残疾人，其实际获得的劳动收入应被视为义务缴费收入，但基于第四编第 18 条的规定，应至少达到每月参考金额的 20%。

[4]第 226 条第 1 款第 1 句第 2—4 号及第 2 款以及第 228—231 条准用之；在适用第 230 条第 1 款时应优先考虑劳动报酬。

第236条　大学生及实习生的义务缴费收入

[1]对于根据第5条第1款第9项及第10项的义务参保人员，其义务缴费收入应为《联邦教育促进法》第13条第1款第2项及第2款所述的不与父母一同居住的大学生每月需求金额的30%。需求金额的变更应在变更后学期的开始被考虑。

[2]第226条第1款第1句第2—4项及第2款以及第228—231条准用之。根据第226条第1款第1句第3项及第4项所评估的费用应仅在超过第1款所述的评估费用时才被缴纳。

第237条　义务参保退休者的义务缴费收入

对于义务参保的退休者，以下作为保险费的计算基础：

1. 法定养老保险的养老金支付额度；

2. 与养老金类似的收入的支付额度；及

3. 劳动收入。

对于第5条第1款第11b项所述的义务参保人，这里提及的服务可在第10条第2款所述的年龄限制前免除缴费。以上准用于符合第229条第1款第1句第1项的遗属抚恤金及符合《农业养老金法》第15条的孤儿抚恤金。第226条第2款及第228、229、231条准用之。

第238条　义务参保退休者收入类别的优先次序

如果法定养老保险的养老金支付额未达到保险费计算限额，则应依次考虑养老金支付额和成员的劳动收入，直至达到保险费计算限额。

第238a条　自由参保退休者收入类别的优先次序

对于自愿参保退休者，保险费计算应依次基于养老金支付额、供给金支付额、劳动收入以及其他决定自由参保人经济能力的收入（第240条第1款），直至达到保险费计算限额。

第239条　养老金申请者的保险费计算

对于领取养老金的退休者，从申请养老金到养老金开始期间的保险费计算方法由健康保险公司联邦最高协会规定。以上亦适用于被暂停养老金的人，其保险费计算直到退休或撤销养老金的决定成为最终决定的当月底为止。第 240 条准用之。

第 240 条　自由参保人的义务缴费收入

[1]对于自由参保人，保险费计算方法由健康保险公司联邦最高协会统一规定。同时必须确保保费负担考虑到自由参保人的整体经济能力；如果且只要参保人未按健康保险公司的要求提供有关义务缴费收入的证据，则每日的义务缴费收入是每月缴费限额的三十分之一（第 223 条）。如果参保人根据尚未提交的收入证明（根据每月缴费上限）所确定的根据第 2 句规定的缴费后十二个月内的收入较低，则必须重新确定已认证期间的缴费。在健康保险公司有充分迹象表明参保人的义务缴费收入未超过适用的最低保险费计算基准的期间，其必须重新确定参保人的保险费。如果保险费是根据第 3 句或者第 4 句确定的，则第四编第 24 条仅在变更后的保险费确定范围内适用。

[2]在确定经济服务能力时，必须至少考虑自由参保人的收入，该收入将用作计算同类型的义务参保雇员的保险费计算的基础。根据婚姻状况或根据第 10 条所述保险所涵盖的家庭成员人数所进行的分级是不被允许的。第三编第 94 条规定的设立补助金中每月相当于 300 欧元的部分不予考虑。转交给护理人员的护理津贴，在不超过第十一编第 37 条第 1 款的照料津贴额的情况下，也不予考虑。第 223 条及第 228 条第 2 款、第 229 条第 2 款及第 238a 条、第 247 条第 1 款及第 2 款以及第 238 条第 1 句和第 2 句以及第四编第 23a 条准用之。

[3]对于除了获得报酬之外还从法定养老保险中获得养老金的自由参保人，必须将养老金的支付金额与其他收入分开考虑，直至达到保险费计算限额。只要负担的保险费超过保险费计算限额，则仅需支付养老保险机构的津贴，而非养老金中的相应金额。

[3a]（已废止）

[4]每月参考金额的至少九十分之一被视为每日的义务缴费收入。对于技术学院或职业学校的学生或在外州或州认可的大学就读的自由参保人，或经常作为雇员流动工作的参保人（流动散工），准用第 236 条和第 245

条第 1 款。对于满足法定养老保险的养老金要求并且已经申请了该养老金的自由参保人，如果他们从首次开始有酬工作到申请养老金的这段时间的下半年至少有十分之九时间为健康保险公司参保人，或已根据第 10 条投保，则第 1 句不适用；第 5 条第 2 款第 1 句准用之。

[4a]根据工作收入所计算的保险费是根据最近的所得税评估通知临时确定的；用作保险费计算的所得税评估应从发行后的下个月开始使用；第 1 款第 2 句的后半句准用之。在从事独立活动的情况下，会根据已证明的预期收入临时确定保险费。最后，根据第 1 句和第 2 句临时确定的保险费，是在提交相应的所得税评估通知后，根据各个日历年的实际义务缴费收入确定的。如果参保人在相应日历年结束后的三年内未按健康保险公司要求证明其实际收入，则每月保险费计算限额的三十分之一将被视为最终确定保险费的每日的义务缴费收入。因此，第 1、3 句及第 4 句适用于计算来自租金和租赁收入的保险费。如果根据最新的所得税通知书或参保人声明，每日的义务缴费收入是基于每月保险费计算限额的 30%，则第 1—5 句将不适用。

[4b]如果参保人及其第 10 条中的参保家属在国外居留期间针对服务的请求是因参保人及其配偶、生活伴侣或父母中一方职业活动而产生或根据第 16 条第 1 款第 3 项而产生的，则自由参保人的保险费计算须以第四编第 18 条中的每月参考金额的 10% 为基础。如果对于在本法适用范围内为国际组织工作的参保人根据第 16 条第 1 款出于其他原因而暂停享受服务的时间超过三个日历月，则第 1 句准用。

[5]在计算自由参保人的保险费时，如果配偶或生活伴侣根据《生活伴侣法》规定的收入不归属于第 4 条第 2 款所规定的健康保险公司，则该收入应包括在每个共同受扶养子女的收入中，根据第 10 条第 3 款的规定，没有家庭保险的，应在第 10 条规定的被保险儿童每月参考保险金额的五分之一中扣除相当于每月参考保险金额三分之一的金额。

第三目　保险费率、额外保险费

第 241 条　一般保险费率

一般保险费率为参保人义务缴费收入的 14.6%。

第 242 条 额外保险费

[1]如果健康保险公司的资金需求不能通过健康基金的拨款得到满足，则它必须在其章程中规定，其参保人将额外收取与收入相关的费用。健康保险公司必须按照每个参保人的义务缴费收入的百分比收取与收入相关的额外保险费（个人额外保险费率）。额外保险费率的计算方式应使来自额外供款的收入，加上来自健康基金的拨款和其他收入，涵盖预期在该财政年度支付的费用和规定的储备金中；所有健康保险公司的预期义务缴费收入根据第 220 条第 2 款第 2 句以每位参保人的预期义务缴费收入为基础。只要最近提交的财务报表结果证明，健康保险公司不需要增加当期任务所需的生产资料和根据第 261 条规定的准备金，就不能提高其额外保险费率，但要超过根据第 260 条第 2 款第 1 句或第 2 句规定的相关数额。

[2]如果在本财政年度内，健康保险公司的生产资料（包括从储备金中增加的资金）不足以满足支出需要，则必须通过更改章程来提高第 1 款所述的额外保险费率。如果健康保险公司必须在短时间内保持服务能力，董事会必须做出决议将额外保险费率提高，直至符合章程新规定的要求；该决议需要监管机关的批准。如果没有做出决议，则监管机关会下令必要地提高额外保险费率。针对第 3 句所述命令的申诉不具有中止效力。

[3]与第 1 款有所不同，健康保险公司必须按照第 242a 条的规定，对以下参保人以平均额外保险费率的金额收取保险费：

1. 第 5 条第 1 款第 2a 项所述的参保人；

2. 第 5 条第 1 款第 5 及 6 项以及第 4a 条第 1 句所述的参保人；

3. 第 5 条第 1 款第 7 及 8 项所述的参保人，如果其实际工资不超过第 235 条第 3 款规定的最低工资；

4. 根据《健身锻炼法》第 192 条第 1 款第 3 项或第 193 条第 2—第 5 款或第 8 条的规定继续保留参保人资格的参保人；

5. 根据第七编获得工伤津贴，根据《联邦供给法》获得战争受害者疾病津贴或类似的赔偿金的参保人；以及

6. 适用于第四编第 20 条第 3 款第 1 句第 1 项或第 2 项或者第 2 句的雇员。

第 1 款所述的保险费率适用于该参保人的其他义务缴费收入。

[4]第四编第 2 节及第 3 节的条文准用之。

[5]健康保险公司根据第 1 款向健康保险公司联邦最高协会报告额外保险费。健康保险公司联邦最高协会不断更新有关哪些健康保险公司收取额外保险费及保险费金额为多少的概述，并在互联网上发布此概述。健康保险公司联邦最高协会对报告的时间、形式和内容以及报告的发布进行详细规定。

第 242a 条　平均额外保险费率

[1]平均额外保险费率是由健康保险公司的预期年支出与健康基金根据第 266、270 条分配额度的预期年收入之间的差额除以所有健康保险公司参保人的年度预期义务缴费收入再乘以 100 得出的。

[2]在根据第 220 条第 2 款评估了一组评估组的结果之后，联邦卫生部确定下一年的平均额外保险费额度，并在每个日历年的 11 月 1 日之前将该额度以百分比形式发布在《联邦法律公报》中。

第 242b 　　（已废止）

第 243 条　折扣保险费率

折扣保险费率适用于无权享受医疗津贴的参保人。这不适用于根据第 240 条第 4b 款进行的保险费计算。折扣保险费率为参保人的义务缴费收入的 14%。

第 244 条　针对服兵役者及服民役者的折扣保险费

[1]当被征召服兵役时：

1. 第 193 条第 1 款所述的服兵役者的保险费降为服役前最后一次缴纳保险费的三分之一；

2. 第 193 条第 2 款所述的服兵役者的保险费降为服役前最后一次缴纳保险费的十分之一。

这不适用于根据法定养老保险的养老金、供给金及以劳动收入计算的保险费。

[2]经联邦国防部和联邦财政部同意，在联邦参议院批准后，联邦卫生

部可以根据第 1 款第 1 句第 2 项通过法规性命令规定缴纳会费的一次性保险费计算及支付方式。

³第 1 款和第 2 款准用于服民役者。在第 2 款所述的法规性命令中，由联邦家庭、老年人、妇女和青年部取代联邦国防部。

第 245 条　针对大学生及实习生的保险费率

¹第 5 条第 1 款第 9 项及第 10 项所述的义务参保人的保险费率为一般保险费率的十分之七。

²第 1 款所述的保险费率也适用于根据第 190 条第 9 款终止其大学生健康保险的参保人资格的人员，并且他们自愿继续参保直至毕业考试，但最长为六个月。

第 246 条　针对失业救济金 II 领取者的保险费率

对于领取失业救济金 II 的人员，适用第 243 条所规定的折扣保险费率。

第 247 条　养老金的保险费率

对于义务参保人，第 241 条所述的一般保险费率适用于法定养老保险的养老保险费。与第 1 句不同，对于义务参保人，一般保险费率的一半适用于根据第 228 条第 1 款第 2 句从外国养老金中缴纳的保险费计算，并且不同于第 242 条第 1 款第 2 句，个人额外保险费率的一半适用于相关计算。额外保险费率自更改后的第二个日历月的第一天起生效；根据第 228 条第 1 款第 2 句，以上不适用于外国养老金。

脚注

（+++ 第 247 条的适用参见《社会法典》第六编第 106 条第 2 款 +++）

第 248 条　供给金及工作收入的保险费率

对于义务参保人，一般保险费率适用于供给金及工作收入的保险费计算。与第 1 句不同，对于义务参保人，一般保险费率的一半适用于根据第 229 条第 1 款第 1 句第 4 项从供给金中缴纳的保险费计算，而不同于第 242 条第 1 款第 2 句，个人保险费率的一半适用于相关计算。在第 256 条第 1 款第 1 句中的情形中，额外保险费率的变化自更改后的第二个日历月的第一天起，适用于第 229 条所述的供给金。

第四目　保险费的承担

第 249 条　义务参保雇员保险费的承担

[1]对于根据第 5 条第 1 款第 1 项或第 13 项义务参保的雇员及雇主各自按照工资的一半缴纳保险费。第 249b 条适用于低收入雇员。

[2]对于需要支付短期工作津贴的保险费，雇主应当单独承担雇员的保险费。

[3]与第 1 款不同的是，对于月工作收入在第四编第 20 条第 2 款所述过渡区域的义务参保雇员，如果健康保险公司的保险费率被用于以雇佣为基础的工作收入，则雇员保险费的一半由雇主承担。以上也适用于第 7 条第 3 款所述人员。

第 249a 条　领取养老金的义务参保人保险费的承担

根据第 228 条第 1 款第 1 句领取养老金的义务参保人和养老保险机构各自承担根据养老金所计算的保险费的一半。对于根据第六编第 48 条无须缴费而领取第六编第 48 条所述的孤儿抚恤金的义务参保人，养老保险机构承担根据养老金所计算的保险费的一半，就如同其原本必须在不免除缴费的情况下承担保险费一样。根据第 228 条第 1 款第 2 句的规定，外国养老金的保险费仅由养老金领取者承担。

第 249b 条　低收入者的雇主的保险费

第四编第 8 条第 1 款第 1 项所述的雇佣活动的雇主必须为在此雇佣活动中自由参保或非义务参保的参保人承担数额为雇佣活动中工资的 13% 的保险费。对于根据第四编第 8a 条第 1 款在私人家庭中自由参保或非义务参保的雇员，雇主必须承担金额为雇佣活动中工资的 5% 的保险费。第

四编第三目及第四编第 111 条第 1 款第 2—4 项、第 8 项以及第 2 款和第 4
款准用于雇主的保险费。

第 249c 条　领取护理津贴时保险费的承担

在领取护理津贴的情况下，只要保险费涵盖护理津贴，则其按照以下
方式承担：

1. 对于在社会护理保险参保的有护理需求人员进行护理的人员，保
险费由参保人及护理保险公司各承担一半；

2. 对于对在私人护理义务保险义务参保的有护理需求人员进行护理
的人员，保险费由参保人及私人保险机构各承担一半；

3. 对于因需要长期护理而从长期护理保险公司或私人保险公司获得
援助或医疗的人员进行护理的人员，保险费由参保人和固定机构承担，或
者由雇主和长期护理保险公司或私人保险公司在每种情况下均按比例分配
承担，否则由长期护理保险公司或私人保险公司单独承担，或由津贴评估
机构或雇主与长期护理保险公司或私人保险公司按比例承担。如果长期护
理津贴所依据的月工资不超过 450 欧元，则保险费由长期护理保险公司或
私人保险公司单独承担或部分由津贴评估机构或雇主，长期护理保险公司
或私人保险公司承担。

第 250 条　参保人对保险费的承担

[1]义务参保人独自承担以下情况中所产生的保险费：

1. 供给金；

2. 工作收入；

3. 第 236 条第 1 款所述的义务缴费收入。

[2]第 189 条所述的养老金申请者以及根据第 192 条第 2 款保留参保人
资格的孕妇，若为自由参保人，则独自承担保险费。

[3]第 5 条第 1 款第 13 项中的义务参保人单独承担除工作收入情况外所
产生的保险费及根据第 228 条第 1 款第 1 句所应承担的保险费。

第 251 条　第三人对保险费的承担

[1]主管康复机构承担参与共同工作生活服务者及参与职业培训或寻找

工作或工作试用的人员（第 5 条第 1 款第 6 项）或领取过渡津贴、工伤津贴或战争受害者疾病津贴（第 192 条第 1 款第 3 项）所应支付的保险费。

[2]机构所有人为以下人员独自承担保险费：

1. 第 5 条第 1 款第 5 项所述的义务参保青年人；

2. 根据第 5 条第 1 款第 7 或 8 项义务参保的残疾人，如果其实际薪酬不超过第 235 条第 3 款所述的最低限额；此外第 249 条第 1 款准用之。

对于根据第 5 条第 1 款第 7 项义务参保的残疾人，机构所有人必须支付的保险费应由残疾人相关服务机构偿还。第 1 句第 2 项及第 2 句准用于第九编第 60 条所述的其他服务提供者。

[3]艺术工作者社会保险公司承担根据《艺术工作者社会保险法》义务参保的人员的保险费。如果艺术工作者社会保险公司已根据《艺术工作者社会保险法》第 16 条第 2 款第 2 句确定暂停服务，则除非按照《艺术工作者社会保险法》第 16 条第 2 款第 5 句的规定终止服务，否则支付保险费的义务不适用于暂停期间。在根据《艺术工作者社会保险法》第 16 条第 2 款第 6 句所述的约定中，在参保人支付其保险费份额的情况下，艺术工作者社会保险公司有义务在暂停期间内支付保险费。

[4]在第 193 条第 2 款及第 3 款的情况下，联邦政府为服兵役者及服民役者以及第 5 条第 1 款第 2a 项中领取失业救济金 II 的义务参保人支付保险费。由联邦政府为第 5 条第 1 款第 2a 项中领取失业救济金 II 的义务参保人所承担的额外保险费的金额最终于下一个日历年分别确定。为此，联邦卫生部应确定额外保险费计算比率，这是根据第 242 条第 1 款计算健康保险公司在日历年中额外保险费率的平均值，并考虑其参保人数量而得出的。如果第 242a 条的平均额外保险费率与第 2 句为日历年确定的额外保险费计算比率不同，则健康基金和联邦预算将补偿由该区别所引起的差额。联邦保险局对第 271 条中的健康基金进行补偿，联邦劳动与社会事务部与联邦财政部达成一致对联邦政府进行补偿。如果赔偿额少于 100 万欧元，则不予赔偿。

[4a]根据第三编，联邦职业介绍所向领取失业救济金和赡养费的人支付保险费。

[4b]对于在校外作为非章程规定的参保人接受过精神合作社或类似宗教社区培训的人员，在这种合作社或类似宗教社区中服务的，精神合作社或

类似宗教社区应承担保险费。

[4c]对于根据《职业培训法》作为职业培训合同的一部分在外部机构中接受培训的学员，由机构所有人承担保险费。

[5]健康保险公司有权审查保险费支付情况。在第 3、4、4a 款的情况下，联邦保险局有权审查保险费的支付情况。必须将执行审查所需的文件提交给联邦保险局，并且必须提供必要的信息。联邦保险局可以让健康保险公司或州协会进行审查；被委托方必须同意。所需文件和信息必须提交给被委托方。被委托方只能处理和使用为执行审查目的而收集的数据。审查完成后，必须删除该数据。此外，第一编和第十编的规定适用于数据收集、处理和使用。

[6](已废止)

第五目　保险费的支付

第 252 条　保险费支付

[1]除非法律另有规定，否则保险费应由负担保险费的人支付。尽管有第 1 条的规定，但联邦职业介绍所或者第二编第 6a 条情况中的被授权的市政机构根据第二编为领取失业救济金 II 的人支付保险费。

[2]在第 251 条第 3 款、第 4 款和第 4a 款的情况下，保险费将支付给健康基金。否则，将根据第四编第 28i 条将保险费支付给主管收款机构。收款机构按工作日将根据第 2 句支付的保险费（包括保险费及滞纳金利息）转交给健康基金。第 1 句所述的保险费支付及第 3 句所述的保险费转交的其余程序由第四编第 28c 条及第 28n 条所述的法规性命令规定。

[2a]长期护理保险公司按照第 249c 条第 1 句第 1 项及第 3 项的规定为长期护理津贴的领取者支付保险费。私人健康保险协会、津贴评估机构、雇主与健康保险公司联邦最高协会和联邦保险局就保险费的支付及结算进行约定。第四编第 28g 条第 1 句和第 2 句准用于扣除保险费的情况。

[2b](已废止)

[3]如果参保人拖欠费用、手续费，特别是催款和执行手续费以及自动扣款费用、保险费、截至 2014 年 12 月 31 日有效版本中符合第 242 条的

额外保险费、第 53 条所述的奖金、滞纳金、利息、罚款或强制金时，其可以在支付保险费时决定哪些债务应先偿还。如果参保人未做决定，则将按照上述顺序偿还债务。同一类型的债务按照到期时间依次偿还，单个债务在到期时间相同则按比例偿还。

[4]第四编第 28r 条第 1 款及第 2 款应准用于收款机构根据第 2 款第 2 句收取保险费时因违反义务应负的责任。

[5]联邦卫生部通过法规性命令，在联邦参议院批准的情况下对与委托审查的机构根据第 274 条规范对健康保险公司所传达的数据进行审查的细节，包括数据传送不正确或数据不可验证的后果，以及健康保险公司根据第 2 款第 2 句第 2 款规定的保险费确定、保险费收取和保险费转交领域的审查程序及审查标准事宜，这些也与第 274 条不同。

[6]如果监管机关确定，健康保险公司因违反基于第四编第 28n、28p 条的法规性命令而没有、不完全、不正确或未按时向作为健康保险公司管理人的联邦保险局提供有关其他保险费的月度报表，则监管机关可以请求纠正已确定的违法行为并避免将来的违法行为，并威吓对每个违法事件处以最高 5 万欧元的罚款。

第 253 条 工作收入的保险费支付

对于义务参保雇佣情况下工作收入中的保险费支付，适用第四编第 28d—28n 条和第 28r 条有关社会保险总费用的规定。

第 254 条 大学生保险费支付

义务参保大学生必须先向主管健康保险公司支付该学期的保险费，然后才能在大学注册或报到。健康保险公司联邦最高协会可以规定其他支付方式。如果参保大学生不能证明自己已经履行了根据本法典对健康保险公司的义务，则大学将拒绝其注册或报到。

第 255 条 养老保险费支付

[1]义务参保人按照第 228 条第 1 款第 1 句从养老金中应承担的保险费，应在支付养老金时由养老保险机构扣缴，并连同养老保险机构所承担的保险费一并向德国养老保险协会支付，农业保险除外。如果保险费额度有变

化，则养老保险机构不必做出特别决定。

[2]如果在支付养老金时没有扣缴根据第 1 款规定的保险费，则必须由养老保险机构从其继续支付的养老金中扣缴保险费欠款；第一编第 51 条第 2 款准用之。如果不再支付养老金，则欠款是主管健康保险公司的责任。养老保险机构对其承担的健康保险费用承担责任。

[3]除非下文另有规定，否则根据第 1 款和第 2 款的保险费应在发放养老金的月份之后的下一个月的最后一个银行工作日到账。如果养老金在到期月份的前一个月的最后一个银行工作日发放（第六编第 272a 条），则与第 1 句不同，根据第 1 款和第 2 款的保险费应在发放养老金当月的最后一个工作日到账。每个月 8 号有 3 亿欧元到账；根据第 1 句和第 2 句在当月到账的保险费应减少至 3 亿欧元。德国养老保险协会将符合第 1 款和第 2 款的保险费转入健康基金，并在每月 15 日前将最后一个银行工作日的预期金额告知联邦保险局。

[3a]及[4]（已废止）

第256条　供给金保险费支付

[1]对于义务参保人，供给金的支付机构必须扣留供给金所产生的保险费，并将其支付给主管健康保险公司。应支付的保险费应在供给金到账之后的下个月的 15 日到账。支付机构必须向健康保险公司证明扣留的保险费；第四编第 28f 条第 3 款第 1 和第 2 句准用之。支付机构必须通过数据传输来传达保险费证明；第 202 条第 2 款准用之。如果参保人从多个支付机构收到供给金，并且如果供给金与法定养老保险的养老金支付金额合计超过保险费计算上限，则健康保险公司应参保人或其中任一支付机构的要求对保险费进行分配。

[2]第 255 条第 2 款第 1 句和第 2 句准用之。健康保险公司从后支付的供给金中收取保险费。这不适用于因经济发展而调整供给金所产生的额外支付的保险费。主管健康保险公司负责补偿保险费。健康保险公司可以与支付机构就供给金达成其他约定。

[3]健康保险公司监督保险费支付。如果有多个健康保险公司负责监督支付机构的保险费支付，则它们必须约定由其中一个健康保险公司负责对有关健康保险公司进行监督。第十编第 98 条第 1 款第 2 句准用之。

[4]（已废止）

第256a条 保险费债务及滞纳金的减少与免除

[1]如果参保人仅在第186条第11款第1句或第2句所述的时间之后才根据第5条第1款第13项通知保险义务的前提条件存在，则健康保险公司应适当减少自保险义务开始之日起应补交的保险费；因此，根据第四编第24条的规定，将完全免除所产生的滞纳金。

[2]如果在2013年12月31日之前发出了第1款所述的通知，则健康保险公司应免除自保险义务生效之日起所应补交的保险费以及根据第四编第24条的规定而产生的滞纳金。第1句准用于根据第5条第1款第13项规定的针对在2013年7月31日之前未缴纳的保险费及滞纳金的保险义务通知。

[3]健康保险公司应免除第5条第1款第13项所述的参保人以及自由参保人的未付滞纳金，该滞纳金金额等同于在2013年7月31日之前生效版本第四编第24条第1a条所征收的滞纳金与适用第四编第24条第1款而产生的滞纳金之间的差额。

[4]健康保险公司联邦最高协会规定对保险费和第1—3款所述滞纳金的减少与免除的细节事宜，尤其是作为减少或免除的条件而对服务要求的放弃。第1句所述的规定必须获得联邦卫生部的批准才能生效，并且必须最迟在2013年9月15日之前提交给联邦卫生部。

第二节 保险费补贴

第257条 针对雇员的保险费补贴

[1]自愿参加法定健康保险，且仅因收入超出年度工资上限而免除参保义务的雇员从其雇主那里获得作为保险费补贴的金额，该金额为雇主原应在雇员有参保义务时根据第239条第1款或第2款所承担的金额。第1句准用于自愿参加了法定健康保险且其参保成员资格是基于第9条第1款第1句第8项规定的雇员。如果在同一时期内存在多种雇佣关系，则有关雇主有义务根据各自工资的比例支付保险费补贴。

²仅因收入超出年度工资上限或根据第 6 条第 3a 款规定而免除保险的雇员，或免于强制保险并在私人健康保险公司参保的雇员，以及有义务根据第 10 条参保的且可请求其服务类型与该法典相符合的合同服务的雇员本人及其亲属，可以从其雇主处获得保险费补贴。补贴将按照以下金额进行支付，该金额是在运用第 241 条所述的保险费率的一半并加上第 242a 条所述的平均额外保险费率的一半以及根据第 226 条第 1 款第 1 句第 1 项的一半，并在义务参保情况下以义务缴费收入作为保险费而得出的，但该补贴不得超过雇员自己必须支付的健康保险金额的一半。对于有参保义务但不享有对战争受害者疾病津贴的请求权的雇员，则以第 243 条所述的保险费率代替第 241 条所述的保险费率。只要获得了短期工作津贴，则应按照雇主根据第 249 条第 2 款为雇员强制缴纳保险费时应承担的数额支付保险费补贴，但最多不得超过雇员必须为其健康保险支付的金额；在结算时，应适用按照第 242a 条所述的平均额外保险费率提高的符合第 241 条第 1 款第 3 句的一般保险费率。

²ª第 2 句所述的补贴将自 2009 年 1 月 1 日起针对私人健康保险被支付，如果健康保险企业符合以下条件：

1. 按照人寿保险种类经营此保险；

2. 提供《保险监管法》第 152 条第 1 款所规定的基本资费；

²ª有义务根据《保险监管法》第 146 条第 1 款第 6 项向有关各方提供联邦金融监管局的正式信息表，该表提供了有关法定和私人健康保险的各种原则的信息；

3. 只要其已根据 2008 年 12 月 31 日前生效版本条文的第 257 条第 2a 款所述的行业统一标准资费给参保人投保，则其有义务就标准资费所提及的义务遵照 2008 年 12 月 31 日前生效版本条文第 257 条第 2a 款中的规定；

4. 有义务将自行结束保险业务时产生的盈余的主要部分用于参保人；

5. 按照合同放弃正式的解约权；

6. 如果健康保险企业的业务位于本法的适用范围内，则不得同时经营健康保险与其他保险部分。参保人必须在三年后向雇主提交由保险企业就此开具的证明，该证明表明监管机关已确认保险企业按照第 1 句所述的前提条件经营构成保险合同基础的保险业务。

^{2b}及^{2c}（已废止）

³对于根据第 5 条第 3 款规定的领取提前养老金的人员，其作为雇员在提前退休前有权根据第 1 款获得全额或部分保险费补贴，其有权在领取提前养老金的期间向发放提前养老金的机构要求保险费补贴。补贴将按照以下金额被支付，该金额为雇主为义务参保的提前养老金领取者所应承担的金额。第 1 款第 2 句准用之。

⁴对于根据第 5 条第 3 款规定的领取提前养老金的人员，其作为雇员在提前退休前有权根据第 2 款获得全额或部分保险费补贴，其有权在领取提前养老金的期间向发放提前养老金的机构要求保险费补贴。补贴将按照以下金额被支付，该金额是在运用第 243 条所述的保险费率的一半以及不超过保险费计算上限的作为保险费提前养老金的一半而得出的，但该补贴不得超过雇员自己必须支付的健康保险金额的一半。第 1 款第 2 句准用之。

第 258 条　针对其他人员的保险费补贴

第 5 条第 1 款第 6、7 或 8 项所提及的根据第 6 条第 3a 款可自由参保的人员，以及根据第 8 条第 1 款第 4 项免于保险义务的过渡津贴领取者，自主管服务机构处获得针对其健康保险保险费的补贴。补贴金额为服务机构必须缴纳的强制性健康保险费金额，但最多为须向私人健康保险公司支付的金额。第 257 条第 2a 款准用之。

第三节　资金的使用及管理

第 259 条　健康保险公司的资金

健康保险公司的资金包括经营资金、储备金及管理资产。

第 260 条　运营资金

¹运营资金应仅为以下目的而使用：

1. 履行法律或章程规定的任务以及支付管理费用，健康保险公司的作为护理保险公司的任务非本条文所指的法定任务；

2. 补充储备金并形成管理资产。

[2]持续开支所不需要的经营资金加上第 261 条所述的储备金，在平均每个财政年度中，每月应当不超过根据健康保险公司预算计划为满足第 1 款第 1 项所述目的的支出而分摊至每个月的金额的一倍。根据在预算时间点成员少于 5 万人的健康保险公司的要求，主管监管机关可以在必要时允许上限超过第 1 条规定的上限。在确定现有经营资金时，必须考虑健康保险公司的要求和义务，除非可以将其归于储备金或管理资产。流动资金不予考虑。

[2a]在接下来的三个财政年度内，必须通过降低个人额外保险费率，将超出第 2 款第 1 句或第 2 句规定的金额的资金逐步减少至每年超出金额的三分之一。如果不能通过放弃额外保险费在第 1 条所述的期间内减少多余的资金，主管监管机关应根据健康保险公司的要求将第 1 条所述的期限延长两个财政年度。

[3]经营资金必须在必要的范围内保持可用，并另外安置，以便可以用于第 1 款中指定的目的。

[4]如果在第 2a 条规定的期限之后，不需要用于当期费用的经营资金加上根据 261 条规定的储备金超过了第 2 条第 1 句或第 2 句规定的金额，则健康保险公司必须将超出的金额转入健康基金。

[5]如果根据第 268 条第 5 款在 2019 年 12 月 31 日之前按照法律规定进一步调整风险结构，那么第 2a 款和第 4 款将从 2020 年 1 月 1 日起适用。

第 261 条　储备金

[1]健康保险公司须为了确保其服务能力而设立储备金。

[2]章程根据第 260 条第 1 款第 1 项中指定的目的（应储备金额），以每月平均支出金额的百分比来确定储备金的金额。根据第 1 条的规定，储备金必须至少为每月支出金额的四分之一。

[3]如果一个财政年度内收入和支出的波动不能通过经营资金来抵消，则健康保险公司可以从储备金中拨出资金用于补充经营资金。在这种情况下，如果在本财政年度避免了根据第 242 条的额外保险费率的提升，则应使用储备金。

[4]如果预算计划的制定表明储备金少于应储备额，则必须补充储备金，至少补充预算中应储备额的四分之一，直到达到应储备额。

[5]如果储备金超出应储备额，则必须将超出金额转入经营资金。

[6]储备金必须与其他资金分开设立，以便可以用于第 1 款中指定的目的。根据第 262 条的规定，储备金由健康保险公司管理。

第 262 条　总储备金

[1]州协会的章程可以规定，由协会成员设立的储备金由州协会作为专项资金（总储备金）进行管理，该专项资金最多为应储备金的三分之一。总储备金将优先于由健康保险公司管理的部分准备金被补充。

[2]一年内产生的资本收益和转让而产生的总储备金利润可用于平衡转让而产生的损失。差额是根据参加协会的健康保险公司每年平均在州协会的储备金结余额来分摊的。

[3]如果根据第 2 款产生了资金盈余，则将其支付给在州协会中的储备金余额已达到根据第 1 款确定的比例的健康保险公司。如果储备金余额尚未达到，则不超过短缺金额的资金盈余将不用于支付，而是记入存款账下。如果根据第 2 款存在短缺金额，则将从健康保险公司的准备金余额中扣除。

[4]健康保险公司仅在其自己管理的储备金用完后才能支配其放置于州协会的储备金余额。如果健康保险公司用完了储备金，则可以从总储备金中获得州协会的贷款。州协会的章程规定了发放贷款的条件、还款和利息。

[5]总储备金的放置方式应使其可用于第 261 条第 1 款和第 4 款所述的目的。

第 263 条　管理资产

[1]健康保险公司的管理资产包括：

1. 旨在服务于健康保险公司的管理及其运营机构（自营企业）管理的固定资产。

2. 用于购置和更新这些资产的资金，以及未来为职员及其在世的家属所准备的资金，只要该资金对于执行健康保险公司的任务是必需的。管理资产还包括部分用于健康保险公司管理目的或自营企业所必需的不动产。

[2]如果其他基于法律义务或授权的资产不能归于运营资金、储备金或专项资金，则也视为管理资产。

第264条　通过费用报销对非义务参保人疾病治疗的承担

[1]对于没有依法参保的失业者及无收入者，其他接受扶助者以及联邦卫生部指定的人群，健康保险公司可以为其提供医疗服务，但前提是该健康保险公司可以保证报销个别情况的全部费用以及其管理费用的合理部分。如果州政府或州政府委托的最高州当局要求并根据相应的至少为州一级或市一级的约定要求，健康保险公司必须按照《申请避难者福利法》第4和第6条的规定，按照第1句为接受医疗服务的人提供医疗服务。根据第1句为第2句所指的人员提供医疗的约定必须特别包括关于按照第1句提供服务以及报销费用和管理费用的规定；可以对签发电子健康卡进行约定。如果州政府或其委托的最高州当局要求在州一级签署框架协议以接受第2句所述的人群的医疗，则州健康保险公司协会和医疗互助保险公司必须共同签署框架协议。此外，健康保险公司联邦最高协会与联邦一级的根据《申请避难者福利法》组成的主管当局的权威中央组织就第2句所述的人群接受医疗的框架建议达成一致。根据第5句所指的框架建议由《申请避难者福利法》所指的主管当局和第1—3句所指的健康保险公司以及第4句所指的州一级的缔约方采纳，该框架建议特别规定了《申请避难者福利法》第4条和第6条所指的服务法律规定的实施，以及服务的结算和结算审查，以及按照第1句规定对健康保险公司的支出和管理费用的报销。直到以下规定生效，该规定要求电子健康卡必须根据第3句后半句须包含协议中的信息，该信息涉及《寻求庇护者福利法》第4、6条中的医疗服务受领者，则缔约方将以其他适当的方式确保这种身份的可识别性。

[2]第十二编第3—9章所述的服务受领者、《申请避难者福利法》第2条所述的持续性服务的受领者以及第八编所述的医疗帮助服务受领者，只要以上服务受领者皆未参保，则他们的疾病治疗由健康保险公司承担。第1句不适用于不太可能在至少一个月内获得持续帮助的受领者，以及仅根据第十二编第11条第5款第3句和第33条接受服务的人员以及第十二编第24条所述的人员。

[3]第2款第1句中提到的受领者必须立即在主管医疗救助的社会福利机构以及公共青年扶助机构的范围内选择一家承担其医疗救助的健康保险公司。如果有多位受领者居住在一个家庭社区中，则由户主本人和家庭成

员行使选择权，如果户主有义务按照第 10 条的规定投保，则选择权将得以行使。如果未行使根据第 1 句和第 2 句的选择权，则准用第四编第 28i 条和第 175 条第 3 款第 2 句。

[4]第 11 条第 1 款以及第 61、62 条准用于第 2 条第 1 句所述的受领者。其将根据第 291 条收到一张电子健康卡。根据第 291 条第 2 款第 7 项规定的参保状态，状态标记"成员"适用于 65 岁以下的领取者，状态标记"退休者"适用于 65 岁之后的受领者。未满 65 岁，居住在家庭社区中且不是户主的受领者会被标记为"家庭参保人"状态。

[5]如果受领者不再为第十二编或第八编所指的有需求者，则社会救助或公共青年救助机构应在各自相应的健康保险公司为其注销。注销时，社会救助机构或公共青年救助机构必须从受领者处收集电子健康卡，并将其转交给健康保险公司。社会救助或公共青年救助机构必须补偿注销后因不当使用该卡而产生的健康保险公司的费用。如果健康保险公司基于法律条文或合同约定有义务在要求服务之前审查其服务义务，则第 3 句不适用。

[6]在计算第 85 条或第 87a 条的报酬时，必须考虑接受者的合同医疗服务。如果第 85 条的总报酬按照人头计算，则将受领者视为成员。如果有多个受领人住在同一个家庭社区中，则与第 2 句不同，只有第 3 款中的户主才被视为成员；按照第 10 条为受保人提供的家庭成员的合同医疗服务，应通过分摊给户主的人头费来补偿。

[7]健康保险公司因接受第 2—6 款所述的医疗而产生的费用由负责该救助的社会救助机构或公共青年救助机构按季度偿还。作为适当的管理费用包括第 2 款所述人群的人事费用，应确定为不超过服务费用支出的 5%。如果有迹象表明提供或保障的服务不经济，则各自的健康保险公司可以要求主管的社会救助机构或公共青年救助机构审查并证明费用的适当性。

第四节　健康基金的财政平衡和分配

第一目

第 265 条　巨额的服务事件中的财政平衡

州协会和医疗互助保险公司协会的章程可以规定协会成员的分配额，

以便全部或部分覆盖巨额的服务案件支出和其他巨额的负担费用。救助也可以通过贷款来提供；协会的章程规定前提条件、还款和利息的细节事宜。

第265a条　为避免健康保险公司关闭或破产而提供的财政援助

[1]健康保险公司联邦最高协会章程必须在 2009 年 3 月 31 日之前做出关于授予财务援助的规定，以促进或便于健康保险公司的合并，这些援助被认为是避免责任风险所必需的。健康保险公司联邦最高协会的章程对援助的要求、范围、融资和实施进行规定。章程应当规定，只有在按照第265b 条的规定提供足够的财政援助时，才可以提供援助。根据第 217c 条第 1 款第 2 句的规定，章程由成员加权的 70% 多数票通过。

[2]第 1 款所述的财政援助申请只能由监管机关提出。健康保险公司联邦最高协会的董事会根据第 1 款决定是否提供援助。该援助也可以通过贷款提供。它们是有期限的，并受到有助于提高经济性和服务能力的条件的限制。

[3]健康保险公司联邦最高协会通过向其成员保险公司发出通知来申请财政援助所需的金额，农业健康保险公司除外。在分配援助资金时，必须适当考虑健康保险公司的不同绩效水平以及根据 265b 条已提供的援助。针对要求提供财政援助数额的通知而采取的申诉，不具有中止效力。

[4]有效期至 2008 年 12 月 31 日的基于 265a 条的请求和义务不受影响。

第265b条　自愿财政援助

[1]健康保险公司可以与其他相同保险种类的健康保险公司订立有关提供援助的合同，以便：

1. 保持其服务能力和竞争力；

2. 预防第 155 条第 4 款和第 5 款以及第 171d 条第 1 款第 3 句和第 4句所述的责任案件，尤其是通过自愿协会的支持；

3. 与第 171d 条第 2 款所述的法规性命令有所不同，规定第 171d 条第 1 款第 3 句和第 4 句所述的分配金额。

合同必须规定援助的范围、融资和实施的具体事宜。第十编第 60 条准用之。第 172 条第 2 款第 1 句所述的协会必须根据第 1 款的要求向健康保险公司提供评估援助范围所需的信息。

[2]合同应由主管合同中所涉及的健康保险公司的监管机关批准。

第266条 健康基金的分配（风险结构补偿）

[1]健康保险公司从健康基金中获得作为补偿其支出的分配额（第 271 条）以支付基本费用、根据年龄、性别和风险调整的补贴和折扣，以补偿不同的风险结构和其他开支的分配（第 270 条）。根据年龄、性别和风险调整后的分配，每年都会进行一次风险结构补偿，通过该风险结构补偿，健康保险公司之间根据年龄和性别划分的参保人组（第 267 条第 2 款）和发病组（第 268 条）产生的参保人的分配差异的财务影响得以补偿。

[2]基本费用以及根据年龄、性别和经风险调整后的补贴和折扣可补偿健康保险公司的标准服务支出。每年每个参保人的标准服务支出将以所有健康保险公司的平均服务支出为基础来确定，以便不同参保人组的每个参保人的标准服务支出的比例符合第 267 条第 3 款所规定的所有健康保险公司所确定的第 267 条第 2 款所述的不同参保人组的每个参保人的平均服务支出比例。

[3]（已废止）

[4]在确定第 2 款所述的标准服务支出时，以下支出不予考虑：

1. 由第二人补偿的支出；

2. 符合章程的附加费用及测试费用以及无权根据法律请求的服务费用。住院后续康复费用（第 40 条第 6 款第 1 句）应包括在根据第 1 句计算的平均服务支出中。矿工医生和牙医的服务费用的计算方法与合同医生和牙医的费用计算方法相同。

[5]联邦保险局确定分配额，并将相应的资金分配给健康保险公司。为了确定每年第 2 款第 1 句所述的分配额，须公布以下信息：

1. 涉及每个参保人的所有参与补偿的健康保险公司的标准服务支出额度，并按照参保人组（第 267 条第 2 款）和发病率组（第 268 条第 1 款）分开公布；以及

2. 按照年龄、性别以及风险调整的补贴和折扣。

3.（已废止）

联邦保险局可以在业务及会计结果之外要求提供更多信息和证据，以统一安排和取得与计算相关的数据。

[6]联邦保险局为每个日历年度提前临时确定第5款第2句第1项和第2项的额度值。在计算每月分配额时，第1句所述的额度值以最近获取的健康保险公司参保人的数量以及前一年10月1日所获取的健康保险公司参保人的数量为基础，以上参保人数量按照每个第267条第2款所述的参保人组以及第268条所述的发病率组确定。每个日历年结束后，联邦保险局为每个健康保险公司分配的额度基于当年制定的业务和会计结果以及当年10月所确定的相关健康保险公司的参保人数。根据第2句收到的分配额可通过分期支付。在根据第3句确定了财政年度的最终分配额之后，将对其进行补偿。如果在按照第3句完成额度值确定之后，在计算基准中发现了事实或算术错误，则联邦保险局必须在下次根据适用条文确定分配金额时将其考虑在内。针对风险结构补偿中的分配金额包括相关的额外费用所提起的申诉不具有中止效力。

[7]联邦卫生部在联邦参议院批准后通过法规性命令规定以下细节事宜：

1. 根据第1款第1句对基本费用金额的确认，并将其公布于参保人，按第5款所规定的额度，以及实施风险补偿程序所需数据的类型、范围以及公布数据的时间点；

2. 根据第2、4、5款对服务支出的划分，与第2款第3句不同，可以对针对第267条第3款所述的参保人组的特殊标准化程序以及对医疗津贴的划分进行规定；

2a. 第270条所述的其他费用的划分和程序以及用于补偿这些支出的资金分配标准；

3. 根据第267条第2款被考虑的参保人组划分，包括年龄组之间的年龄间隔，以上也与第267条第2款有所不同，这还包括根据第137g条关于加入参保人的程序，包括参与时间以及为实施程序而需要的收集和传输个人数据的程序的规定，以及根据第137g条的规定接纳程序的要求；

4. 计算程序以及支付交易的执行，包括可以委托支付交易的计算和执行的机构；

5. 款项的到账和滞纳金的收取；

6. 补偿的程序及执行；

7. 根据第 267 条截止日期和期限的确定，代替第 267 条第 2 款所规定的截止日期，规定一个调查期；

8. 健康保险公司，养老保险机构和服务提供者须提供的信息；

9. 与审查有关的机构根据第 274 条对健康保险公司要传达的数据的审查，包括不正确的数据传达或不可验证的数据的后果，以及审查程序和测试标准，以上也与第 274 条有所不同。与第 1 句不同，第 4 款第 2 句及第 1 句第 3 项所述的法规性命令规定未经联邦参议院批准即可颁布。

[8]（已废止）

[9]农业健康保险公司不参与风险结构补偿。

[10]（已废止）

脚注

根据德国联邦宪法法院 2005 年 7 月 18 日做出的第 2 BvF 2/01 号等系列判决（《联邦法律公报》2005 年第 1 卷，第 2888 页）的判决要旨，第 266 条与《基本法》相符。

第 267 条　风险结构补偿的数据获取

[1]健康保险公司在每个财政年度调查分类以及科目表所规定的不涉及参保人的服务支出。

[2]健康保险公司在每年 10 月 1 日之前以五年为一个年龄段而调查不同年龄组的成员以及第 10 条所述的参保家庭成员的人员信息，并将参保人（成员）组和性别分开进行考虑。成员组根据以下内容进行划分；

1. 参保人在丧失工作能力后是否要求继续支付工作收入，或者是否要求继续提供基于参保义务而产生的社会服务，第 46 条第 2 句所述的成员是否自丧失工作能力的第七周开始要求获得病假津贴，或者是否提交了第 44 条第 2 款第 1 句第 3 项所述的选择声明；

2. 成员是否没有要求获得病假津贴，或者健康保险公司是否因为本编规定而限制了服务范围；或者

3. 符合《继续支付工资法》第 10 条的成员是否要求支付工作收入的

补贴。

第六编第 43 条及第 45 条所述的工作能力受损人员的数量，必须在第 1 句所述的数据调查中作为另一个共同成员组而被单独列出。

[3]健康保险公司必须最多每三年（首次为 1994 年），调查第 1 款所述的服务支出及病假津贴信息，以上信息同样根据第 2 款第 1 中的参保人年龄组和性别单独列出，此类信息不涉及参保人的个人信息。此外，第 44 条所述的病假津贴支出和病假日津贴信息须根据第 2 款第 2 句所述的成员组进行分类；额外和实验服务支出的信息以及无权要求的服务支出信息无须调查，第 266 条第 4 款第 2 句所述的服务除外。在调查第 1 句所述的信息时，必须单独调查为第六编第 43 条和第 45 条所述的工作能力受损人员组提供的服务提出。第 2 款第 4 句所述的参保人组的服务支出必须在进行第 1—3 句所述的数据调查时，根据参保人组单独进行调查。第 1—3 句所述的数据调查可被限制在联邦境内或者单独的联邦州针对地区和健康保险公司种类而进行的有代表性的抽样上。抽样的总范围上限为所有法定健康保险参保人的 10%。

[4]健康保险公司将以下结果通过机器可读的数据载体，并经由健康保险公司联邦最高协会转交给第 266 条第 7 款所述的行政法规所提及的机构，并在下一年的 5 月 31 日之前提交第 1 款和第 3 款所述的数据调查结果，最迟在调查截止日期后的三个月内提交第 2 款所述的数据调查结果。

[5]有关的健康保险公司对于第 3 款所述的数据收集，可以在电子健康卡上使用第 3 款第 1—3 句所述的成员组代码。如果电子健康卡上包含第 1 句所述的代码，则医生和牙医必须在对合同医生提供的服务具有约束力的处方和转院单上或者在相应的电子数据记录中标记此代码。保险公司医生协会及保险公司牙医协会以及服务提供者在服务结算时使用第 1 句所述的代码；以上代码在服务结算中另外表明每个代码类别的结算额度总数。在其他地方使用第 1 句所述的代码是不被允许的。保险公司医生协会和保险公司牙医协会以及服务提供者必须以适当的方式在机器可读的数据载体上提供第 1—3 款所述的数据收集所需的结算数据。

[6]健康保险公司经由健康保险公司联邦最高协会向法定养老保险公司提供在其处参保的义务参保退休者的第 293 条第 1 款所述的代码，以及第

六编第 147 条所述的保险号码。法定养老保险公司在每年的 12 月 31 日之前根据第 1 句所述的代码，并经由健康保险公司联邦最高协会向主管健康保险会通报，哪些参保人因为工作能力受损而获得养老金或者因丧失就业或劳动能力而获得养老金的信息。法定养老保险公司可以将第 2 句所述的任务委托给德国邮政集团；健康保险公司在这种情况下经由健康保险公司联邦最高协会，向德国邮政集团提供第 1 句所述的数据。第六编第 119 条第 6 款第 1 句适用。法定养老保险公司或者第 3 句所述的被委托机构只要履行了本款中的任务，就必须删除第 1 句所述的数据。健康保险公司可以使用第 1—3 款所述的数据调查所收集到的数据。只要履行并完成了第 266 条所述的风险结构补偿，就必须删除第 2 句所述的数据。

[7]健康保险公司联邦最高协会决定以下细节事宜：

1. 第 3 款所述的调查范围、地区选取及抽样程序；以及

2. 第 5 款第 1 句所述的代码程序。

健康保险公司联邦最高协会：

1. 与保险公司联邦医生协会在第 295 条第 3 款所述的协议中，就第 5 款第 2 至 4 句所述的程序细节进行约定；并

2. 与德国养老保险协会就第 6 款所述的登记程序细节进行约定。

[8]（已废止）

[9]费用根据以下方式被承担：

1. 第 1 款和第 2 款所述的调查费用由有关健康保险公司承担；

2. 第 3 款所述的调查费用由健康保险公司联邦最高协会承担；

3. 第 5 款所述的数据调查及处理费用由保险公司医生协会和保险公司牙医协会以及其他服务提供者承担；

4. 第 6 款所述的登记费用由法定养老保险公司承担。

第 1—9 款不适用于农村健康保险公司。

[10]（已废止）

脚注

根据德国联邦宪法法院 2005 年 7 月 18 日做出的第 2 BvF 2/01 号等系列判决（《联邦法律公报》2005 年第 1 卷，第 2888 页）的判决要旨，第 267 条与《基本法》相符。

第二目　退休者健康保险的财政平衡

第 268 条　风险结构补偿的继续发展

[1]根据第 266 条第 1 款第 2 句及第 3 句的参保人组以及根据第 266 条第 2 款第 2 句的加权因数自 2009 年 1 月 1 日起与第 266 条不同，按照分类特征（发病组）来设立，同时：

1. 根据诊断、诊断组、征兆、征兆组、医疗服务或这些特征的组合而直接考虑参保人的发病率；

2. 确定被分类的参保人的特定疾病的平均服务支出；

3. 减少风险选择的激励；

4. 不为医学上不合理的服务扩张提供激励；并且

5. 50—80 种花费巨大的慢性病症和重症作为发病组选择的基础。

其他情况下适用第 266 条。

[2]在 2009 年 12 月 31 日之前，联邦卫生部通过第 266 条第 7 款所述法规性命令，在联邦参议院的批准下对第 1 款所述要求的执行的细节事宜进行规定。该法规性命令还必须确定，在 2008 年 12 月 31 日之前所生效的用于确定参保人组的一项或多项标准，除第 1 款第 1 句中指定的要求外，是否继续生效；第 266 条第 7 款第 3 项适用。

[3]为了根据第 2 款第 5 句准备分组及实施审查工作，健康保险公司为 2001 年及 2002 年，在次年的 8 月 15 日之前，根据 267 条第 3 款第 3 句和第 4 句，以抽样方式分别依据第 267 条第 2 款所述的参保人组调查每个参保人的参保天数、分类中的服务支出以及科目表中所确定的服务支出，信息包括以下内容：

1. 医院，包括根据第 301 条第 1 款第 6、7、9 项的信息，以及根据第 301 条第 1 款第 1 句第 3 项的入院日期和入院诊断日期信息，但不含接收机构的机构标识符，也不含出院时间；

2. 住院后续康复，包括根据第 301 条第 4 款第 1 句第 5 项和第 7 项所提供的信息，但不含接收机构的机构标识；

3. 包含第 300 条第 1 款第 1 项规定的标签的药物；

4. 第 44 条所述的战争受害者疾病津贴，包括第 295 条第 1 款第 1 句第 1 项所述的信息；

5. 合同医疗，包括第 295 条第 1 款第 1 句第 2 项的信息以及计费点数和费用，以及第 295 条第 1 款第 4 项所述的信息，但不含治疗日期；

6. 第 302 条所述的服务提供者，包括诊断、发现和提供服务的日期，但不含服务的类型、数量和价格，并且不含开处方医生的医生编号；

7. 根据第 1—6 项所计入的服务支出，而不含第 266 条第 4 款第 1 句所述的服务支出。

如果根据第 1 句第 1—7 项的调查包含诊断数据和药物标签，则只能处理或使用由健康保险公司根据第 294—303 条收集的诊断数据和药物代码。抽样调查所需的与参保人相关的数据必须进行匿名化。创建匿名的密码必须由健康保险公司的数据保护人员保存，并且不得让其他人获取。法定健康保险公司医生和牙医协会不迟于次年 7 月 1 日向健康保险公司提供第 1 句第 5 项所需的数据。在传输数据之前，必须为每个参保人制定匿名，健康保险公司将该匿名传输给保险公司医生和牙医协会。健康保险公司第 1 句所述的经过匿名化的和机器可读形式的数据，通过其最高协会传输给联邦保险局。允许创建参保人的信息，只要考虑到这些信息随后对于根据第 7 句传输的数据进行修改是必需的。必须为健康保险公司的匿名化信息和参保人的每份个人信息创建备忘录。健康保险公司联邦最高协会在 2002 年 3 月 31 日之前决定是否在与联邦保险局根据第 267 第 7 条第 1 款和第 2 款所达成的约定中，以及与保险公司医生联邦协会和为维护其他服务提供者的经济利益而成立的相关中央组织的约定中，规定有关抽样范围和数据调查及传送程序的详细信息。在第 10 句所述的约定中，抽样调查也可延至 2003 年上半年。第 267 条第 9 款和第 10 款适用。如果达成第 10 句所述的约定，则联邦卫生部应根据第 266 条第 7 款所述的法规性命令，在 2002 年 6 月 30 日之前规定该程序的细节。该法规性命令还规定从 2005 年 1 月 1 日起调查第 1 句所述的哪些数据，以实施风险结构调整及其进一步发展，该数据调查的程序和范围以及允许创建参保人信息的条件，第 2 句准用之；其他情况适用第 267 条。

[4]自 2017 年 7 月 1 日起，健康保险公司将获得参保人居住地的官方市政密码。健康保险公司联邦最高协会与联邦保险局达成一致，根据第 267 第 7 款第 1 句第 1 项和第 2 项的规定，确定了时间分配以及调查和传输数

据程序的细节事宜。第 268 条第 3 款第 7 句准用之。

⁵风险结构补偿将在 2019 年 12 月 31 日之前通过法律继续发展，同时要考虑科学咨询委员会关于风险结构补偿的继续发展的建议。

脚注

根据德国联邦宪法法院 2005 年 7 月 18 日做出的第 2 BvF 2/01 号等系列判决（《联邦法律公报》2005 年第 1 卷，第 2888 页）的判决要旨，第 268 条与《基本法》相符。

第 269 条　针对战争受害者疾病津贴和国外参保人的特殊规定

¹对于第 267 条第 2 款第 2 句所述的参保人组，现行标准化程序可以在 2013 年补偿年度起为了考虑战争受害者疾病津贴而经程序进行补充，该程序应考虑各健康保险公司为战争受害者疾病津贴而实际做出的服务支出。

²对于在所述财政年度前一年的大部分时间内，其住所或惯常居所位于德意志联邦共和国境外的参保人，自 2013 年赔偿年度起，用于支付其标准化服务支出的分配额应限于所有健康保险公司对这些类别的参保人的实际服务支出。

³联邦保险局根据委托给予专家意见，根据该意见，一些模型被开发出来，用于更明确地确定用于支付疾病补助费用的分配额以及在补偿年度前一年的大部分时间里居住或惯常居住在德意志联邦共和国境外的参保人。此外，还必须审查是否需要其他数据才能实现第 1 句中指定的目标。在开发模型时，必须遵守第 268 条第 1 款第 1 句第 2—4 项。为了履行各自的评估任务，必须根据第 268 条第 3 款第 7 句，授权受托人可以访问传送给联邦保险局的匿名化的保险相关数据。为此，根据 2004 年 4 月 29 日欧洲议会和理事会（EC）第 883/2004 号法规性命令（《关于协调欧洲医疗体系的规定》）第 35 条，受托人和德国驻国外联络处健康参保人群也可以使用此服务；只能查看匿名或匿名化数据。

³ª联邦保险局根据委托给出后续专家意见，特别是根据第 3 款第 1 句在专家意见中开发的模型，应对根据《风险结构补偿条例》第 30 条第 1

款以及第 3b、3c 款所获取的数据进行审查，并进一步开发以完善实施。为了履行各自的专家意见委托，应根据《风险结构补偿条例》第 30 条第 4 款第 1 项和第 3d 款的规定，向受托人或联邦保险局群体提供与匿名化的保险相关数据的访问权。第 3 款第 3 句和第 5 句准用之。

[3b]在关于用于覆盖战争受害者疾病津贴支出的分配款的后续专家意见中根据第 3 条第 1 款所开发的模型用于更明确地确定覆盖战争受害者疾病津贴的支出，特别是基于以下数据进行审查并进一步实施专家意见，通过使用该数据，与健康保险公司的战争受害者疾病津贴支出相关的标准决定因素根据第 3 款第 1 句所述的专家意见得以映射。为此，健康保险公司应为 2016 和 2017 年报告年度调查以下与参保人有关的信息，以说明决定因素：

1. 根据第四编第 28a 条第 3 款第 2 句第 2 项字母 b 的年度收入报告中的非个体经营性活动所产生的义务缴费收入以及该收入产生的时间；

2. 个体经营活动所产生的义务缴费收入以及该收入产生的时间；

3. 根据第三编第 136 条领取失业救济金所产生的义务缴费收入以及各自的领取日期；

4. 根据第 295 条第 1 款第 1 句第 1 项进行的诊断，包括确定无工作能力的日期和无工作能力的开始日期；

5. 根据第 44 条规定的用于战争受害者疾病津贴的服务支出以及领取战争受害者疾病津贴的开始及结束日期；

6. 根据第 45 条规定的用于战争受害者疾病津贴的服务支出以及领取战争受害者疾病津贴的开始及结束日期；

7. 根据第四编第 28a 条第 3 款第 1 句第 5 项规定的活动密码；以及

8. 根据第四编第 28a 条第 3 款第 1 句第 6 项规定的分配给参保人所在的雇佣企业的企业编号。

[3c]在关于补偿年度之前多数年内在德意志联邦共和国领土以外居住或惯常居住的参保人的分配的后续专家意见中，专家意见根据第 3 款第 1 句所开发的模型旨在更有针对性地确定承保范围、审查该组参保人的费用，特别是根据数据可以映射出与这些参保人组的健康保险公司支出金额有关的决定因素，并进一步加以实施。为此，2016 年和 2017 年报告年度的健康保险公司根据参保人调查以下与参保人有关的信息，以说明决定因素：

1. 跨境者代码；

2. 居住国家/地区的国家/地区代码。

此外，健康保险公司联邦最高协会、德国健康保险国外联络处调查非与个人相关的，根据居住国、会计年度和有服务义务的健康保险公司进行区分的与健康保险公司一同开具的发票总额，然后将其转交给联邦保险局。联邦保险局根据第 3 句与健康保险公司联邦最高协会达成一致，确定调查和传输的详细信息以及数据调查的范围。此外还可以规定，健康保险公司联邦最高协会与德国健康保险国外联络处根据第 1 句调查专家意见所需的其他非个人数据，以供参保人按照第 1 句结算，并将其传送给联邦保险局。

[3d]根据第 3b 款及第 3c 款第 1 句和第 2 句的数据首次在 2018 年 6 月 15 日之前发送给联邦保险局，最后一次在 2019 年 4 月 15 日之前发送给联邦保险局；第 268 条第 3 款第 2—9 句准用于数据的收集和传输。健康保险公司联邦最高协会经联邦保险局同意，根据第 267 条第 7 款第 1 句第 1 项和第 2 项，确定时间分配的详细信息，收集和传输根据第 1 句的数据的范围和程序，根据第 3b、3c 款的数据仅限于第 3b、3c 款的目的。如果因组织或技术原因，仅使用第 3a 款第 2 句和第 3 句所述的数据进行审查是不够的，则联邦保险局或健康保险公司联邦最高协会、德国健康保险国外联络处仅可将第 3a 款第 2 句和第 3 句所述的保险相关数据以假名或匿名形式发送给第 3a 款第 2 句和第 3 句所授权的人员或人群，以用于第 3b 款和第 3c 款所述的后续专家意见。在各种情况下，在将专家意见提交给联邦保险办公室之后，必须由按照第 3a 款委托的个人或团体立即将按照第 4 句传送的数据删除。必须由根据第 3a 款委托的个人或群体向联邦保险局或健康保险公司联邦最高协会、德国健康保险国外联络处来证明删除。

[4]第 266 条第 7 款第 1 句所述法规性命令对第 1—3d 款要求的执行细节进行规定，特别是服务支出的界限，包括付款交易的执行和专家意见要求的确定等程序。

第 270 条　健康基金对其他支出的分配

[1]健康保险公司从健康基金获得分配用于覆盖以下内容：

a) 按照第 266 条第 4 款第 1 句第 2 项的标准费用，但第 11 条第 6 款和第 53 条规定的服务除外；

b）其标准化费用，该费用是因根据第 137g 条所制定和实施的程序而产生的，并应根据第 266 条第 7 款在该法规性命令中详细确定；以及

c）它们的标准化管理支出。

[2]为确定第 1 款中的拨款额，健康保险公司不收取第 266 条第 4 款第 1 句第 2 项所规定的费用和每年的管理支出费用。第 266 条第 4 款第 1 句第 1 项和第 267 条第 4 款准用之。

[3]联邦保险局应根据第 291a 条第 5c 款第 11 项从健康保险公司联邦最高协会发出的第一项通知减少一家健康保险公司，该健康保险公司未履行第 291a 条第 5c 款第 4 句规定的义务，而该保险义务根据《风险结构补偿条例》第 41 条第 3 款的规定，在补偿年度 2020 年按照第 1 款第 1 句 c 项的规定计算分配额的 2.5%。如果在相应补偿年度的次年，根据第 291a 条第 5c 款第 11 句和第 12 句向同一家健康保险公司发出进一步通知，则从补偿年度 2021 年开始，对于健康保险公司将根据《风险结构补偿条例》第 41 条第 3 款在年度补偿中计算的分配金额按照第 1 款第 1 句字母 c 减少 7.5%。联邦保险局在通知中将惩罚金额告知健康保险公司。针对惩罚金额采取的申诉不具有中止效力。

第 270a 条　收入补偿

[1]考虑到健康保险公司根据第 242 条所收取的额外保险费，健康保险公司将按照以下各款的规定，全额赔偿成员的义务缴费收入。

[2]根据第 242 条收取额外保险费的健康保险公司从健康基金中收取其成员的额外保险费中的由收入补偿所得出的金额。每个健康保险公司的这些资金数额，是根据第 242 条第 1 款将健康保险公司的额外缴款率乘以所有健康保险公司的每个成员的预期平均义务缴费收入的收入及其成员数来确定的。

[3]如果根据第 242 条规定从额外保险费中获得的总金额与根据第 2 款规定的资金的必要支出有所偏差，则根据第 271 条第 2 款从健康基金流动性储备金中扣除或增加该偏差金额。

[4]联邦保险局管理来自额外保险费的收入额，以执行收入补偿；第 271 条第 6 款第 1 句准用之。联邦保险局根据第 2 款确定资金数额，并将

其分配给健康保险公司。第 266 条第 5 款第 3 句和第 6 款第 7 句准用之。根据第 266 条第 7 款第 1 句的法规性命令，对有关确定健康保险公司在收入补偿的框架内获得的临时和最终资金、执行、支付程序和缴费到期日的细节进行了规定。

第 271 条　健康基金

[1]联邦保险局管理来自以下方面的作为特别资金（健康基金）的款项：

1. 收款机构按照第四编第 28k 条第 1 款和第 252 条第 2 款第 3 句收取的法定健康保险保险费；

2. 根据第 255 条规定的养老保险费；

3. 根据第四编第 28k 条第 2 款规定的保险费；

4. 根据第 252 条第 2 款规定的保险费支付；以及

5. 根据第 221 条规定的联邦资金。

[1a]根据第 1 款所收取的保险费，只要是涉及第 242 条规定的额外保险费，就应根据第 270a 条全额用于收入补偿。以上保险费必须由作为额外保险费管理人的联邦保险局来证明。

[2]健康基金必须维持流动资金作为流动性储备金。流动性储备金必须涵盖当年的收入波动、根据第 242a 条第 1 款所述健康基金的预期年收入中的未确认收入损失以及根据第 270a 条进行收入补偿所需的费用。财政年度结束后，流动性储备金必须至少为健康基金平均每月支出的 25%。它不得超过健康基金平均每月支出的 50%。如果流动性准备金的金额超出了相应年份根据第 220 条第 2 款中的一组估算值的预测得出的金额减去随后几年从流动性准备金中法定提取的金额，则每年多余的资金中最多不超过义务缴费收入 0.1 个保险费率点的财政数额将被转入健康基金的收入。为资助第 92a 条第 3 款和第 4 款所述的资金，创新基金将从 2016—2019 年从健康基金的流动性储备中获得 1.5 亿欧元，且少于第 221 条第 3 款第 1 句第 1 项和第 4 项所规定的农业健康保险公司按比例金额的一半；根据第 92a 条第 3 款第 5 句，从流动性储备金中在本财政年度中未花费的资金按比例归还给健康基金的流动性储备金。为了资助《医院融资法》第 12 条和第 12a 条所述的资金，从 2016 年起，结构基金将从健康基金的

流动性储备金中获得最多 5 亿欧元，从 2019—2022 年将每年获得 5 亿欧元，在联邦政府根据《医院融资法》第 12—14 条要求分配资金的情况下，每年均应按照第 221 条第 3 款第 1 句第 2 项以及第 5 句、第 6 句的规定扣除农业健康保险公司的比例金额。

²ª 如果健康保险公司关闭或破产，则联邦保险局可以应要求从流动性储备金中向健康保险提供者提供贷款，只要这是为尚未阐明其成员关系的参保人的利益提供资金所必需的。贷款必须在六个月内偿还。联邦保险局与健康保险公司联邦最高协会协商，规定发放贷款、利息和还款的细节。

³ 如果流动性储备金不足以满足第 266 条第 1 款第 1 句规定的所有分配额，则联邦政府应向健康基金提供一笔相应额度的无息流动性贷款。贷款将在财政年度偿还。必须采取适当措施以确保在年末还款。

⁴ 一年内产生的资本收益应当计入特别资产。

⁵ 健康基金的资金应以可用于第 266、269、270 条规定的目的的方式进行安置。

⁶ 联邦保险局在基金管理方面的支出，包括实施和进一步发展风险结构补偿的支出，均由健康基金的收入支付。根据第 266 条第 7 款的法规性命令对细节进行规定。

第 271a 条　健康基金收入的供给

¹ 如果健康保险公司的欠款大幅增加，则健康保险公司必须应联邦保险局的要求，报告其原因，并在四周的期限内做出有说服力的解释，说明增加的欠款不是由于违反义务而引起的。与该决定有关的事实必须通过适当的文件加以证实。

² 如果未提交与该决定相关的文件，或者如果这些文件不足以证明健康保险公司有理由不正当地导致保险费拖欠，则视为健康保险公司拖欠。应在要求报告后的每个起始月，临时收取一次相关额度的 10% 作为滞纳金，该相关额度是根据产生报告义务的月份的拖欠率减去健康保险公司上一年月份的平均拖欠率，乘以产生报告义务的当月健康保险公司的总保险费而得出的。较低的值用于计算滞纳金。

³ 如果在联邦保险局设定的合理时间内（不少于根据第 2 款规定的拖欠后的三个月），并且应证明欠款不是由于不履行义务引起的，则健康保

险公司将收回滞纳金。否则，滞纳金最终将被确定并保留在健康基金中。

[4]如果即使在第 3 款所述的期限届满之后，拖欠的保险费额仍在第 1 款的含义之内很大，而健康保险公司仍在第 2 款的含义之内被视为拖欠，则可以认为其未履行义务。在这种情况下，联邦保险局应将每月的滞纳金再提高十个百分点，直至达到第 2 款中用于计算滞纳金的差额的全部金额。滞纳金最终将被确定并保留在健康基金中。

[5]针对滞纳金的收取的申诉不具有中止效力。

[6]第四编第 28r 条以及第 251 条第 5 款第 2 句不受影响。

第 272 条　　（已废止）

第 273 条　用于风险结构补偿的基础数据的供给

[1]在根据以下各款实施风险结构补偿的范围内，联邦保险局审查健康保险公司的数据报告，同时兼顾第 268 条第 3 款第 1、2 句和第 14 句的要求，尤其是诊断数据和药物标签通报许可。第 266 条第 7 款第 1 句第 9 项和第 274 条不受影响。

[2]联邦保险局结合第 1 句第 5 项对第 268 条第 3 款第 14 句所述的数据进行审查，以确定是否有异常情况。联邦保险局可以结合第 1 句第 1—4 项以及第 6—7 项对第 268 第 3 款第 14 句所述的数据进行审查，以确定是否有异常情况。该审查以跨健康保险公司的比较分析方式进行。比较分析必须基于合适的分析参数，特别是所传送诊断的频率和严重性，以及合适的比较参数和比较时间，以便识别根据第 268 条第 1 款第 1 项的发病率对数据及其对参保人分类的数据变化及其意义。联邦保险局与健康保险公司联邦最高协会协商，确定相关细节，尤其是检测异常的域值。

[3]如果联邦保险局根据第 2 款确定了异常情况，它将尤其因提供第 268 条第 4 条所述的可靠诊断数据而对有关健康保险公司进行逐案审查。如果某些事实证明健康保险公司未遵守第 268 条第 3 款第 1、2、14 句的要求，则同样对其进行审查。根据联邦保险局的要求，健康保险公司有义务应联邦保险局的要求提供更多的信息和证据，特别是有关匿名医生号码和收费项目的合理信息和证据。如果健康保险公司未在期限内提供所需的文件，则联邦保险局可以根据第 71 条第 6 款第 5 句处以定期罚款。联邦保险局

可以确定数据统一技术处理的细节。联邦保险局还可以现场审查有关的健康保险公司。不包括对服务提供者的审查，尤其是有关诊断数据的审查。由健康保险公司传输的数据只能根据第 2 款进行处理或用于审查以确定是否存在问题，以及根据本款进行的个案审查。

[4]根据第 2 款和第 3 款的测试结果，联邦保险局确定有关的健康保险公司是否以及在何种程度上符合第 268 条第 3 款第 1、2、14 句的要求。如果有关的健康保险公司没有或仅部分遵守第 268 条第 3 款第 1、2、14 句的要求，联邦保险局将根据第 266 条第 2 款第 1 句确定更正金额，来减少健康保险公司根据第 266 条第 2 款第 1 句的分配额。经联邦参议院同意，联邦卫生部根据第 266 条第 7 款的规定，对更正金额的确定和减少分配额的细节进行规范。

[5]联邦保险局应将其根据第 4 款第 1 句做出的决定和符合第 4 款第 2 句的更正金额通知有关健康保险公司。根据此规定争议性采取的申诉不具有中止效力。

第五节　健康保险公司及其协会的审查

第 274 条　运营、会计及业务审查

[1]联邦保险局和负责社会保险的联邦州最高行政当局必须至少每五年对健康保险公司在其监督下和其工作组中的业务、会计和运营管理进行审查。联邦卫生部至少每五年有一次对健康保险公司联邦最高协会和保险公司医生联邦协会的业务、会计和运营管理进行审查，而负责联邦州社会供给的最高行政机关至少每五年有一次根据第 106c 条对健康保险公司州协会和保险公司医生协会以及检测机构和投诉委员会的业务、会计和运营管理进行审查。联邦卫生部可以将对健康保险公司联邦最高协会、联邦直属健康保险公司和保险公司医生联邦协会的审查，联邦州负责社会保险的最高行政当局可以将对州直属健康保险公司、健康保险公司联邦最高协会和保险公司医生协会的审查转移给一个独立的公法上的审查机构，或建立这样的审查机构。审查必须涵盖整个业务；它包括审查其合法性和经济性。根据要求，健康保险公司、健康保险公司协会及其工作组，保险公司医生

协会和保险公司医生联邦协会必须提供所有文件并提供进行审查所需的所有信息。根据本款进行审查的机构，在咨询健康保险公司联邦最高协会之后，可以确定健康保险公司以特定形式以电子方式提供审查所需的数据。在特殊情况下，根据本款进行审核的机构可以委托审核员、注册会计师、专业律师事务所或 IT 顾问执行审核的各个领域。委托产生的费用是第 2 款所指的审查费用。

[2]从 2009 年开始，健康保险公司将按照其成员人数承担有关审查机构的费用。关于费用的报销以及预付款支付的细节问题，由联邦卫生部规定对联邦直属健康保险公司和健康保险公司联邦最高协会的审查，由联邦各州负责社会保险的最高行政当局规定对州直属健康保险公司及其州协会的审查。保险公司医生协会、保险公司医生联邦协会以及健康保险公司的协会和工作组自行承担审查的费用。这些费用是根据实际发生的人员和物资费用计算的。保险公司医生联邦协会审查费用的计算是以联邦内政部编制的有关本会计年度公务员、雇员和工资领取者的人事费用，包括以联邦管理机构岗位/雇员的物质支出的概述为基础，保险公司医生协会审查费用的计算应以相应州最高主管当局制定的概述为基础。如果一个州没有此类概述，则适用内政部的概述。除人事费用外发生的管理费用应加到实际费用中。人事费用应按每个审查小时分摊。审查的准备和后续费用，包括测试报告的准备和任何建议，都必须包括在内。根据第 1 句的审查费用应扣除由第 3 句中指定的机构所承担的审查费用。

[3]经联邦参议院批准，联邦卫生部可以发布进行审查的一般管理规定。审查机构之间应定期交流经验。

[4]联邦审计局审查法定健康保险公司及其协会和工作组的预算和经济管理。

第九章　健康保险的医疗服务机构

第一节　任务

第 275 条　评估和咨询

[1]在法定情况下，或如果根据疾病的类型、严重性、持续时间或频率或疾病的过程而有必要，则健康保险公司有义务：

1. 在提供服务时，尤其要审查服务的要求、类型和范围，以及在出现异常情况时审查账单是否正确；

2. 与参加治疗的医生协商，启动参与服务，尤其是根据第九编第14—24 条协调服务；

3. 在丧失工作能力的情况下：

a）确保治疗成功，尤其是服务提供者采取措施恢复工作能力；或

b）以消除对工作能力丧失的怀疑。

从健康保险的医疗服务机构（医疗服务机构）获得专家意见。第 87 第 1c 款中有关牙医的联邦范本合同中规定的专家程序的规定不受影响。

[1a]尤其是在以下情况下，可以对根据第 1 款第 3 项字母 b 所述的丧失工作能力表示怀疑：

a）参保人无法在短时间内工作，或明显地通常仅在短时间内工作，或者丧失工作能力的开始通常发生在一周开始或结束的工作日；或

b）丧失工作能力是由医生确定的，且因医生签发的丧失工作能力证书的频率而变得异常。在提交有关丧失工作能力的医学报告后，必须立即进行审查。雇主可以要求健康保险公司从医疗服务机构获得专家意见，以审查其工作能力。如果丧失工作能力的医疗前提明确来自健康保险公司可

用的医疗文件，则健康保险公司可以不考虑医疗服务机构。

[1b]（已废止）

[1c]对于根据第 39 条进行的医院治疗，必须迅速进行根据第 1 款第 1 项的审查。根据第 1 条进行的审查必须在健康保险公司收到账单后的六周内开始，并由医疗服务机构通知医院。如果审查没有减少账单金额，则健康保险公司必须向医院一次性支付 300 欧元。根据第 1 句进行的审查为对医院账单的审查，健康保险公司通过该账单委托医疗服务机构并要求通过医院的医疗服务机构获取数据。

[2]健康保险公司必须通过医疗服务机构审查：

1. 根据第 23、24、40、41 条的规定，在抽样调查中的医疗计划的基础上在批准之前和请求延期之前请求服务的必要性；健康保险公司联邦最高协会在细则中规定抽样调查的范围和选择，并且如果没有必要根据适应证和人群进行审查，则可以允许例外情况。这尤其适用于医院治疗后的医疗康复服务（后续治疗）；

2.（已废止）

3. 如果在国外报销治疗费用，则是否只能在国外治疗疾病（第 18 条）；

4. 家庭护理是否或在哪个时期内有必要长于四个星期（第 37 条第 1 款）；

5. 由于医疗原因，是否可以例外地推迟提供假牙（第 27 条第 2 款）。

[3]健康保险公司可以在适当情况下通过医疗服务机构审查：

1. 在批准辅助器具之前，是否需要辅助器具（第 33 条），医疗服务机构必须将此告知参保人，它必须与骨科护理中心合作；

2. 就透析治疗而言，考虑到具体情况，采用哪种形式的门诊透析治疗既必要又经济；

3. 评估辅助器具的供给；

4. 参保人是否在请求保险服务时由于治疗错误而遭受损害（第 66 条）。

[3a]如果根据《精神科人员条例》第 4 条评估有关将患者分配到治疗区域的文件时，可比较的群体之间存在差异，则州健康保险公司协会和医疗互助保险公司可以让医疗服务机构审查分配情况；要发送的审查结果不得

包含任何社会数据。

[4]健康保险公司及其协会应在必要的范围内咨询医疗服务机构或其他专家服务机构，以完成第1—3款中提到的任务以外的任务，尤其是与医疗保健有关的一般医学问题和对参保人的建议、质量保证、与服务提供者进行合同谈判以及为医生和健康保险公司的共同委员会（尤其是审查委员会）提供建议。如果州扩大委员会根据第116b条第3款第8句的规定全部或部分委托医疗服务机构，则该医疗服务机构根据第116b条第2款执行任务。

[4a]只要不影响医疗服务机构所承担的其他任务，那么它可以根据《联邦官员法》第44—49条对官员进行审查并出示医疗报告。由此产生的费用将由授予委托的当局偿还。第281条第1a款第2句准用之。健康保险公司联邦最高协会的医疗服务机构和联邦内政部在已表明进行审查及准备第1句所述的专家意见的基本的医疗服务机构的参与下，约定报销的程序和报销金额的细节事宜。医疗服务机构将协议约定交给其监管机关，如果医疗服务机构其他任务的执行受到危害，则其可以在提交后的三个月内反对该协议约定。

[5]医疗服务机构的医生在执行医疗职责时仅服从其医疗良知。其无权干预医疗。

第275a条　医疗服务机构在医院中的质量控制的执行及范围

[1]医疗服务机构将按照以下各款的标准以及第137条第3款所述的联邦共同委员会制定的指令，执行为确保符合第108条所批准的医院的质量要求控制。进行此类工作的前提条件是，医疗服务机构已由联邦共同委员会根据第137条第3款在指令中指定的机构或根据第4款指定的机构进行了委托。控制的设计必须毫不费力，并且可以在不通知的情况下执行。

[2]医疗服务机构执行控制的类型和范围最终取决于第3款和第4款中提到的机构下达的具体命令。该命令必须与触发控制的证据成比例。这些命令的内容可以是：

1. 符合第135b和136—136c条的质量要求；
2. 在外部质量保证的背景下审查医院文件的准确性；和
3. 在州法律规定的范围内，遵守各州的质量要求。

在执行控制时，如果出现了控制范围以外的重大质量缺陷的证据，医务人员应立即按照第 3 款或第 4 款通知订约当局和医院。第 2 句不适用于根据第 137 条第 3 款第 1 句所述的对质量保证数据进行验证的随机审查。

[3]联邦共同委员会为此确定的机构根据第 137 条第 3 款的指令标准，委托医疗服务机构根据第 1 款并结合第 2 款第 3 句第 1 项及第 2 项执行质量控制。只要该委托中还包括根据第 2 款第 3 句第 2 项对文件的正确性进行的控制，应由联邦共同委员会向医疗服务机构传输数据记录，该数据记录为医院在外部住院患者质量保证的范围内须向主管当局报告的记录，其准确性须由医疗服务机构在控制的范围内进行审查。

[4]医疗服务机构也可以由联邦州负责医院规划的当局委托，按照第 1 款并结合第 2 款第 3 句第 3 项进行审查。

第 275b 条　医疗服务机构对家庭护理服务质量和会计审查的执行和范围

[1]健康保险公司州协会和医疗互助保险公司协会共同和统一地安排服务提供者实施通过医疗服务机构进行的定期审查，该服务提供者根据第 132a 条第 4 款与健康保险公司签订合同，且无须接受第十一编第 114 条第 2 款所述的定期审查；第十一编第 114 条第 2 款和第 3 款准用之。医疗服务机构还根据健康保险公司或健康保险公司州协会的委托，对于健康保险公司已根据第 132a 条第 4 款签订合同的服务提供者进行与事件相关的审查，以确定根据本编缔结的合同和服务质量要求是否已经满足了根据第 37 条所述的服务约定，以及会计是否已符合规定地完成；第十一编的第 114 条第 4 款准用之。细节事宜，尤其是审查地点、审查内容、测试的进行，健康保险公司对审查的参与，以及根据第 1 句及第 2 句的审查与根据第十一编第 114 条的审查之间的协调，须由健康保险公司联邦最高协会在第 282 条第 2 款第 3 句所述的指令中确定。第十一编第 114a 条第 7 款第 5—8 句和第 11 句准用，前提是联邦一级与护理服务利益相关的中央组织有机会发表评论。该指令必须在 2017 年 9 月 30 日之前通过。

[2]第十一编第 114a 条第 1—3a 款和第 276 条第 2 款第 3—9 句适用于根

据第 1 款进行的审查。根据第 1 款，对于健康保险公司已根据第 132a 条第 4 款签订合同并在居住单元内提供根据 132a 条第 4 款第 12 句负有通知义务的医疗服务提供者的提供的治疗护理服务，通常必须在不进行通知的情况下进行。在防止对公共安全和秩序造成紧急危险的必要范围内，参保人享有本居住单元的居住权，只有在经他们同意的情况下，医疗服务机构才能进入房间。住房不可侵犯的基本权利（《基本法》第 13 条第 1款）仅限于此。作为根据第 1 款进行的审查的一部分，医疗服务机构被授权进入健康保险公司根据第 132a 第 4 款与之订立合同的服务提供者的房间，以查看必需的文件并在正常营业和营业时间内收集、处理和使用个人数据，只要这对于根据第 1 款进行的测试是必要的，并且在符合第 1 款第 3 句的指令中做出规定；第十一编第 114a 条第 3 款第 5 句准用于受影响者的同意。健康保险公司已根据第 132a 条第 4 款与之订立合同的服务提供者有义务按照第 1 款的规定参加审查，并且必须使医疗服务机构能够进入房间和查看文件，并为医疗服务机构提供前提条件，即医疗服务机构可以根据第 1 款正确执行审查。作为合作的一部分，服务提供者被授权并有义务向医疗服务机构提供对个人数据访问的途径，或应要求将这些数据传输给医疗服务机构。第十一编第 114a 条第 3 款第 5 句准用于受影响者的同意。第十一编第 114a 条第 4 款第 2 句和第 3 句，以及第 277 条第 1款第 4 句准用之。

[3]医疗服务机构向健康保险公司联邦最高协会的医疗服务机构报告其根据第 1 款和第 2 款进行审查的经验、审查结果以及关于家庭护理中护理质量和质量保证的现状与发展的调查结果。医疗服务机构确保在健康保险公司联邦最高协会的医疗服务机构的参与下获得的数据具有可比性。健康保险公司联邦最高协会的医疗服务机构必须在根据第 1 款和第 2 款进行的审查中囊括医疗服务的经验和知识，并将这些审查的结果列入第十一编第114a 条第 6 款所述的报告中。

第 276 条　合作

[1]健康保险公司有义务向医疗服务机构提供建议和评估所需的文件，并提供信息。参保人除了根据第一编在第 60 条和第 65 条所述的合作义务之外还自愿提供给健康保险公司的文件，只有在参保人同意

的情况下，才可以转交给医疗服务机构。第十编第 67b 条第 2 款适用于同意。

²在符合第 275、275a、275b 条的审查、建议和专家意见所必需的范围内，医疗服务机构可以收集和存储社会数据，并将其传输到其他医疗服务机构。如果健康保险公司或医疗服务机构已根据第 275 条第 1—3 款要求提供专家意见或审查所需的与参保人相关的数据，则服务提供者有义务将这些数据直接传输给医疗服务机构。合法收集和存储的社交数据仅可用于第 275、275a、275b 条中指定的目的，或用于其他目的，只要该目的在《社会法典》的法律规定所命令或允许的范围内。五年后必须删除社会数据。第 286、287 条和第 304 条第 1 款第 2、3 句和第 2 款准用于医疗服务机构。医疗服务机构必须将用于识别参保人的社会数据从参保人医疗社会数据中分离出来进行储存。必须采取技术和组织措施，以确保只有社会数据对其执行任务为必需的人员才能访问社交数据。医疗服务机构的数据保护人员必须保留数据汇编的密码，并且不得使其他人访问数据。每次合并都必须记录。

²ᵃ如果健康保险公司根据第 275 条第 4 款咨询医疗服务机构或其他专家服务机构，则可以在监管机关的许可下委托它们根据第 275 条第 4 款对服务提供者进行评估或在临时或有限委托的范围内逐案评估；参保人的相关社会数据在传输给医疗服务机构或其他专家服务机构之前必须匿名化。第 2 款第 2 句准用之。

²ᵇ如果医疗服务机构委托了专家（第 279 条第 5 款），则允许在医疗服务机构和专家之间传输必要的数据，只要这是履行委托所必需的。

³第十编第 25 条准用于参保人访问文件的权利。

⁴如果在个案中需要对参保人住院治疗的必要性和持续时间出示专家意见，则医疗服务机构的医生应被授权在早上 8 点至下午 6 点之间进入医院的房间以及预防或康复机构，以便审查医疗记录，并在必要时能够审查参保人。就第 275 条第 3a 款而言，医疗服务机构的医生被授权在上午 8 点至下午 6 点之间进入医院，以便查看审查所需的文件。

⁴ᵃ在第 275a 条所规定的控制范围内，医疗服务机构可以在正常营业和营业时间内进入医院病房，查看必要的文件以及收集、处理和使用个人数据，只要这些在联邦共同委员会根据第 137 条第 3 款所制定的指令中被

确定，并且对于控制是必要的。第 2 款第 3—9 句适用于根据第 275a 条进行的控制。医院有义务进行合作，必须让医疗服务机构进入病房和文件，并为其创造条件，使其能够适当地执行第 275a 条所述的控制措施；医院被授权并有义务授予医疗服务机构访问个人数据的权限，或应医疗服务机构的请求传输此数据。第 1 句和第 2 句仅适用于根据第 275a 条第 4 款进行的控制，前提是州法律规定了医院的相应合作义务和允许访问个人数据的数据保护权力。

[5]如果在对丧失工作能力（第 275 条第 1 款第 3b 项、第 1a 款及第 1b 款）的审查的范围内，从医疗文件中得知参保人由于其健康状况而无法满足医疗服务机构的传唤要求，或者如果参保人根据其健康状况取消了传唤并且未能参加审查，则应在参保人的家中进行审查。如果他拒绝同意，则可以取消该服务。第一编的第 65、66 条不受影响。

[6]除了本编的规定外，在社会护理保险范围内的医疗服务任务也来自第十一编的规定。

第 277 条 通知义务

[1]医疗服务机构必须告知参加合同医疗供给的医生，已由医疗服务机构就其服务提供专家意见的其他服务提供者以及健康保险公司评估的结果和对于健康保险公司的审查结果的必要信息。医疗服务机构被授权将有关审查结果的必要信息通知给参加合同医疗供给的医生、已由医疗服务机构就其服务提供专家意见的其他服务提供者以及健康保险公司。参保人可以反对将审查告知服务提供者。根据第 275a 条完成审查后，医疗服务机构必须将审查结果通知被审查的医院和相应的委托人。就根据第 137 条第 3 款的指令规定的情况而言，由于严重违反质量要求而应立即告知第三方控制结果，医疗服务机构必须立即将其控制结果发送给本指令中指定的第三方。只要是必要的且已在联邦共同委员会根据第 137 条第 3 款制定的指令中被规定，这些通知中就也应该包含个人信息；在通知委托人和第三方时，必须将个人数据匿名化。

[2]只要有权要求继续支付报酬，健康保险公司就必须将雇主关于丧失工作能力的医疗服务报告的结果通知雇主和参保人，如果专家意见与医生的证明的结果不相符合。通知中不得包含有关参保人疾病的任何信息。

第二节　组织

第 278 条　工作组

[1]在每个州都建立一个由第 2 款所述健康保险种类的健康保险公司所成立的"健康保险医疗服务机构"工作组。根据《健康改革法》第 73 条第 4 款第 3 句和第 4 句的规定，工作组是公法法人。

[2]工作组的成员是地方、企业和行业健康保险公司，农业健康保险公司，医疗互助保险公司和巴恩企业健康保险公司的地区协会。

[3]如果在一个州中存在多个同种健康保险种类的州协会，则可以根据工作组成员的决定在该州中建立另一个医疗服务机构。根据相应工作组成员的决定，可以在多个州建立一个共同的医疗服务机构。这些决定需要有关州负责社会供给的最高行政当局的批准。

第 279 条　理事会及总经理；咨询委员会

[1]医疗服务机构的行政机关是理事会及总经理。

[2]理事会由董事会或成员代表大会选举产生。第四编的第 51 条第 1 款第 1 句第 2—4 项、第 6 款第 2—4 项及第 5 项字母 b 及 c 以及第 6 项字母 a 准用之。医疗服务机构的雇员不能通过选举产生。健康保险公司的雇员或健康保险公司的协会或工作组的雇员最多可以占据理事会四分之一的席位。

[3]理事会最多有十六名代表。如果多个同一健康保险种类的州协会是医疗服务的成员，则可以适当增加理事会的代表人数。成员必须就分配给各个健康保险种类的代表人数达成一致。如果未达成一致，则由该州负责社会供给的最高行政部门决定。

[4]总经理根据理事会的指导方针管理医疗服务业务。他提出预算计划并在法庭内外代表医疗服务机构。总经理及副总经理的年度薪酬金额（包括所有附带福利以及所有养老金计划）将在 3 月 1 日的《联邦法律公报》中并同时在相关医疗服务机构的网站上以年度概述的形式发布。尽管如此，第一份公告还是在 2011 年 9 月 1 日发布。总经理及副总经理有

权从第三方获得的与他们的业务管理活动有关的财务资助的类型和金额应通知理事会主席和副主席。

4a医疗服务机构要建立一个咨询委员会，为理事会提供决策建议并通过提供建议和发表意见支持理事会。在理事会做出所有决定之前，都要听取咨询委员会的意见。咨询委员会最多由八名代表组成。咨询委员会的代表人数应相当于理事会成员人数的一半。咨询委员会的代表由该州负责社会供给的最高行政当局任命，一半是根据州一级的代表需要照料的人和残疾人以及需要照料的亲属的利益和自助的权威组织的建议来任命的，另一半根据州一级护理专业权威协会的建议任命。该州负责社会供给的最高行政当局应根据第 3 句确定有关组织和协会的承认条件，特别是在组织要求和资金披露方面。它还根据第 3 句规定组织和协会的提案传输与处理程序的细节事宜。医疗服务机构承担咨询委员会的工作费用。咨询委员会的代表根据第 1 句的规定，按照《联邦旅行费用法》或州对旅行费用报销的规定收取旅行费用，根据第四编第 41 条第 2 款获得收入损失补偿，每个日历日一次性支付的时间性支出为每月参考金额的五十分之一（第四编第 18 条）。进一步的细节，特别是有关咨询委员会的参与程序及其融资的细节，将在医疗服务机构的章程中加以规定。

5医疗服务机构的专业任务由医生和其他卫生专业人员履行；医疗服务机构应优先委托专家。

6第四编的下列条文准用：第 34、37、38、40 条第 1 款第 1 句及第 2 句以及第 2 款；第 41、42 条第 1—3 款；第 43 条第 2 款；第 58、59 条第 1—3 款第 5 句及第 6 句；第 60、62 条第 1 款第 1 句前半句，第 2 款，第 3 款第 1 句及第 4 句以及第 4—6 款；第 63 条第 1 款及第 2 款，第 3 款第 2 句及第 3 句，第 4 款及第 5 款；第 64 条第 1 款及第 2 款第 2 句，第 3 款第 2 句及第 3 句以及第 66 条第 1 款第 1 句以及第 2 款。

第 280 条　理事会的任务

1理事会必须：

1. 通过章程；

2. 制定预算计划；

3. 审查年度运营和会计；

4. 根据第 282 条第 2 款，考虑到健康保险公司联邦最高协会的指令和建议，制定履行医疗服务机构任务的指令；

5. 建立和分立附属机构；

6. 选举和解聘总经理及副总经理。

第 210 条第 1 款准用之。第四编第 35a 条第 6a 款准用之。

²董事会的决议由成员简单多数决通过。关于预算事项以及章程起草和修正的决议需要三分之二多数决通过。

第 281 条　资金及监管

¹为第 275 条第 1—3a 款、第 275a 条和第 275b 条中所述的医疗服务机构任务提供的资金，除了根据第 275a 条第 4 款进行控制所需的资金外，由健康保险公司根据第 278 条第 1 款第 1 句通过征收费用提供。资金将根据住所位于医疗服务机构所在区域的单个健康保险公司的成员人数按比例分配。根据第 2 句规定的健康保险公司相关成员的人数，应根据法定健康保险中参保人统计数据的 KM 6 表格于每年的 7 月 1 日确定。如果医疗服务机构被委托履行有关审查非第 278 条中所述工作组成员的服务提供者而产生的请求权的任务，则该任务所产生的费用必须由其他服务提供者偿还。与第 3 句规定不同，护理保险公司承担第 1 句所述的征收费用的一半。

¹ᵃ在根据第 275 条第 4 款委托给医疗服务机构或其他专家服务机构的任务范围内的服务，应由相应的委托人通过基于成本的劳务费来给予补偿。这也适用于根据第 275a 条第 4 款进行的医疗服务机构控制。在资助这些任务时，不应使用根据第 1 款第 1 句所述的征收费用资金来支付。

²第四编第 67—69 条，第 70 条第 5 款，第 72 条第 1 款和第 2 款条第 1 句前半句，第 73—77 条第 1 款以及第 79 条第 1 款及第 2 款并结合第 3a 款以及基于第四编第 78 条而发布的法规性命令适用于预算和会计包括统计。《社会保险会计条例》第 171e 条以及第 12 条第 1 款和第 1a 款在做必要修改后适用于准备金及养老金储蓄准备金。第四编第 80 条和第 85 条准用于资产。

³医疗服务机构受其所在州负责社会供给的最高行政当局的监督。第 87 条第 1 款第 2 句以及第四编第 88、89 条以及第 274 条准用之。必须遵

守第 275 条第 5 款。

第 282 条　健康保险公司联邦最高协会的医疗服务机构

[1]从 2008 年 7 月 1 日起，健康保险公司联邦最高协会将组建联邦级别的医疗服务机构（健康保险公司联邦最高协会医疗服务机构）。根据《健康改革法》第 73 条第 4 款第 3 句和第 4 句，健康保险公司联邦最高协会医疗服务机构为公法法人。

[2]健康保险公司联邦最高协会的医疗服务机构就与分配给它的任务有关的所有医疗问题向健康保险公司联邦最高协会提供建议。健康保险公司联邦最高协会的医疗服务机构在医疗和组织问题上协调并促进健康保险医疗服务机构的任务执行和医疗服务合作。健康保险公司联邦最高协会发布有关健康保险公司与医疗服务机构合作的指令，以确保统一的评估以及职业培训和进修按照统一的标准进行。它也可以提出建议。健康保险的医疗服务机构必须支持健康保险公司联邦最高协会的医疗服务机构执行其任务。

[2a]健康保险公司联邦最高协会的医疗服务机构的成员是健康保险公司联邦最高协会，其是唯一的决策成员和支持成员。健康保险公司协会和医疗服务机构可以作为支持成员加入健康保险；根据第 2e 款，可以在章程中规定联邦一级的代表患者利益及慢性病患者及残疾人自助的权威组织作为进一步的支持成员的加入。健康保险公司联邦最高协会的医疗服务机构的行政机关是理事会、经理会和成员大会。

[2b]健康保险公司联邦最高协会的医疗服务机构应组建作为自治机构的理事会。理事会由参加健康保险公司联邦最高协会理事会的参保人和雇主代表以及健康保险公司联邦最高协会董事会的代表组成。细节事宜，特别是理事会的组成、主席及其副主席的选举以及健康保险公司联邦最高协会的医疗服务机构的支持成员中无投票权成员的选举，由第 2e 款所述的章程进行规定。第 217b 条第 1 款第 3 句和第 1a—1e 款准用之。

[2c]健康保险公司联邦最高协会的医疗服务机构中应组建成员大会。成员大会由参加健康保险公司联邦最高协会理事会的参保人和雇主代表以及健康保险公司联邦最高协会的医疗服务机构的支持成员的代表组成。第 2e 款所述的章程对细节事宜进行了规定，尤其是有关组成、任务、成员

的权利和义务、支持成员的费用与成员大会的决定。

²ᵈ健康保险公司联邦最高协会的医疗服务机构应组建一个经理会，从《社会法典》的意义上说，它是董事会。经理会由总经理和副总经理组成，并由健康保险公司联邦最高协会的医疗服务机构的理事会选举出。除非由理事会或成员大会负责，否则总经理及副总经理经营健康保险公司联邦最高协会的医疗服务机构的业务，并在法庭内外代表健康保险公司联邦最高协会的医疗服务机构。经理会的任务可以在第2e款所述的章程中被更加具体地规定。第四编第217b条第2款第7句和第2a款以及第35a条第1—3款、第6款第1句、第6a款和第7款准用之。总经理或副总理提高的薪酬，若超出了根据第四编第35a条第6a款第1句最后批准的有关人员或其前任的薪酬，只能在上一次薪酬调整后六年或调换职务时达成约定。为了增加薪酬，只能根据消费者价格指数的发展约定基本薪酬的附加费。监管机关可以在第6句所述的时间点下令降低薪酬。依照第4款第2句并结合第279条第4款第5句的财政资助，应计入总经理或副总经理的薪酬或交付给健康保险公司联邦最高协会的医疗服务机构。健康保险公司联邦最高协会的医疗服务机构对总经理或副总经理的未来供给只能基于保险费导向的承诺。

²ᵉ理事会必须通过章程。章程需要监管机关的批准。第四编第34条第2款和第217e条第1款第5句准用之。

³第217d条第2款准用，条件为重要健康保险公司协会必须提供根据本编和第十一编履行健康保险公司联邦最高协会的医疗服务机构任务所需的资金。可以为健康保险公司联邦最高协会的医疗服务机构的支持成员提供资助。第2e款所述的章程对资金的细节事宜进行了规定。《社会保险会计条例》第171e条和第12条第1款以及第1a款在作必要修改后适用于准备金及养老金储蓄准备金。

⁴健康保险公司联邦最高协会的医疗服务机构由联邦卫生部监督。第217b条第3款、第217g—217j条、第219、274、279条第4款第3句及第5句准用之。必须遵守第275条第5款。

第283条　例外

德国矿工、铁路职工、海员养老保险的医疗服务机构的任务由社会医疗服务机构来承担。

第十章 保险及服务数据、数据保护、数据透明

第一节 信息基础

第一目 数据使用的基本原则

第284条 健康保险公司的社会数据

[1]健康保险公司只能出于健康保险的目的收集和存储社会数据，只要这些数据为了以下目的：

1. 确定保险关系和成员资格，包括开启保险关系所需的数据；

2. 出具资格证明书及电子健康卡；

3. 确定缴费义务、保险费以及保险费的承担及支付；

4. 审查服务义务和向参保人提供服务，包括对服务限制的要求，确定收费状况以及执行支出补偿、退还保险费以及确定负担上限的程序；

5. 在发生误诊时为参保人提供支持；

6. 第264条规定的情况中治疗费用的负担；

7. 根据第87条第1c款规定的医疗服务机构的参与或专家意见程序；

8. 与服务提供商进行结算，包括审查结算的合法性和合理性；

9. 监督服务提供的经济性；

10. 与其他服务提供者进行结算；

11. 执行退款或补偿；

12. 拟由其订立的薪酬合同的准备、约定和执行；

13. 示范项目的准备和实施、执行第11条第4款所述的护理管理、

执行家庭护理合同、特殊形式护理以及向门诊病人提供高度专业化的服务，包括执行经济性审查和质量审查；

14. 执行风险结构补偿（第 266 条第 1—6 款、第 267 条第 1—6 款、第 268 条第 3 款）以及根据第 137g 条所述的项目收取参保人费用，以及准备和执行这些项目；

15. 执行第 39 条第 1a 款所述的免职管理；

16. 为了第 44 条第 4 款第 1 句及第 39b 条所述的措施选择参保人并执行该措施；

17. 监督对辅助服务提供者的第 127 条第 7 款所述的合同和法律义务的遵守情况；

18. 按照第九编的规定，履行作为康复机构的健康保险公司的任务。

关于医疗服务的与参保人相关的信息也可以存储在机器可用的数据载体上，只要这对于第 1 句第 4、8、9、10、11、12、13、14 项和第 305 条第 1 款中指定的目的是必要的。有关医生处方服务的与参保人相关的信息可以存储在机器可用的数据载体上，只要这对于第 1 句第 4、8、9、10、11、12、13、14 项和第 305 条第 1 款中指定的目的是必要的。一旦出于上述目的不再需要根据第 2 句和第 3 句所存储的数据，则将其删除。此外，第一编和第十编的规定适用于数据收集和存储。

²在监督合同医疗供给经济性的范围内，与参保人相关的服务和健康数据只能保存在机器可用的数据载体上，只要这对于根据第 106a 条第 1 款第 1 句或第 106b 条第 1 款第 1 句所述的样本测试是必需的。

³合法收集和存储的与参保人相关的数据只能在为了第 1 款所述的任务的目的而在相应情况下被处理或使用，也可为了其他的目的而被处理或使用，只要这些通过《社会法典》的法律条文被规定或允许。根据第 295 条第 1b 款第 1 句传送给健康保险公司的与参保人相关的数据只能根据第 1 款第 1 句第 4、8、9、10、11、12、13、14 项和第 305 条第 1 款所述的目的而被处理和使用，只要对于以上目的是必需的；为了其他目的处理和使用此数据，必须事先删除与参保人相关的内容。

⁴为了收取参保人的费用，健康保险公司可以在通常可以访问数据的情况下收集、处理和使用数据，除非在禁止处理或使用数据的情况下能更好地保护相关人员的利益。允许将收集的数据与根据第 291 条第 2 款第

2、3、4、5 项的信息进行比较。如果数据主体反对负责机构使用或传输其数据，则不允许这样做。一旦出于第 1 句中所述的目的不再需要这些数据，则将其删除。此外，第一编和第十编的规定适用于数据的收集、处理和使用。

第 285 条　保险公司医生协会的个人数据

[1]保险公司医生协会只能收集和存储有关医生的个人和实际情况的个人信息，只要对于执行以下任务是必要的：

1. 医生登记（第 95 条）；

2. 合同医疗的供给和报酬，包括对合同医疗的审查，包括对结算的可接受性和正确性的审查；

3. 医院门诊服务的报酬（第 120 条）；

4. 协作医生服务报酬（第 121 条）；

5. 执行经济性审查（第 106—106c 条）；

6. 执行质量审查（第 135b 条）。

[2]保险公司医生协会只能收集和存储有关参保人的个人和实际情况的个人信息，只要这些信息对于完成第 1 款第 2 项、第 5 项、第 6 项以及第 106d 条和第 305 条规定的任务是必要的。

[3]在《社会法典》的法律条文所规定或允许的范围内，合法收集和存储的社会数据只能在必要的范围内用于根据第 1 款规定的任务或用于其他目的。根据第 1 款第 6 项合法收集和存储的数据，可以根据《辐射防护法典》第 128 条第 1 款的规定，传输到医疗和牙科诊所，只要这对于执行质量审查是必要的。参与的保险公司医生协会可以将根据第 1 款和第 2 款合法收集和存储的社会数据传输给负责跨地区职业共同体的保险公司医生协会，只要这对于执行第 1 款第 1、2、4、5、6 项中指定的任务是必需的。它还可以将根据第 1 款及第 2 款合法收集的社会数据应要求并交互传输给根据《合同医生许可条例》第 24 条第 3 款第 3 句及《合同牙医许可条例》第 24 条第 3 款第 3 句所获得授权的合同医生及合同牙医，只要这对于履行第 1 款第 2 项所述的任务是必要的。主管保险公司医生协会和主管保险公司牙医协会可以根据要求将根据第 1 款和第 2 款而合法收集和存储的社会数据传输给提供合同医疗和合同牙科服务的服务提供者，只要这对

于履行第 1 款第 2 项和第 106a 条所述的任务是必要的。它也可以应要求并交互地传输合法收集和存储的社交数据，以完成《合同医生许可条例》第 32 条第 1 款和《合同牙医许可条例》第 32 条第 1 项所提及的任务。保险公司医生协会还可以合法地在彼此之间收集和存储社会数据，只要在根据第 77 条第 6 款第 2 句并结合第十编第 88 条所进行的委托的范围内是必要的。与参保人相关的数据必须在传输前进行假名化。

[3a]保险公司医生协会有权提供医生的个人数据，它们在按照第 1 款执行任务时已了解了这些数据，只要为了以下目的：

1. 关于撤回，撤销或规定其余许可的决定；或

2. 与职业法律程序有关，这些数据将传输给主管当局和医学专业会议厅。

[4]只要涉及保险公司医生协会的本章条文，均准用于保险公司心理治疗师、牙医及保险公司牙医协会。

第 286 条　数据概述

[1]健康保险公司和保险公司医生协会每年一次，概述其受委托储存的社会数据的类型。概述必须提交给主管监管机关。

[2]健康保险公司和保险公司医生协会有义务按照第 1 款以适当的方式发布概述。

[3]健康保险公司和保险公司医生协会特别在服务说明对以下细节事宜进行规定：

1. 数据处理的许可程序；

2. 输入数据和输出数据的类型、形式、内容和控制；

3. 划定数据处理的责任范围；

4. 为确保数据保护和数据安全而应采取的进一步措施，尤其是根据第十编第 78a 条附录的措施。

第 287 条　研究计划

[1]经监管机关许可，健康保险公司和保险公司医生协会可自行评估或分析数据库，以用于临时或范围有限的研究项目，以实现与服务有关或与个案有关的目的，特别是获得流行病学知识，有关疾病与工作条件之间的

关系的知识或有关局部疾病的知识，或者可以在超出第 304 条规定的期限外保存这些数据。

[2]社会数据必须匿名化处理。

第二目　健康保险公司的信息基础

第 288 条　参保人名录

健康保险公司必须保留一份参保人名录。参保人名录必须包含所有必要的信息，以根据第 10 条的规定，根据保险的类型确定保险义务或权利，计量和收取保险费，并确定包括保险在内的服务请求权。

第 289 条　家庭保险的证明义务

为了将信息登记到参保人名录中，在保险开始时健康保险公司必须根据第 10 条确定保险。它可以从家庭成员中或在家庭成员的同意下收集必要的数据。根据健康保险公司的要求必须证明第 10 条所述保险前提条件的继续存在。

第 290 条　健康保险号码

[1]健康保险公司对每个参保人使用健康保险号码。健康保险号码包括一个用于识别参保人的固定部分和一个可变部分，该可变部分包含全国范围内有关健康保险公司隶属关系的信息，从中将号码分配给参保人时，必须根据第 10 条确保参保人能与成员亲属建立关联。健康保险号码的构成和分配程序必须符合根据第 2 款制定的指令。养老保险号码不得用作健康保险号码。如果根据当前的科学技术水平，可以确保在分配了健康保险号码之后，不能从健康保险号码推断出养老保险号码，或者不能从养老保险号码推断出健康保险号码，则可以按照第 2 款的指令将养老保险号码用于形成健康保险号码；此要求也适用于分配机构。信托机构对健康保险号码的多重分配的验证仍然不受影响。如果使用养老保险号码来形成健康保险号码，则应当将养老保险号码分配给必须被分配健康保险号码且尚未收到养老保险号码的人员。

[2]健康保险公司联邦最高协会必须根据指令来规范健康保险号码的构

成和分配程序。健康保险号码应由在空间、组织和人员方面与健康保险公司及其协会分开的信托机构分配。该信托机构被视为公共机构，并受第一编第35条所述的社会保密义务的约束。它受到联邦卫生部的法律监督。第274条第1款第2句准用之。该指令必须提交给联邦卫生部。它们可以在两个月内被驳回。如果指令未在设定的期限内落实，或者在联邦卫生部设定的期限内未撤销驳回，则联邦卫生部可以发布该指令。

第291条　作为保险证明的电子健康卡

[1]健康保险公司为每个参保人签发电子健康卡。该卡只能用于证明在合同医疗供给（保险证明）范围内有权享有服务，以及与服务提供者的结算。除了根据第2句使用之外，电子健康卡还必须确保根据第291a条第2款和第3款进行运用。参保人必须在电子健康卡上签名。该卡仅在和健康保险公司的签约期内有效，且不可转让。在接受医务治疗时，参保人将通过在医生的结算单上签名来确认成员资格。健康保险公司可以限制该卡的有效性。

[2]根据第291a条，电子健康卡包含以下信息：

1. 签发的健康保险公司的名称，包括参保人居住地所在地区的保险公司医生协会；

2. 参保人的姓氏和名字；

3. 参保人的生日；

4. 参保人的性别；

5. 参保人的地址；

6. 参保人的健康保险号码；

7. 根据第264条第2款所述的人群的参保人状态以及委托照管状态；

8. 参保人的缴费状态；

9. 保险开始生效之日；

10. 如果电子健康卡在有效期内有效，则为有效期。

除了根据第1条提供的信息外，电子健康卡还可以包含有关根据第53条提供的选择税率证明的信息，有关其他合同关系以及在第16条第1款第1句第2—4项和第3a款的情况下中止享有服务权利的信息。第1句和第2句中的信息必须以适用于根据295条第3款第1项和第2项自动转移到为合同医疗提供的结算和表格的形式储存。15 岁以下的参保人和无法创建照片的参保人将获得没有照片的电子健康卡。在根据第 264 条第 1 款第 3 句下半句达成的约定中，电子健康卡必须包含《申请避难者福利法》第 4 条和第 6 条所述的医疗服务接收者的信息。

[2a] 电子健康卡必须在技术上适合启用身份验证、加密和电子签名。自 2019 年 12 月 1 日起由健康保险公司发行的电子健康卡必须配备非接触式接口。自 2019 年 12 月 1 日起，健康保险公司有义务向参保人提供带有非接触式界面的电子健康卡。

[2b] 健康保险公司有义务提供服务，服务提供者可以通过这些服务与健康保险公司在线根据第 1 款和第 2 款审查数据的有效性和最新性，并在电子健康卡上进行更新。这些服务还必须能够在线使用，而无须与服务提供者的实践管理系统建立网络连接。参加合同医疗供给的医生、机构和牙医在首次提供服务时通过参保人按季度通过第 1 句所述的首次使用服务来审查健康保险公司提供服务的义务。为此，它可以根据第 1 款和第 2 款可与从健康保险公司获得的当前数据进行在线比较和并更新存储在电子健康卡上的数据。从提供第 1 款所述的服务和与远程信息处理基础设施的连接的时间点开始存在审查义务，并缔结第 291a 条第 7a、7b 款所述的协议。远程信息处理协会必须在 2016 年 6 月 30 日之前实施必要的措施。如果根据第 6 条的规定，远程信息处理协会未能在截止日期之前完成，则在按照第 1 句采取措施之前，从 2017 年起，健康保险公司联邦最高协会和保险公司医生联邦协会的预算支出不得超过 2014 年的支出减去 1%。用于德国健康保险国外联络处、健康保险公司联邦最高协会的医疗服务机构和远程信息处理协会的资金支出、根据本法第 65b 条和第 303a 条第 3 款以及《数据透明性条例》第 6 条规定收取的费用，根据第 20a 条规定的联邦健康教育中心所收取的费用和根据第 134a 条第 1b 款规定的用于助产士的补充津贴不计入第 7 句规定的支出。未经联邦参议院的同意，联邦卫生部可通过法规性命令延长第 6 句规定的期限。第 15 条第 5 款准用之。审查的执行必须存储在电子健康卡上。执行审查的通知是根据 295 条发送给保险公司医生协会或保险公司牙医协会的结算文件的一部分。按照第 2—5 句执行该程序的技术细节应在第 295 条第 3 款所述的协议中进行规定。对于从 2019 年 1 月 1 日起不按照第 3 句进行审查的参加合同医疗供给的医生、

机构和牙医，应在按照第 3 句进行审查之前将合同医疗服务的报酬统一降低 1%。经联邦参议院同意，联邦卫生部可根据第 14 句延长上述期限。如果参加合同医疗供给的医生或牙医或参加合同医疗供给的机构可以在 2019 年 4 月 1 日之前向相关保险公司医生协会证明其已按照第 3 句的规定就审查所需的设备达成合同约定，则根据第 14 句的缩减将在 2019 年 6 月 30 日之前被免除。在医院工作的参与合同医疗供给的授权医生、授权医院以及根据第 75 条第 1b 款第 3 句基于与保险公司医生协会的合作协议而被急救服务机构所认可的医院截至 2019 年 12 月 31 日从第 14 句所述的缩减中被排除。

³合同双方可在第 87 条第 1 款所述的合同范围就在联邦范围内使用电子健康卡作为保险证明的细节事宜达成约定。

⁴在保险供给期满时或在变更健康保险时，电子健康卡必须由先前的健康保险公司收回，或者在提供第 2b 款所述的服务后立即被禁用。与第 1 条不同，健康保险公司联邦最高协会可以决定在更改健康保险公司时继续使用电子健康卡，以提高经济效益并优化针对参保人的程序；必须确保在第 2 款第 1 句第 1、6、7、9、10 项所述的期限内对数据进行更新。该决定需要获得联邦卫生部的批准。在获得批准之前，必须给联邦数据保护和信息自由专员提供评论的机会。如果根据第 1 句收回电子健康卡，则收回电子健康卡的健康保险公司必须确保参保人可以继续按照第 291a 条第 3 款第 1 句使用数据。在收回电子健康卡之前，收回电子健康卡的健康保险公司必须根据第 291a 条第 3 款第 1 句告知删除数据的可能性。第 5 句和第 6 句也适用于在现有保险关系范围内电子健康卡的替换。

脚注

(+++ 提示：延长第 291 条第 2b 款第 14 句规定的期限参照欧盟 2017 年 11 月 13 日的条例第 1 条，载于《联邦法律公报》2017 年第 1 卷，第 3774 页 +++)

第 291a 条　电子健康卡及远程信息处理基础设施

¹可根据第 2 款和第 3 款进行运用的电子健康卡有助于改善医疗的经

济性、质量和透明度。

¹ᵃ如果私人健康保险企业为了处理和使用符合第 2 款第 1 句第 1 项和第 3 款第 1 句的数据来向其参保人发行电子健康卡，则准用第 2 款第 1 句第 1 项和第 2 句以及第 3—5a 款、第 6 款和第 8 款。对于使用第 1 句所述的电子健康卡，私人健康保险企业可以将第 290 条第 1 款第 2 句中规定的健康保险号码的不变部分用作参保人号码。第 290 条第 1 款第 4—7 句准用之。参保人号码的分配由信托机构根据第 290 条第 2 款第 2 句进行，并且必须遵守第 290 条第 2 款第 1 句中关于健康保险号码不变部分的指令要求。形成保险号的成本以及（如果需要分配养老保险号的话）分配养老保险号的成本由私人健康保险企业承担。本款的规定也适用于邮局健康保险公司和联邦铁路官员的健康供给。

²电子健康卡必须适宜记录以下信息：

1. 以电子和机器可用形式传输医疗处方；以及

2. 有资格在欧盟成员国、《欧洲经济区协定》的缔约国或瑞士使用服务的资格证明。《联邦数据保护法》第 6c 条适用。

³除第 2 款之外，健康卡必须适宜于支持以下运用，尤其是收集、处理和使用以下信息：

1. 急救所需的医疗数据；

2. 在跨机构、涉及病例的合作情况中以电子形式和机器可用形式的检验结果、诊断、治疗建议和治疗报告（电子医生报告）；

3. 根据第 31a 条的用药计划数据，包括用于审查药物治疗安全性的数据；

4. 用于与参保人有关的跨病例及跨机构记录的关于检验结果、诊断、治疗措施、治疗报告和疫苗接种的数据，以及参保人自身所提供的或为其提供的数据（电子病历）；

5.（已废止）

6. 参保人获得的服务及其临时费用的数据（第 305 条第 2 款）；

7. 参保人关于器官和组织捐赠的声明；

8. 参保人关于器官和组织捐赠声明的存在和声明所在地，以及

9. 提示参保人预防代理或《德国民法典》第 1901a 条所述的患者处方的存在和所在地。

在没有网络访问权限的情况下，还必须在健康卡上处理和使用第 1 项所述的数据。必须确保第 1 句第 7 项声明的真实性。最迟在发送健康卡时，健康保险公司必须以一种通常可以理解的方式全面告知参保人其功能，包括在健康卡上的或由其收集、处理或使用的个人数据的类型。《联邦数据保护法》第 6c 条适用。

[4]为了通过电子健康卡进行收集、处理或使用相关数据，只要对于参保人的供给是必要的，可由以下人员获得信息：

1. 第 2 款第 1 句第 1 项的数据只可由以下人员使用：

a）医生；

b）牙医；

c）药剂师，药剂师助理，制药工程师，药剂师助理；

d）以下人员，即其

aa）在字母 a 到 c 所述人员处；或

bb）在医院中担任专业助理或为成为专业人员作准备，只要在允许他们从事的活动范围内并在字母 a 至 c 所述人员的监督下，这是必要的；

e）其他规定的医疗服务的提供者。

2. 第 3 款第 1 句第 1—5 项的数据只能由以下人员使用：

a）医生；

b）牙医；

c）药剂师、药剂师助理、制药工程师、药剂师助理；

d）以下人员，即其

aa）在字母 a 到 c 所述人员处；或

bb）在医院在允许他们从事的活动范围内有必要并且可以在字母 a 至 c 所指人员的监督下，担任专业助理或为工作做准备；

e）第 3 款第 1 句第 1 项的数据仅限阅读，人员还包括为追求专业或追求专业职称而需要国家规定的培训的其他专业人员；

f）心理治疗师。

参保人有权访问第 2 款第 1 句和第 3 款第 1 句所述的数据。

[5]在第 3 款第 1 句的情况下，只有在参保人同意的情况下，才能通过电子健康卡收集、处理和使用数据。必须采取技术上的预防措施，以确保在第 3 条第 1 句第 2—6 款的情况中在不违反第 4 句的情况下，仅通过参

保人的授权才能访问数据。只要对于紧急护理是必要的，未经参保人许可，允许访问第 3 款第 1 句第 1 项所述的数据；此外允许访问第 3 款第 1 句第 1 项所述的数据，只要对于参保人的供给是必要的，如果已以可验证方式进行了记录，则访问数据视为在参保人同意的情况下进行的。对于第 3 款第 1 句第 3 项所述的数据，参保人可以放弃第 2 句所述的对访问授权的要求。通过电子健康卡访问第 2 款第 1 句第 1 项以及第 3 款第 1 句第 1—6 项所述的数据只能与电子医疗专业卡一起使用，在第 2 款第 1 句第 1 项的情况下需同时使用相应的专业 ID 卡，每个 ID 卡都有安全认证手段和合格电子签名。第 4 款第 1 句第 1 项字母 d 和 e 以及第 2 项字母 d 和 e 所述没有电子健康专业卡或相应的专业卡的授权人员，可以访问相应的数据，前提是他们已被拥有电子医疗专业卡或相应的专业 ID 卡的人员授权，并且具有可验证的电子记录，以记录谁访问了数据以及授权访问者。与第 5 句和第 6 句不同，如果参保人使用适当的技术程序授权相应的访问，则也可以使用电子健康卡访问第 2 款第 1 句第 1 项的数据。如果参保人通过适当的技术程序对访问进行认证，则与第 5 句不同，参保人也可以访问第 3 款第 1 句第 4 项数据。如果参保人已以书面形式或以电子方式向健康保险公司提供了全面的信息，或者声明其正在使用该访问程序，则也可以不使用电子健康卡而按照第 8 句进行访问。应参保人的要求，有权按照第 4 款访问的人在收集、处理或使用根据第 3 款第 1 句通过电子健康卡存储的数据和根据 291f 条规定的数据时，应将其作为第 3 款第 1 句第 4 项所述的数据；授权访问人必须告知参保人这种可能性。

[5a]为了通过电子健康卡进行收集、处理或使用数据，只要对于供给是必要的，只能由以下人员收集、处理或使用符合第 3 款第 1 句第 7—9 项的数据：

1. 医生；

2. 以下人员：

a）与医生一起工作；或

b）在医院。

在允许他们从事的活动范围内有必要进行专业助理工作或为工作做准备，并且在医生的监督下，结合电子保健专业卡适用，该卡具有安全认证的手段并具有合格的电子签名；第 5 款第 1 句和第 6 句准用之。未经相关人员的同意，授权人员按照第 1 句规定访问以下数据：

1. 可以访问第 3 款第 1 句第 7 项及第 8 项的数据，仅在根据《移植法》第 3 条第 1 款第 1 句第 2 项确定死亡后，以及有必要访问该数据以澄清死者是否同意摘除器官或组织；

2. 仅在即将采取医学指示的措施且相关人员无法同意该措施的情况下，才可访问第 3 款第 1 句第 9 项所述的数据。为了通过授权人员来储存、更改、阻止或删除第 3 款第 1 句第 7 项的数据，需要参保人对访问的技术授权。如果参保人通过适当的技术程序对自己进行访问认证，则可以访问第 3 款第 1 句第 7—9 项的数据。一旦在地区范围内已为第 3 款第 1 句第 7—9 项所述的数据的收集、处理和使用提供了技术基础设施，健康保险公司必须全面告知参保人行使其访问权的可能性，并自行或与其他健康保险公司合作为参保人行使地区性的第 4 句所述的访问权提供技术设施。健康保险公司联邦最高协会必须根据联邦卫生部的指令编制有关设施的年度报告，并在 2016 年 1 月 31 日之前首次提交给联邦卫生部。

[5b] 远程信息处理协会必须制定程序来支持参保人管理第 3 款第 1 句第 7—9 项的数据，并为参保人提供对在电子健康卡上记录的声明而请求获得健康保险公司的支持的可能性。在这些针对参保人自愿的程序中，应包括参保人向健康保险公司进行反馈的程序，其中在参保人同意的情况下，健康保险公司可以储存和删除第 3 款第 1 句第 7 项及第 8 项所述的数据。最迟将在 2013 年 6 月 30 日之前，远程信息处理协会须通过联邦卫生部向德国联邦议会提交有关发展结果的报告。否则，联邦卫生部可以在研究及发展计划的范围内制定第 1 句和第 2 句所述的程序，而这些费用必须由远程信息处理协会偿还。在这种情况下，联邦卫生部将把发展结果告知德国联邦参议院。

[5c] 在 2018 年 12 月 31 日之前，必须为以下事项创造必要条件：

1. 有关参保人的数据可以在第 3 款第 1 句第 4 项和第 3 款所述的电子病历中被提供；

2. 参保人可以为第 3 款第 1 句第 4 项所述的电子病历提供数据。为此的技术和组织程序必须适合于根据第 3 款第 1 句第 1—3 项提供数据，并根据第 291f 条提供跨病历和跨机构的文档数据。它们应适合于提供参保人的其他医疗数据。健康保险公司有义务最迟在 2021 年 1 月 1 日之前向参保人提供一份远程信息处理协会根据 291b 条第 1a 款第 1 句批准的电子病历。健康保险公司必须最迟在电子病历提供后，以一种易于理解的方式告知参保人其工作方式，包括要处理的数据类型和访问权限。除了远程信息处理协会为批准的电子病历中指定的内容和运用之外，健康保险公司还可以向其参保人提供其他内容和运用，但前提是这些附加的内容和运用不影响第 291b 条第 1a 款第 1 句所批准的电子病历。在所有健康保险公司都履行了第 4 句所规定的义务之前，健康保险公司联邦最高协会每年于 1 月 1 日进行审查，并于 2021 年 1 月 1 日首次审查该健康保险公司是否具有根据第 4 句获得了远程信息处理协会批准的电子病历。如果健康保险公司未履行第 4 句规定的义务，则健康保险公司联邦最高协会将通过通知书方式对此进行确定。该通知书必须根据第 270 条第 3 款，将有关制裁通知有关的健康保险公司。对该通知书采取的申诉不具有中止效力。健康保险公司联邦最高协会将在 2021 年 1 月 15 日之前首次通知联邦保险局，健康保险公司尚未履行第 4 句规定的义务。根据第 11 条发出的通知发生在健康保险公司联邦最高协会通过通知书确定健康保险公司未履行第 4 句所规定义务的当年的 1 月 15 日。

[5d]联邦州根据远程信息处理基础设施的建设状况确定以下事项：

1. 负责发行电子健康证和专业卡的机构；以及

2. 证明以下人员的机构：

a）被授权在本法的适用范围内从事第 4 款第 1 句所涵盖的职业，只要对于第 4 款第 1 句所涵盖的其中一项职业，只有其对该职业名称的享有是被保护的，享有该职业名称；或

b）属于第 4 款所述的其他访问权限。

联邦各州可以指定共同机构来执行第 1 句所述的任务。根据第 1 句第 2 项或第 2 句主管机构必须根据要求将发行电子医疗专业卡和专业 ID 卡所需的数据传输给第 1 句第 1 项所述的主管机构。如果不再有权从事职业、持有职称或丧失其他第 4 款所述的访问权，则有关机构必须按照第 1 句第 2 项或第 2 句通知发证机构；后者必须立即阻止电子医疗专业卡或专业 ID 卡的身份验证功能。

[6]根据参保人的要求，必须删除第 2 款第 1 句第 1 项和第 3 款第 1 句所述的数据；根据第 2 款第 1 句第 1 项用于结算目的的数据处理和使用不

受影响。参保人还可以独自删除第 2 款第 1 句第 1 项和第 3 款第 1 句第 4 项以及第 7—9 项所述的数据。为了数据保护控制的目的，必须采取技术预防措施以确保至少记录了对第 2 款或第 3 款提到的数据的最近 50 次访问。不允许将记录数据用于其他目的。通过采取适当的预防措施，必须保护记录数据免遭不当使用和其他滥用。

[7]德意志联邦共和国，由联邦卫生部、健康保险公司联邦最高协会、保险公司医生协会、保险公司牙医协会、联邦医生协会、联邦牙医协会、德国医院协会和联邦一级的代表经济利益而被建立的药剂师权威中央组织代表，来创建特别是用于使用及运用电子健康卡所需要的可互操作和兼容的信息，以及通信和安全基础设施（远程通信基础设施）。德意志联邦共和国由联邦卫生部和第 1 句中提到的中央组织来代表，通过第 291b 条规定的远程信息处理协会来执行以上任务，该部门负责监管远程信息处理基础设施并接管其建设和运营。除了电子健康卡的运用之外，远程信息处理基础设施还可以用于其他电子医疗应用以及健康研究，如果：

1. 确保数据保护和数据安全的措施的有效性以及远程信息处理基础设施的可支配性和可使用性不会受到损害；

2. 在收集、处理和使用个人数据的情况下，应遵守适用的数据保护法规并采取必要的技术措施，考虑到数据的需保护性而确保对运用的安全性提出要求；并且

3. 可以确保参保人对必要的技术系统和程序的无阻碍使用。

本编所述的电子数据传输协议和指令，只要它们影响到远程信息处理基础设施，就必须与其法规相符。第 1 句中提到的中央组织就以下内容的资助达成一致：

1. 服务提供者在远程信息处理基础设施的确定、测试和引入阶段产生的必要的初始设备成本；以及

2. 服务提供者在远程信息处理基础设施的持续运行中产生的费用，包括将这些费用分配给第 7a、7b 款所述的服务部门。

为资助远程信息处理协会，健康保险公司联邦最高协会每年向远程信息处理协会的每位法定健康保险成员支付 1 欧元的保险费；付款应每季度支付一次，最晚在相应季度开始前的三周内支付。该金额可以由联邦卫生部根据远程信息处理协会的资金需要进行调整，并在未经联邦参议院同意

的情况下在考虑到经济性要求的前提下通过法规性命令确定。根据第 5 句及第 6 句所支付的费用不计入第 4 条第 4 款第 2 句及第 6 句的支出之中。

[7a] 医院根据第 7 款第 5 句第 1 项和第 2 项产生的投资和运营成本由津贴资助（电信附加费）。医院结算单中单独显示了第 1 句所述的津贴；这笔费用不计入《联邦护理费条例》第 6 条所述的总额度或《医院报酬法》的第 4 条所述的收入预算，以及相应收入补偿额中。健康保险公司联邦最高协会与德国医院协会一同在另一协议中规定第 1 句所述的津贴的额度及收取的细节事宜。如果在联邦卫生部设定的期限内或在第二年的 6 月 30 日之前未达成协议，《医院融资法》第 18a 条第 6 款所述的仲裁委员会应根据缔约方或联邦卫生部的申请在两个月内裁决协议内容，该裁决对缔约方有效。对仲裁委员会的裁决的申诉不具有中止效力。第 7 款第 5 句第 1 项和第 2 项所述的投资和运营成本，如果是服务提供者在符合第 115b 条第 2 款第 1 句、第 116b 条第 2 款第 1 句和第 120 条第 2 款第 1 句以及医院急诊的情况下所产生的，则第 1 句和第 2 句前半句以及第 3 句和第 4 句准用。

[7b] 为了补偿第 7 款第 5 句中的费用，本款中提到的服务提供者从健康保险公司处根据相应用途获得补贴。健康保险公司联邦最高协会和保险公司医生协会在联邦范本合同中约定针对参加合同医疗保证的医生、牙医、心理治疗师和医疗中心的第 7 款第 5 句所述的协议的细节事宜。在 2017 年 9 月 30 日之前，缔约方为了第 3 款第 1 句第 1 项及第 3 款第 1 句第 3 项的数据而根据第 2 句约定自 2018 年 1 月 1 日起生效的与数据相关的津贴。健康保险公司联邦最高协会和联邦一级的代表经济利益而被建立的药剂师权威中央组织在第 129 条第 2 款所述的框架协议中约定针对药物供给的协议的细节事宜；对于与第 3 款第 1 句第 3 项所述数据的使用相关的附加费应在 2017 年 9 月 30 日之前被约定，该约定自 2018 年 1 月 1 日起生效。如果在联邦卫生部设定的期限内未达成第 2 句所述的协议，或者第 3 句所述的协议未在 2017 年 9 月 30 日之前生效，则第 89 条第 2 款所述的相关的主管仲裁委员会应根据缔约方或联邦卫生部的申请，在两个月内裁决协议内容。如果在联邦卫生部设定的期限内第 4 句前半句的协议未达成，或者在 2017 年 9 月 30 日前第 4 条后半句的协议未达成，则第 129 条第 8 款所述的仲裁委员会应根据缔约一方或联邦卫生部的申请，在两个月内裁决

协议内容。在第 5 句和第 6 句的情况下，第 7a 款第 5 句应准用。

　　[7c]如果在联邦卫生部设定的期限内未达成第 7 条第 4 款第 1 项所述的费用协议或该协议已终止，则远程信息处理协会的股东根据各自的业务份额并应公司管理层的要求应支付第 7 条第 4 款第 1 项的费用；除非下文另有规定，否则健康保险公司联邦最高协会应直接向中央组织报销融资费用。在医院领域，根据健康保险公司联邦最高协会与德国医院协会之间的合同协议，根据第 7a 条第 1 款，通过津贴偿还融资费用。如果在联邦卫生部设定的期限内或第二年的 6 月 30 日之前未达成协议，则《医院融资法》第 18a 条第 6 款的仲裁委员会应在两个月内根据缔约方的申请做出裁决。在合同医疗方面，第 7b 款第 1、2、4 款准用于融资费用的报销；在药物供给方面，第 7b 款第 1、3、5 句准用。

　　[7d]如果在联邦卫生部设定的期限内未根据第 7a 条款第 3 句及第 5 句以及第 7b 款第 2—4 句达成有关第 7 款第 5 句第 1 项所述费用的协议的基础，则健康保险公司联邦最高协会针对各个服务提供者所产生的第 7 款第 5 句第 1 项所述的费用融资分别与德国医院协会、保险公司医生协会以及联邦一级的代表经济利益而被建立的药剂师权威中央组织达成协议。在未达成这些协议的情况下，如果未与德国医院协会达成协议，则由《医院融资法》第 18a 条第 6 款所述的仲裁委员会做出裁决，如果未与保险公司医生协会达成协议，则由第 89 条第 2 款所述的仲裁委员会做出裁决。如果未与联邦一级的代表经济利益而被建立的药剂师权威中央组织达成协议，则由第 129 条第 8 款所述的仲裁委员会在两个月期限内根据缔约方一方的申请做出裁决。

　　[7e]如果在联邦卫生部设定的期限内未根据第 7a 款第 3 句及第 5 句以及第 7b 款第 2—4 句达成有关第 7 款第 5 句第 2 项所述费用的协议的基础，则第 7 款第 1 句所述的权威中央组织将组建一个合并专家委员会。该委员会应在第 1 句所述期限届满后一周内成立。它由两名成员——该成员由服务提供者的中央组织和健康保险公司联邦最高协会任命，以及一名独立主席组成，中央组织根据第 7 款第 1 句就此达成一致。如果在第 2 条规定的期限内未就独立主席或其他成员的任命达成一致，则由联邦卫生部任命主席和其他成员。该委员会的费用应由远程信息处理协会的资金支付。在三个月内，委员会应就正在进行的远程信息处理基础设施运营中符合第 7a、

7b 款的各个服务领域产生的费用分配提出建议。根据第 7 款第 5 句第 2
项的协议，必须在一个月内考虑委员会的建议。如果没有考虑委员会的建
议，则根据第 7a、7b 款的协议，联邦卫生部有权未经联邦参议院同意，
通过法规性命令确定在远程信息处理基础设施的持续运营中符合第 7a、
7b 款的各个服务领域所产生的费用分配以及第 7a、7b 款所述的协议
基础。

　　[8]除了第 4 款第 1 句以外的人员或者为了参保人的供给之外，持卡人
不得要求允许其他人，包括为了供给目的而提供服务的结算之外的其他目
的，而使用第 2 款第 1 句第 1 项或第 3 款第 1 句所述的数据；不允许他们
就此事宜进行约定；他们不应因为允许或拒绝访问数据而受到有利或不利
的待遇。

　　[9]（已废止）

第 291b 条　远程信息处理协会

　　[1]在第 291a 条第 7 款第 2 句规定的任务范围内，远程信息处理协
会须：

　　1. 建立包括安全概念的功能和技术规范；

　　2. 确定数据记录的内容和构成，以便提供和使用；

　　3. 为远程信息处理基础设施的安全运行建立规范并监督其实施；

　　4. 确保必要的测试和认证措施；以及

　　5. 建立程序，包括所需的管理身份验证程序：

　　a）第 291a 条第 4 款和第 5a 款规定的访问授权；以及

　　b）第 291a 第 2 和 3 款所述的数据的访问控制。

　　在设计第 1 句第 5 项所述的程序时，远程信息处理协会考虑到远程信
息处理基础设施正在逐步扩展，并且将来可以将访问权限扩展到其他服务
提供者组。如果在根据第 1 句的规定和措施中涉及数据安全性问题，则应
与联邦信息技术安全局达成协议。远程信息处理协会必须保护患者的利
益，并确保遵守有关保护个人数据和可访问性的法规。远程信息处理协会
仅在必要时才能执行任务，以创建可互操作、兼容且安全的远程信息处理
基础设施。可以委托个人股东或第三方承担远程信息处理协会的部分任
务；远程信息处理协会必须确保远程信息处理基础设施的互操作性、兼容

性和必要的安全级别。保险公司医生协会与第 291a 条第 7 款第 1 句所述的其余中央组织、远程信息处理协会、与专业相关的权威医学协会、联邦心理治疗师协会、护理专业联邦权威协会、代表卫生事业中信息技术领域行业利益的权威联邦协会、代表卫生事业领域研究利益的权威联邦协会以及德国医学文献和信息研究所协商，对第 291a 条第 3 款第 1 句第 4 项所述的电子病历的内容进行必要规定，以便确保语义和句法的互操作性。为此，它必须包括国际标准，并考虑到根据第 31a 条第 4 款和第 5 款的规定以及根据 291a 款第 3 款第 1 句第 1 项规定的数据可用性规定。为了确保有序的程序，保险公司医生协会将在 2019 年 5 月 11 日后的四个星期内制定一套程序规则，以规定第 7 句所述的协商行为。在制定程序规则的四个星期内，保险公司医生协会应与第 7 句所述的参与者进行协商。根据项目的状况，远程信息处理协会可以为保险公司医生协会设定适当的期限，以完成第 7 句所述的任务。如果保险公司医生协会未在相应的截止日期之前完成，则远程信息处理协会可以委托德国医院协会与第 7 句所述组织协商，以制定第 7 句所述的规定。第 8 句准用之。截止日期之后的程序由远程信息处理协会确定。第 7 句所述的保险公司医生协会的规定或第 11 句后半句所述的德国医院协会的规定对所有股东、服务提供者和健康保险公司及其所属协会具有约束力。只有在同一事件中，在远程信息处理协会中的服务提供者的中央组织代表才能通过替代决定来代替以上规定。第 15 句所述的中央组织做出的决定是由其股份份额产生的简单多数票来通过的。第 7 句、第 11 句后半句及第 15 句所述的规定被列入第 291e 条所述的互操作性目录中。保险公司医生协会应由远程信息处理协会补偿执行第 7 句所述任务而产生的费用。第 18 句准用于德国医院协会，如果它可以根据第 11 句后半句完成第 7 句所述的任务。如果远程信息处理基础设施受到影响或将来可能受到影响，则欧洲一级的远程信息处理协会在联邦卫生部的委托下执行任务。联邦卫生部可以对此发布指示。

[1a]远程信息处理基础设施的组件和服务由远程信息处理协会批准。如果组件或服务是功能性、可互操作且安全的，则应组件的提供者或服务的提供者的要求授予批准。批准可以附带其他规定。远程信息处理协会根据其发布的测试标准对功能和互操作性进行测试。根据联邦信息技术安全局的要求，通过安全认证来验证其信息技术的安全性。联邦信息技术安全局

为此制定了适当的测试规定，并将其发布在《联邦法律公报》上。远程信息处理协会将与联邦信息技术安全局协商，决定批准程序和测试标准。远程信息处理协会发布所批准的组件和服务的列表。联邦信息技术安全局为了执行第5、6句和第12句所规定的任务所产生的费用由远程信息处理协会报销。细节事宜由联邦信息技术安全局和远程信息处理协会协商确定。如果需要维护远程信息处理基础设施的功能和安全性，则远程信息处理协会可以授予临时许可，以在远程信息处理基础设施中使用未经批准的组件和服务。关于安全性，必须经联邦信息技术安全局同意才能获得批准。针对第291a条第5款第9句所述的参保人访问程序，与第5—7句不同，远程信息处理协会与联邦信息技术安全局协商，确定在信息技术中所必需的组件和服务的批准范围，包括安全性的要求以及批准程序的细节事宜。远程信息处理协会必须在2019年5月26日之前发布第13句所述的规定。

1b为了第291a条第7款第3句所述的运用，远程信息处理协会必须保证对远程信息处理基础设施的非歧视性使用。必须优先考虑可用于执行法定健康保险和长期护理保险任务的电子运用。为了第291a条第7款第3句所述的运用而使用远程信息处理基础设施，远程信息处理协会应与联邦信息技术安全局、联邦信息技术保护局及联邦数据保护和信息自由专员在2016年6月30日协商确定前提条件并将其发布在网站上。确认程序是在运用提供者的申请下进行的。可以提供附加的确认信息。远程信息处理协会在其网站上发布确认清单。对于希望将远程信息处理基础设施用于第291a条第7款第3句中的运用且尚未根据第1款第1句第5项的安全认证程序而被确定的法定健康和长期护理保险服务提供者，远程信息处理协会与联邦信息技术安全局协商确定该程序。联邦信息技术安全局和联邦数据保护与信息自由专员根据本款产生的费用应由远程信息处理协会报销。远程信息处理协会与联邦信息技术安全局和联邦数据保护与信息自由专员协商确定费用报销的细节事宜。

1c运营服务将根据远程信息处理协会确定的框架条件被提供。远程信息处理协会通过授予委托，或以透明且无歧视的程序签发批准书，以实现远程信息处理基础设施的计划性运营；如果第1款第6句前半句所规定的个人股东或第三方已受委托，则由受托人负责批准和授予委托。授予委托时，公共委托的授予规则取决于委托的价值。《反不正当竞争法》第四节、授予规则及《社会保险预算条例》第 22 条以及《服务合约规则》A 部分（VOL／A）的第 1 节适用。对于根据《服务合约规则》A 部分（VOL／A）第 3 条第 5 款第 i 项直接授予的情况，实施的法规性命令由联邦卫生部制定，并在《联邦法律公报》上发布。对于第 2 条所述的批准程序，运用服务提供商有权在以下情况下获得批准：

1. 根据第 1a 款和第 1e 款批准使用的组件和服务；

2. 提供者提供证明运营性能的可用性和安全性得到保证的证据；并且

3. 提供者通过合同保证遵守远程信息处理协会的运营服务的一般条件。

批准可以附带其他条款。只要对于确保互操作性、兼容性和必要的安全性是必需的，远程信息处理协会或受其委托的组织可以限制批准的数量。远程信息处理协会或受其委托组织发布以下内容：

1. 对于第 5 句第 2 项所述证明必须满足的技术和事实前提条件；以及

2. 受批准提供者的列表。

[1d]远程信息处理协会可以对第 1a—1c、1e 款中的批准和确认收取费用和支出。收费标准应不超过服务所涉人员和实物的平均费用。联邦卫生部有权在未经联邦参议院同意的情况下通过法规性命令确定收费事实构成要件，并确定固定费率或框架费率，以及费用产生、费用收取、费用偿还、费用债务人、费用豁免、到期日、延期、取消、减免，滞纳金、限制和报销的相关规则。对于根据第 291a 第 7 款第 3 句末在本编或《社会法典》第十一编中规定的对远程信息处理基础设施的使用，远程信息处理协会可以收取费用。费用表需要获得联邦卫生部的同意。

[1e]在 2016 年 12 月 31 日之前，远程信息处理协会与联邦信息技术安全局以及联邦数据保护和信息自由专员协商，规定通过远程信息处理基础设施传输医疗文件的安全程序，并将该规定发布在其网站上。传输程序中的服务提供者必须在批准程序中向远程信息处理协会证明其符合该规定。第 1a 款适用于批准程序。批准程序所需的规定必须在 2017 年 3 月 31 日之前制定并发布在远程信息处理协会的网站上。联邦信息技术安全局和联邦数

据保护与信息自由专员根据本款产生的费用将由远程信息处理协会报销。费用报销的细节事宜由远程信息处理协会与联邦数据保护和信息自由专员协商确定。

[2]根据有效期至 2019 年 5 月 11 日版本条文的第 291a 条第 7 款建立的远程信息处理协会的股东合同，将根据以下原则进行调整：

1. 通过联邦卫生部代表的德意志联邦共和国以及第 291a 条第 7 款第 1 句中提到的中央组织是远程信息处理协会的股东。通过联邦卫生部代表的德意志联邦共和国持有 51% 的股份，健康保险公司联邦最高协会持有 24.5% 的股份，第 291a 条第 7 款第 1 句中提到的中央组织则持有 24.5% 的股份。股东可以决定加入联邦一级的其他服务提供者的中央组织和私人健康保险协会；如果加入，则必须相应地调整费用承担者和服务提供者组内的股份份额。

2. 在不违反强制性法定多数要求的前提下，股东以根据股份份额产生的简单多数票进行表决。

[2a]远程信息处理协会必须成立一个咨询委员会，就技术问题向他们咨询。它可以将至关重要的事项提交给远程信息处理协会的股东大会，以供审议，并且在就至关重要的事项做出决定之前必须听证。至关重要的事项尤其包括：

1. 电子健康卡运用的专业概念；

2. 用于测试和运营远程信息处理基础设施的计划和概念；以及

3. 评估测试阶段和运用的概念。

为此，必须及时以易于理解的形式将相关信息提供给咨询委员会，以便就内容进行处理。远程信息处理协会必须处理咨询委员会的专家意见，并在考虑咨询委员会建议的范围内通知咨询委员会。咨询委员会主席可以出席远程信息处理协会的股东大会。咨询委员会由联邦各州的四名代表、代表患者利益及慢性病患者及残疾人自助的权威组织的三名代表、学界的三名代表、代表卫生事业中信息技术领域行业利益的权威联邦协会的三名代表、代表参与家庭护理合同医生利益的权威中央组织的代表、联邦数据保护和信息自由专员以及联邦政府维护患者利益专员组成。可以任命其他团体和联邦政府的代表。咨询委员会的成员由远程信息处理协会的股东大会任命；各州代表由各州指定。远程信息处理协会的股东和总经理可以参加咨询委员会的会议。

³（已废止）

⁴远程信息处理协会针对远程信息处理基础的法规、结构和运营而做出的决定对本编所述的服务提供者和健康保险公司及其协会具有约束力；除非联邦或州法律对此有规定，否则以上决定也适用于联邦各州的药房，以决定是否有权发行用于认证服务提供者机构的组件。在决定通过之前，就数据保护或数据安全问题而言，远程信息处理协会必须给联邦数据保护和信息自由专员与联邦信息技术安全局提供发表评论的机会。

⁵（已废止）

⁶如果组件和服务对远程信息处理基础设施的功能或安全性构成风险，则授权远程信息处理协会与联邦信息技术安全局合作，采取必要的技术和组织措施来防止这种风险。根据第 1a、1e 款批准的服务运营者和根据第 1b 款确认的运用运营者，必须立即向远程信息处理协会报告对这些服务的可用性、完整性、真实性和保密性的重大干扰。重大干扰可能导致或已经导致第 2 句中提到的服务的安全性或功能性故障或损害，或者导致远程信息处理基础设施的安全性或功能性故障或损害。远程信息处理协会必须立即将第 2 句所述的报告给它的故障以及可能或已经对远程信息处理基础设施的安全性或功能产生重大影响的任何其他重大故障报告给联邦信息技术安全局。远程信息处理协会必须立即将第 4 句所述的报告告知联邦卫生部。在个别情况下，前提条件是必须实施旨在消除危险的措施，远程信息处理协会才能阻止访问远程信息处理基础设施的组件和服务，或者仅允许在其他情形下使用远程信息处理基础设施。

⁷对于使用远程信息处理基础设施时在远程信息处理基础设施之外所运行的组件和服务，远程信息处理协会可以与联邦信息技术安全局协调，采取必要的措施进行监控，以确保远程信息处理基础设施的可用性和安全性。为此，远程信息处理协会确定组件和服务的运营者必须向其披露哪些细节，以便可以进行监控。第 1a 款第 9 句和第 10 句准用于联邦信息技术安全局的费用报销。

⁸远程信息处理协会应要求向联邦信息技术安全局提交以下文件和信息：

1. 根据第 1a—1c、1e 款进行的批准和确认，包括基础文件；

2. 根据第 6 款和第 7 款采取的措施清单，包括已查明的安全缺陷和措施的结果；以及

3. 评估远程信息处理基础设施以及已批准的服务和已确认的运用的安全性所需的其他信息。

如果对第 1 句中提到的信息的评估表明存在安全缺陷，则联邦信息技术安全局可以向远程信息处理协会发布具有约束力的说明，以纠正已发现的安全缺陷。远程信息处理协会有权向第 1a—1c、1e 款所述的经过批准的服务和已确认的运营者提供约束性说明，以纠正已发现的安全缺陷。由以下主体承担审查费用：

1. 远程信息处理协会，如果在联邦信息技术安全局采取行动的前提下，对远程信息处理基础设施的安全性产生合理的怀疑；

2. 第 1a—1c、1e 款所述的已批准的服务及已确定的运用的运营者，如果联邦信息技术安全局已根据迹象表明对批准的服务和已确认的应用程序的安全性有怀疑。

第 291c 条　远程信息处理协会的调停部门

[1]远程信息处理协会须设立一个调停部门。

[2]调停部门拥有一个中立主席。远程信息处理协会的股东应就中立主席达成一致。如果在联邦卫生部设定的最后期限之后仍未达成一致，则由联邦卫生部任命主席。

[3]健康保险公司联邦最高协会可以任命一名代表作为调停部门的成员，第 291a 条第 7 款第 1 句中提到的其他中央组织可以任命一名共同代表作为调停部门的成员。调停部门成员的任期为两年。允许再次任命。

[4]调停部门制定议事规程，该议事规程需要得到联邦卫生部的同意。

[5]自治组织由各自指定的代表承担费用。中立主席的费用和调停部门的其他费用由远程信息处理协会的资金进行资助。

[6](已废止)

[7]调停部门的每个成员都有一个表决票。调停部门以简单多数票做出决定。如果没有产生多数票，那么中立主席的投票是决定性的。

[8]远程信息处理协会或其委托的组织有义务根据其要求立即协助调停部门。中立主席可以出席远程信息处理协会的股东大会。

⁹调停部门的决定必须提交联邦卫生部审查。在审查该决定时，联邦卫生部必须给予联邦数据保护和信息自由专员发表评论的机会。如果该决定违反法律或其他法规，则联邦卫生部可以在一个月内对该决议提出异议。如果在联邦卫生部设定的期限内未消除异议，则联邦卫生部可以代替调停部门做出决定。远程信息处理协会有义务按照联邦卫生部指示立即与其合作并准备其决定。根据本编第 1 句和第 4 句的决定对所有股东、服务提供者、健康保险公司及其所属协会具有约束力；在同一件事上，只能由远程信息处理协会的股东大会以替代性决定代替以上决定。

第 291d 条　信息技术系统中的集成开放接口、条例授权

¹在用于收集、处理和使用个人患者数据的信息技术系统中，

1. 合同医疗供给；

2. 合同牙医供给；和

3. 医院。

必须集成用于系统中立的患者数据存档以及在系统更改时用于患者数据传输的开放和标准化接口。接口集成必须不迟于第 2—4 款所述的各自决定被列入第 291e 款所述互操作性清单后的两年期间内。依照第 1 句已将接口集成到其中的信息技术系统，在使用它们之前，必须先按照第 2—4 款进行确认。

¹ᵃ第 1 款准用于以下方面的开放和标准化接口的集成：

1. 根据《药物条例》第 73 第 9 款第 1 句被批准的电子程序；

2. 根据《感染保护法》第 14 条第 8 款第 1 句的规定为了执行报告和通知而被批准的电子程序。

当为根据第 73 条第 9 款第 1 句而被批准的电子程序规定第 2—4 款所述的开放式和标准化接口时，必须考虑根据第 73 条第 9 款的要求和根据第 73 条第 9 款第 2 句的规定，根据《感染保护法》第 14 条第 8 款第 1 句的法规性命令为电子程序确定第 2—4 款规定的开放和标准化接口，根据《感染保护法》第 14 条第 8 款第 1 句的法规性命令的要求还必须与罗伯特·科赫研究所达成协议。《感染保护法》第 73 条第 9 款第 2 句中的法规性命令和第 14 条第 8 款第 1 句中的法规性命令可规定集成电子程序接口的期限与第 1 款第 2 句中指定的期限不同。

[1b]未经联邦参议院的同意，联邦卫生部有权根据第 1 款第 1 句的规定，为在信息技术系统中集成进一步开放和标准化的接口设置最后期限。

[2]对于合同医疗中使用的信息技术系统，保险公司医生协会在与远程信息处理协会以及代表卫生事业中信息技术领域行业利益的权威联邦协会进行协商后，对开放和标准化的接口进行必要的规定。应信息技术系统提供者的要求，保险公司医生协会确认该系统满足第 1 句所述的要求。它发布已确认的信息技术系统的列表。

[3]对于合同牙科医疗中使用的信息技术系统，保险公司医生协会在与远程信息处理协会以及代表卫生事业中信息技术领域行业利益的权威联邦协会进行协商后，对开放和标准化的接口进行必要的规定。应信息技术系统提供者的要求，保险公司医生协会确认该系统满足第 1 句所述的要求。它发布已确认的信息技术系统的列表。

[4]对于医院中使用的信息技术系统，保险公司医生协会在与远程信息处理协会以及代表卫生事业中信息技术领域行业利益的权威联邦协会进行协商后，对开放和标准化的接口进行必要的规定。应信息技术系统提供者的要求，保险公司医生协会确认该系统满足第 1 句所述的要求。它发布已确认的信息技术系统的列表。

[5]第 2—4 款所述负责指定的组织应进行协调，以便在接口之间内容相同的情况下，跨部门采用统一标准。

[6]根据第 2—4 款做出的规定应包含在根据第 291e 条规定的互操作性目录中。

第 291e 条 互操作性目录

[1]远程信息处理协会必须在 2017 年 6 月 30 日之前建立一个电子互操作性目录，以用于医疗保健部门的信息技术系统的技术和语义标准，配置文件和指令，并维护和操作该互操作性目录。互操作性指数用于促进信息技术系统之间的互操作性。

[2]互操作性目录必须公开可用。

[3]远程信息处理协会制定了互操作性目录的议事规则和程序规则。议事规则和程序规则需要联邦卫生部的批准。必须在本法生效后十二个月内将以上规则提交给联邦卫生部。议事规则和程序规则规定以下细节事宜：

1. 用于设置、维护和操作以及使用互操作性目录；

2. 根据第 5 款指定专家以及对他们的支出补偿；

3. 将第 7—9 款所述的信息包含在互操作性索引中的过程；以及

4. 在第 11 款所述的信息门户中列入信息的过程。

[4]为了将第 8 款所述的信息列入互操作性目录，远程信息处理协会可以收取费用。收费目录须经联邦卫生部批准。

[5]经联邦卫生部批准，远程信息处理协会任命在医疗保健以及信息技术和卫生事业标准化领域具有专业知识的专家。专家将从以下组中选拔：

1. 信息技术系统的用户；

2. 代表卫生事业中信息技术领域行业利益的权威联邦协会；

3. 各州；

4. 与专业相关的联邦当局；

5. 与专业相关的国家和国际标准化组织；

6. 科学机构代表。

专家们可以向远程信息处理协会提出建议，以建设、维护和进一步开发互操作性目录。远程信息处理协会报销专家因合作产生的费用。

[6]远程信息处理协会必须在互操作性目录的网站上向专业人士告知互操作性目录的建设、维护和进一步开发的状态。远程信息处理协会须让电子信息技术方面的专业人士参与以下方面事宜：

1. 根据第 7 条第 2 款进行规定；

2. 根据第 8 款第 3 句进行评估；

3. 根据第 9 款第 1 句提供建议。

为此，远程信息处理协会必须在互操作性目录网站上发布第 7 款第 2 句中规定的草案、第 8 款第 3 句中的评估以及第 9 款第 1 句中的建议。草案应予以发表，并注明在发表过程中可以提出建议。远程信息处理协会必须在互操作性目录的网站上发布收到的建议，并将其纳入对草案的进一步审核中。

[7]远程信息处理协会根据第 291 条和第 291a 条第 2 款和第 3 款（互操作性规定）定义的用于应用程序的技术和语义标准、配置文件和指令必须尽快包含在互操作性目录中，但最迟应在它们被批准用于远程信息处理基础设施的全国性运营之前。本法生效后而存在的远程信息处理协会在第

1 句所述的规定做出之前，必须给第 5 款中的专家提供意见的机会。在他们的意见中，专家们可以就互操作性中所包含的内容的实施和使用以及特定于应用程序的规范和补充提出进一步建议。远程信息处理协会必须在其决定中包括这些意见。这些建议必须在互操作性目录的网站上发布。

[8]根据要求，远程信息处理协会将在互操作性指令中列入技术和语义标准、配置文件和指令，以上内容的列入非根据第 7 款所述的程序而完成。信息技术系统的用户及其利益代表、信息技术系统的提供者、科学机构以及标准化组织都有资格申请。在将内容列入互操作性目录之前，远程信息处理协会评估技术和语义标准以及配置文件和指令在多大程度上与第 7 款第 1 句所述的互操作性规定相符合。在评估之前，远程信息处理协会必须使第 5 款所述的专家有机会发表意见。在他们的意见中，专家们可以就互操作性索引中包含的内容的实施和使用以及特定于应用程序的规范和补充提出进一步建议。远程信息处理协会必须在其决定中包括这些意见。专家的建议和远程信息处理协会的评估将发布在互操作性目录的网站上。

[9]远程信息处理协会可以支持标准化组织和规范化组织的合作，并在互操作性目录中推荐第 8 款所述的技术和语义标准、配置文件和指令，以作为医疗保健信息技术系统的参考。在提出建议之前，远程信息处理协会必须给第 5 款中提到的专家以及在有关数据安全和数据保护的建议方面给联邦信息技术安全局和联邦数据保护与信息自由专员发表意见的机会。远程信息处理协会必须在其决定中包括意见和建议。专家的意见和建议以及远程信息处理协会的建议将在互操作性索引的网站上发布。

[10]如果电子应用程序的提供者遵守第 7 款第 1 句的规定和第 9 款第 1 句的建议，则医疗保健系统中的电子应用程序只能全部或部分由法定健康保险公司提供资金。根据第 291a 条第 7 款第 3 句在医疗保健行业中使用电子应用程序的提供者，或通过法定健康保险全部或部分融资的电子应用程序的提供者，必须根据第 8 款第 1 句提交申请。

[11]作为互操作性目录的组成部分，远程信息处理协会必须建立一个信息门户。根据要求，信息门户网站将列入信息，特别是有关医疗保健中电子应用程序（尤其是远程医疗应用程序）的内容，预期用途和融资的信息。电子申请的项目发起人和提供者有资格申请。由法定健康保险公司全额或部分资助的电子应用程序的项目发起人和提供者必须提交申请。远程

信息处理协会在第 3 款所述的议事规则和程序规则中规定信息门户内容和第 2 款所述的申请的最少内容的细节事宜。

[12]该法律生效两年后，由远程信息处理协会向联邦卫生部提交一份报告。联邦卫生部将该报告转发给德国联邦议会。该报告包含有关互操作性目录的结构、应用程序经验以及对进一步开发互操作性目录的建议的信息。它还包括对医疗保健标准化的评估以及关于统一标准的建议。联邦卫生部可以确定该报告的其他内容。必须准备一份新报告，并每两年提交一次。

第 291f 条　合同医疗供给中电子信件的传输

[1]第 291 条第 7b 款第 1 句所述的附加费应在 2017 年一次性增加 55 美分，每次由参与合同医疗服务的医生和机构发送一封电子信函，前提是通过安全的电子手段，从而通过邮件进行传输，没有信使或快递服务。在调整第 87a 条第 4 款所述的治疗需求时，应考虑到没有邮寄、信使或快递服务。第 73 条第 1b 款第 1—3 款准用之。安全的电子程序要求根据最新技术，通过适当的技术措施保护电子信件免受未经授权的访问。

[2]保险公司医生协会通过与健康保险公司联邦最高协会和远程信息处理协会协商，对细节事宜进行规定，特别是有关电子信件的内容和结构、结算、避免不适当的数量扩展的规定以及有关安全措施的详细信息指令。该指令规定，一旦获得批准，就可以使用根据第 291b 条第 1e 款所述的批准用于传输电子信件的服务。该指令必须提交给联邦卫生部审查。在审查该指令时，必须给予联邦数据保护和信息自由专员与联邦信息技术安全局发表意见的机会。联邦卫生部可以在一个月内反对该指令。

[3]根据参加合同医疗供给的医生和机构的信息技术系统提供者的要求，保险公司医生联邦协会确认其系统符合指令中的要求。保险公司医生联邦协会发布已确认的信息技术系统的列表。

[4]如果向主管的会计部门证明了所用信息技术系统确实按照第 3 款进行了确认，则可以按照第 1 款对附加费进行结算。如果电子信件具有根据第 291a 第 5 款第 5 句使用电子健康专业卡而生成的合格电子签名，则仅允许超出第 1 句的要求结算第 1 款所述的附加费。

[5]从 2018 年起，附加费金额由第 291a 条第 7b 款第 2 句所述的缔约方

商定。仅当使用第 291b 条第 1e 款所述的批准用于传输电子信件的服务时，才可以约定附加费。

[6]第 1—5 款不适用于合同医生。

第 291g 条　关于评估磋商结果和进行视频磋商的技术程序的协议

[1]在 2016 年 6 月 30 日之前，保险公司医生联邦协会与健康保险公司联邦最高协会达成协议，并与远程信息处理协会进行磋商，以期为远程医疗提供合同医疗中 X 射线医学报告的技术程序要求，尤其是有关质量和安全性的详细信息，以及技术实施要求。该协议必须提交给联邦卫生部审查。在审查协议时，必须给予联邦数据保护和信息自由专员和联邦信息技术安全局发表意见的机会。联邦卫生部可以在一个月内反对该协议。

[2]如果根据第 1 款达成的协议在 2016 年 3 月 31 日前尚未生效，则应根据第 1 款达成协议的其中一方缔约人的请求，必须在第 291c 条第 1 款所述的调停部门启动仲裁程序。调停部门必须在仲裁程序开始后的四周内提交决定建议。在做出决定之前，调停部门必须给予第 1 款所述协议的缔约方和远程信息处理协会发表意见的机会。如果第 1 款所述的协议的缔约方在提出决定建议后两周内未做出决定，则调停部门将在两周内代替第 1 款所述的协议缔约方做出决定。第 291c 条第 7 款第 4—6 句适用于调停部门的决定。调停部门的决定对第 1 款所述的协议缔约方，对服务提供者，健康保险公司及其所属协会均具有约束力。在同一问题上，只能由第 1 款所述的协议缔约方以其他决定代替。

[3]如果到 2016 年 6 月 30 日仍未达成第 1 款所述的协议，则第 291 条第 2b 款第 7—9 句准用于保险公司医生联邦协会和健康保险公司联邦最高协会。

[4]第 1—3 款准用于视频咨询时间技术程序的协议，但前提是必须在 2016 年 9 月 30 日之前达成第 1 款所述的协议。

[5]保险公司牙医联邦协会和健康保险公司联邦最高协会根据第 87 条第 2k 款就视频咨询时间的技术程序要求达成协议。第 1 款和第 2 款附条件准用，条件为该协议将于 2019 年 9 月 30 日之前达成。

第 292 条　有关服务前提条件的信息

健康保险公司必须记录有关服务的信息，这些信息对于审查以后的服务要求是必需的。这尤其包括有关确定医院治疗、预防性保健和康复医疗服务的服务要求的信息，以及确定费用偿还和补助金要求的信息。如果丧失工作能力，也必须出具诊断报告。

第 293 条　用于服务机构和服务提供者的代码

[1]健康保险公司在信件往来中使用联邦统一代码，包括使用电子数据传输或机器可用的数据载体、数据交换，用于质量保证措施以及与其他社会供给机构、联邦就业局和州政府以及以上机构的合同缔约方（包括其成员）进行结算。健康保险公司联邦最高协会、其他社会供给机构的中央组织、邮局健康保险公司、联邦职业介绍所和联邦各州的养老金管理部门组成一个工作组，分配第 1 句所述的代码。

[2]第 1 款第 2 句所述的工作组成员与服务提供者的中央组织共同约定统一代码的类型及结构以及分发的程序和其使用。

[3]如果第 2 款所述的协议在联邦卫生部规定的时间内未达成，则可以在征询有关各方的意见后，与联邦劳动和社会事务部达成协议，就代码的类型和结构以及授予和获得许可的程序制定更详细的规定。在联邦参议院的同意下，根据法规性命令规定其使用。

[4]保险公司医生联邦协会和保险公司牙医联邦协会掌握着联邦范围内参与合同医疗保证的医生、牙医和机构的目录。

该目录包含以下信息：

1. 医生或牙医编号（未加密）；

2. 全科医生或专科医生识别号码；

3. 参与状态；

4. 医生或牙医的性别；

5. 医生或牙医的头衔；

6. 医生或牙医的姓氏；

7. 医生或牙医的名字；

8. 医生或牙医的出生日期；

9. 医生或牙医诊所或机构的街道；

10. 医生或牙医诊所或机构的门牌号；

11. 医生或牙医诊所或机构的邮政编码；

12. 医生或牙医诊所或机构的位置；

13. 医生或牙医编号的有效期起始时间；和

14. 医生或牙医编号的有效期终止时间。

该目录必须每月或以更短的时间间隔进行更新。在制定医生和牙医编号时，须使得在没有有关医生或牙医的其他数据的情况下，无法将其分配给特定的医生或牙医；必须确保医生和牙医的编号也使得医生或牙医在合同或牙医活动的整个期间内都能被健康保险公司及其所属协会确定其身份。保险公司医生联邦协会和保险公司牙医联邦协会确保目录中包含医生和牙医编号，该编号由医生和牙医在与健康保险公司结算其提供和开具处方的服务范围内按照第二编的规定被使用。保险公司医生联邦协会和保险公司牙医联邦协会将在 2004 年 3 月 31 日之前通过电子数据传输或使用机器可读的数据载体将目录提供给健康保险公司联邦最高协会。对目录的更改应每月或以更短的时间免费发送给健康保险公司联邦最高协会。健康保险公司联邦最高协会向其成员协会和健康保险公司提供目录，以使得其能执行任务，特别是在确保供给质量和经济性以及准备必要的数据库方面；健康保险公司联邦最高协会不得将目录用于其他目的。

[5]代表经济利益而被建立的药剂师权威中央组织，掌握着一个联邦范围的药房目录，并通过电子数据传输或使用机器可读的数据载体，免费提供给健康保险公司联邦最高协会。对目录的更改应每月或以更短的时间免费发送给健康保险公司联邦最高协会。该目录包含药剂师的姓名、药房的地址和许可证号；它必须每月或以更短的时间间隔进行更新。代表经济利益而被建立的药剂师权威中央组织，还通过电子数据传输或可在数据载体上使用的机器，向根据《药物折扣法》第 2 条第 1 句组成的中央机构提供第 2 句所述的目录及其变更；中央机构必须承担传输费用。健康保险公司联邦最高协会向其成员协会和健康保险公司提供目录，以完成其与药房的结算，以及根据第 129 条和第 300 条中的规定和相关数据处理有关的任务；健康保险公司联邦最高协会不得将目录用于其他目的。中央机构根据官方规则可以将目录传输给疾病、照料和生育费用的承担者、私人健康保险企业和其他疾病费用的承担者。该目录只能用于《药物折扣法》第 2 条所规定的目的。第 1 句所述的药房有义

务提供目录所需的信息。因此，其他药物提供者有义务向健康保险公司联邦最高协会提供信息。

[6]根据《医院融资法》第 2a 条第 1 款第 1 句的协议，健康保险公司联邦最高协会和德国医院协会掌握了根据第 108 条批准的联邦范围内的医院及其门诊部所在地的目录。其可以根据第 1 条的规定委托医院薪酬体系研究所完成任务。在这种情况下，应根据《医院融资法》第 17b 条第 5 款第 1 句第 1 项从附加费中支付医疗机构的必要费用。经批准的医院有义务在未经要求的情况下将目录建设和实施所需的数据以及对该数据的更改传送给目录管理机构。必须根据第 10 句第 3 项及时更新目录，并在互联网上发布。医院将目录中包含的代码符用于结算，根据《医院报酬法》第 21 条第 1 款将数据传输到数据中心，以满足联邦质量保证共同委员会的指令和决定的要求。费用承担者使用该目录来执行其任务，特别是与服务结算和联邦质量保证共同委员会的指令和决定的要求有关的任务。联邦共同委员会在执行本法赋予它的任务所必需时使用该目录，尤其是在质量保证领域。联邦卡特尔局通过电子数据传输或可在数据载体上使用的机器从目录管理机构接收目录中的数据，以完成其根据《反不正当竞争法》的任务。德国医院协会和健康保险公司联邦最高协会在 2017 年 6 月 30 日之前就第 1 句所述的目录的细节事宜达成协议，特别是：

1. 目录的类型和结构；

2. 目录中所包含的代码的类型和结构，以及分配代码的前提条件和程序；

3. 适时的更新间隔和持续更新的程序；

4. 使用代码的物质和人员要求以及使用代码的其他要求；和

5. 通过维护和更新目录产生的费用的融资。

《医院融资法》第 2a 条第 2 款准用于根据第 2 句下达的委托和第 10 句所述的协议。

[7]健康保险公司联邦最高协会和德国医院协会掌握着一份联邦范围的名单，列出了所有在根据第 108 条获得批准的医院及其门诊部工作的医生。其可以按照第 1 句委托第三方执行任务；对于不属于第一编第 35 条所提及的机构的目录管理机构，第一编第 35 条在作必要的变通后准用。

该目录包含第 1 句所述的所有医生的以下信息：

　　1. 医生编号（未加密）；

　　2. 医生根据第 4 款第 2 句第 4—8 项提供的信息；

　　3. 国家考试日期；

　　4. 许可日期；

　　5. 博士学位日期；

　　6. 专业认可日期和专业领域；

　　7. 雇用该医生的医院在第 6 款所述的目录中的代码；

　　8. 医生在医院开始活动的日期；以及

　　9. 医生在医院结束活动的日期。

　　第 3 句第 1 项的医生编号在结构上遵循第 4 款第 2 句第 1 项的医生编号。被批准的医院有义务向注册管理机构提供建立和实施目录所需的数据以及有关数据更改的材料，且无须提交请求。健康保险公司联邦最高协会和德国医院协会各自承担维护目录的费用的一半。如果委托医院薪酬体系研究所维护目录，则应根据《医院融资法》第 17b 条第 5 款第 1 句第 1 项从附加费中支付该机构的必要费用。健康保险公司联邦最高协会向其成员提供目录，以供其执行法定任务；健康保险公司联邦最高协会不得将目录用于其他目的。在法律规定的情况下，医院和健康保险公司最迟在 2019 年 1 月 1 日之前使用目录中包含的信息。健康保险公司联邦最高协会和德国医院协会于 2017 年 12 月 31 日与保险公司医生联邦协会就第 1 句所述的目录的细节事宜达成协议，特别是有关以下事项：

　　1. 目录的类型和结构；

　　2. 目录中所包含的代码的类型和结构，以及分配代码的前提条件和程序；

　　3. 适时的更新间隔和持续更新的程序；

　　4. 使用代码的物质和人员要求以及使用代码的其他要求。

　　第 10 句所述的协议对健康保险公司联邦最高协会、德国医院协会、保险公司医生联邦协会及其各自成员和服务提供者具有约束力。如果根据第 10 句达成的协议没有全部或部分实现，则第 89a 条所述的联邦一级的跨部门仲裁委员会应根据缔约方的要求进行裁决。

第二节　服务数据的传输和准备、数据透明

第一目　服务数据的传输

第 294 条　服务提供者的义务

参加合同医疗供给的医生和其他服务提供者有义务记录健康保险公司和保险公司医生协会的任务所必需的信息，这些信息是由保险服务的提供、处方开具和出售而产生的，并按照以下规定通知健康保险公司、保险公司医生协会或负责数据处理的机构。

第 294a 条　通知疾病原因及第三方引起的健康损害

[1]有证据证明疾病是法定意外保险所指的职业病或者其后果，或者工作事故、其他事故、人身伤害的后果，《联邦供给法》所指的任何损害或《感染保护法》所指的任何疫苗损害，或是有证据表明有第三方引起的健康损害迹象，则参与合同医疗供给的医生和机构以及第 108 条所述的医院有义务向健康保险公司提供必要的数据，包括原因和可能原因的信息。如果有证据表明虐待、性虐待、性攻击、强奸或忽视儿童和青少年可能造成第三方健康损害，则没有义务根据第 1 句予以通知。如果有证据表明，参保人或成年人遭受虐待、性虐待、性侵犯、胁迫或强奸可能导致第三方健康损害，只有在参保人明确同意通知的情况下，才存在根据第 1 句做出通知的义务。

[2]如果有迹象表明满足了第 52 条第 2 款的前提要件，则参加合同医疗供给的医生和机构以及第 108 条所述的医院有义务向健康保险公司提供必要的数据。应告知参保人第 1 句所述的通知的原因和通知的数据。

第 295 条　医疗服务的计算

[1]参加合同医疗的医生和机构有义务：

1. 在健康保险公司收到的丧失工作能力证明单中出具诊断报告；

2. 在合同医疗服务的结算单中，出具由医生提供的服务，包括日期，只要对于审查结算单的可接受性和正确性是必要的，还包括治疗时间，医疗时所提供的诊断报告、牙科治疗时提供的诊断单和审查结果；

3. 在结算单文件和合同医疗表格中应出具医生编号，在转诊的情况下，出具要求转诊医生的医生编号，在第 73 条第 1 款第 2 句第 2 项所述的服务结算中出具安排预约的医生的医生编号，以及第 291 条第 2 款第 1—10 项的以机器可读的方式记录和发送的信息。符合第 1 句第 1 项和第 2 项的诊断报告，应根据德国医学文献和信息研究所受联邦卫生部授权而发布的相应德语版本中疾病的国际分类进行加密。联邦卫生部可以委托德国医学文献和信息研究所在第 2 句中提到的密码基础上补充额外密码，以确保该密码对完成健康保险公司的任务具有意义。由合同医生执行的工作和其他程序必须根据德国医学文献和信息研究所受联邦卫生部委托而发行的密码进行加密。联邦卫生部在《联邦法律公报》上公布第 2 句所述的相应版本的诊断密码和第 4 句所述的程序密码的生效日期。德国医学文献和信息研究所可以就与第 2 句所述的诊断密码和第 4 句所述的程序密码有关的解释问题，进行解释并修改，其解释与修改的效力溯及既往，只要这些不影响对提供的服务进行加密的扩展要求。

[1a]为完成第 106d 条所述的任务，参加合同医疗供给的医生有义务并有权根据保险公司医生协会的要求提供审查所需的结果。

[1b]在保险公司医生协会或其所属协会未参与的情况下与健康保险公司或其所属协会签署了有关特殊供给形式（第 140a 条）或有关根据第 73b 条进行护理的合同的医生、机构和医疗中心、精神病院门诊诊所和根据第 116 条第 2 款参加门诊专科医疗的服务提供者，通过电子数据传输或可在数据媒体上使用的方式将第 1 款中提到的信息（如果为医院，则包括其机构代码）传输给相应的健康保险公司；在第 116b 条所述的情况下，合同医疗服务提供者可以传输有关保险公司医生协会的信息。除了根据第 116b 条第 2 款参加门诊专科医疗的服务提供者以及精神病院门诊诊所的数据传输外，健康保险公司协会对细节事宜进行规定。精神病院门诊诊所还应将第 1 句所述的信息发送到《医院报酬法》第 21 条第 1 款第 1 句所述的数据中心。根据《医院融资法》第 17b 条第 2 款的自主管理合作机构应针对第 1 句所述的精神病院门诊诊所的服务文件，执行由第 101 条第

1 款第 1 句第 2b 项所述的联邦共同委员会在 2018 年 1 月 1 日所决定的规定而协商制定一个目录，该目录根据服务的类型和范围以及按照专业团体和专业领域所划分的提供服务的人员能力进行区分，并对第 3 句所述的数据传输的细节事宜进行约定；为了执行《医院融资法》第 17d 条第 1 款第 3 句所述的审查委托，它们还约定根据全面调查或精神病院门诊诊所服务的代表性样本中的数据，约定是否以及如何正确执行审查委托。《医院报酬法》第 21 条第 4 款、第 5 款第 1 句和第 2 句以及第 6 款应准用于数据传输协议。《医院报酬法》第 21 条第 4 款和第 6 款准用于精神病院门诊诊所服务的联邦统一性文件，前提为仲裁委员会必须在六周内做出裁决。仲裁委员会还应缔约方的委托，在六周内根据第 4 句后半句对事实做出裁决，如果缔约方对该事实尚未达成一致。

[2]为了结算报酬，保险公司医生协会每个季度通过电子数据传输或可在数据载体上使用的机器将以下数据传输给每个治疗病例的健康保险公司：

1. 第 291 条第 2 款第 1、6、7 项所述的信息；

2. 医生或牙医编号，如果是转诊，则要求转诊医生的医生或牙医编号，在根据第 73 条第 1 款第 2 句第 2 项进行服务结算的情况下安排预约的医生的医生编号；

3. 请求类型；

4. 治疗类型；

5. 治疗日期，如果对于审查结算的可靠性和正确性是必要的，还需要提供治疗的具体时间；

6. 根据第 1 款第 5 句的规定使用密码已对收费进行结算的情况下，牙科治疗的诊断单及审查结果；

7. 治疗费用。

为了执行第 137g 条所述的项目，保险公司医生协会将在联邦共同委员会的指令中根据第 137f 条所规定的信息传输给参与实施这些项目的健康保险公司。保险公司医生协会向参与第 137f 条所述项目的与参保人相关的健康保险公司传输第 1 句所述的针对参保人的信息。第 137f 条第 3 款第 2 句不受影响。

[2a]在保险公司医生协会或其所属协会未参与的情况下与健康保险公司

或其所属协会签署了有关特殊供给形式（第 140a 条）或有关根据第 73b 条进行护理的合同而参加合同医疗供给的医生、机构以及根据第 116 条第 2 款参加门诊专科医疗的服务提供者有义务向健康保险公司传输根据第 292 条所记录的信息；合同医疗服务提供者可以在第 116b 条所述的情况下传输有关保险公司医生协会的信息。

³第 82 条第 1 款和第 87 条第 1 款所述的合同的缔约方，应就以下信息的细节事宜达成一致，作为上述合同的组成部分：

1. 合同医疗服务结算单的格式和内容；

2. 合同医疗中所需的表格的形式和内容；

3. 第 1 款所述的合同医生的义务履行；

4. 第 2 款所述的保险公司医生协会的义务履行，尤其是转发给健康保险公司或其所属协会的结算单的形式、期限和范围；

5. 数据传输的细节事宜，包括统一的数据记录结构和根据第 296 条和第 297 条准备的结算单。

⁴参与合同医疗保证的医生，机构和医疗中心必须通过电子数据传输或使用机器可读的数据载体，将服务结算所需的信息传输给保险公司医生协会。保险公司医生联邦协会对细节事宜进行规定。这些包括与健康保险公司联邦最高协会、德国医院协会以及德国医学文献和信息研究所就医疗服务的结算和报销进行的协商，以及对第 1 款第 5 句所述的密码进行分配和传输的约束性规定和首次自 2020 年 6 月 30 日至 2022 年 1 月 1 日生效的审查标准的规定。必须每年更新规定。第 3 句所述的规定也适用于第 27b 条第 3 款，第 73b、76 条 1a 款，第 116、116a、116b 条第 2 款，第 117—119 条，第 119c 条，第 120 条 1a 款，第 121a 条，第 137f 和第 140a 条的服务提供者，以及第 115b 条所述的服务。第 3 句的规定还应接受保险公司医生联邦协会进行的软件、软件零件和组件的认证，只要这些软件、软件零件和组件将在合同医疗范围之外被使用。对密钥进行的分配和传输以及第 3 句所述审查标准的约束性规定以及根据第 4 句进行的年度更新的规定应与德国医院协会协商确定，只要第 1 款第 5 句所述的密码实质上是由第 5 句所述的服务提供者提供的，但第 73b 条及第 140a 条所述的服务提供者除外。

⁵(已废止)

第 295a 条　在第 73b、132e、132f、140a 条所述的合同范围内以及由医院在紧急情况下所提供的服务的结算

[1]针对在第 73b、132e、132f、140a 条所述的合同范围内所提供的服务，参与这些形式的服务的服务提供者有权将本章的规定所要求的信息传输给服务提供者方作为负责机构的合同缔约方，通过以上方式此信息被转发给它或根据第 2 款委托的其他机构；第一编第 35 条准用于服务提供者方的合同缔约方。前提条件是，在以供给形式发出参与声明之前，已向参保人充分告知了预期的数据传输，参保人并已以书面或电子方式同意了其对相关数据传输的参与。服务提供者方或委托的其他机构的合同缔约方只能出于结算目的而处理和使用传输的数据；它们通过电子数据传输或机器可读的数据载体将数据传输给健康保险公司一方的相应合同缔约方。

[2]服务提供者方的合同缔约方可以委托另一机构收集、处理和使用为第 1 款中所述的服务进行结算所需的个人数据；第 291a 条不受影响。第十编第 80 条应以进一步的标准为条件进行适用，即不包括分包合同关系，并且与第 5 款有所不同的是，只要数据的存储范围覆盖整个数据库，也可以委托非公共机构；委托方和受委托方应接受《联邦数据保护法》第 38 条所述的主管监管机关的监督。对于不属于第一编第 35 条中提到的机构的委托方和受委托方，本条准用；特别是，它们必须按照第十编第 78a 条的规定采取技术和组织措施。

[3]针对在紧急情况下提供门诊医疗服务的结算，医院可以委托另一机构收集、处理和使用必要的个人数据，但前提是参保人已书面同意数据传输；第 291a 条不受影响。受委托方只能出于结算目的处理和使用此数据。第 2 款第 2 句和第 3 句准用之。

第 296 条　用于经济性审查的数据传输

[1]对于根据第 106 条进行的与医生相关的审查，保险公司医生协会通过电子数据传输方式或机器可读的数据载体，每季度从合同医生的结算单中向第 106c 条所述的审查机构传输以下数据：

1. 医生编号，包括第 293 条第 4 款第 1 句第 2、3、6、7、9—14 项所述的信息，以及有关重点和附加标志以及附加结算许可的信息；

2. 保险公司编号；

3. 已结算的治疗案例及其数量，根据成员和退休人员及其亲属而分开；

4. 转诊病例及急诊医生和代表病例及其数量，分别按第 3 项进行细分；

5. 根据第 3 项和第 4 项进行划分的可比专家组中的平均病例数；

6. 相应专家组平均值下的已结算收费项目的频率；

7. 转诊情况下要求转诊的医生的医生编号。

只要对于第 106b 条第 1 款第 1 句所述的协议中规定的经济性审查是必需的，则必须传输第 295 条第 1 款第 2 句所述的诊断报告中的第 1 句第 3 项的数据。

²对于根据第 106 条进行的与医生相关的审查，健康保险公司通过电子数据传输方式或机器可读的数据载体，每季度向第 106c 条所述的审查机构传输与所有合同医生所开具的处方服务（药物、绷带、医疗辅助工具和医院治疗）有关的以下数据：

1. 处方医生的医生编号；

2. 保险公司编号；

3. 根据成员和退休人员及其亲属而划分的药物、绷带、医疗辅助工具和医院治疗的类型、数量和成本，或对于带有第 300 条第 3 款第 1 项所规定的标签的药物；

4. 住院频率和住院时间。

只要对于第 106b 条第 1 款第 1 句所述的协议中规定的经济性审查是必需的，则必须应要求将有关医生的参保人编号传输给审查机构。

³保险公司医生联邦协会和健康保险公司联邦最高协会在第 295 条第 3 款第 5 项所述的合同中规定了有关根据第 2 款第 3 项所指定的药物、绷带和医疗辅助工具的类型及组别的更多详细信息。其也可以约定指定每个单独的工具或其标签。必须就第 1 款和第 2 款所述的数据传输期限以及不遵守这些期限的后果约定进一步的细节事宜。

⁴只要对于第 106b 条第 1 款第 1 句所述的协议中规定的经济性审查是必需的，参加合同医疗保证的医生和机构有义务并有权根据第 106c 条所述的审查机构的要求提供审查所需的结果。

第 297 条　有关用于经济性审查的数据传输的进一步规定

[1]保险公司医生协会通过电子数据传输方式或机器可读的数据载体，每季度从参与审查的合同医生的结算单中向第 106c 条所述的审查机构传输以下数据：

1. 医生编号；

2. 保险公司编号；

3. 健康保险参保人编号；

4. 每个治疗病例的已结算的收费项目，包括治疗日期，在医生治疗情况下还需提供使用第 295 条第 1 款第 2 句所提及密码而得出的诊断报告，在牙科治疗情况下还需提供诊断单和审查结果，在转诊情况下还需提供要求转诊医生的委托书。

[2]只要对于执行第 106b 条第 1 款第 1 句所述的协议中规定的经济性审查是必需的，健康保险公司通过电子数据传输方式或可在数据载体上的机器可读方式向第 106c 条所述的审查机构传输医生编号、保险公司编号及健康保险参保人编号信息下有关参与审查的合同医生所开具的处方服务的数据。有关处方药的数据还额外包含第 300 条第 3 款第 1 句所述的标签。医院治疗处方的数据还额外包含根据第 301 条所传输的有关入院日期和原因、入院诊断、接收诊断、手术的类型和执行的其他程序以及医院的治疗时间的信息。

第 298 条　参保人信息的传输

在审查程序的框架内允许进行与参保人相关的有关医疗或医疗处分服务的信息传输，只要对在个别情况下的医疗或处方方法的经济性或质量进行评估是必需的。

第 299 条　为质量保证目的而进行的数据收集、处理及使用

[1]根据第 135a 条第 2 款参加合同医疗保证的医生、被批准的医院和其他服务提供者以及第 2 句中指定的数据接收者有权并有义务出于第 135a 条第 2 款、第 135b 条第 2 款或第 137a 条第 3 款所述的质量保证目的而收集、处理及使用与参保人和服务提供者有关的个人或机构的相关数据，只

要这是必要的且已在第 135b 条第 2 款和第 136 条第 1 款第 1 句和 136b 条所述的联邦共同委员会的指令和决定以及第 137d 条的协议中被规定。在第 1 句所述的指令、决定和协议中，必须确定服务提供者收集、处理或使用的数据及数据接收者，并说明其必要性。在确定第 2 句所述的数据时，联邦共同委员会必须根据相应的质量保证措施，特别确定为诊断或治疗质量而使用适当质量指标的数据、对检测可能伴随的疾病和并发症、确定死亡率、在评估数据时进行适当的验证或风险调整（医学上或方法上）是必要的。指令和决定以及第 1 句的所述的协议还必须确保以下事项：

1. 通常情况下数据收集仅限于有关患者的样本，并且与参保人有关的数据都已假名化。

2. 只要未在质量审查框架下由保险公司医生协会来完成，则对数据的评估应由独立机构进行。并且

3. 以适当的方式获得有关患者的合格信息。与第 4 句第 1 项不同，指令、决定和协议可以：

①如果出于重要的医学或技术原因是必要的，还应规定对所有有关患者的完整数据收集，这些数据必须作为指令、决定和协议的一部分而被说明；

②同时规定，如果对医疗文件的审查在技术上或方法上对质量保证是必要的，则可以放弃与参保人有关的数据的假名化。

a）存储与参保人有关的数据的载体的技术性质不允许假名化，而为在其上对与参保人有关的数据进行假名而复制存储数据载体的副本，将导致无法接受的质量损失；或

b）医疗文件的准确性是第 135b 条第 2 款所述的质量审查的目的。

原因必须在指令、决定和协议中阐明。

随机样本的选择、范围和程序也必须在指令和决定以及第 1 句所述的协议中被确定，并由参与合同医疗供给的医生和其他服务提供者收集与传输。必须排除的是，健康保险公司、保险公司医生协会或它们各自的协会要求了解超出了根据第 295、300、301、301a、302 条而传输给它们的数据范围的数据；对于根据第 135b 条第 2 款执行质量审查所需的数据以及根据第 136 条第 1 款第 1 句根据指令进行质量保证所需的数据或执行数据收集任务或设施调查所需的数据而言，这不适用于保险公司医生协会。除

在指令中根据第 136 条第 1 款第 1 句所确定的目的外，不得收集、处理和使用此数据，尤其是与其他数据的结合。保险公司医生应在空间和人员方面与其他任务分开而执行质量保证任务。与第 4 句第 1 项后半句不同，根据第 135b 条第 2 款、第 136 条第 1 款第 1 句和第 136b 条的规定，联邦共同委员会的指令和决定以及第 137d 条所述的协议可以规定，与被治疗的参保人有关的数据出于质量保证目的在必要的范围内可被传输给第 1 句所述的服务提供者。服务提供者可以将与参保人有关的数据与它们已经拥有的有关参保人的数据相结合，并出于第 1 句所述的指令、决定或协议中规定的目的进行处理。

[1a]健康保险公司有权并有义务出于第 135a 条第 2 款、第 135b 条第 2 款或第 137a 条第 3 款所述的质量保证目的处理或使用根据第 284 条第 1 款所收集和存储的社会数据，只要这是必要的且已在第 135b 条第 2 款和第 136 条第 1 款第 1 句和 136b 条所述的联邦共同委员会的指令和决定以及第 137d 条的协议中被规定。在第 1 句所述的指令、决定和协议中，必须确定健康保险公司出于质量保证目的而处理或使用的数据及数据接收者，并说明其必要性。第 1 款第 3—7 句准用之。

[2]数据的假名化程序由参与合同医疗供给的医生和其他服务提供者根据 135a 第 2 款来运用。必须根据联邦信息技术安全局的建议，在指令和决定以及第 1 款第 1 句的协议中对其进行规定。在指令、决定和协议中，如果该程序对于第 1 句所述的服务提供者构成不成比例的负担，则也可以将数据假名化的程序转移到与健康保险公司、保险公司以上协会或其协会在物理、组织和人员上分离的机构；对于第 135b 条第 2 款所述的进行质量控制的程序，这也可能是保险公司医生协会的一个单独机构。转移的原因将在指令、决定和程序中阐明。在按照第 1 款第 5 句进行全面调查的情况下，假名化必须由与健康保险公司、保险公司医生协会或其协会实际分开的信托机构来完成。

[2a]如果为第 1 款第 1 句所述的目的而收集、处理和使用的数据尚未包含与第 290 第 1 款第 2 句的要求相符合的任何健康保险参保人号码，并且在联邦共同委员会的指令中规定，第 290 第 1 款第 2 句所述的健康保险参保人号码应用假名，联邦共同委员会可以在指令中规定过渡程序，从而可以比较参保人现有的健康保险参保人号码。在这种情况下，它必须在指令

中确定一个独立的信托机构，该信托机构独立于健康保险公司及其协会，该信托机构应接受第一编第 35 条第 1 款所规定社会保密义务的约束，参与质量保证程序的参保人的健康保险公司应将现有的健康保险参保人号码传输给该机构。不得传输其他数据。在指令中，联邦共同委员会必须确定过渡安排的期限以及第 2 句所述机构删除数据的时间点。

³为了评估出于第 135a 条第 2 款所述的质量保证目的而收集的数据，联邦共同委员会分别由联邦共同委员会在第 136 条第 1 款第 1 句的情况下、协议缔约方在第 137d 条的情况下确定一个独立机构。该机构只能对质量保证程序以及先前在指令、决定或协议中所规定的评估目标进行评估。出于第 135a 条第 2 款所述的质量保证目的而为了质量保证程序所处理的数据，不得对出于质量保证以外的目的而收集的数据进行合并和评估。第一编第 35 条第 1 款准用于独立机构。

⁴联邦共同委员会可以在第 136—136b 条所述的指令和决定中规定一个中心机构（派遣机构）以进行质量保证的患者调查，由该机构负责选择要询问的参保人并派发调查表。在这种情况下，它在指令或决定中规定了程序的细节；特别是，它规定选择标准并确定谁必须将哪些数据传输到派遣机构。它还可以规定参保人的非假名个人数据和服务提供者的非假名个人或设施相关数据的传输，只要这对于选择参保人或发送调查表是必要的。填写完毕的问卷不得通过派遣机构退回。派遣机构必须在空间、组织和人员上与健康保险公司及其协会，保险公司医生协会及其协会，第 2 款第 5 句所述的信托机构，第 137a 条所述的机构以及根据第 1 款第 2 句所规定的其他数据接收者分开，且不得收集和处理第 2 句所述的参保人的治疗、服务或社会数据。派遣机构必须以与接收者相同的方式对已传输的参保人的身份特征保密。其不得使其他个人或团体得以访问此数据。参加合同医疗供给的医生、被批准的医院和其他服务提供者以及健康保险公司均有权并有义务将联邦共同委员会根据第 2 句所确定的数据传输到第 1 句所述的机构。如果不再需要根据第 7 句所述的数据来完成任务，则派遣机构应删除这些数据，但不得晚于发送问卷后的六个月。

⁵联邦共同委员会被授权并有权按照偏离第 3 款第 3 句的方式将基于第 136 条第 1 款第 1 句第 1 项所述的指令而收集的移植医学质量保证数据，根据《移植法》第 15e 条的规定传输给移植登记机构，以及根据第

136—136c 条为了进一步发展移植医学服务质量保证指令及决定，而收集、处理及适用移植登记机构根据《移植法》第 15f 条而传输的数据。

第 300 条　药房及其他机构的结算

[1]无论补交保险费的金额（或个人部分）如何，药房和其他药物供应者都有义务：

1. 在为参保人分发现成的药物时，以机器可读的方式将根据第 3 款第 1 项使用的标签传送到用于合同医疗的处方单上或电子处方数据记录中；

2. 将处方单或电子处方数据记录转发给健康保险公司，并将根据第 3 款第 2 项订立的协议所需的结算数据发送给它们。第 1 句也适用于药房及其他药物供应提供者在各自所约定的结算程序框架内结算第 31 条所述的其他服务及第 20i 条第 1 款及第 2 款所述的疫苗的情形。

[2]第 31 条所述的药房和其他服务提供者可以使用数据中心以履行第 1 款所述的义务。数据中心只能根据《社会法典》规定的目的并自 2003 年 1 月 1 日起，针对这些目的处理和使用这些数据，前提是该数据中心已由有权机构委托进行处理；匿名数据也可以被处理并用于其他目的。数据中心可以根据要求将第 1 款所述的数据传输给保险公司医生协会，只要这些数据对于保险公司医生协会履行第 73 条第 8 款、第 84 条和第 305a 条所述的任务是必需的，且可以通过电子数据传输方式或机器可读的数据载体传输给联邦卫生部或其指定机构。与医生和参保人无关的数据不得传输给联邦卫生部或其指定机构。在由保险公司医生协会处理数据之前，必须由与相应的保险公司医生协会在空间、组织和个人上分开的机构来对参保人进行假名化。数据中心获得与将数据传输到保险公司医生协会的工作量相对应的费用报销。数据传输的工作量应根据保险公司医生协会的要求以适当的形式进行证明。

[3]健康保险公司联邦最高协会及为了维护经济利益而成立的药剂师中央组织，负责规定药房结算协议中的细节事宜，特别是有关以下内容：

1. 对处方药物的成品使用统一的联邦标签，作为了解药物商品名称、制造商、出售形式、有效成分强度和包装尺寸的线索；

2. 提供代码和结算传输的详细信息，通过电子数据传输方式或机器可读的数据载体传输结算数据的前提要件和详细信息，以及将处方单转发给健康保险公司，最迟在 2006 年 1 月 1 日之前还应传输电子处方数据记录；

3. 传输第 293 条第 5 款所述的药房目录。

在进行第 1 款第 1 句第 2 项中提到的数据传输时，必须传输非肠道制剂中制成品的联邦统一代码以及所含制成品的数量单位。第 2 句也适用于按照第 129 条第 1 款第 1 句第 3 项可提供单个经济量的成品药物。对于肠胃外制剂的成品药物，还必须发送与制药公司商定的价格，且不包括增值税。如果肠胃外制剂由三种以上的成品药物组成，则第 1 句所述的缔约方可以约定，在第 1 句和第 2 句所述的传输中排除有关成品药物的信息，如果所传送的信息不成比例。

[4]如果第 3 款所述的协议没有达成或不在联邦卫生部设定的期限内达成，则其内容将由第 129 条第 8 款所述的仲裁委员会确定。

第 301 条　医院

[1]根据第 108 批准的医院或其医院机构有义务通过电子数据传输方式或机器可读的数据载体将以下信息传输给健康保险公司：

1. 第 291 条第 2 款第 1—10 项的信息以及参保人在医院中的代码；

2. 健康保险公司和医院的机构代码，及自 2020 年 1 月 1 日起第 293 条第 6 款所述的代码；

3. 入院的日期、时间和原因以及初步诊断，在入院诊断发生变化时发生的后续诊断、预期的住院治疗时间以及在超出此期限的情况下根据健康保险公司要求所提供的医疗原因、不足一岁子女的入院体重；

4. 在医院治疗中医生开医疗处方时，初步诊断医生的医生编号，转诊时安排转诊医院的医院机构代码，在紧急入院时安排住院的机构；

5. 接收专科部门的名称，转院时转入部门的名称；

6. 在各自医院内进行的或由其执行的手术的日期和类型以及其他程序；

7. 出院或转院的日期、时间和原因，转入外院时接收机构的机构代码，出院或转院时与医院治疗有关的主要诊断和辅助诊断；

8. 根据第 39 条第 1a 款，为达到释放管理目的而需要的工作能力声明和进一步处理建议，并附有适当机构的详细信息；

9. 根据第 115a、115b 条以及《医院报酬法》和《联邦护理费条例》计算的费用。

还允许以非机器可读的形式来传输延长第 1 句第 3 项所述住院时间延长的医学理由和根据第 1 句第 8 项所述的信息。

[2]第 1 款第 1 句第 3 项和第 7 项的诊断，应根据德国医学文献和信息研究所受联邦卫生部委托而发布的相应德语版本中的国际疾病分类进行加密。根据第 1 句第 1 款第 6 项的操作和其他程序，应根据德国医学文献和信息研究所受联邦卫生部委托而制定的密码进行加密；密码必须包括可以根据《医院融资法》第 17b 条和第 17d 条进行结算的其他程序。联邦卫生部在《联邦法律公报》公布第 1 句所述的相应版本的诊断密码的生效日期，并公布第 2 句所述的相应程序版本的生效日期；它可以委托德国医学文献和信息研究所对第 1 句中提到的密码补充额外密码，以确保该密码对完成健康保险公司的任务有意义。德国医学文献和信息研究所可以就与第 1 句所述的诊断钥匙和第 2 句所述的程序密码有关的解释问题，进行解释并修改，其解释与修改的效力溯及既往，只要这些不影响对提供的服务进行加密的扩展要求。

[2a]健康保险公司必须立即将第十一编第 15 条所述的护理程度传输给根据第 108 条而批准的医院，只要医院已向它们表明患者已入院治疗。在患者住院期间，健康保险公司必须将患者现有护理程度的变化以及所要求的患者护理分类传输给医院。第 1 句和第 2 句所述的传输必须通过电子数据传输方式来完成。

[3]有关所需表格的形式和内容、第 1 款所述的信息传输的时间间隔以及通过电子数据传输方式或通过机器可读的数据载体进行结算的程序，以及该程序的细节和第 2a 款所述的通过电子数据传输进行传输的时间间隔的细节事宜由健康保险公司联邦最高协会和德国医院协会或医院机构的联邦协会共同约定。

[4]根据第 111 条或第 111c 条签订了供给合同的供给或康复机构，有义务通过电子数据传输方式或机器可读的数据载体为健康保险公司提供以下信息，以供住院或门诊治疗：

1. 第 291 条第 2 款第 1—10 项所述的信息以及参保人所在机构的内部

代码；

2. 供给或康复机构和健康保险公司的机构代码；

3. 入院日期、初步诊断、入院诊断、预期的治疗持续时间，在超过此期限时应健康保险公司要求提供医疗证明；

4. 在开具保健或康复措施的医疗处方时指导医生的医生编号；

5. 出院或对外转诊的日期、时间、原因，以及出院或转诊的诊断；如果是对外转诊，则接收机构的机构编码；

6. 有关已采取的供给和康复措施的信息，有关进一步治疗类型的建议以及适当机构的详细信息；

7. 计算的费用。

还允许以非机器可读的形式来传输延长第 1 句第 3 项所述住院时间的医学理由和根据第 1 句第 6 项所述的信息。第 2 款准用于第 1 句第 3 项和第 5 项所述的诊断信息。第 3 款准用之。

⁵在第 120 条第 1 款第 3 句所述的程序框架内，经授权的医院医生有义务传输医院机构合同医疗服务结算所需的文件；第 295 条准用之。医院机构必须出于结算目的将结算文件提交给保险公司医生协会。

第 301a 条 助产士和由其管理的机构的结算

¹从事自由职业的助产士和由助产士管理的机构有义务通过电子数据传输或机器可读的数据载体向健康保险公司提供以下信息：

1. 第 291 条第 2 款第 1 句第 1—3、5 和 6 项所述的信息；

2. 在提供服务之日提供的服务；

3. 提供服务的时间和持续时间，只要这对报酬数额的计算是重要的；

4. 进行路费结算时提供服务的日期、时间和地点以及出行距离；

5. 在结算垫付款项时垫付款项的类型，以及只要涉及结算药物的垫付费用，则还需提供各个药物的清单；

6. 第 293 条所述的代码，如果助产士通过一个中心机构为她的服务进行结算，则除结算机构的代码外，还必须提供助产士的代码。

如果在服务结算中规定了医生安排，则必须在账单中附上。第 134a 条第 5 款准用之。

²第 302 条第 2 款第 1—3 句以及第 3 款准用之。

第 302 条　其他服务提供者的结算

[1]药物和辅助器具领域的服务提供者及其他服务提供者有义务通过电子数据传输或机器可处理的数据载体，根据其所提供服务的类型、数量和价格向健康保险公司描述，并说明提供服务的日期和开具处方的医生编号且附上诊断报告及有关审查结果的必要信息，以及第 291 条第 1—10 款所述的信息；在提供辅助器具的结算中，必须使用第 139 条所述的辅助器物清单的名称，并根据第 33 条第 1 款第 6 句向参保人开具额外费用的账单。根据第 37 条对家庭护理服务进行结算时，除了根据第 1 句提供的信息外，还必须提供服务时间。

[2]健康保险公司联邦最高协会确定在服务或供应合同中必须遵守的指令来确定结算程序的形式和内容的细节事宜。第 1 款所述的服务提供者可以使用数据中心来履行其义务。数据中心可以出于《社会法典》中的特定目的处理和使用数据，但前提是必须由有权机构委托它们进行处理和使用；匿名数据也可以被处理并用于其他目的。数据中心可以将第 1 款所述的数据传输给保险公司医生协会，前提是该数据对于履行第 73 条第 8 款，第 84 条和第 305a 条所述的任务是必要的。

[3]该指令还必须规定通过电子数据传输或机器可处理的数据载体来参与结算的前提条件和程序。

[4]只要健康保险公司联邦最高协会和联邦一级的代表服务提供者利益的权威中央组织在框架建议中采用了偏离第 2 款和第 3 款所述指令的服务结算方式，则框架建议应具有相关性。

[5]健康保险公司联邦最高协会将每年在 2018 年 6 月 30 日之前（首次）及之后发布关于按产品组区分的医疗辅助设备附加费用协议的制定报告。该报告特别说明已订立的附加费用协议的数量以及与参保人所支付的平均金额的信息，而无须提及参保人或机构。为了此目的，健康保险公司联邦最高协会确定其成员要传输的统计信息以及传输的类型和范围。

第 303 条　补充规定

[1]健康保险公司州协会和医疗互助保险公司协会可以与服务提供者或其协会就以下内容进行约定：

1. 限制传输的结算单据的范围；

2. 在服务结算中，可对个人信息部分或完全忽视，如果不影响健康保险公司的合规结算以及法定任务的执行。

[2]健康保险公司可以为了准备及控制第84条所述的协议的执行，为了准备第112条第2款第1句第2项和第113条所述的审查，为了准备第305条所述的对参保人的通报，以及为了准备和实施第305a条所述的合同医生的建议，委托第219条所述的工作组存储、处理和使用为此所需的数据。传输给工作组的与参保人相关的数据必须在传输之前匿名化。必须能够通过健康保险公司识别参保人；只要对于第1句所提及的目的是必要的，则这样的识别也是被允许的。第286条准用之。

[3]如果根据第291条第2款第1—10项、第295条第1款及第2款、第300条第1款、第301条第1款、第301a条和第302条第1款的规定向健康保险公司传输的数据不是通过电子数据传输或机器可处理的数据载体进行传输的，则健康保险公司必须重新录入以上数据。如果非以机器可处理方式进行的数据传输是服务提供者的原因，则健康保险公司必须向服务提供者收取因重新录入而产生的费用，该费用享受折扣，折扣不超过发票金额的百分之五。对于第295条第1款所述的诊断信息，自修订的第十版第295条第1款第3句所述的密码生效之时起，第1句适用。

[4]如果为了第295条和第295a所述的诊断而进行的数据传输不正确或不完整，则仅在技术性传输或形式数据错误的情况下才允许以更正或补充形式进行新的传输。随后对诊断数据进行的更改或添加，特别是基于根据第106—106c条所进行的审查，根据第106d条第3款第2句所进行的同步以及根据第106d第4款所进行的申请，是不被允许的。第82条第1款第1句所述的合同缔约方对细节事宜进行规定。

第二目　数据透明

第303a条　数据透明任务的履行

[1]数据透明任务由作为第303c条所述的信托机构和第303d条所述的数据处理机构的联邦公共机构来履行。联邦卫生部在未经联邦参议院同意的情况下通过法规性命令针对数据透明任务的履行来确定第303c条所述

的信托机构和第 303d 条所述的数据处理机构的联邦公共机构。

²在第 1 款第 2 句所述的法规性命令中对以下细节事宜进行规定：

1. 数据范围；

2. 第 303a—303e 条所规定的数据传输程序；

3. 假名化程序（第 303c 条第 2 款）；

4. 例外假名数据提供的标准（第 303e 条第 3 款第 3 款）。

³第 1 款所述的公共机构通过执行数据透明任务而产生的费用，由健康保险公司根据其成员数量来承担。联邦卫生部在第 1 款第 2 句所述的法规性命令中对有关费用报销包括应支付的预付款的细节事宜进行规定。

第 303b 条　数据传输

¹联邦保险局为了第 303e 第 2 款所述的目的，将根据第 268 条第 3 款第 14 句并结合第 1—7 项所收集的数据传输给第 303d 条所述的数据处理机构，并将相关的假名列表传输给第 303c 条所述的信托机构。数据将在联邦保险局完成完整性和真实性审查后被传输。

²健康保险公司为了第 303e 条第 2 款所提及的目的，通过第 284 条第 1 款所述的由其存储的数据来确定参保人居住地的邮政编码（地区代码）。除了第 1 款第 1 句所述的数据外，其还根据第 268 条第 3 款并结合第 266 条第 7 款的法规性命令所规定的程序，每年将地区代码传输给联邦保险局。健康保险公司必须对地区代码进行加密，以使只有第 303d 条所述的数据处理机构才能解密地区代码，并将其与第 1 款所述的数据结合起来。

³联邦保险局将地区代码连同第 1 款所述的数据传输到第 303d 条所述的数据处理机构。对于 2009 年和 2010 年，联邦保险局将由其存储的第 272 条所述的参保人居住地的代码传输给第 303d 条所述的数据处理机构，并将相关的假名列表传输给第 303c 条所述的信托机构。

⁴健康保险公司联邦最高协会、联邦保险局和根据第 303a 条第 1 款第 2 句所确定的机构就第 2 款和第 3 款所述的数据传输细节事宜进行约定。

第 303c 条　信托机构

¹信托机构根据统一适用的程序，将根据第 303b 条向其传输的假名列表转换为跨期假名，该程序应与联邦信息技术安全局协商确定。

²应规定一个与密码有关的程序，并以这样一种方式设计跨期假名：可以为所有服务地区建立一个联邦范围的、明确的跨期参考数据，供享受服务的参保人参考。必须排除的是，参保人可以通过信托机构、数据处理机构或有权使用机构在处理和使用数据时被再次识别。

³信托机构必须将跨期假名列表传输给数据处理机构。在将该列表发送到数据处理中心之后，它必须删除具有临时和跨期假名的列表。

⁴信托机构必须在空间、组织和人员方面进行独立管理。它受到第一编第 35 条所述的社会保密的约束，并受到联邦卫生部的法律监督。

第 303d 条　数据处理机构

¹数据处理机构必须处理联邦保险局和信托机构传送给它的数据，以便为第 303e 条第 1 款所提及的目的创建数据库，并且必须将其提供给第 303e 条第 1 款规定的有权使用者。数据处理机构必须在不再需要数据来完成其任务时将数据删除。

²数据处理机构必须在空间、组织和人员方面进行独立管理。它受到第一编第 35 条所述的社会保密的约束，并受到联邦卫生部的法律监督。

第 303e 条　数据处理及使用、条例授权

¹下列机构可以对存储在数据处理机构的数据进行处理和使用，以完成其任务：

1. 健康保险公司联邦最高协会；

2. 健康保险公司联邦协会及州协会；

3. 健康保险公司；

4. 保险公司医生联邦协会及保险公司医生协会；

5. 代表服务提供者利益的权威中央组织；

6. 联邦和州健康报告机构；

7. 卫生保健研究机构；

8. 承担独立科学研究任务的大学和其他机构，如果数据服务于科学计划；

9. 联邦共同委员会；

10. 卫生事业质量与经济性研究所；

11. 评估委员会研究所；

12. 联邦政府维护患者利益专员；

13. 代表需要照料的人和残疾人以及需要照料的亲属的利益和自助的权威组织；

14. 第 137a 条所述的机构；

15. 根据《医院融资法》第 17b 条第 5 款设立的机构（DRG 机构）；

16. 主管法定健康保险的最高联邦和州当局及其他们的下属区域，以及其他最高联邦当局；

17. 联邦医生协会、联邦牙医协会，联邦心理治疗师协会和联邦药剂师协会；

18. 德国医院协会。

[2]根据第 1 款被授权的人员特别可以出于以下目的处理和使用数据：

1. 集体合同缔约方对控制任务的履行；

2. 提高护理质量；

3. 规划服务资源（例如医院规划）；

4. 较长时期的纵向分析、治疗过程分析、供给过程分析，以了解错误发展和改革的起点（过度、不足和不正确的供给）；

5. 支持政治决策过程以进一步发展法定健康保险；

6. 分析和发展跨部门护理形式以及健康保险公司的个人合同。

根据第 303a 条第 2 款确定的数据处理机构，根据第 303d 条第 1 款和第 303e 条第 3 款的规定，对单独归属的公共服务收取费用和支出，以覆盖管理费用。收费标准应以估计的收费收入不超过可归因于服务的平均人员和实物费用的方式进行计算。联邦卫生部有权在未经联邦参议院同意的情况下通过法规性命令来规定收费事宜，并规定固定费率或框架费率，以及费用产生，费用收取，费用偿还，费用债务人，费用豁免，到期日，延期，取消，减免，滞纳金，限制和报销事宜。

[3]在对根据第 1 款有权者进行查询时，数据处理机构必须审查处理和使用数据的目的是否与根据第 2 款所述的目录相符合，并且为此目的数据的范围和结构是否足够和必要。数据应匿名提供。特殊情况下，如果对于预期目的是必要的，则对数据进行假名化。必须将审查结果和原因告知申请人。

第三节　数据删除、询问义务

第304条　在健康保险公司、保险公司医生协会及审查委员会办公室处存储数据

[1]针对删除在健康保险公司、保险公司医生协会及审查委员会办公室中所存储的社会数据，准用第十编第84条第2款，但条件是：

1. 最迟十年后的第292条所述的数据；

2. 第295条第1a、1b和2款所述的数据，以及根据第106—106c条的规定，审查委员会及其办公室进行审查所需的最迟四年后的数据，以及基于266条第7条第1款所发布的法规性命令为实施风险结构补偿（第266、267条）所需的最迟在该法令规定的期限之后而被删除的数据。

保管期限始于提供或结算服务的经营年度结束时。为了进一步发展和实施风险结构补偿，健康保险公司可以偏离第1句第2项，保留合法存储的医疗结算数据；必须最迟在四年后将其封锁，并在法规性命令所规定的期限后将其删除。如果可以确保医生和参保人不再存在关联，则健康保险公司可以为健康保险目的保留更长时间服务数据。

[2]在更改健康保险的情况中，应新的健康保险公司的要求，先前主管的健康保险公司有义务通报第288条和第292条所述的继续保险所需的信息。

[3]第十编第84条第2款和第6款适用于为享受服务的健康及其他权利证书的存储，包括药物、绷带和辅助用具的处方单。

第305条　对参保人的询问

[1]健康保险公司根据申请而告知参保人其所享受的服务及其费用。根据参保人的要求，并经他们的明确同意，健康保险公司还应以电子方式将第1句所述的数据传输给参保人所指定的第三方。在将数据传输给电子病历或其他个人电子病历的提供者时，必须确保在未经参保人明确同意的情况下，第三方无法查看第1句所述的数据。为了防止对参保人的数据进行未经授权的访问，特别是为了根据第2句安全地识别参保人和第三方并进

行安全的数据传输，准用第 217f 第 4b 款所述的指令。仅出于这些目的，才可以处理根据第 1 句所述的信息和第 2 句进行传输所需的数据。不允许向服务提供者通报参保人的告知及数据传输的信息。在其章程中，健康保险公司可以规定有关第 1 句所述的告知程序及第 2 句所述的传输的细节事宜。

²参加合同医疗供给的医生、机构和医疗中心根据要求以可理解的书面形式，直接在治疗结束后或最迟在使用服务的当季度结束后的最近四个星期内向参保人告知健康保险公司提供的服务及其临时费用（患者收据）。第 1 句适用于合同牙科供给。参保人为第 1 句所规定的书面告知支付 1 欧元的固定费用及邮寄费用。保险公司医生联邦协会对细节事宜进行规定。根据要求，医院应在医院治疗完成后的四个星期内以可理解的书面形式或电子形式告知参保人有关所提供的服务和健康保险公司应承担的费用的信息。健康保险公司联邦最高协会和德国医院协会通过合同来规定细节事宜。

³根据要求，健康保险公司向参保人告知有关法定健康保险批准的服务提供者的全面信息，包括医疗中心和特殊供给服务提供者，以及批准的服务和资金来源，包括第 73 条第 8 款、第 127 条第 3 款和第 5 款所述的信息。在参保人决定是否参加第 53 条第 3 款所述的选择资费的特殊供给形式之前，健康保险公司必须将其所提供的服务和所涉及的服务提供者全面告知参保人。第 69 条第 1 款第 3 句准用之。

第 305a 条　合同医生的咨询

在必要情况下，保险公司医生协会和健康保险公司应根据合同医生在一年或更短的时间内提供、批准或安排的服务概述，就经济性问题为合同医生提供建议。此外，合同医生可以将其所提供的服务数据传输给保险公司医生协会，而不涉及参保人的个人信息，保险公司医生协会可对其提供给合同医生的咨询数据进行评估，并将基于以上信息但不涉及医生个人信息而制作的比较概述提供给合同医生。合同医生和保险公司医生协会只能根据《社会法典》规定的目的，处理和使用第 2 句所述的数据。除非法律另有规定或第 130a 条第 8 款所述的协议另有约定，否则合同医生只能将有关其开具处方的数据传输给以下机构，该机构有义务将此数据仅作为在一个保险公司医生协会或者在一个至少有 30 万居民或者至少有 1300 名医生的地区获得服务的证明来进行处理；不允许在保险公司医生协会、个体合同医生或机构以及个体药房中处理具有地区差异的数据。第 4 句也适用于通过本编规定的药房、批发商、健康保险公司及其数据中心而开具有关处方药物的数据传输。与第 4 句不同，服务提供者和健康保险公司可以使用第 63、73b 条，第 137f 或 140a 条所述的合同医疗保证形式中处方药物的数据。不允许由健康保险公司或健康保险公司委托的第三方就诊断的分发和记录咨询医生或心理治疗师，包括使用信息技术系统。

第 305b 条　年度会计结果的公布

除农业健康保险公司外，其他健康保险公司均以参保人可理解的方式在报告年度次年的 11 月 30 日之前在电子联邦公报及其网站上发布主要会计结果。章程必须规定其他公布方式，并确保健康保险公司的所有参保人都可以了解该公布方式。特别是，必须公布有关成员和参保人人数的发展、收入的数额和结构、支出的数额和结构以及财务状况的信息。保健和健康促进费用以及管理费用应单独列出。待发布信息的详细信息在《社会保险会计通用管理条例》中作了规定。

第十一章　刑事及罚金规则

第306条　追究和惩罚违法行为的合作

为了追究和惩罚违法行为，健康保险公司特别与联邦职业介绍所、海关总署、养老保险机构，社会福利机构，《居留法》第71条中提到的机关，金融机关以及根据州法律追究和惩罚《打击违法工作法》所述的违法行为的主管机关、事故保险机构以及主管劳动保护的州机关合作，如果在个别情况下有具体迹象表明存在以下违法行为：

1. 违反《打击违法工作法》；

2. 非德国籍雇员从事工作或活动却不具有《居留法》第4条第3款要求的居留许可，或不具有有权从事工作的居留许可，或不具有第三编第284条第1款所述的许可；

3. 违反对于联邦职业介绍所、法定事故或养老保险机构或社会救助机构的第一编第60条第1款第1句第2项所述的协助义务，或者违反《申请避难者福利法》第8a条所述的报告义务；

4. 违反《雇员解雇法》；

5. 违反第四编及第七编有关缴款义务的规定，只要这些规定与第1至4项提到的违法行为有关；

6. 违反税法；

7. 违反《居留法》。

它们通知负责追究和惩罚的机关、社会救助提供者以及《居留法》第71条所述的机关。该通知还可以包括关于收取健康和养老保险金所必需的事实信息。不允许传输参保人根据第284—302条所收集的社会数据。

第307条　罚金规则

[1]任何违反第291a条第8款第1句，要求此款所提及的许可或与持卡

人对此许可进行约定的人违法。

^{1a}任何故意或过失地违反第291b条第6款第2句和第4句的规定而未能、不正确、不完全或及时地进行通知的人违法。

^{1b}任何故意或过失地违反第291b条第8款第2句的规定而未能、不完全或不及时地遵守约束性命令。

^{1c}任何故意或过失地违反第291b条第8款第3句的规定而未能、不完全或不及时地遵守约束性命令。

²任何故意或轻率采取以下行为则违法:

1.

a) 作为雇主,违反第204条第1款第1句并结合第2款第1句的规定;或

b) 违反第204条第1款第3句并结合第2款第1句或第205条第3款的规定;或

c) 作为有责支付机构,违反第202条第1款第1句的规定而未能、不正确、不完全或不及时地报告。

2. 违反第206条第1款第2句的规定而未能、不正确、不完全或不及时地传达通知或报告询问或变更。

3. 违反第206条第1款第2句的规定而未能、不完全或不及时地提交所需的文件。

³在第1款所述的情况下,可处以最高5万欧元的罚金,在其他情况下,可处以最高2500欧元的罚金。

⁴在第1a—1c款所述的情况下,《行政违法法》第36条第1款第1项意义上的行政机关是联邦信息技术安全局。

第307a条 刑事规则

¹任何人违反第171b条第2款第1句而未能、不正确地或不及时地表明无支付能力或过度负债,将被处以最高三年的自由刑及罚金刑。

²如果行为人过失,则被处以最高一年的自由刑或罚金刑。

第307b条 刑事规则

¹任何人违反第291a条第4款第1句或第5款第1句前半句或第2句

而获得以上条款所提及的数据，将被处以最高一年的自由刑及罚金刑。

²如果行为人目的在于获取报酬或使自己或他人获利或损害他人，将被处以最高三年的自由刑或罚金刑。

³犯罪行为只能根据申请而被追究。有权申请者为相关人员、联邦数据保护专员或主管机关。

⁴（已废止）

第十二章　为塑造统一德国的过渡性规定

第 308 条　（已废止）

第 309 条　参保人群

[1]只要本编规定：

1. 与参考值相关联，自 2001 年 1 月 1 日起适用于第四编第 18 条第 1 款所述的参考值及《统一协议》第 3 条所提及的区域。

2. 与一般养老保险中的缴款上限相关联，自第 1 项所述的相关时间点起适用于第六编第 159 条所述的缴款上限及《统一协议》第 3 条所提及的区域。

[2]至[4]（已废止）

[5]在《统一协议》第 3 条所述的地区中直到 1990 年 12 月 31 日为止所存在的德意志民主共和国的国家保险中的社会保险或自愿健康费用保险或特殊供给系统（《权利和利益转移法》第 1 条第 3 款）被视为本编所指的健康保险公司的义务保险期限。为了自 1991 年 1 月 1 日起对以下人员准用第 5 条第 1 款第 11 项，该人员为在 1990 年 10 月 2 日之前在德意志联邦共和国境内拥有居所和保险的并且在《统一协议》第 3 条所提及的地区从事工作活动的人员，如果其仅因超出了该领域适用的年薪上限而自由参保且未超过第 6 条第 1 款第 1 项所述的年薪上限，准用第 1 句。

[6]（已废止）

第 310 条　服务

[1]及[2]（已废止）

[3]根据第 30 条第 2 款第 2 项和第 7 款进行的必要审查被视为是在

1989—1991 年之间进行的。

[4]至[11]（已废止）

第 311 条　健康保险公司与服务提供者的关系

[1]（已废止）

[2]参与地区现有的医疗管理的市政、国家和非营利性医疗机构，包括企业医疗系统（综合医院、门诊部，诊所，医务室）以及糖尿病、肾病、肿瘤和风湿病专科门诊的医疗机构，必须在 2003 年 12 月 31 日被批准在合同医疗供给的范围内参与合同医疗供给。对于其余部分，本编的规定准用于第 1 句中与医疗中心有关的机构。

[2a]（已废止）

[3]（已废止）

[4]（已废止）

[5]第 83 条附条件适用，即健康保险公司协会与被授权机构或其协会可以在与保险公司医生协会协商的情况下缔约特殊合同。

[6]（已废止）

[7]在适用第 95 条时，本条文第 2 款第 3 句的要求不适用于以下人员：

a）在本法生效后被承认为《统一协议》第 3 条所指定领域的专家的医师；

b）在协议第 3 条中指定的区域行医两年的牙医。

[8]第 5 款及第 7 款不适用于《统一协议》第 3 条所提及的柏林州部分。

[9]至[11]（已废止）

第 311a 条及第 311b 条　（已废止）

第 312 条　（已废止）

第 313 条　（已废止）

—

第十三章　其他过渡性规定

第314条　雇员的保险费补贴

[1]以在 2008 年 12 月 31 日之前有效的版本中第 257 条第 2a 款的标准资费为对象的保险合同，应参保人的申请，根据《保险监管法》第 152 条第 1 款的基本资费，转换为按照基本资费的保险合同。

[2]为确保有效期至 2008 年 12 月 31 日的版本中第 257 条第 2a 款第 1 句第 2 项和第 2a—2c 项规定的限制，所有根据第 257 条第 2 款有权获得补贴并从事健康保险的保险企业，顾及自 2009 年 1 月 1 日起继续以标准资费参保的参保人，有义务参加最高级别的资金补偿，该补偿的结构以及标准资费的细节事宜将由联邦金融监管局和私人健康保险协会共同商定，对所参与的企业具有同等效力。对于有效期至 2008 年 12 月 31 日的版本中第 2a 款第 1 句第 2c 项所述的人员，其根据《重度残疾人融入工作，职业和社会法》第 4 条第 1 款被确定为残疾，其获得保险费 100% 的补贴，作为第 1 句所述的补偿。

第315条　无保险供给人员的标准资费

[1]以下人员，其：

1. 已参加法定健康保险或有参保义务；

2. 拥有私人完整健康保险；

3. 有权享受免费医疗服务，有权享受扶助或有类似的权利；

4. 根据《申请避难者福利法》有权获得服务；以及

5. 享受第十二编第三章、第四章、第六章和第七章所述的服务时，

可以在 2008 年 12 月 31 日之前根据第 257 条第 2a 款所述的标准资费要求获得保险供给；在第 4 项和第 5 项的情况下，中断享受服务少于一个月的

人员无权要求获得相应的服务。申请不得被拒绝。第 257 条第 2a 款第 2b 项规定的前提条件不适用于第 1 句所述的人员；以上人员不得要求获得风险补贴。不同于第 1 句第 3 项的规定补贴，即使根据公务员法基本原则有权享有服务的人员，即使其没有参加对补充扶助有所限制的私人健康保险，也没有资源在法定健康保险参保，也可以根据第 257 条第 2a 款第 2b 项所述的标准资费要求获得对扶助进行补偿的保险。

²根据第 1 款所述的标准资费参保的人员的保险费，不得超过根据第 257 条第 2a 款第 1 句第 2 项所规定的法定健康保险的平均最高保险费；在该条款中为配偶或生活伴侣提供的特别保费限额不适用于根据第 1 款参保的人员。《保险监管法》第 152 条第 4 款、第二编第 26 条第 1 款第 1 句和第 2 款第 1 句第 2 项以及第十二编第 32 条第 5 款准用于根据第 1 款按照标准资费参保的人员。

³只有对于第 257 条第 2b 款所述的资金最高补偿目的或之后更改资费是必要的，才允许进行风险审查。与第 257 条第 2b 款的规定不同，在对第 1 款所述的参保人的标准资费进行资金最高赔偿时，必须考虑到第 2 款的限制以及根据第 1 句第 3 款禁止风险补贴而产生的额外费用。

⁴根据第 1 款所缔结的标准资费保险合同在 2009 年 1 月 1 日之前转化为根据《保险监管法》第 152 条第 1 款所述的基础资费合同。

第 316 条　肠道营养的过渡规定

在根据第 31 条第 5 款第 2 句在《联邦法律公报》上发布该汇编之前，参保人有权根据 2005 年 8 月 25 日版的《药物指令》第 E 章要求获得肠道营养服务（《联邦法律公报》，第 13241 页）。

第 317 条　心理治疗师

与第 95 条第 10 款不同的是，如果心理治疗师符合以下条件，则可以被批准进行合同医疗供给：

1. 根据《心理治疗师法》获得执业许可证，并根据第 95c 条第 2 句第 3 项获得专业证书；

2. 在 1994 年 6 月 25 日至 1997 年 6 月 24 日之间，曾在欧盟另一成员国或《欧洲经济区协定》的另一缔约国参加门诊心理治疗，其活动与法定健康保险中的活动是可比的；

3. 在 2009 年 6 月 30 日之前出示执业许可证，并已申请批准。

批准委员会必须对 2009 年 9 月 30 日之前的申请决定做出批准。

第 318 条　矿工健康保险的过渡规定

如果德国"矿工—铁路职工—海员"养老保险偏离了第四编第 71 条第 1 款第 2 句的规定，在其预算计划中将矿工的健康保险的管理费用分开列出，并对该管理费用进行第四编第 77 条所述的会计和年度结算，则《风险结构补偿条例》第 37 条第 3 款的规定不适用。仅当联邦保险局根据德国"矿工—铁路职工—海员"养老保险提供的充分证据，及时在下一年度的《风险结构补偿条例》的第 37 条第 5 款公告宣布之前确定矿工健康保险的管理费用在预算计划中分开列出，第 1 句才适用。因此，只有在联邦保险局根据德国"矿工—铁路职工—海员"养老保险提供的充分证据，在及时执行年度补偿前确定对矿工健康保险的管理费用分别进行第四编第 77 条所述的会计和年度结算，第 1 句才准用于《风险结构补偿条例》第 41 条所述的年度补偿。

第 319 条　战争受害者疾病津贴选择资费的过渡规定

[1]参保人根据有效期至 2009 年 7 月 31 日的版本的第 53 条第 6 款所缔结的选择资费，在此时间点终止。

[2]在 2009 年 7 月 31 日享受第 53 条第 6 款所述的选择资费服务的参保人，有权根据其选择资费的标准享受服务，直至丧失工作能力，在继续工作后该服务被取消。第 1 句所述的支出在适用第 53 条第 9 款第 1 句时不被考虑。

[3]根据第 44 条第 2 款第 1 句第 2 项或第 3 项的选择表示可以在 2009 年 9 月 30 日之前被发出，并自 2009 年 8 月 1 日起生效。第 53 条第 6 款所述的选择资费可以在 2009 年 9 月 30 日之前或在健康保险公司章程中所确定的较晚日期被重新缔结，并自 2009 年 8 月 1 日起生效。与第 1 句和第 2 句的规定不同，第 2 款所述的参保人可以在享受服务期满后的八周内发出第 44 条第 2 款第 1 句第 2 项或第 3 项所述的选择表示。或对选择资费进行选择。

第 320 条　关于已废止规定在特定期限内继续适用的过渡性规定

在 2009 年 7 月 17 日法律（《联邦法律公报》第 1 卷，第 1990 页）第 15 条第 6a 项字母 c 和第 12a 项字母 b 条文所提及的第 120 条第 6 款及第 295 条第 1b 款第 5—8 句的规定在 2011 年 7 月 1 日之前继续适用。

第 321 条　对第 137g 条第 1 款所述的结构化治疗计划的要求的过渡性规定

第 28b 条第 1 款、第 28c 条、第 28e 条以及有效期至 2011 年 12 月 31 日的版本的《风险结构补偿条例》所规定的针对 Ⅱ 型糖尿病、乳腺癌、冠心病、1 型糖尿病和慢性阻塞性呼吸道疾病的第 137g 条第 1 款所述的结构化治疗计划的批准要求，在联邦共同委员会根据第 137f 条第 2 款针对各个疾病而发布的指令生效之前，继续适用。以上也适用于有效期至 2011 年 12 月 31 日的版本的《风险机构补偿条例》第 28d、28f 所规定的要求，只要它们参阅了第 1 句所述的要求。有效期至 2011 年 12 月 31 日的版本的《风险结构补偿条例》第 28f 条第 1 款第 3 项以及第 1a 款和第 28g 条所规定的保留期限要求继续适用，直至联邦共同委员会根据第 137f 条第 2 款第 1 句第 5 项针对保留期限所制定的指令中所述的要求生效为止。有效期至 2011 年 12 月 31 日的版本的《风险结构补偿条例》第 28g 条中规定的评估要求继续适用，直至联邦共同委员会根据 137f 条第 2 款第 1 句第 6 项所制定的指令中规定的评估要求生效为止。

第 322 条　领取养老金及供给金时的保险费计算的过渡性规定

对于义务参保人，对 2015 年 1 月 1 日—2015 年 2 月 28 日期间用于计算领取养老金及第 229 条第 1 款第 1 句第 1、2、3 项所述的供给金时的保险费过渡时期适用总保险费率的 15.5%，以及对 2015 年 1 月 1 日—2015 年 2 月 28 日期间用于计算第 229 第 1 款第 1 句第 4 项所述的领取供给金时的保险费过渡时期继续适用总保险费的 8.2%；其中，0.9% 适用于第 242 条所述的额外保险费。

第 323 条　自由保险的库存清理

[1]健康保险公司必须根据以下款项的标准审查其 2013 年 8 月 1 日—

2019 年 1 月 1 日期间的成员资格，并在 2019 年 6 月 15 日之前对其进行清理。

[2]在解除义务参保后或在家庭保险结束后继续作为自由参保人资格的成员资格，以及由它们而产生的家庭保险，自以下条件成立之日起终止：健康保险公司自此之后无法与该成员联系，该成员未支付保险费，成员和参加家庭保险的亲属未享受任何服务。

[3]对于第 4 款所述的程序以及第 5 款所述的审查，健康保险公司应向联邦保险局和根据第 274 条进行审查的有关机构在每个报告年度报告有关参保人的以下信息：

1. 根据第 2 款规定而宣告结束的成员保险日期和由此产生的家庭保险；

2. 自有关报告年度的《风险结构补偿条例》的第 30 条第 4 款第 2 句后半句所述的最近一次数据报告以来，满足第 2 款所规定的标准被宣告结束的成员保险日期和由此产生的家庭保险。

对于第 5 款所述的审查，健康保险公司还向第 274 条所述的与审查有关的机构报告在每个报告年度中符合第 2 款标准的成员资格和由此产生的家庭保险，只要成员未缴纳保险费且成员及其家庭参保亲属没有使用任何服务。数据报告必须在 2019 年 6 月 15 日之前提交。第 268 条第 3 款第 3、4、7、9 条准用于根据第 1 条和第 2 条报告的数据。允许建立参保人的津贴，只要这对第 5 款所述的审查是必要的。在咨询了健康保险公司联邦最高协会之后，联邦保险局规定针对第 4 款所述的程序的第 1 句所述的数据报告程序的细节事宜。在咨询了与第 274 条所述的审查有关的机构及健康保险公司联邦最高协会之后，联邦保险局规定针对第 5 款所述的审查的第 1 句及第 2 句所述的数据报告程序的细节事宜。

[4]对于已经进行年度补偿调整或《风险结构补偿条例》第 30 条第 4 款第 2 句后半句所述的数据报告已被发出的补偿年度，联邦保险局确定一个清理数额并通过通知书使其生效。本款所述的收入将流入健康基金，并在下一次年度补偿中加到《风险结构补偿条例》第 41 条第 2 款第 1 句第 1 项所述的数值上。根据本款的争议诉讼不具有中止效力。

[5]在完成库存调整后，与第 274 条所述的审查有关的机构将进行特别

审查，以确定是否已满足第 1 和第 2 款的要求，并将审查结果通知联邦保险局和健康保险公司。根据此通知，联邦保险局将确定调整数额，规定 25% 的附加费，并通过通知书使之生效。第 4 款第 2—4 句准用之。审查必须最迟在 2020 年 12 月 31 日之前进行。健康保险公司有义务将 2013 年报告年度的《风险结构补偿条例》第 30 条第 2 款第 6 句所述的数据保留至 2020 年 12 月 31 日。

第 324 条　对于前军人的过渡性规定

对于自 2012 年 3 月 15 日入伍但在 2018 年 12 月 31 日前退役并在 2019 年 1 月 1 日满 55 岁的军人，第 9 条第 1 款第 1 句第 8 项准用。以上人员的参保必须在 2020 年 3 月 31 日之前以书面形式通知健康保险公司。其成员资格开始于在健康保险公司参保之日。

第 325 条　向医院及健康保险公司要求服务的时效期限新规定的过渡性规定

健康保险公司要求偿还付款的主张被排除在外，但前提是这些要求是在 2017 年 1 月 1 日之前提出的，并且到 2018 年 11 月 9 日尚未向法院提出要求。

第 326 条　针对保险公司医生协会董事会成员、联邦共同委员会决策机构的中立成员、健康保险公司联邦最高协会及健康保险公司联邦最高协会的医疗服务机构的总经理及副总经理的薪酬的过渡性规定

[1]第 79 条第 6 款第 4 句、第 91 条第 2 款第 15 句、第 217b 条第 2 款第 8 句和第 282 条第 2d 款第 6 句也适用于监管机关在 2019 年 5 月 10 日之前已经批准的合同，除非这些合同中已可推断出关于具体增加薪酬的承诺。第 79 条第 6 款第 5—8 句、第 91 条第 2 款第 16—19 句、第 217b 条第 2 款条第 9—12 句、第 282 条第 2d 款第 7—10 句不适用于监管机关在 2019 年 5 月 10 日之前已同意的合同。监管机关已在 2019 年 5 月 10 日之前批准的，为未来供给而按合同约定的基于非缴款的承诺也可以按照先前合同中约定的执行方式和范围继续执行，即使与同一人签订了新的合同也是如此。

　　^{2} 与第 79 条第 6 款第 5 句、第 91 条第 2 款第 16 句、第 217b 条第 2 款第 9 句和第 282 条第 2d 款第 6 句不同，在 2027 年 12 月 31 日之前不得议定更高的薪酬。在下一任期开始时或在健康保险公司联邦最高协会的医疗服务机构总经理或副总经理的薪酬随后增加时，只有在增加基本薪酬时才考虑 2028 年 1 月 1 日起消费者物价指数的发展。

附录　术语列表

Altenpflegegesetz《老年护理法》

Arbeitsgemeinschaft DeutscherTumorzentren 德国肿瘤中心工作组

Arbeitsschutzgesetz《职业安全与健康法》

Arzneimittelgesetz《药物法》

Asylbewerberleistungsgesetz《申请避难者福利法》

Aufenthaltsgesetz《居留法》

Aufgabe 履行任务

Aufsichtsbehörde 监管机关

Aufsichtsrecht 监管法

Bekanntmachung über die Gesundheitsziele und Teilziele im Bereich der Prävention und Gesundheitsförderung《关于预防与健康促进领域的健康目标和次级目标的通知》

Bundesanzeiger《联邦公报》

Bundesärztekammer 联邦医师公会

Bundesausbildungsförderungsgesetz 联邦教育促进法

Bundesdatenschutzgesetz《联邦数据保护法》

bundeseinheitlich 联邦统一的

Bundesinstitut für Arzneimittel undMedizinprodukt 联邦医药产品研究所

Bundesmantelverträge《联邦范本合同》

Bundesministerium für Gesundheit 联邦卫生部

Bundespsychotherapeutenkammer 联邦心理治疗师协会

Bundesreisekostengesetz《联邦差旅费法》

Bundesversorgungsgesetz《联邦供给法》

Bundesvertriebenengesetz《联邦流亡者法》

der Gesellschaft derepidemiologischen Krebsregister in Deutschland 德国流行病学癌症登记协会

Der Spitzenverband Bund der Krankenkassen 健康保险公司联邦最高协会

der Verband Deutscher ZahntechnikerInnungen 德国牙科技师协会

die Kassenärztliche Bundesvereinigung 保险公司医生联邦协会

die Kassenärztlichen Vereinigung 保险公司医生协会

die Kassenzahnärztliche Bundesvereinigung 保险公司牙医联邦协会

die Kassenzahnärztlichen Vereinigung 保险公司牙医协会

die Landesverbände der Krankenkassen 健康保险公司州协会

die Verbände der Krankenkassen 健康保险公司协会

die Verbänden der Ersatzkassen 医疗互助保险公司协会

dienstrechtliche Vorschriften《就业法》

Eigeneinrichtung 固有机构

Einigungsstelle 仲裁委员会

Einkommensteuergesetz《所得税法》

Einsatz-Weiterverwendungsgesetz《作战与康复法》

Entgeltfortzahlungsgesetz《德国薪酬法》

Ersatzkasse 医疗互助保险公司

Europäische Leitlinien zur Qualitätssicherung《欧洲质量保证指令》

Festbetragsgruppe 固定价格组

Fürsorge 救济

Gebührenordnung《医生收费规定》

Gemeinsamer Bundesausschuss 联邦共同委员会

Gesamtvertag 总合同

Geschäftsordnung 议事规则

Gesetz gegen Wettbewerbsbeschränkungen《反不正当竞争法》

Gesetz zur Einführung von Abschlägen der pharmazeutischen Großhändler《药物批发折扣实施法》

Hilfsmittel 辅助器具

Infektionsschutzgesetz《感染保护法》

Innungskrankenkasse 行业健康保险公司

Institut für Qualität und Wirtschaftlichkeit im Gesundheitswesen 卫生事业质量与经济性研究所

Internationalen statistischen Klassifikation der Krankheiten und verwandter Gesundheitsprobleme（ICD）《疾病和相关健康问题国际统计分类》

Kieferorthopädie 颌骨整形

Klage 申诉

Knappschaft-Bahn-See "矿工—铁路职工—海员"

Kommission für Krankenhaushygiene und Infektionsprävention 医院卫生及感染预防委员会

Körperschaften des öffentlichen Rechts 公法法人

Krankengeld 医疗津贴

Krankenhausentgeltgesetz 《医院报酬法》

krankenkasse 健康保险公司

Krankenpflegegesetz 《健康护理法》

Künstlersozialversicherungsgesetz 《艺术工作者社会保险法》

Kurzarbeitergeld 短期工作津贴

Landesapothekerkammer 州药店同业协会

Lebenspartner 生活伴侣

Leistungserbringer 服务提供者

Liquiditätsreserve 流动性储备金

Maßregel der Besserung und Sicherung 《改善与安全规章》

Medizinproduktegesetz 《医药产品法》

Modellvorhaben 示范项目

Mutterschaftsgeld 生育津贴

Mutterschutzgesetz 《母亲保护法》

Niederlassungserlaubnis 居住许可

Paul-Ehrlich-Institut 保尔·埃尔利希研究所

Pflegenhilfsmittel 护理辅助器具

Privaten Krankenversicherung 私人健康保险

Recht der bedarfsorientierten Grundsicherung 《基本需求供给法》

Rechtsverordnung 法规性命令

regionale Euro-Gebührenordnung《区域欧元费用规定》

Regressverfahren 追索程序

Richtlinie 指令

Robert Koch-Institut 罗伯·特科赫研究所

Rückstellungen 准备金

Schwangerschaftskonfliktgesetz《妊娠冲突法》

Seearbeitsgesetz《海事劳工法》

Soziotherapie 社会治疗

Strahlenschutzgesetz《辐射防护法》

Traeger 承担者

Transfusionsgesetz《输血法》

Transplantationsgesetz《移植法》

Übergangsgeld 过渡津贴

Überweisung 转诊

Umlageverfahren 征收程序

Unterhaltsgeld 赡养津贴

Verband der privaten Krankenversicherung 私人健康保险协会

Verfahrensordnung 程序规则

Verletztengeld 工伤津贴

Verordnungsrecht《处方法》

Versorgungskrankengeld 战争受害者疾病津贴

Verwaltungsräte 理事会

Vorruhestandsgeld 提前退休津贴

weggefallen 已废止

Werkstättenverordnung《工作场所条例》

Wirtschaftlichkeit 经济性

Zahnersatz 安装假牙

Zulassungsverordnung《批准条例》

ZweitenGesetzes über die Krankenversicherung der Landwirte《农民健康保险第二法》